法発展における法ドグマーティクの意義

法発展における
法ドグマーティクの意義

――日独シンポジウム――

松本博之
野田昌吾 編
守矢健一

総合叢書 8

信 山 社

はしがき

　フライブルク大学法学部と，大阪市立大学大学院法学研究科の，それぞれのスタッフを中心としたメンバーで，2,3年ごとに開催してきた日独法学シンポジウムの第7回目が，『法発展における法ドグマーティクの意義（Die Bedeutung der Rechtsdogmatik für die Rechtsentwicklung)』という全体テーマのもと，2009年2月18日から21日にかけて，フライブルク大学法学部において開催された。ここに収められるのは，そこで行われた講演に，講演後の討論の成果を織り込み，洗練された原稿である（なお，この邦語版より一足早く，ドイツ語版の論文集が，Rolf Stürner教授の編集で，Mohr Siebeck 社より刊行されている〔Die Bedeutung der Rechtsdogmatik für die Rechtsentwicklung, hg. v. R. Stürner, 2010〕)。

　その内容の意義については，読者の判断に委ねたい。ただし，以下の各点を記すことを，了とされたい。

　「ドグマーティク」という言葉は，ドイツの法学文献において，こんにちでもごく普通に用いられる。しかし，ドイツにおいても，その含意が明瞭であるわけではない。そして，日本においては，この言葉はごく普通に用いられているというわけではなく，すくなくとも近年には，どちらかといえば否定的なトーンが付与されていると，言い切ってしまって良いのではないだろうか。そして，だからこそ，少数の，ドグマーティク擁護論者が根強く存在する。

　インターネット技術の目を瞠る展開，環境問題，9.11以降顕在化したテロリズム対策と自由の領域との緊張を孕んだ関係，さらに，2008年後半のリーマンショックの余波の継続，こうした巨大な問題群がこの20年間に，立て続けにあらわれ，ともすれば，古くなった理論が実務に追随しているかに見える。ドグマーティクの概念は，19世紀中葉以降のドイツにおいて，特殊理論的な含意を持たされ，それは日本の法学における理解にも大きな影響を与えたため，ドグマーティクの意義も，こんにちいささか色褪せたかに見えないこともない。

　しかし，ドグマーティクの概念は，伝統的には，理論と実務との交錯点に位置してきた。本論文集に収められた論文はどれも，ドグマーティクの意義に，学問

はしがき

史的方法や比較法的方法を通じて，あるいは判例分析を行うことを通じて，新たに接近しようと試みている。それは，特殊19世紀ドイツ的な意味でのドグマーティクの理解の相対化であると同時に，法学における理論的水準の維持をも目指すものであろう。無論，ドグマーティク概念を再び実務とのより強い結びつきで捉えようとする試みは，理論の現実による懐柔の危険と紙一重である。しかし，この不透明な時代に，絶対に安全な立脚点は存在しないのであり，ここに収められた諸論文を批判的に解読しつつ，有り得べきドグマーティクを，読者とともに，執拗に具体的にまさぐっていくことが重要なのであろう。まさに本論文集が，そのためのひとつのよすがになれば幸いである。

　本共同シンポジウムを開催するに当たり，ドイツ側の代表者として計画段階から実施まで種々ご協力をいただいたロルフ・シュトゥルナー教授（フライブルク大学），報告者のみなさま，さらに当日シンポジウムの討論に参加された方々に感謝申し上げる。

　こうした論文集の公刊に当たって重要なのが，翻訳の透明性である。それぞれの翻訳が成功しているかどうかも読者の判断に委ねることとするが，編者と翻訳者とのあいだでかなり苛烈な相互批判を応酬しながら翻訳は作り上げられたことを申し添えておきたい。

　編集段階で，裏方に徹して細かい作業を一手に引き受けて下さった髙田昌宏教授（大阪市立大学）にも，編者より，格別の謝意を表したく思う。

　財団法人民事紛争処理研究基金，公立大学法人大阪市立大学（平成20年度重点研究『近代市民法体系・政治制度の再検討──到達点と展望』）からは，シンポジウム開催に当たって寛大な援助を受けた。記して謝意に代える。

　出版に当たっては，いつものように信山社出版の渡辺左近さん，今井守さんに，お世話になった。お礼を申したい。

　　2010年12月

松　本　博　之

野　田　昌　吾

守　矢　健　一

〈目　次〉

はしがき

◆第Ⅰ部◆　基礎研究とドグマーティク

日本における解釈構成探求の一例 —— 磯村哲の法理論の形成過程
　　　　　　　　　　　　　　　　　　　　　　　　　　守矢 健一 …3
　Ⅰ　はじめに —— 解釈構成（Dogmatik）という概念の問題（3）
　Ⅱ　出発点 —— 不当利得論（7）
　Ⅲ　基礎理論的な迂回 —— 社会法・自然法・歴史法学・自由法運動（12）
　Ⅳ　再び法解釈構成上の研究の強化へ —— 錯誤論（16）
　　　1　本質的性質という概念の規定（20）
　　　2　表示と事実との不一致（21）
　Ⅴ　結語：類型論的思考，法解釈構成，カズイスティクと法比較（22）

ドイツから見た基礎研究とドグマーティク
　　　　　　　　　　　………… トーマス・ヴュルテンベルガー〔杉本好央訳〕…27
　Ⅰ　法の内的観点から見た，基礎研究とドグマーティクとの関係（28）
　　　1　基礎研究と法ドグマーティクとの限界付け（29）
　Ⅱ　法の外的領域（38）
　　　1　法ドグマーティクと社会変化に関する理論（38）
　　　2　法および法ドグマーティクによる自然科学的-技術的
　　　　 基礎研究の制限（40）
　　　3　自然科学-技術分野の応用研究と法学研究（41）
　Ⅲ　結　語（44）

目 次

◆第Ⅱ部◆ 法解釈学と民法における判例法

日本の民法解釈論における末弘法学の意義……………杉本 好央…49

- Ⅰ 序 論 (49)
- Ⅱ 末弘法学の論敵 (50)
- Ⅲ 末弘法学の一般的性格 (52)
- Ⅳ 末弘法学における判例の理解 (55)
- Ⅴ 末弘法学における判例研究 (58)
- Ⅵ 結 語 (62)

失敗した法律の修正 ── 538年5月1日 Justinianus 新勅法について
………………ヴォルフガング・カイザー〔守矢健一訳〕…65

- Ⅰ 導 入 (65)
- Ⅱ ユ帝新勅法538年5月1日の背景 (70)
  - 1 538年5月1日新勅法のきっかけ (70)
  - 2 ユ帝時代の公布 (71)
- Ⅲ 相続人指定および義務分の拡大に関するユ帝諸法律 (77)
  - 1 531年3月1日の相続人指定法律 (77)
  - 2 義務分に係る536年3月1日法律 (79)
  - 3 皇帝による，個別事例に係る修正 (81)
- Ⅳ 538年5月1日新勅法による確定 (83)
  - 1 今後の原則と定め (83)
  - 2 過去の法的状態の明瞭化 (85)
  - 3 勅法の施行 (90)
  - 4 補説 ── 二つの法律のその後の効力 (91)
- Ⅴ 新勅法の不正確について (92)
- Ⅵ ユ帝時代の法学講義における新勅法の理解 (94)

◆第Ⅲ部◆ 法ドグマティークと，国家行政活動に係る新たな法的諸問題

行政制裁と法ドグマーティク ……………………… 中原 茂樹 … 101
  Ⅰ は じ め に (101)
  Ⅱ 日本における行政制裁の例 (102)
    1 過 料 (102)
    2 制裁手段としての課徴金 (103)
    3 制裁手段としての公表 (103)
  Ⅲ 法ドグマーティクが行政制裁に与える影響 (104)
    1 二重処罰の禁止 (104)
    2 比 例 原 則 (105)
    3 裁判手続によらない制裁？ (106)
  Ⅳ お わ り に (106)

国家任務の民営化における法ドグマーティクの役割
　　　　　　　………………フリードリヒ・ショッホ〔中原茂樹訳〕… 107
  Ⅰ テーマ設定における問題の地平 (107)
    1 民営化措置の自然発生性 (107)
    2 政治の領域としての民営化 (108)
    3 枠秩序としての法 (110)
  Ⅱ 民営化措置の普遍性 (111)
    1 民営化の概念 (111)
    2 民営化措置のための任務分野 (112)
    3 国家および行政レベル (113)
  Ⅲ 法ドグマーティクの機能および意味 (115)
    1 概念理解の明確化 (115)
    2 法ドグマーティクの機能 (117)
    3 法ドグマーティクの利用 (118)
  Ⅳ 民営化の法ドグマーティシュな浸透 (119)
    1 法ドグマーティクの諸次元 (120)

　　　　2　判例による法ドグマーティクの利用 (124)
　　　　3　補論 ── 行政学的アプローチと法ドグマーティクとの対立 (127)
　　Ⅴ　結論 ── 法ドグマーティクの能力 (129)

◆第Ⅳ部◆　法政策と法解釈学

裁判所の政治学と日本の裁判　　　　　　　　　　　野田　昌吾　…133

　　Ⅰ　はじめに (133)
　　Ⅱ　裁判統制の政治学 (134)
　　　　1　政治学における司法研究 (134)
　　　　2　裁判所の内部統制と司法の独立をめぐる議論 (136)
　　　　3　政治─司法関係の変遷と裁判統制 (140)
　　Ⅲ　裁判統制と裁判所ドグマーティク (145)
　　　　1　裁判統制のシステム (145)
　　　　2　「裁判所ドグマーティク」(149)
　　Ⅳ　変わる政治，変わる司法
　　　　　── グローバル化とポピュリズム時代の政治と司法 (152)
　　　　1　日本政治の流動化と司法 (152)
　　　　2　グローバル化と司法改革の進展 (153)
　　Ⅴ　曲がり角にある日本の司法 (158)
　　　　1　司法改革への適応による「成功」(158)
　　　　2　両刃の剣としての新司法制度と新しい組織戦略 (160)

公法における法ドグマーティクと法政策
　　　　　　　　　　　　　　　　　ライナー・ヴァール〔野田昌吾訳〕…163

　　Ⅰ　問題の所在 (163)
　　　　1　ドイツの法律家にとっての自明なものとしての法ドグマーティク (163)
　　　　2　法政策に関する常識的理解 (164)
　　Ⅱ　法ドグマーティクの特性と機能 (165)
　　　　1　法ドグマーティクの機能 (165)

2　ドグマーティクの作業の例（167）
　　3　法ドグマーティクというドイツ的観念の特性（169）
　　4　新しい定義（171）
　　5　ドグマーティクにおける法政策の要素（172）
　　6　ドグマーティクの相対化された理解（173）
Ⅲ　（法ドグマーティクと法政策の関係の）特別な状況としての，憲法と単純法規との関係（174）
Ⅳ　ドイツの法ドグマーティクと他の法秩序におけるその代替肢（175）

◆第Ⅴ部◆　刑事法の法発展への法解釈学の影響

刑法における判例と立法の役割 —— ヨーロッパ法教義学の日本化の一例
　　　　　　　　　　　　　　　　　　　　　　浅田　和茂…183

Ⅰ　は じ め に（183）
Ⅱ　旧刑法と判例（184）
Ⅲ　現行刑法と戦前の判例（185）
Ⅳ　戦後初期の動きと判例（187）
Ⅴ　その後の判例の動き（189）
Ⅵ　刑事立法の「活性化」と刑法改正（190）
Ⅶ　お わ り に（193）

刑法の展開にとっての法教義学の意義について
　　　　　　　　………　ヴォルフガング・フリッシュ〔浅田和茂訳〕…195

Ⅰ　既存のものの「熟考」としての法教義学？（195）
Ⅱ　批判的かつ法発展を促進する教義学の条件，正しきものの前実定的内容（197）
Ⅲ　前実定的な正しい法の展開——法教義学の課題？（198）
　　1　刑法における適切な法適用の不可欠な要件としての前実定的な理論およびモデル（199）
　　2　法教義学と実践的哲学（203）

3　法律を充足する理論と法律を超越する理論との実質的同一性
　　　　　——法教義学の動的構成要素としての実践的哲学 (203)
　Ⅳ　実践的哲学および法的教義学の刑法の発展に対する意義について
　　　　　——一つの回顧 (204)
　　　1　総論の例
　　　　　——プーフェンドルフ，フォイエルバッハ，フォン・リスト (205)
　　　2　刑事訴訟の例 (210)
　Ⅴ　刑法の発展に対する刑法教義学の消えゆく意義について (212)
　　　1　所見および例証 (212)
　　　2　ありうべき諸理由 (214)

◆第Ⅵ部◆　民事訴訟法解釈学における実体法と手続法

民事訴訟法ドグマーティクにおける実体法と訴訟法
　　　　　　　　　　　　　　　　　　　　　松本　博之 …219

　Ⅰ　民事訴訟法の継受と民事訴訟法学の始まり (219)
　　　1　明治期における民事訴訟法の継受と民事訴訟法学の始まり (219)
　　　2　本稿の課題 (220)
　Ⅱ　訴訟目的論 (221)
　　　1　明治23年民事訴訟法の下での訴訟目的論 (221)
　　　2　大正15年改正民事訴訟法の下での訴訟目的論 (222)
　　　3　第二次世界大戦終了後の民事訴訟法学における民事訴訟目的論 (225)
　　　4　憲法(法治国家原理)および国際人権規約との関係 (230)
　Ⅲ　民事訴訟法学におけるドグマーティクからの離反 (233)
　　　1　解釈の柔軟化への指向の根強さ (233)
　　　2　判例の発展に対する学説の協働 (237)
　　　3　評　価 (239)
　Ⅳ　最終的コメント——プラグマティクな訴訟法解釈の勝利か？ (240)

ドイツ民事訴訟のドグマーティクにおける実体法と手続法
……………アレクサンダー・ブルンス〔松本博之訳〕…243

- Ⅰ 課題の設定 (243)
- Ⅱ 実体法と手続法の分離のイデーの歴史 (244)
- Ⅲ 憲法上の司法保障の意味 (245)
- Ⅳ 民事訴訟上の権利実行にとっての訴訟法的な性質決定と準則形成の優位 (246)
- Ⅴ 訴訟法ドグマーティクの，選択された領域における実体法と訴訟法 (247)
  - 1 訴訟物理論 (247)
  - 2 既判力理論 (249)
  - 3 訴訟法律関係 (251)
- Ⅵ 民事訴訟法の発展に対するドグマーティクの意義 (257)
- Ⅶ 要　約 (258)

◆第Ⅶ部◆　会社法における平等原則

日本法における株主平等原則の発展と課題 ……………高橋 英治…263

- Ⅰ はじめに (263)
- Ⅱ 商法典の編纂と株主平等原則 (264)
- Ⅲ ドイツ法の学説継受 (267)
- Ⅳ 判例法の発展 (269)
  - 1 戦前の大審院判例——株式の消却と併合 (269)
  - 2 戦後の株主平等原則のリーディングケース
    ——株主と会社との取引における平均的正義の実現 (271)
  - 3 株主平等と総会運営 (272)
  - 4 ブルドックソース事件 (273)
- Ⅴ 今後の課題——ドイツ法から何を学ぶべきか (274)
  - 1 司法上の課題 (274)
  - 2 立法上の課題 (278)
  - 3 企業結合法制の補完原理としての平等原則 (278)

会社法における平等取扱原則と誠実義務
　　　　　　　　　　　………………………ウベ・ブラウロック〔高橋英治訳〕…281
　Ⅰ　平等取扱原則 (281)
　　　1　基　　礎 (281)
　　　2　名　宛　人 (284)
　　　3　形式的－実質的不平等取扱 (287)
　　　4　平等原則違反の効果 (288)
　Ⅱ　会社上の誠実義務 (290)
　Ⅲ　システム全体における平等取扱原則と誠実義務 (293)

◆第Ⅷ部◆　労働・社会法における法解釈学の意義

労働法規の公法的効力と私法的効力………………………根本　到…299
　Ⅰ　問題の所在 (299)
　Ⅱ　私法的効力をめぐる議論状況 (303)
　　　1　高　年　法 (303)
　　　2　派　遣　法 (307)
　　　3　その他の法律をめぐる議論状況 (309)
　Ⅲ　私法的効力否定論の法政策的背景 (311)
　　　1　「労働市場法」論におけるソフトロー・アプローチと憲法27条論 (311)
　　　2　「採用の自由」論 (312)
　Ⅳ　私法的効力否定論の問題点 (312)
　　　1　労働法における公法と私法の関係──「労働市場法」論の問題点 (312)
　　　2　私法的効力の有無に関する判断基準 (315)
　　　3　法的効果の内容 (317)
　Ⅴ　おわりに (320)

労働法における学問と実務への法解釈学の影響
　　　　　　　　　………………セバスチャン・クレッバー〔根本到訳〕…321
　Ⅰ　テーマの限定 (321)

Ⅱ　労働法学における労働法の独自性をめぐる取組み (322)
　　　　1　伝統的労働法学 (322)
　　　　2　ヴァイマル時代の労働法教科書 (326)
　　　　3　学問的テーマとしての労働法の独自性 (329)
　　Ⅲ　一般民法による解決が適切でない場合の労働法独自の観点の諸例 (330)
　　　　1　編入理論と事実的労働関係 (330)
　　　　2　事業所慣行 (331)
　　　　3　労働者の損害賠償責任の制限 (332)
　　　　4　争議行為と労働関係 (333)
　　Ⅳ　民法的解決法が欠如する場合の労働法の独自性 (334)
　　　　1　集団的労働契約による労働関係の内容形成 (334)
　　　　2　争議行為の適法性 (335)
　　Ⅴ　結語 —— 法解釈学と労働法 (336)

社会保障法 (Sozialrecht) における解釈論 (Dogmatik) の意義
　　　　………………………ウルズラ・ケーブル〔木下秀雄訳〕…339
　　Ⅰ　議論の出発点
　　　　　—— 社会保障法概念 (Sozialrechtsbegriff) と社会保障法の特徴 (339)
　　Ⅱ　社会政策とその法律への円滑な転換の重要性 (342)
　　Ⅲ　規範秩序の不明確さと不完全性を除去するという意味での解釈
　　　　　—— 法律解釈と不確定法概念の具体化という中心分野 (344)
　　Ⅳ　社会保障法の「外的体系」と「内的体系」に取り組む仕事としての
　　　　解釈論——法典化計画——諸原理の析出 (352)
　　Ⅴ　社会保障法発展の促進力であるとともに阻害要因でもありうる上位
　　　　法の解釈論 (356)
　　　　1　憲法の影響 (356)
　　　　2　ヨーロッパ法の影響 (362)
　　Ⅵ　解釈論的作業における役割分担 (364)
　　Ⅶ　結　論 (366)

執筆者・翻訳者紹介 (巻末)

法発展における法ドグマーティクの意義

第Ⅰ部　基礎研究とドグマーティク

日本における解釈構成探求の一例
―― 磯村哲の法理論の形成過程* ――

守矢健一

はじめに ── 解釈構成(Dogmatik)という概念の問題

ドイツ語ではDogmatikといわれる,ここでは,試論的に,解釈構成と訳されるところの概念の含意を,明瞭にすることは,難しい[1]。この難しさを,分析的に,二点に分けてみよう。すなわち,第一に,この概念を,現代において,理解することが難しいということ。第二に,日本において理解することが,難しいこと。

第一の点について。なるほど,ドイツの法学文献において,Dogmatikの語は,現代においてもごく普通に,そして頻繁に,用いられている。しかしそれは,ドイツの法曹にとって,Dogmatikという語が何を意味するのかが明らかだ,ということを当然に帰結したりはしない。ヘルベルガーは,Dogmatikという概念を題名に掲げた,重要な教授資格取得論文において,法律学はDogmatikの語を神学から引き継いだ,という広く共有される見解は近代に生じた誤った認識であり,「Dogmatikの概念を,法律家は医学と密接な関連を持つ経験諸科学の学問理論から引き継いだ」ということを,説得的に論証した[2]。古典古代に遡る用語法の伝統によれば,「dogmatischな」思考は経験諸科学の方法論と連関しており,なかでも「分析(resolutio, analysis)」と「総合(compositio, synthesis)」という二つの手続と連動している。知の獲得と知の提示に係るこの二つの種類の理解は,ガレノスの著書 Ars parva の序文に依拠して形成された。この序文によれば,「分析」とは,「目的概念から出発する」種類の教えのことを意味する。これに対して,「総

＊ 研究と教育に長く従事された大阪市立大学法学部を2009年3月に退任された松本博之さんに,拙い本稿を献呈する。

合」とは，分析によって見出された結論を評価するときに役に立つ種類の教えのことである。ある目的から出発する者は，つまり，ある目的を実現する意思を持つ者は，この目的の達成にふさわしい手段を探し求める。そのためには原因と作用とについての知識が必要である。なんとなれば，達成を目指す目的の原因として作用しうる手段だけが，かかる目的に到達するために適切だからである。このような考察が起因して，ガレノスの言うところの「分析」と「総合」とが，アリストテレスにおける demonstratio quia および demonstratio propter quid という論証上の道具概念と結合することとなった。なぜならば，demonstratio quia は効果から原因を帰納的に突き止める術であるので，分析に当たり，demonstratio

(1) この切り出しはやや唐突だ，と感ずる日本の読者は居られるだろう。しかし，ドイツの法学文献では，Dogmatik の語はごく当然に用いられる。この語に適切な日本語訳が未だに存在しない，ということ自体，ドイツの法曹には，一見，奇妙な現象なのである。ただし，Dogmatik という語自体，実は，ラテン語経由のギリシャ語であり，純然たるドイツ語ではなかった。本稿の狙いの一つは，ドイツ人にとっても，日本人にとっても同様，Dogmatik の語の適切な理解というものはそれほど簡単ではない，ということを，日本の例（といってもドイツ法と分かち難く結びついた例）を持ち出しつつ示唆することである。それは，こんにちやや忘却された感のある，ある伝統を想起しようという試みでもある。なお，かつてわたくしは，Dogmatik に対応する日本語の定訳の欠如を，厭味混じりに指摘したことがあった，守矢健一「学界展望（ドイツ法），*Kriechbaum, M.*, Actio, ius und dominium in den Rechtslehren des 13. und 14. Jahrhunderts, Ebelsbach 1996」，国家学会雑誌116巻（2003），191-201頁，特に201頁註 6。厭味を言った割に，対案は片仮名書きであって，それは，問題の所在の先送りしか意味しない。自らの不明を羞じる。わたくしは，Dogmatik の適切な訳語，というか，明瞭な含意を確定することは難しいという原点の確認に戻ろうと思う，ヴュルテンベルガー（守矢健一訳）「環境保護と基本権理論」，松本博之・西谷敏・佐藤岩夫編『環境保護と法』(1999)，3-28頁所収（この訳業が，わたくしの松本さんとの初めての共同作業である），特に27頁訳註 2。そこでは「便宜的」に「理論」という訳語を選択した。それもあり得る処理の仕方ではあろうと今でも考えている。しかしここではより踏み込んで，ある意味では自らを追い込む意味をも込めて，「解釈構成」の訳語を，現段階でのわたくしの訳語提案とする。なお，磯村哲は，「法的規整」という語をときに用いている。この語が Dogmatik の語とどのように関係するかについて，彼が立ち入って述べているところは管見の限りないが，魅力ある語であることには違いない。ただ，日本において，「解釈」の語が法における知的営為の中で占める重要な役割に鑑み，このような日本の用語法の伝統と Dogmatik の語とを関連づけることが，「解釈構成」の訳語を採ることのひとつのねらいである。

(2) *Herberger, M.*, Dogmatik. Zur Geschichte von Begriff und Methode in Medizin und Jurisprudenz, 1981, 5.

4

propter quid は原因から帰結を演繹的に導くので総合に当たるから。このような，アリストテレスおよびガレノスの方法論に基づいて，分析と総合との結合は，経験科学において適用すべき論証術であると理解されることとなった[3]。」Dogmatiker として振舞う，ということの特徴的性質は「分析」と「総合」とを正しく行うことにあるのである[4]。Dogmatik についてのこのような理解は，ヘルベルガーの見るところによれば，1800年以降，動揺を来し，1850年には遂に消滅してしまった，とされる。なぜならば，dogmatisch な思考が，次第に歴史的あるいはおよそ経験的思考と対置されるようになってきたからだ，というのである[5]。

もっとも，ヘルベルガーの観察の対象は，学者の文献に限られている。ドイツにおいて，Dogmatik の概念が，経験的思考から，学問プログラムとしては追い出されてしまったとしても，法曹の日常的用語法においては，なお経験的側面を残し続けた可能性をまったく排除することはできないのではないか。法学を，経験的観察からまったく切り離すわけにはいかないからである。とはいえ，19世紀中葉までには確かに存在した伝統は，現在の法学文献において，はっきりと意識されてはいないことは確かであろう。Dogmatik とは何かと正面切って問われれば，経験科学とは区別されたなにものかである，と答えるであろうという了解は，漠然と共有されているからである。ここから，現代において Dogmatik の語を理解することの難しさが生ずる。

いま述べた事柄が，さきに述べた，第二の難しさと関連してくる。すなわち，日本人がヨーロッパの法的思考を真剣に学び始めたのは，まさしく，19世紀後半に入ってからなのである。そのときには，いま指摘した通り，ヨーロッパにおいて，Dogmatik の思考方法の伝統が既に希薄なものになっていた。そもそも，大衆社会の出現とともに，旧ヨーロッパ的意味論が深刻に揺るがされていたことをも想起しよう。1800年以降，法は，次第に国家実定法へと変貌していった。ドイツにおいて，19世紀前半には，政治と切り離された，パンデクテン私法学が，まず成立した[6]。この私法の体系を範として，19世紀の後半には，私法から独立し

---

(3) Op. cit. 2.
(4) Loc. cit.
(5) Op. cit. 345-412.
(6) 民法を政治からこのように切り離すことは，民法が無政治的に機能するということを，ただちに帰結したりはしない。

た公法体系が, ゲルバーやラーバントらによって確立された。その傍らに, いわゆる「社会的」問題が出現しつつあった。法は, 国家法化されたばかりではなく, 同時に, 国際化されていった。比較法的考察が流行した。伝え来たったような法解釈構成は, 自らを根本的に革新する必要に迫られた。そして, 以上素描したような, 法をめぐる混乱した状況こそが, 日本人にとって, 当時最新のドイツ法として認識され, 学ばれようとしたところのものなのである。日本において, 伝統的なDogmatikの語の訳語が定着しなかったのは, ある意味では当然のことでもあろう。Dogmatikの語の一般的理解がヨーロッパにおいても動揺しており, かりに, 伝統的な含意が消滅していなかったとしても, それを学術論文や体系書から丹念に読み取っていくことは, 不可能ではないにせよ, そのためには, 文献の読解において, 法学の内容に対する関心のみならず, いわば文献学的な繊細さが高度に要求される。ところが, 外国実定法の制度の表面的に正確な理解をするだけでも, 容易なことではなく, それこそが近代以降の日本にとって極めて重要な課題だったのだから, Dogmatikの語に格段の関心が及ばなかったとしても, それを後世の高みから晒うことは, 嗤う者自身の歴史的想像力の欠如を暴露することになりかねまい。今日の日本の法学のあり方が, ヨーロッパ人にとってはしばしば奇妙に見えることもあろう。だが, その理由は, 特殊《日本的》な文化にのみ求めらるべきではない。明治維新以来, 日本の法の歴史は, ヨーロッパの長期的近代のある一面は, 確かに映し出している。以下では, Dogmatikを意味する日本語として, 法解釈構成の語を用いることを提案し, かつ, 実際に用いてみることにしよう。

　容易に見通しがつかない法的状況にあって, 法解釈構成に係る, 現実的にして基礎的な土台をまさぐろうという試みが, 日本にも, あった。法解釈構成に係る, 現実的にして基礎的な土台を考察しようとする者は, 獲得された法解釈構成によって法発展に対して影響力を行使しようと考えていたはずでもあろう。日本におけるそうした試みのなかから, ここでは, 明快な法解釈構成を求め続けた磯村哲の例を, 紹介したい。この論文集には, なお2本, 重要な日本の法学者を素材に考察を行った論文がおさめられている。これは, おそらく, 偶然ではない。なぜならば, このような作業を通じて, ヨーロッパの伝統が存在しないところで法的思考を如何にして自覚的に形成すべきか, という問いが具体的に取り扱われるからである。そして, このような作業は, 法的交流の汎地球化[7]を眼前にして

—— 聊か逆説的であると見る向きもあろうが —— とにかくもはや避けがたいのである。日本の法実務は世界の法実務と断絶していない。そして，この両者を通訳可能にするには，世界の動向に敏感であるばかりでなく，日本の法実務を系譜的に遡行することを通じた自己解剖の試みが不可欠だから。そこで，わたくしはここに，磯村哲という日本の民法学者が，法解釈構成の「透明な」——このことばを磯村は，ことのほか好んでいた——基礎を求めて歩んだ紆余曲折を，紹介する。

II 出発点 —— 不当利得論

　磯村哲は，第一次世界大戦の勃発した1914年に，兵庫県に生まれた。京都帝国大学で法学を学んだあと，1939年に，民法学教授石田文次郎（1892-1979）の下で，助手に採用される。1943年には同大学の民法学助教授に昇格する。不規則的に，ドイツ法の講義も担当された（1948，1961-1962）。1951年には教授に昇格。1976年に博士号を取得する。当時は，博士号取得は，純粋に学問的な意義以上の意義を持っていたから，成熟期を迎えた大学者が博士号をようやく取得することは，珍しくはなかった。1971年には法社会学の講義も行う。1978年に京都大学を定年で退官，同大学の名誉教授になる。その後，神戸学院大学の民法学教授になり，1986年には学士院会員に選出された。1988年に神戸学院大学を退任，同大学の名誉教授にもなった。1997年に，逝去。彼に，留学経験はなかった[8]。

　1940年代に，磯村は，不当利得法についての，一連の論考[9]を公表した。これが，彼のはじめての本格的な学術論文である。この研究は，基本的に，法解釈構

（7）「グローバル化」という広く流布した訳語をここでは用いず，蓮實重彦の着想に示唆を得て，この，まさしく直訳というべき訳語を用いることにしたい。参照したのは，蓮實重彦『反＝日本語論』（1977）であり，「汎地球的」という語が，171頁にあらわれる。

（8）参照したのは，「磯村哲博士略歴・著作目録」法学論叢102巻（1978）所収，223-230頁；「磯村哲教授略歴・著作目録」神戸学院法学20巻（1990），753-758頁参照。このすぐれた民法学者を追悼する記事は，管見の限り，学士院会員の逝去に際して執筆するのが貴重な慣行である追悼記事のひとつとして，執筆された，星野英一によるもののひとつだけである。星野英一「故磯村哲会員追悼の辞」日本学士院紀要52巻（1998），254-258頁。

成史（Dogmengeschichte）の方法によって，ローマ法，前後期普通法，およびフランス法における該当する法制度の定めと関連する議論を分析するものである。この一連の不当利得法研究のうち，とくにその処女論文においては，ヴァルター・ヴィルブルク Walter Wilburg（1905-1991）[10]の見解が，磯村の仕事の基礎に置かれている。エルンスト・ラーベル Ernst Rabel（1874-1955）の弟子にあたる[11]ヴィルブルクは，不当利得を類型的観点から，給付による不当利得とそれ以外の不当利得とに分類した[12]。そのことによって，フリッツ・シュルツ Fritz Schulz（1879-1957）やエーリヒ・ユング Erich Jung（1866-1950），さらにフランツ・レオンハルト Franz Leonhard（1870-1950）などが主張したところの通説的な立場，すなわち不当利得制度を「統一的な原理」から基礎づけようとする立場に反対したのである[13]。ヴィルブルクによれば，給付無き不当利得における請求権の基礎は，「給付返還請求権とは別個に探求されねばならない」[14]とされる。「給付以外の場合の不当利得による請求の成立は，以上論じたような基礎に照らすならば，給付による不当利得とは，全く関係がない。給付による不当利得の請求権は，不適切な給付から生ずるのであるが，給付以外の場合の不当利得は，利得により侵害された基本権の目的というものに基づくのである。」[15]かような類型的峻別によりヴィルブルクが目指したのは，給付によらない不当利得に対して，実定法の個別的で偶然的な定めに全面的に依存するのでもなく，さりとて大雑把な自然法的見

---

(9) 磯村哲「不当利得に就いての一考察（1）（2）（3）」法学論叢45巻（1941），832-867頁，46巻（1942），80-90頁，47巻（1943），119-129頁；同「直接利得の要求に就いて」法学論叢47巻（1943），628-672頁；同「不当利得・事務管理・転用物訴権の関連と分化（1）（2）」法学論叢50巻（1944）320-342頁および441-462頁；同「仏法理論に於ける不当利得法の形成」法学論叢52巻（1946），247-272頁。これらの論文は，磯村の没後に，大中有信らの手によって論文集に纏められた，磯村哲『不当利得論考』（2006）。1-66頁（「不当利得に就いての一考察」），67-110頁（「直接利得の要求に就いて」），111-160頁（「不当利得・事務管理・転用物訴権の関連と分化」），161-202頁（「仏法理論に於ける不当利得法の形成」）。本稿では，この論集から引用を行う。

(10) *Wilburg, W.*, Lehre von der ungerechtfertigten Bereicherung nach österreichischem und deutschem Recht, 1934.

(11) Vgl. op. cit. 5 Anm. *.

(12) Vgl. op. cit. SS. 22-51.

(13) Op. cit. 22.

(14) Loc. cit.

(15) Op. cit. 49.

解に身を委ねるのでもなく、まさに法解釈構成上の明確な輪郭を与えようということである(16)。そして法解釈構成を明確化しようというヴィルブルクの基本的な態度が起因して、磯村はヴィルブルクによる類型論を、かれ自身の考察に、ひとまず取り込むのであった(17)。

もっとも、磯村は、ヴィルブルクの類型的峻別そのものに全面的な賛意を示したわけではない：「併しながら、ローマ法と異なり「他人の損失に基く不当な利得の返還」たる統一的基礎に立つ近代法に於て、両者を全く異質的なものとすることは行過を免れぬであろう。「他人の損失に基く不当なる利得返還」なる統一的原理の上に立って、更めて両者の関係が問ひ直されねばならぬ。」(18)ヴィルブルクとは異なって、磯村にとっては、類型論的区分を所与としたうえで、あらためて、首尾一貫した不当利得法理論を構築することも、重要だった。

その基底には、不当利得論の「近代」債権法体系全体に占める位置に対する磯村のただならぬ関心が存在する。もとよりこの関心は、最初の二論文においては極めて謙抑的なかたちで表現されているに過ぎない(19)。しかし1943年から、二歳年上の私法学者である来栖三郎（1912-1998）が、大きな構想に基づく論文「民法における財産法と身分法」(20)において、上述のユング(21)に依拠しながら、ヴィルブルク流の類型論的峻別を鋭い舌鋒で批判する(22)。この批判は、ヴィルブル

---

(16) Op. cit. 5-21.
(17) 磯村『不当利得論考』（前掲註9）, 46頁, 60-64頁。
(18) 磯村『不当利得論考』（前掲註9）, 64頁。さらに, 207頁以下（これは, 第一論文が書かれる以前の1941年における発言であることにも注意すべきである）。
(19) 磯村「不当利得に就いての一考察」（前掲註9）；同「直接利得の要求に就いて」（前掲註9）。なお, この二つの論文は, それぞれ, 1941年及び1943年に公表されているが,「不当利得に就いての一考察（3）」および「直接利得の要求に就いて」の著者名は, 初出では「中塚哲」となっている。
(20) 来栖三郎「民法における財産法と身分法（1）-（3）」法学協会雑誌 60巻11号（1943）1771-1783頁, 61巻2号（1943）232-250頁, 61巻3号（1943）331-374頁。
(21) *Jung, E.*, Die Bereicherungsansprüche und der Mangel des „rechtlichen Grundes". Ein Beitrag zur Kenntnis des neuen Rechts, 1902.
(22) 来栖「民法における財産法と身分法（3）」（前掲註20）, 356-365頁。磯村の応答は「カェメラー「不当利得」（紹介）」法学論叢63巻3号（1957）, 124-137頁所収（後に同『不当利得論考』（前掲註9）211-227頁にも所収）。これに対してしかし, 来栖による反批判がある, 来栖三郎「契約法と不当利得法」鈴木祿彌・五十嵐清・村上淳一『概観ドイツ法』（1971）, 177-194頁。

クに依拠するかぎりで磯村にも向けられた。これに対して，1944年から，磯村は，不当利得法が近代民法においてどのような体系的地位を占めるのかを明らかにすることが重要である，という彼の関心をよりはっきりと明らかにしている(23)。

もとより，磯村が当初からヴィルブルクとは異なって不当利得制度について法技術的に精密にして首尾一貫した説明原理を探していた，ということは，すでに1944年以前から彼が民法体系全体に対する関心を抱いていたことを，少なくとも間接的に示すものであろう。しかし，このような関心は，1944年以降(24)，分析的により深められてゆくと同時に，これから見る通り，磯村が厄介な問題に巻き込まれる原因にもなっていった。処女論文に見られたローマ法の分析は，今後の論文では，近世以降の法発展に対する問題史的分析が前面に出ることによって，背景に退くことになるだろう。そして，比較法的手法により，ドイツとオーストリア，さらにフランスにおける法展開の実質的に共通する相貌が明らかにされていくであろう。

磯村の基本的な見解を次のように要約することができる(25)。すなわち，18世紀にはまず自然法に影響を受けたところの，「個人主義的」観点からする不当利得禁止の思想が貫徹し，この思想が，condictio 体系から発展してきた不当利得法を基礎づける。このような状況にあって，不当利得禁止思想があまりに包括的に過ぎると考える者は，転用物訴権 actio de in rem verso に依拠しつつ，不当利得禁止思想に風穴を開けようと試みた。そしてそのような試みは，19世紀に，ヨーゼフ・コーラー Josef Kohler (1849-1919) のいわゆる「社会的利他主義」(26)といった思想の後押しを受けつつ部分的に成功したのである。事務管理法は，「独立の法制度」（アレクサンダー・オゴノフスキー Alexander Ogonowski (1848-1891)）(27)として認められるにいたった。その傍らに，やはり転用物訴権から展開してきたとこ

---

(23) 磯村『不当利得論考』（前掲註9）111-113頁, 161頁，194-202頁

(24) 磯村『不当利得論考』（前掲註9）111-160頁および161-202頁

(25) 磯村自身による凝縮された要約は磯村『不当利得論考』（前掲註9）194-202頁。

(26) *Kohler, J.*, Menschenhülfe im Privatrecht, in: Jahrbücher für die Dogmatik des heutigen römischen und deutschen Rechts, Bd. 25 (1887), 1-141, bes. 43. なお，参照，磯村『不当利得論考』（前掲註9）150頁。

(27) *Ogonowski, A.*, Die Geschäftsführung ohne Auftrag nach österreichischem Recht. Civilistische Untersuchung, 1877, bes. 16 ff.; なお参照，磯村『不当利得論考』（前掲註9）198頁。

ろの新たな類型の不当利得法が，事務管理に対抗しつつ形成されていった。この類型の不当利得法は，それが事務管理制度との緊張を孕んだ関係において成立した事情からしても，自然法的な不当利得禁止思想だけによって，根拠づけられるというわけにはいかない。すなわちここでは単に利得があるだけでは足りず，何らかの意味で利得が「不当」である必要があるのである[28]。

　こうして磯村にとっては，不当利得法は，依然として二つの相貌を持つものであり続けた。すなわちcondictio体系に由来し《個人主義的》なそれ[29]と，「事務管理制度」に対抗し《社会的》なそれと，であり，この両者は容易には統合され難い。もとより磯村は不当利得法の首尾一貫した理論の構想を放棄するわけではないが，個人主義と社会的正義との複合体としての不当利得法を法的により的確に定めるために，彼は，一般に個人主義的な制度と認められている契約法との関係において改めて不当利得法の性格規定を行おうと考えた[30]。

　さて，事務管理という法制度の，19世紀後半の法実務における意義の増大は，イデオロギー的には，私的自治の法秩序としての民事法という伝統的な理解の相対化として把握されることが稀でなかった。事務管理という具体的な法制度の《解釈》は，私法と公法の峻別論の相対化という議論と容易に結託し得たのである。最も顕著な例は，コーラーである。彼によれば，事務管理制度は「意思主義の社会に基づいてはいない，すなわち二つの方向からの意思の合致というようなものに基づいているのではない。こういった個人主義的な構成は，社会的利他主義の最も基本的な要素の一つであるような法制度の性質を洞察するためには，役には立たないのである」[31]。「事務管理はしたがって民法においてのみならず公法においても重要な役割を果たす。」[32]こうした方向に踏み出した日本の研究としては，たとえば於保不二雄（1908-1996）[33]のものがある。かかる研究の傾向は，1930年代以降，ドイツでも日本でも《時代精神》に，野合しかねなかった[34]。

---

(28)　参照，磯村『不当利得論考』（前掲註9）155-158頁, 185-193頁。
(29)　参照, op. cit. 111-113頁
(30)　Op. cit. 201頁, 195頁。
(31)　*Kohler*, Menschenhülfe im Privatrecht（前掲註26）, 43.
(32)　Loc. cit. Anm. 1．
(33)　於保不二雄「事務の他人性」法学論叢36巻（1937）941-897頁。
(34)　差しあたり *Stolleis, M.,* Geschichte des öffentlichen Rechts in Deutschland, 3. Bd.（1999）, bes. 338-341.

来栖は時代精神に対抗して，民法における私的自治をいわば時代はずれに，決然として擁護する。これに対して，磯村の考察は，当時の研究傾向を基礎としたものであることは確かであろう。ただし，傾向に全面的に屈服したのではない。磯村にとっては，私的自治を端的に相対化することが重要だったわけではなく，私的自治と社会的要請との精確な関係を，事務管理と対抗する不当利得というものの法的性格をさらに契約法との関係で突き詰めることによって，分析的に明らかにすることが，重要だったのである。

徴候的なことに，磯村のその後の研究は，このような法解釈構成上の課題に直接に取り組むのではなくて，別の，長い迂路を辿ることになった。

III 基礎理論的な迂回
── 社会法・自然法・歴史法学・自由法運動

1930年代から第二次世界大戦の終わりまで，個人主義的近代に対して，ナショナリズムの観点に立つ批判が流行した。磯村の指導教授だった石田文次郎も，オットー・ギールケ Otto Gierke（1841-1921）の影響下に立つ，有機体的＝団体主義的で，形而上学的に基礎づけられた社会秩序を良しとする観点から，個人主義的近代を批判した[35]。戦後に入ると今度は，ドイツにおいても自然法ルネサンスが起こったのと相似して，日本でも近代主義のルネサンスが起こった。しかしながら，磯村は，戦前においても戦後においても，この相反する二つのイデオロギー的な潮流の両者に，比較的無縁だった。磯村にとって重要だったのは，古典的自由主義と，時とともにその存在を一層はっきりとさせてきた《社会的》問題との関係を，学問的に明らかにすることだったのである。イデオロギー的な熱狂に対して，彼は学問的な分析によって応接した。それは，彼が，技術的で政治に無縁の個別問題に沈潜したということを意味するものでは全くない。事態はむしろ逆である。戦後から1960年代にいたる磯村の研究は，扱った主題から見れば，通常の民法解釈構成上の諸問題の狭い枠組をまさに大きく突き抜けるものだった。その故にこそ，磯村の研究は，独特の学問的挑発力を放つこととなった。この挑発力は才能ある関西の次世代の研究者を挽きつけた。そのなかに石部雅亮の名前が

---

(35) 参照，石田文次郎「法実効性の淵源 団体主義的法源理論」法学論叢40巻（1939），197-222頁。

あることは言うまでもない(36)。それだけでなく、東京からも、若い村上淳一を引き寄せることとなったのである(37)。

磯村はまず、近代市民法の性格を包括的に特定し、その上で社会法の性格を市民法との比較において理解しようと試みた(38)。彼は、マックス・ヴェーバー Max Weber（1864-1920）の理論に依拠しつつ(39)、市民法の特質を、公法の排除に見た。周知のように、ヴェーバーは公法私法二元論に、近代法そのものを理解するための決定的な鍵があると考えていた(40)。それは、この峻別によって初めて、いわゆる Anstaltsstaat が中世的家産的要素から解放されたのだ、という見方に基づいている(41)。磯村はこのヴェーバーの見方を基本的に継承した(42)。このことは、磯村の思考過程には不可欠なものだった。なぜならば、このようにすることで初めて、彼は、近代法の歴史的意義を中世法生活との対比において確認することができたから。ただし、ヴェーバーにおいては、パンデクテン法学に西洋法の合理化過程の到達点を見ることが重要であったのに対し、磯村は、経済法や労働法といった領域、彼が包括的に「社会法」と名づけているところの、《社会的》法領域を、歴史的かつ体系的に位置づけるということを自らに課していた。社会法は、公法にも私法にも位置づけることができない。そうすると、19世紀末にこの法領域が成立し、20世紀を向かえてこの法領域が拡大していく、という現象は、それ自体として、公法私法二元論の意義を疑わしいものにする(43)。そのことは、磯

---

(36) 石部雅亮は磯村哲を指導教授とした、石部雅亮「まえがき」同『啓蒙的絶対主義の法構造』（1969）、1-4頁、特に3頁。

(37) 村上淳一『ドイツの近代法学』（1964）の「序」を参照。なお、磯村の学問的影響力について、拙稿をも参照いただければ幸いである、*Moriya, K.,* Neuere deutsche Rechtsgeschichte in Japan. 2.Teil: von 1980 bis zur Gegenwart, in: ZNR 31. Jg. (2009), 95-131, bes. 112.

(38) 磯村哲「社会法の性格 近代民法と社会法」哲学研究31巻（1947）、180-194頁、532-559頁；同「近代法における公私法の分化」私法1巻（1949）、57-68頁；同「ウェーバーの「西洋中世封建制理論」覚書」法社会学3巻（1953）、27-52頁。

(39) 磯村「社会法の性格」（前掲註38）、特に181頁と183頁註1。

(40) *Weber, M.,* Wirtschaft und Gesellschaft, 5. revidierte Aufl. (1972), Kap. VII. §. 1. (387-397).

(41) Loc. cit. ; auch vgl. 675.

(42) 磯村「近代法における公私法の分化」（前掲註38）、67頁；同「ウェーバーの「西洋中世封建制理論」覚書」（前掲註38）も参照。

村にとっては，さらに，法秩序構築に当たっての国家主導という想定それ自体の相対化をも意味した。磯村は，フーゴー・ジンツハイマー Hugo Sinzheimer (1875-1945) やジョルジュ・ギュルヴィチ Georges Gurvitch (1894-1965) を念頭に置きつつ[44]，社会法的な定めをもたらす決定的な刺激はいまや国家からではなく，社会そのものから受けている，と考えるのである。

　社会法からの挑戦を，単に政治的にのみならず，法学的に受け止めるために，磯村は，法源論に本格的に取り組むことが重要だと考えた。具体的には，オイゲン・エーアリヒ Eugen Ehrlich (1862-1922) の，評論風に書き散らかされたかに見える法社会学的論考から，その隠された示導動機を体系的に再構成する作業を磯村は行った[45]。エーアリヒの理論の核心を，磯村は，19世紀に広く認められていたところの，国家実定法体系の無欠缺性という想定に対する批判に見た。その際，磯村は，つぎの点を強調した。それは，エーアリヒが，裁判官による法解釈が実定法によって拘束を受けるということ自体を否定したのではないということである。ただ，磯村の見るところ，エーアリヒは，国家法の外にある法を法社会学的に確定することの重要性[46]，さらに，法に欠缺がある場合に裁判官が法創造を行う場合がありそれが重要であること[47]，これをはっきりさせたのである。

　エーアリヒの法理論に取り組むことを通じて，磯村は，エーアリヒが自らの学問的な立脚点を，一方に，近世自然法，それもとりわけフランスのそれ，との関係で，他方にフリードリヒ・カール・フォン　サヴィニー Friedrich Carl von Savigny (1779-1861) やゲオルク・プフタ Georg Friedrich Puchta (1798-1846) に代表される歴史法学派との関係で，精密化している，というところに注意を向けるに至った[48]。事実，エーアリヒによれば，自然法理論も歴史法学派も，法の存在形態

---

(43)　磯村「近代法における公私法の分化」(前掲註38), 545頁註1．

(44)　Op. cit. 557-559頁

(45)　磯村哲『エールリッヒの法社会学』上・下巻 (1953)。この大きな論文はのちに，若干の修正を伴って，以下の論文集に収められた，磯村哲『社会法学の展開と構造』(1975), 161-296頁；同「エールリッヒの自由法学」法学論叢84巻6号 (1969), 1-15頁。この論文もまた，一部を補完し大幅な修正を加えた上で，タイトルも「自由法学の構造」とされて，同『社会法学の展開と構造』297-334頁に所収された。

(46)　磯村『エールリッヒの法社会学』(前掲註45)。

(47)　磯村「自由法学の構造」(前掲註45)。

(48)　磯村『エールリッヒの法社会学』上 (前掲註45), 17-20頁。

を国家実定法の外側に認め，このような基本的な理解に立って法律の本質を探究したのだ，とされる[49]。かようなエーアリヒの認識に導かれつつ，磯村は，エーアリヒ研究と並行して，とりわけフランス自然法理論と，サヴィニーの法源論とを，自らの研究対象とすることになった[50]。そのことによって，エーアリヒの理論の歴史的位置価値を，自らの研究に立脚して，批判的に精密化しようとしたのであろう。

　磯村は，さらに，日本の重要な民事法学者にして法社会学の「始祖」[51]でもある，末弘厳太郎 (1888-1951) を，独立した研究対象にした[52]。磯村は，末弘の，たいていは短い評論風の，一見非体系的な著作から，核心的な思想を再構成しようとした。磯村は，末弘を，「市民法学」の推進者と位置づける。この「市民法学」という概念は，ここでは，1900年以降，日本において支配的になる「概念法学的法実証主義」の対案として理解されている。日本が当時，ドイツの後期パンデクテン法学の規定的影響下に立っていたのは，磯村によれば，概念法学が社会を上から改革するために適したものであることに照らして，偶然ではない。但し，ドイツにおいては，法の論理から政治的なるものを排除するということには，家産的支配関係を克服し，近代の営造物国家による社会秩序を構築するという，政治的な意味合いがあった[53]。これに対して日本の場合には，概念法学における政治の排除は形式主義的に受容された。このように，磯村は事態を把握するのである。磯村は，さらに考察を続ける。法の脱政治的な体系は，日本においては，社

---

(49) Vgl. *Ehrlich, E.*, Grundlegung der Soziologie des Rechts, 1913, 11f. und passim.
(50) 磯村哲「「ルソーと自然法学」序説」法学論叢60巻 (1954)，1-19頁；同「啓蒙期自然法理論の現代的意義 —— 自然法学と歴史法学」法律時報311巻 (1956)，416-420頁，313巻 (1956)，718-723頁；同「サヴィニー研究序説」石田先生古希記念論文集 (1962)，1-28頁。この作品は大幅に加筆修正が加えられた上で，同『社会法学の展開と構造』(前掲註45)，146-158頁に所収された。
(51) 六本佳平が一貫して用いる表現である。参照，六本佳平『法社会学』(1986)，141頁以下；最近では，同「末弘法社会学の視座 —— 戦後法社会学との対比」六本佳平・吉田勇編『末弘厳太郎と日本の法社会学』(2007)，233-265頁所収，233頁。なお，同書の「はしがき」も見よ。
(52) 磯村哲「市民法学」1巻 (1959)，2巻 (1960)，3巻 (1961)。この大論文は，多少手を加えられた上で，同『社会法学の展開と構造』(前掲註45)，1-117頁に所収された。末弘については，本書に収められた杉本論文も参照されたい。
(53) 磯村「市民法学」1巻 (前掲註52)，9頁。

会の経済的自由化という政治的目的のための手段として、基本的に未だ家産的色彩を色濃く残す権威主義的国家により、動員されたのだ、と[54]。このようないわば日本版の概念法学的法実証主義に、磯村は、末弘が推し進めようとした「市民法学」を対比させる。この「市民法学」とは、日本の法生活を民主化することを目標とするのだ、とされる[55]。もとより、《社会問題》の出現とともに、さまざまの社会的利害関係がもたらす挑戦に対して、議会制度は常に適切に応対できるというわけではない。そのような条件下にあって、磯村が注目するのは、末弘が、法源論における議会の卓越した役割自体を決して相対化したりはせず、しかし、慣習や判例、及びいわゆる法曹法に、議会による立法を補完する機能を、明示的に認めた、ということである[56]。末弘は、利害対立が社会の内部で、国家、とりわけ議会といった制度に頼ることなく、さまざまの諸力の弁証法的協働によって調和的に調整され得る、などとは考えていなかったということを、磯村はさすがに的確に観察している。事実、末弘は、有機体的に理解された国家の観念を、ギールケのそれであれ、ゲオルク・イェリネク Georg Jellinek (1851-1911) のそれであれ、はっきりと拒否しており、レオン・デュギ Léon Duguit (1859-1928) やハロルド・ラスキ Harold Laski (1893-1950) などの政治的多元主義に対する共感を示しているのである[57]。以上から明らかになるのは、磯村が、末弘に、二つの役割を見出していた、ということである。ひとつは、日本ではいまだに欠けているところの啓蒙的、自由で民主的な基盤の確立であり、もうひとつは、エーアリヒの精神に則る、法の社会学的基礎づけ、である。

IV 再び法解釈構成上の研究の強化へ —— 錯誤論

エーアリヒと末弘をめぐる、包括的な研究がほぼ終了したあと、磯村は、法解釈構成上の問題の考究の公表へ、重点を戻していく[58]。彼が最も力を入れた

---

(54) 磯村「市民法学」1巻（前掲註52), 12-25頁。
(55) 磯村「市民法学」3巻（前掲註52), 74頁。
(56) 磯村「市民法学」3巻（前掲註52), 117-126頁。
(57) 末弘厳太郎「誤審賠償の根本原則」(1923) 同『嘘の効用』(川島武宣編), 2巻 (1994), 104-143頁所収, 特に118-123頁。なお, 磯村「市民法学」3巻（前掲註52), 91頁以下を見よ。

のは，錯誤論である⁽⁵⁹⁾。錯誤というのは，不当利得と同様，近代の《個人主義的》契約自由を幾重にも法政策的に修正する制度である。彼が錯誤論に注目するところに，磯村の学問的出発点以来の研究関心たる，古典的自由主義と19世紀後半以降顕在化するところの古典的自由主義の法政策的修正との関係の究明という動機が，はっきりと読み取れる。

ただ，磯村の錯誤論は，もっぱらドイツ語圏の，すなわちドイツとスイス，そしてオーストリアの錯誤論についての研究であった。日本法についての体系的な論述はない。磯村は，彼の研究が「わが国の法曹法を分析・評価するうえでの有益な比較的資料」⁽⁶⁰⁾を提供できるであろう，と述べるにとどめている。なぜしかし彼が日本法を直接に分析しなかったか，という問いに，彼は直接答えてはいない。この点には「5．結語」で触れることにしよう。

さて，不当利得に関する彼の初期の研究と比較して，彼の錯誤論研究における方法的な違いは極めてはっきりとしている。不当利得研究においては，基本的に，

---

(58) ただしこの期間にも次の重要な作品があらわれている，磯村哲「Impossibilium nulla obligatio 原則の形成とその批判理論 ── その一，独民法の「原始的不能」の学説史的背景」『石田文次郎先生還暦記念 私法学の諸問題（一）民法』(1955)，397-435頁所収；同「シカーネ禁止より客観的利益考量への発展 ── ドイツにおける「226条・826条から242条への展開」の意義」『末川先生古希記念 権利の濫用 上』(1962)，60-101頁所収。ここで獲得された洞察は，錯誤論考において発展的に利用されている。

(59) 磯村哲「動機錯誤と行為基礎 ドイツ錯誤論の発展（1）-（3）」法学論叢76巻3号（1964）1-39頁，77巻1号（1965）18-42頁，79巻1号（1966）22-79頁（この論文は，未完）；同「現代ドイツ錯誤論前史」法学論叢88巻4/5/6合併号（1971）33-54頁（この論文も，未完）；同「スイスにおける信頼理論的錯誤論（1）-（2）」民商法雑誌93巻（1986）621-669頁，785-820頁；同「現代オーストリア錯誤論の論理構造覚書」国際比較法制研究2巻（1991）1-21頁（これも未完）。これらすべての論文は，内容的な変更は加えられないで，「はしがき」（i頁）と「むすび」（265-268頁）が書き下ろされた上で，同『錯誤論考 ── 歴史と論理』(1997) に収められた。それぞれの論文の頁数は，1-133頁，135-158頁，159-240頁，241-263頁である。磯村哲の御子息であり，自身民法学者である磯村保氏が，本書の校正を引き受けた。その仔細は「後記」(269-270頁) に記されてある。本稿での引用はこの論文集による。但し，所収された論文のいくつかが未完であることは ── 本論集の成立事情からしてそのような配慮も十分に理解できるが ── 本論文集で明示されてはいない。最晩年の磯村哲自身による要約（「むすび」）に，やや唐突な印象を読者に与える部分が含まれているとすれば（とくにフルーメに対する高い評価），それは，この要約が，書くべくして書かれなかった内容の要約をも含んでいるからかもしれない。

(60) 磯村『錯誤論考』(前掲註59)，265頁。

ドイツにおける学説の分析がなされていた。判例の動向は，間歇的に，また要約的に扱われているに過ぎない[61]。しかし，錯誤論研究においては，そうではない。磯村の錯誤論研究の最も重要なもの，すなわち「動機錯誤と行為基礎」[62]の基本的な構成を見ると，すでに紹介したような，磯村の基礎理論的迂回の痕跡をはっきり読みとることができる。導入部で，論文で検討すべき課題を簡潔に提示した後，磯村は，まず，サヴィニー以降民法典草案策定前夜までの学説展開を追跡し[63]，その上で，ドイツ民法典の錯誤に関する定めの成立過程を丹念に再構成する[64]。このようにして，法律の定めの持つ具体的に歴史的な意味を明確化しようとするのである。このような作業を前提にしてのみ，法律の定めに，その後の時代において何が解釈によって新たにいわば読み込まれたのかについて，的確な観察を行うことができるからである。はたして，磯村は進んで，民法典の定めを前提として形成された実務及び学説における解釈を分析する[65]。この部分は，磯村に独特の，凝縮されて簡潔な記述のみによって構成された129頁に亘る叙述の実に60頁を占め，最大の部分を構成している。磯村の方法的な基本的態度は，明瞭である。つまり，法律実証主義の無欠缺性の想定を，このような方法を通じて，論破するのである。法律の定めの内容は，立法以前の普通法における学問的な議論の積み重ね及び成立過程の議論の側から，歴史的に説明され精密化される。こうして，さらに，磯村は，法曹法 ── 彼はこの語の下に，学者の議論のみならず判例法をも念頭においている ── によるさらなる展開を，狭い意味での法律解釈とは切り離して論ずる可能性を獲得した。磯村が特に判例法に着目している点は，重要である。法と社会との相互作用についての磯村の深められた洞察は，このようにして，研究方法の点にも，はっきりと表れているからである[66]。

　磯村の，このように深められた洞察は，もとより，彼による錯誤論の実質的分析にこそ，一層明瞭に読み取れる。磯村は，錯誤論に，サヴィニー以来の自由主

---

(61) たとえば磯村『不当利得論考』（前掲註9）176-178頁。
(62) 磯村『錯誤論考』（前掲註59），1-133頁
(63) Op. cit. 12-56.
(64) Op. cit. 56-70.
(65) Op. cit. 70-129.
(66) かかる傾向は，既に以下の論文でも検出できる，磯村「シカーネ禁止より客観的利益考量論への発展」（前掲註58）。この傾向は，磯村『錯誤論考』（前掲註59），1-133頁，で，より首尾一貫した形で展開されている。

義的個人主義的な意思主義と，資本主義が高度に発達した社会において重要性を一層増しつつあったところの取引安全への法政策的顧慮との，交錯点を見ていた[67]。論点を先取りすることを省みず言えば，磯村は，こんにちの民法学の持つ極めて重要な一面を，擬似基礎法学研究的な抽象的表層において捉えるのではなく，錯誤論の解釈構成上の構造の究明という実定法上の一課題に挑むことで，具体的に照らし出すことを目指していたのである。だが，われわれは，磯村の思考過程の再構成に立ち返ろう。

サヴィニー的な意思理論は，磯村によれば，表示錯誤と動機錯誤とを区別し，後者を法的に無意味だとした点に，基本的な功績があった。しかしながら，この意思理論は，本質的性質錯誤（error in substantia）の場合に意思が「欠缺」するということを，理論的に不十分にしか説明し得ていない[68]。ところが，本質的性質錯誤の概念をどのように理解すべきかという問いこそが，19世紀中葉以降の錯誤論についての判例および学説における考究の重要な戦場のひとつだったのである。それというのも，端的な表示錯誤と異なって，本質的性質錯誤は，契約法と厄介な関係を持つからである。これをより具体的に言えば，私的自治に基づく，ということは，そのかぎりで意思の有無が重視されるはずの，契約自由と，後期資本主義社会において次第に重要性を高めつつあったところの，ひとたび締結された契約の安定性への信頼価値との関係が，本質的性質錯誤の把握という論点において，問われていたのである。さらに，磯村の分析的観察によれば，後に行為基礎についての錯誤と表現されるに至る，新たな問題領域が生じるに至った。磯村は，この問題領域を，本質的性質錯誤という伝統的な概念と，明瞭に区別する。蓋し，この新しい問題領域においては，文言 verba と意思 voluntas との一致ではなく，文言 verba と事実 res との一致があったかどうかが問われているからである[69]。

性質錯誤に関わるところの，分析的に区別された二つの問題領域は，しかしながら，実質的には，互いに密接に関わっている。

---

(67) 参照，磯村『錯誤論考』（前掲註59），111頁以下。
(68) Op. cit. 4-9頁。
(69) Op. cit. 1-3頁。この二つの範疇の区別については99-109頁，122-124頁。

1　本質的性質という概念の規定

　本質的性質概念をどのように規定すべきか，という問いについてみると，磯村によれば，本質的性質の概念は，客体の本質を，その脱社会的な自然的性質といった観点から脱文脈的に捉える従来の仕方をやめ，複雑になっていく取引諸観念と撰を一にしつつ，客体の事実的法的諸関係に則して社会的観点から広く捉える見方へと変化してきた[70]。本質的性質概念のかかる拡張傾向は，しかしながら，契約の有効性に対する信頼を危険に曝すことにもなる。なぜならば，このように広く捉えられた性質について錯誤した者は，やはり一方的な取消権を持つからである[71]。この問題に対して，判例はさまざまの反応を示したが，磯村はそれを三つの類型に分析的に区分する——

　第一の類型は，性質概念を再び客体に結び付けて具体化しようと試みる[72]。しかしながらこのような試みは，磯村によれば，最終的に，事物の本性に従って性質概念をとらえようとする伝統的な理論への退行を意味する。なぜならば，このような試みにおいてはさまざまの契約類型に対する顧慮が見られないからである[73]。

　第二の類型は，性質概念を次のように精密化しようとする。すなわち，客体の事実的法的諸関係は，「それが相手方にとって認識可能に契約締結の基礎におかれた場合にのみ」BGB 119条2項の意味での物の性質に関する錯誤と認められるのである，と[74]。磯村はしかし，このよく知られた定式，行為基礎論をも想起させるこの定式の法的な意義を，この定式を利用した判例の事実関係を詳しく検討することによって，批判的に相対化する[75]。彼の明らかにしたところによれば，契約の基礎としてなにか客観的に特定可能なものを想定することはできず，特定できるのは，ある特定の契約類型の場合には常に前提し得るような事柄か，あるいは具体的な契約においてその具体的に特定された合意においては確実に前提し得るような事柄だけである。つまり，磯村の見るところ，判例は，確かに性質概

---

(70) Op. cit. 111-117. Vgl. auch *Flume, W.,* Das Rechtsgeschäft, 1965, §. 24/2.
(71) 磯村『錯誤論考』（前掲註59），71-80頁，111-117頁。
(72) たとえば RGZ 99, 24; RGZ 149, 235.
(73) 磯村『錯誤論考』（前掲註59），112-114頁。
(74) RGZ 64, 266, 269; 参照，磯村『錯誤論考』（前掲註59），76頁。
(75) RGZ 64, 266; RG LZ 1931, 240; RG JW 1912, S. 850 Nr. 2; BGHZ 16, 54; 参照，磯村『錯誤論考』（前掲註59），75-80頁。

念をそれとして精密化しているが，実際の判断形成は，その都度問題になっている法行為に照らして柔軟に類型的になされており，上述の性質概念についての定式は，法的判断基準として具体的に機能してはいないのである[76]。

　第三の類型は，とくに売買契約に係る事例において，なるほど性質錯誤の存在は見られるものの，判決においては瑕疵担保責任の問題として処理され，その限りで性質錯誤にかかわる厄介な問題は巧妙に避けられている，というものである[77]。

2　表示と事実との不一致

　文言と事実の不一致という問題領域に関しては，磯村は，裁判実務が，性質錯誤には属さないことがらに関する錯誤に係る事例を，ヴィントシャイドの前提理論[78]を想起させる構成によって内容の錯誤へ包摂しているという事態を分析した[79]。ここでも磯村は事実関係を詳細に観察し，その結果，このような判例において，前提理論が実務において受容されたと見るべきではない，と判断する。なぜならば，ここで問題になっている事例においては，契約締結時に両当事者が前提しているところの，事情に関するある想定が，しばしば契約締結後にあらわれるところの現実と一致しない，という共通した状況が見て取れるからである[80]。このような，「行為基礎の錯誤」[81]においては，意思と表示とは完璧に一致している半面，その表示と事実とが，しばしば極めて大きな矛盾を来すということに，この種の事例が抱える難しさがある。というのも，こうした場合，契約の効果を否認することは，確かに実務上しばしば必要であろうが，錯誤者に一方的取消権を付与するというのは，常に適切かどうかという問いが浮上するからである。

　磯村は，この問いに対する説得的な答えが，実務によって確立された信義則理論によって与えられたと見ているようである[82]。この信義則理論によって，一方に，錯誤法の持つ一面性，すなわち錯誤者が一方的に取消権を持つこと[83]，

---

(76) Op. cit. 75-80, 114-117.
(77) Op. cit. 80-86, 118-120.
(78) *Windscheid, B.,* Die Lehre des römischen Rechts von der Voraussetzung, 1850.
(79) 磯村『錯誤論考』（前掲註59），120-125頁。
(80) Op. cit. 121f.
(81) Vgl. op. cit. 89-109, 123.

第Ⅰ部　基礎研究とドグマーティク

他方に，当該契約の効力の維持に執着する他方当事者を顧慮しすぎることによって生ずる一面性[84]，この二つの一面性を一挙に法政策的に緩和する，ということが可能になるからである[85]。

磯村は，その後，もう一度，錯誤論について大きな論文[86]を執筆する。そこでは，スイスの法学者アウグスト・ジモーニウス August Simonius（1885-1957）における信頼理論が立ち入って分析されている。そして，行為基礎の錯誤の場合には信頼理論だけですべてが事足りるわけではなく，問題になっている具体的な契約の類型論的な解釈がそれに先立たねばならない，という指摘がなされている。

Ⅴ　結　語
—— 類型論的思考，法解釈構成，カズイスティクと法比較

「前提は意思の自己拘束の一つである」[87]。この言葉によって，ベルンハルト・ヴィントシャイト Bernhard Windscheid（1817-1892）は，大きな影響力を誇った前提理論についての叙述をはじめた。この前提理論はまた，本質的性質錯誤の理論化をも目論むものだった。1850年のことである。この，よりにもよってサヴィニーに，ただし「ローマ法学の刷新者」[88]としてのサヴィニーに，献呈された書物によって，古典的自由主義に対する批判の口火が切って落とされた。その後，今度はオットー・レーネル Otto Lenel（1849-1935）がヴィントシャイトの前提理論を批判することになるだろう。しかしその批判の根拠は，ヴィントシャイトの理論が取引安全を害するという点にあった[89]。古典的自由を保守するものではなかったのである。磯村の思考は，基本的にヴィントシャイトとレーネルの間で

---

(82) 磯村の見解の最終的な確定は，原理的に困難である。なぜならば，論文が完結していないからである。磯村「動機錯誤と行為基礎」（3）（前掲註59），79頁「「（未完）」」の文字が見える。この文字は，論文集においては削除されているため，事情がやや不明瞭になっている）。
(83) RG Gruchot 69, 216; RG JW 1929, 728; vgl. 磯村『錯誤論考』（前掲註59），101-104頁。
(84) RGZ 108, 105; RGZ 126, 243; vgl. 磯村『錯誤論考』（前掲註59），99-101頁，104頁。
(85) 磯村『錯誤論考』（前掲註59），108頁以下，125-129頁。
(86) 磯村『錯誤論考』（前掲註59），159-240頁。
(87) *Windscheid, B.*, Die Lehre des römischen Rechts von der Voraussetzung, 1850, 1.
(88) そのように献辞に見える。

形成された。磯村の関心は，本質的錯誤の理論を，機能する契約自由の維持に向けて可塑的なものにすることに他ならなかったからである。契約生活が実際に機能すること，が重要なのだった。

　磯村が裁判例を丹念に研究し，実務において支配する現実的な利益考量を法的構成の背後に見出したのは自然である。本質的性質錯誤というひとつの上着の下に隠れたさまざまの事例類型を，磯村は見事に類型論的に区別した。そこには，法的言語と現実との間にできるだけ明快な関係を築き上げたいという目論見が見て取れる。それは，法解釈構成を現実的なものにしようという，日本における印象的な試みがあった。

　しかるに，現実とは，一体何か？　現実に，われわれはどのようにして接近すればよいか？　磯村は，類型論的考察に親近感を覚えている[90]。しかし，彼は，どこから《具体的な》類型を採ってくるのだろうか？この文脈で，磯村は，カール・ラーレンツ Karl Larenz (1903-1993) に依拠しつつ，「事物の本性」に言及する。「事物の本性」を通じて類型は全体像に関連づけられ，そのことによって，諸類型は相互にばらばらにではなく，《有機的に》関連づけられるのである，と言われる。こうして磯村は，ドイツ錯誤論やスイス錯誤論，そしてオーストリア錯誤論の比較法的分析を通じて，最終的には錯誤法一般理論の構築を目指している[91]。そして，この錯誤法一般理論は，普遍的に妥当するはずの債権法体系のしかるべき部分へとあてはめられるのだ，と考えられている。ちなみに，ドイツの錯誤論についての磯村の研究は，ひょっとすると日本法に対する間接的な提言を含意していたのかもしれない。すなわち，日本の民法95条によれば，錯誤の効果は取消ではなく無効であるが，このような錯誤法は，契約実務に照らしてもっと可塑的に構成されねばならないのだ，と。しかし，そのような批判は，日本の法規範に従って，そして日本の判例実務を前提として活動せざるを得ない日本の法曹に

---

(89) *Lenel, O.*, Die Lehre von der Voraussetzung (im Hinblick auf den Entwurf eines bürgerlichen Gesetzbuches), in: AcP Bd. 74 (1889), 213-239; *ders.*, Nochmals die Lehre von der Voraussetzung, in: AcP, Bd. 79 (1892), 49-107.

(90) 磯村哲「法解釈方法論の諸問題」同編『現代法学講義』(1978), 85-124頁。すでに1964年の段階で（参照，磯村『錯誤論考』(前掲註59), 4頁註5），「法律行為の解釈論の分析」が別稿で計画されていることが明らかにされている。

(91) 磯村『錯誤論考』(前掲註59), 3頁, 188頁, 232頁, 241頁, 265頁。

とって，説得的だろうか？ 比較法を通じて一般法理論に通じるような道などあるのだろうか？ よしそのような一般法理論があるとして，それはさまざまの国の法を批判し得るような基準であり得るだろうか？

磯村の場合，類型論的考察は，明らかに，行為基礎論に対する批判的含意を持っている。それは，行為基礎論は，さまざまの契約類型に対して十分に敏感でないところがあるからである[92]。磯村において，類型論的に構成された錯誤論は，しかしながら，すでに指摘した通り，いつの日か，グローバルで一般的な理論を構築するという野心と，どこかで呼応している。類型論的な具体化の要請と，グローバルな妥当の要求との関係はどうなっているのだろうか？ この問いに，磯村が答えているわけではない。「事物の本性」は，回答としては，不十分である。

19世紀後半のドイツの法曹と同様，磯村は，サヴィニーにおいて性質錯誤論の表示錯誤との理論的関係が不明瞭であることを批判している。しかし，この批判は，空を切る。なぜならば，サヴィニーは，本質的性質錯誤についての一貫した理論を構築する意図など，もともと持ち合わせていないからである。それどころかサヴィニーは「性質錯誤[93] error in substantia という専門用語」自体を問題視する。曰く，「この専門用語は事柄を混乱させることに少なからず貢献した」[94]。彼はさらに次のように続ける：「われわれの任務は，要するに，客体の性質錯誤が客体の錯誤 error in corpore と同視できるような個別的な事例を探し出し，そのような諸事例をできればある共通の規則へと還元することである。」[95]サヴィニーはここでは自覚的に事例ごとに（カズイスティシュに！）個別的に考察しているのである。なるほどサヴィニーは，ローマ法において本質的性質錯誤理論が瑕疵担保責任および非債弁済よりも優先されたことを認める[96]。しかし，性質錯誤という制度の使い方を見ると，それは，ローマ法において，「現に意思があると認めることが凡そ不可能である客体の錯誤の使い方に比して，より技巧的な性

---

[92] 表示と事実の不一致についてのわれわれの論述を再度参照いただければ幸いである。

[93] ここでは，磯村自身が与えた訳語を踏襲しておく（サヴィニー自身，error in substantia を Eigenschaftsirrtum と互換的に用いている）。Error in corpore についても同様。

[94] *Savigny, F.C.*, System des heutigen römischen Rechts, Bd. 3, 1840, §137.

[95] Loc. cit.

[96] Op. cit. §138.

質を持っている。」そして，これに続くかれの言葉には，極めて興味深いものがある：「したがって，性質錯誤は，錯誤者において（確実に存するあるいは想定し得る）法益を，性質錯誤の適用によって保護すべきであると見ることができる場合に限って，適用すべきである。したがってさらに，性質錯誤の利用がどの時代にもあったとか，性質錯誤が認められるすべての事例について利用されたなどというわけではない，と考えることもできる。以下において，個別の事例に即して立てられたいくつかの法規則は，同時に，こうした歴史的実務的な限界を確認しそれを提示することと，連動させて理解されねばならないのである。」[97]この一節を，サヴィニーが自らの錯誤論の弱点を告白したものだと解釈することは無理である[98]。この体系家は，かれの構築した体系の傍らに，カズイスティクのために十分な余地を意識的に残しておいたのである。磯村はこのような事情を重視しなかった。どうしてだろう？ サヴィニーを批判することは，許されている。しかしそれは，サヴィニーの残した本文を不注意に読むこととは異なる。磯村は，古典的自由主義と社会問題との関係の法的究明に対する関心を一貫して持ち続けたが，にもかかわらず，古典的自由主義を歴史的具体性において把握するには至らなかったのではないか？ 彼の視線は結局，ヴィントシャイトとレーネルの時代より先には，届かなかったように見えるのである。

　そこで，磯村が立てることのなかった一連の問いが生じる：カズイスティシュな思考をそう簡単に否認することができるか？ そもそもカズイスティクとは何か？ カズイスティクと法解釈構成とはどのような関係に立つか？ カズイスティクと類型論との関係はどうか？ 類型論と比較法との関係はどうか？ 比較法は統一的法理論を導くか？ 法比較は法解釈構成とどのような関係に立つのだろうか？《統一的》法解釈構成というものがあり得るだろうか？ 法解釈構成は，錯雑なままであってはならないか？ われわれは，こうした問いに，概念の系譜的関係に留意しつつ，取り組まねばならないのであろう。

---

(97) Loc. cit.
(98) にもかかわらずそのように主張する磯村『錯誤論考』（前掲註59），9頁註40。ここでは *Flume, W.*, Eigenschaftsirrtum und Kauf, 1948, 12が引用されている。

ドイツから見た基礎研究とドグマーティク

トーマス・ヴュルテンベルガー
杉 本 好 央 訳

　自然科学は，もっぱら学問的認識の進歩に寄与する基礎研究と，学問的研究の成果を商品生産やサービスに変える応用研究とを区別する。ふたつの研究方向の位置価値はアンビバレントである。周知のように，国民経済の経済的活動能力や国際競争力は，応用研究による生産および商品連鎖の革新の進展に，相当程度依拠している。したがって政治とりわけ大学政治の領域からは，応用研究の強化が促される。これにより，19世紀以来ドイツの大学の本質的な任務であった基礎研究は，制度的および組織的に不利な状況に陥る危機にある。とはいえ，基礎研究はドイツの研究体制のなかで一つの重要な要素であるにはちがいない。とりわけ，ドイツ研究振興協会（Deutsche Forschungsgemeinschaft）やマックス・プランク協会（Max-Planck-Gesellschaft）の研究所は，基礎研究を促進している[1]。ここで見逃してならないのは，基礎研究の成果は潜在的には常に応用研究によっても利用され得るということである。このことの重要な一例はレーザー技術分野の研究である。その基礎研究は長きにわたり，商品化を急き立てるような考察は一切なしに行われてきた。ようやく徐々に，基礎研究はレーザー技術の分野でも商品化され，しばらくのうちに重要な産業部門の一つとなった。

　以上の前置きの意図は，自然科学における研究の端緒と法学におけるそれとの比較可能性を想起させるところにある。自然科学において周知の問題設定を法学の分野に転用するなら，法学におけるドグマーティクは応用研究と，これに対してドグマーティクの進歩を目標としない学問的作業のすべては基礎研究と言えるであろう。したがって法学上の基礎研究[2]は，ドグマーティクによる具体的な成果を顧慮することなく行われる。

（1）基礎研究領域への国家による伝達能力と，私法の形式での研究の自主管理という体制について，*Streiter*, Wissenschaftsforschung durch Mittlerorganisationen, 2008.

第 I 部　基礎研究とドグマーティク

　基礎研究とドグマーティクとの関係は，法の内的観点から，そしてまた外的領域から考察できる。法の内的観点からは，自然科学におけるのと類似して，法学における基礎研究とドグマーティクとの結びつきが体系内在的に問われる。法の外的領域という視点(3)からは，社会科学や自然科学における基礎研究の成果は法学でそもそも考慮されるかどうか，また考慮されるとすればどのようにしてか，さらにそれは法ドグマーティクの対象とおよそなるのかどうか，また，なるとすればどのようにしてか，ということが問題となる。ここには，法秩序をも視野に入れた社会変化に関する理論をおよそ法学的に扱い，法ドグマーティクに組み込みうるか，できるとすればどのようしてか，という厄介な問題がある。法および法ドグマーティクによる自然科学的研究の制御，また逆に後者による前者の制御という問題に答えることも，同じく厄介である(4)。

I　法の内的観点から見た，基礎研究とドグマーティクとの関係

　基礎研究と法ドグマーティクとの関係を問うことは，見慣れたものではない。法学には，異なる問題設定を行う多くの異なる科目が属する。法ドグマーティクと並んで，法理学，法哲学，法心理学，法比較，一般国法学，法史学，法社会学，立法学，方法論など(5)が挙げられる。したがって法学は一つの建物を束ねる大きな屋根であり，その建物の中で，隣接科学にまで及ぶ個々の法学科目が錯雑に入り組んでいる。基礎研究と法ドグマーティクとの関係を定めることのとりわけの魅力は，このように幾重にも絡み合った法学の一体性を解きほぐし，法ドグマーティクを検討の中心に引き出すことにある。

（2）応用的な法学基礎研究という構想について，*Alexy*, Vorwort, in: ders. (Hg.), Juristische Grundlagenforschung, Beiheft 104 zum ARSP, 2005, S. 7.
（3）法に対する外からの視点については，*Cheffins*, Cambridge Law Journal 58 (1999), 197 f.（「『外側』からの法学研究は……法の経済的社会的政治的含意に関する研究を行うための，法の外にある知識体系の利用を意味する」）。
（4）類似のものとして，*Jestaedt*, Perspektiven der Rechtswissenschaftstheorie, in: ders./Lepsius (Hg.), Rechtswissenschaftstheorie, 2008, S. 185, 190 f.
（5）*Hoffmann-Riem*, Methoden einer anwendungsorientierten Verwaltungsrechtswissenschaft in: Schmidt-Aßmann/ders. (Hg.), Methoden der Verwaltungsrechtswissenschaft, 2004, S. 9, 14.

1　基礎研究と法ドグマーティクとの限界付け

そこで，法学上の基礎研究とドグマーティクとの間を限界づけてみよう。

(1) 法ドグマーティク

法の規範性とそれによる法の妥当が法ドグマーティクの対象である[6]。法ドグマーティクは実用的かつ応用的な学として具体的な法的問題の解決を目指し[7]，そこでは法治国家に必要な法的保障がもたらされる。誇張して表現すれば，法ドグマーティクなくして法治国家は存在しない。法治国家秩序の諸前提には，明瞭な実定法規定のみならず，法解釈論上の明瞭な体系下でのその整序もまた含まれる。このとき裁判官法が法ドグマーティクのひとつの中心的な対象となる。法ドグマーティクは，制定法と裁判官法とを結びつける留金具である。

(a) 法ドグマーティクの課題　パウル・ラーバントの有名な言葉[8]によれば，「ある特定の実定法に関するドグマーティクの学問的課題は，法制度を構成すること，すなわち個々の法命題を普遍的な概念に還元し，個々の概念から明らかとなる帰結を導き出すこと」にある。ここでラーバントは19世紀の古典的なドグマーティクを受け継ぐ。構成法学の考え方では，その体系的な貫徹はプフタやヴィントシャイトのような者においてはじめて可能なことなのだが，法概念は体系的に整序される[9]。この「構成的ドグマーティク」にはじめて根本的な疑念を述べたのはイェーリング『法における目的』(1872年) であり，これを克服したのは20世紀の新しいドグマーティクの試みであった。法ドグマーティクの活動領域がしばしば批判されるように概念法学的にして法実証主義的に狭隘であるにもかかわらず，次のようなことは当を得ていると思われる。すなわち——

法ドグマーティクは価値論的な[10]試みを追求する。法ドグマーティクは，法秩序全体および個々の法領域の基礎にあるところの，価値評価 (Wertung) や法原則や演繹関係を明らかにする。法ドグマーティクは「価値中立的な概念的作業」

---

(6) *Brohm*, Kurzlebigkeit und Langzeitwirkung der Rechtsdogmatik, in: FS für Maurer, 2001, S. 1079, 1080.
(7) *Henkel*, Einführung in die Rechtsphilosophie, 2. Aufl. 1977, S. 1
(8) *Laband*, Das Staatsrecht des Deutschen Reiches, 4. Aufl., 1. Bd. 1901, S. IX.
(9) *Schlosser*, Grundzüge der Neueren Privatrechtsgeschichte, 8. Aufl. 1996, S. 133 ff.
(10) 概念あるいは規範のピラミッドを指向する公理的体系と，最上位の価値を指向する価値論的体系との相違について，*Röhl*, Allgemeine Rechtslehre, 2. Aufl. 2001, S. 416.

ではない(11)。立憲主義的な法秩序 —— これはドイツではここ数十年で発展したが —— では，まずは憲法から根本的な価値評価や法原則が導き出され，これらの価値評価および法原則はそれ自体，単純法律（einfaches Recht）の解釈および継続形成を導き，これに影響を及ぼす。さらに単純法律では，個々の法領域の基礎にあり，個別の問題を解明する際に単純法律の解釈に援用できるような，法原則や価値評価があらわれる。法ドグマーティッシュに展開された複数の価値評価や原理や演繹関係の体系(12)のなかで論証するすべを心得ている者のみが，成功の見通しをもって訴訟を指揮し，法的論証に参加できる。

法の具体化に先行する上位の原理に属するのは，例えば公法の観点から見れば，［給付国家（Leistungsstaat）と対比的に最近しばしば論ぜられる［編者註］］事後保障国家（Gewährleistungsstaat），比例原則（Verhältnismäßigkeitsprinzip），平等，信頼保護，争いがないわけではないが，摺り合わせ要請（Optimierungsgebot）などである。上位の諸原理，例えば信頼保護と，民主的に正当化された立法者の形成自由との間の抵触をいかにして解消するかは，法ドグマーティクの日常業務である。このとき法ドグマーティクは，新旧の法的問題を，価値評価と体系に適合する仕方で，解決する道筋を示す(13)。

このような価値論的な機能と緊密に結びつくのが体系化であり(14)，これは法ドグマーティクの第二の，そして伝統的な(15)課題である。一見すると，そして新たに自己展開していく法分野では総じて，法秩序は，一つにまとめる紐帯を欠いた規範組織として現れる。個別問題についてそのつど法的規定が見出されるが，それらの規定は一見するとほとんど首尾一貫性のない形で並んでいる。ここで法

---

(11) 例えば，*Larenz/Canaris*, Methodenlehre der Rechtswissenschaft, 3. Aufl. 1995, S. 54.

(12) 法ドグマーティクの論理的な，すなわち自己矛盾のない体系について，*Weber*, Wirtschaft und Gesellschaft, 5. Aufl. Studienausgabe, 1980, S. 181.

(13) ドグマーティクが批判の禁止（Kritikunterbindung）と無関係であることは自明である（vgl. *Luhmann*, Rechtssystem und Rechtsdogmatik, 1974, S. 15）.

(14) 法学の「体系的独自性（Proprium）」について，*Frisch*, Wesenszüge rechtswissenschaftlichen Arbeitens, in: Engel/Schön (Hg.), Das Proprium der Rechtswissenschaft, 2007, S. 156, 160 ff.

(15) *Coing*, Geschichte und Bedeutung des Systemgedankens in der Rechtswissenschaft, 1956, S. 30 ff.

ドグマーティクは，個々の法的規定を，首尾一貫した体系にするという課題を有する。上位にある重要な原則および中心的な価値評価から，分野特殊にかつ制定法および裁判官法に則して，さらに詳細な法原則が展開され，それによって法秩序は一体的なものとして把握され得る。

　法ドグマーティクは負担を軽減する機能を持つ。法解釈論上承認されていることの正義と正しさとをいつも頭から解明する必要はない。数世代によるドグマーティクの彫琢作業は安心して受け継ぐことができる(16)。これは法的論証を先に進めるための確固たる基礎である(17)。「先人の知恵に学ぶ（Die Alten waren auch keine Dummen）」という標語に倣って，かつての「試行錯誤」(18)の過程から生じて，承認された法的前提として明るみに出たところのものを受け継ぐことができる。

　ドグマーティクのこのような負担軽減機能によって，法曹身分の分化が可能となる。確立したドグマーティクの意味を熟慮し，これを修正しあるいは発展させることは，一握りのエリート法律家に委ねられる。法的助言や裁判という日常業務の中にいる法律家にとって，法ドグマーティクの確定は，改めて問われ得ない，職業生活上の基礎である。正しさや公正さに関する批判的な問いに自ら答えることのできない者でも，ドグマーティクという建物の中では，正しくかつ公正な法的判断を下すことができる。このように見れば，法実務に照準を合わせた法ドグマーティクは，根本的な意味および価値評価の問題に対して相応の理由から免責された，実証主義的な法適用に寄与するものである。

　以上のことから，法実務的ドグマーティクと法学的なそれという重要な区分が導かれる。法実務的ドグマーティクは注釈書や教科書や手引書で制定法や裁判官法の状況に照準を合わせたものであり，それゆえに実定法の妥当に拘束されたものである。法学的ドグマーティクはこれを超え，法実務的ドグマーティクによって展開されたことの正しさと正義とを問う。法学的ドグマーティクは新しい体系化と新しい解釈論的解決を求めるのである。

　(b)　法ドグマーティクと法文化　　法ドグマーティクが法体系に統合されるか否か，また統合されるとすればどのようにしてか，という問いは，法文化の問題

---

(16) *Brohm*（Fn. 6），S. 1079, 1083.

(17) *Brohm*（Fn. 6），S. 1079, 1082 f.

(18) これについて，*Zippelius*, Juristische Methodenlehre, 10. Aufl. 2006, §12（類型化による事案の比較について）．

である。19世紀初頭以来ドイツの法文化を特徴づけているのは、歴史法学派およびパンデクテン法学による、正義の理念を歴史的経験に対応させた法体系の展開である[19]。以後、法学のこのような高いドグマーティッシュな仕事がドイツの法文化を本質的に特徴づけた。近時まで立法は基本的なことを定めるにとどまり[20]、法秩序を時代および事物に即して具体化しさらに発展させることは、裁判官法や法ドグマーティクに委ねている。

立法国家のこのような特殊な形態は、裁判官法および法ドグマーティクの仕事ぶりに対する立法者の高い信頼によって特徴づけられる。特殊ドイツ的な法文化のこの要素は、1906年にフライナーによって次のように明確に述べられた。すなわち、法の進歩は立法者よりも「裁判官の判決と学問の静かな作業」に由来する、と[21]。立法、裁判官法、法ドグマーティクの間のこのような分業は、裁判官法および法ドグマーティクは問題と時代に適う形で、法秩序のさらなる発展に協力しようとするし、そしてまた協力できる、ということで正当化されている。裁判官法および法ドグマーティクが、要請に従い法律を遵守しながら、法規定を具体化しさらに発展させるすべを知っていると、立法者は自覚しているのである。

立法者意思、方法に適った法律解釈、判例による法の具体化、解釈論の浸透(Durchdringung)、これらの概観は注釈文献で行われ、その高い水準は他国ではほとんど見られず、場合によっては全く存在しない。「パーラント［ドイツの法実務で愛用されるコンパクトな注釈書［編集者註］］に書かれていることが法的に妥当する」という宣伝文句に従うなら、注釈文献および注釈ドグマーティクの類が法実務の基礎である。大コンメンタールではなく、実務家コンメンタールが、理論から大幅に解放されることによって、このような優位を手にしている[22]。

ドイツの法文化における裁判官法および法ドグマーティクのこのような決定的な影響力は、また偶然的な政治的多数派による立法者の恣意が、法ドグマーティ

---

(19) 法実証主義におけるパンデクテン法学ないし概念法学の硬直化について、*Schlosser* (Fn. 9), S. 128 ff.
(20) 残念なことに、法制定のこのような流儀は、例えば安全保障法のようないくつかの法領域では失われつつあるように思われる。
(21) *Fleiner*, Über die Umbildung zivilrechtlicher Institute durch das öffentliche Recht, 1906, S. 23 f.
(22) *Lepsius*, Themen einer Rechtswissenschaftstheorie, in: Jestaedt/Lepsius (Fn. 4), S. 6 f.

クの静かな作業によって,正義の要請を指向する法秩序にはめ込まれるということによるものであろう[23]。

　裁判官法および法ドグマーティクへのこのような信頼のないところでは,立法者は細目にとらわれた網羅的な規定体系を強いられる。これは契約の様式にも反映される。契約中の法的欠缺は正義の原理を指向する解釈論上の規準に即して補われる,と信頼できないのであるから,すべてのことを契約で事細かに定めねばならない。裁判官法や法ドグマーティクの能力に不信の念[24]を抱くそのような法秩序には,詳細な規定を目指し,それによって法曹身分に法の具体化や継続的発展を委ねない法秩序が必要である。

　(c)　民主的法治国家における法ドグマーティク　　法秩序の体系化や具体化のみでなく,その継続的発展の際にも法ドグマーティクが高い位置を占めることは,次のような問いを投げかける。すなわち,法ドグマーティクの法形成機能はどのようにして基本法の民主的秩序と結び付くのか,という問いである。一見すると,法ドグマーティクの法形成機能は,代表民主制の諸原理,とりわけその正当性および統制連鎖 (Legitimations- und Kontrollketten) [25]とは,ほとんど両立し得ないように見える。というのは,法を継続的に形成するドグマーティクによって,社会における共同生活および個人における生活形成の基本的諸問題が決せられるからである。しかしながらドグマーティクは,民主制国家でひとつの正当な地位を占めている。基本的諸問題は確かに立法者によって規律されうるが,立法者は法の細分化および継続的発展を討議的な手続き (diskursives Verfahren) に委ねることができるし,また委ねなければならない。ほとんど「一般意思 (volonté générale)」の受託者と見なすことのできる「学識法曹の共通見解 (consensus doctorum)」としての法ドグマーティクは,開かれた討議過程から生じる[26]。その

---

(23) 加えて,法学者が立法手続に関与し,解釈論上の構造への制定法の埋め込みを早い段階で手助けすることも,ドイツの法文化の重要な要素の一つである。
(24) 信頼社会と不信社会との区別について, *Peyrefitte*, La société de confiance, in: Würtenberger/Tscheulin u. a. (Hg.), Wahrnehmungs- und Bestätigungsformen des Vertrauens im deutsch-französischen Vergleich, 2002, S. 11 ff. を参照。
(25) この「連鎖モデル」について, *Zippelius/Würtenberger*, Deutsches Staatsrecht, 32. Aufl. 2008, § 10 Rn. 17 ff.
(26) 一般意思の受託者としての裁判官法および法ドグマーティクについて,文献を含めて, *Würtenberger*, Zeitgeist und Recht, 2. Aufl. 1991, S. 189.

存続と衰退は論証の説得力による。法ドグマーティクにおいて承認されているものは，法的専門知の討議から生まれたものである。もっとも，法学的ドグマーティクは経済的に重要な領域では嘱託研究によって，したがってまた利害関係のある立場から一面的に影響を受けるということを見逃してはならない。このようなことが，長期にわたり妥当していた，ドグマーティッシュな作業の高い権威と評価を堀崩している。

結局のところ，法ドグマーティクは公衆の見解や政治制度全体の共鳴板の上で展開される[27]。法ドグマーティクによる解決は何度も何度も，正義という法の使命を果たしうるかどうかを批判的に検証する試験台の上に立つのである。かくして法ドグマーティクという建物は，一方では確かにがっちりと組み立てられているが，しかし他方で常に新改築を受け入れるものなのである。

(2) 法学上の基礎研究

さて，法学上の基礎研究で問題となることを取り上げよう。すでに最初に述べたように，法学上の基礎研究は解釈論上の具体的な体系形成や結果を考慮することなく行われる。法学上の基礎研究にはすでに挙げたような分野が含まれる。法学上の基礎研究のこれらの分野は，時として，法ドグマーティッシュな討議に結びつけられる補助学とされる。これは，法ドグマーティクの作業がこの補助学の認識に何度も立ち返らねばならない限りで，正当である。例えば，法心理学は，正当防衛権のドグマーティクにとって，あるいはドグマーティクによる解決が受容されるかを判断する際に，有益なものとなりうる。

法学上の基礎研究とドグマーティクとの境目は流動的である。ある分野のみ取り上げると，ローマ法史やドイツ法史また憲法史が解釈論史として行われるかぎりで，それらは今日の法ドグマーティクの基礎となる歴史的展開を描き出す。このような解釈論史は，現在が常に長い法的伝統に根ざしているということを出発点とする。それは法秩序のその時々の国民的アイデンティティ (nationale Identität) をなすもの，簡単に意のままにすることのできないものに行き着く[28]。しかしまた，そのような解釈論史は，新しい行動様式や価値観を伴う社会変化によって古くからの解釈論が時代遅れのものとなりうるとの認識にも行き着く。

---

[27] *Würtenberger* (Fn. 26), S. 189 f.
[28] このことは，連合が構成国の国民的アイデンティティを尊重するとする欧州連合条約4条2項1文の解釈にとって，基本的な意味をもつ。

このような法学的なドグマーティクが法実務に移行するための枠条件は，この数十年で悪化した。かつては専門分野の大家がいて，大きな仕事によってドグマーティクの継続的発展のための基礎を築いていた。解釈論上の傾向を定める機能を担うこのような大家はもはやほとんどいない。研究論文や雑誌論文の洪水のなかで，法学的なドグマーティクは粉々に砕かれた。法律解釈者やドグマティカーによる開かれた社会というモデルに従うドグマーティクが標準を形成し得るものになることは，もはやほとんどあり得ない。

　(3)　法ドグマーティクと法学上の基礎研究との現在における関係

　このようなことが，法ドグマーティクと基礎研究との間の現在における関係に繋がる。国際的に比較してみれば，民法，刑法，公法[29]におけるドイツの法ドグマーティクが高い位置にあることは，依然として認められている。しかしながら，ドイツの法ドグマーティクの状況には，かなりの批判[30]が述べられている。

　(a)　裁判官法に対する法ドグマーティクの関係　そのような批判は，まず，裁判官法に対する法ドグマーティクの関係にかかわる。憲法ドグマーティクに対しては「憲法裁判所実証主義」[31]であると非難される。憲法ドグマーティクは憲法裁判所の判例の体系化に自らを限定し，基礎研究に基づく基礎づけを欠いたままだ，というのである。このような真摯に受け止められるべき非難がここで，あるいはドグマーティクの他の分野に当てはまるかどうかについては，さらに深入りはしない[32]。いずれにせよ看過できないのは，法実務の基礎であるコンメンタールがまずもって最高裁判例に準拠している，ということである。

　別の非難として，裁判官法は法ドグマーティクの作業からますます解き放たれ，それによって法学上の基礎研究との関連もまた失われる，というものもある。これは，公正な判決のためにドグマーティクの道から離れて衡平に基づく判例 (Bil-

---

(29) ここ150年の行政法ドグマーティクの業績について，*Schröder*, Verwaltungsrechtsdogmatik im Wandel, 2007.
(30) これについて詳しくは，文献を含めて，*Pawlowski*, Methodenlehre für Juristen, 3. Aufl. 1999, Rn. 757 ff.
(31) *Schlink*, Die Entthronung der Staatsrechtswissenschaften durch die Verfassungsgerichtsbarkeit, Der Staat 28 (1989), 161, 163; *Jestaedt*, Verfassungsgerichtspositivismus, in: FS für Isensee, 2002, S. 182 ff.
(32) 「最上級審の判決は……歴然たる真理のように見なされ，受け継が（れる）」とする *Rüthers*, Methodenrealismus in Jurisprudenz und Justiz, JZ 2006, 53, 54を参照。

ligkeitsrechtsprechung) に当てはまる。加えて，判例は，自己の先例には従うが，法ドグマーティクには従わず，ましてや法学上の基礎研究に根ざす法ドグマーティクには全く従わない傾向にある[33]。法ドグマーティクはもはや基礎研究が裁判官法に流れ込む連絡橋ではない。フライナーにおいてはまだ呼び起こすことができた[34]，判例と法ドグマーティクとの手を取り合っての継続的法形成は，失われようとしている。

(b) 法曹教育における法ドグマーティクの役割　すでに法曹教育において，法ドグマーティクと基礎的専門分野とは，はっきりと分かれている[35]。これは司法試験に含まれる科目についての講義にのみ当てはまるのではない。とりわけ問題を含むのが教科書文献，したがってまた法律家のたまごが導かれるドグマーティクの地平である。教科書文献はますます，判例をおおざっぱに体系化することに，そしてその法解釈論上の基礎を伝えることに自らを限定する。教科書文献は良い意味でも悪い意味でも，法実務的なドグマーティクおよび法実証主義的方法に負っている[36]。現在の法体系の基礎に如何なる伝統があり，重要な発展動向や挑戦の如何なるものが克服されるべきかという問いは，消されてしまう。この意味で，法ドグマーティクと法学上の基礎研究とをなんとか結びつける古い形式の教科書は，例外的なものとなっている。

(c) 基礎研究からのドグマーティクの隔離　以上を別としても，ドグマーティクは時として，基礎研究の成果を消し去る「予防線」で囲まれている[37]。例えば，公共広場やデモのビデオ監視を事実的な基本権侵害と見なしうるかという争いがある。多くの者が，そしてまた裁判所の判決も，そのようなビデオ監視は法心理学的には基本権たる自由の行使を，例えばデモへ参加するという決定を，鈍らせる結果となる，と主張する[38]。法心理学上そもそもほんとうにそう言えるのか，ということは，明らかにされていないし，またそれを解明するための心

---

(33) 一般的には共有されていない認識として，*Fleischer*, Gesellschafts- und Kapitalmarktrecht als wissenschaftliche Disziplin, in: Engel/Schön (Fn. 14), S. 50, 55 (アメリカ合衆国での対応する議論を指摘する).

(34) *Fleiner* (Fn. 21).

(35) *Lepsius* (Fn. 22), S. 6 は批判的でない。

(36) *Lepsius* (Fn. 22), S. 7.

(37) これについて，*Pöcker*, Stasis und Wandel der Rechtsdogmatik, 2007, S. 153 ff.; *Lepsius* (Fn. 22), S. 18 f.

理学的研究に託されることもない。連邦憲法裁判所さえも，時として，未だ証明されていない法心理学的な想定に足を進める。例えば，連邦憲法裁判所は，情報の自己決定を求める権利の創出を，国民が現代的なデータ処理方法に脅威を感じているということで根拠づけた[39]。ここで連邦憲法裁判所は，何らの経験的な裏付けのないまま，〔国民の〕少数派の集団心理を自らの判断の基礎とし，集合的法意識におけるこの心理の定着をはじめて可能にした[40]。ちなみに，インターネット等における今日の激変した通信形態は，情報の自己決定を求める権利についての裁判官法による，そしてドグマーティクによる構成の座標が新たに定められるべきことを示している[41]。

　より深刻なのは，民主的法治国家のドグマーティクが，経験的に評価され得ない解釈論上のうつわを使って作業をしている，ということである。法律は，市民が法律に従ってどのように行動すべきか，またいかなる給付を求めうるかを読み取ることができるほどに明瞭でなければならない，と人はおよそ考える[42]。にもかかわらず，個々の領域でどうすれば適法に振舞えるのかということについて，裁判官法や法ドグマーティクからのみ回答が得られるような，多様な問題がある，ということも，共通の認識なのである。明確に定式化するなら，法は，法律の中よりも，裁判官法やドグマーティクが法律から作ったものの中にある，と言える。歴史的に見れば，市民および裁判官にとって明瞭な法律を求めることは，18世紀の後半に，すなわち裁判官が恣意的な形で裁判官法を定めこれを執行することのないように裁判官を法律に厳格に拘束するというモンテスキューの構想に至る[43]。この厳格な権力分立の構想は依然として回転礼拝器のように繰り返されているが，裁判官国家（Richterstaat）というドイツ的モデルにおける経験的解決に

---

(38) BVerfGE 65, 1, 43; 69, 315, 349; *Dietel/Gintzel/Kniesel*, Demonstrations- und Versammlungsfreiheit, 14. Aufl. 2005, § 12 a VersG, Rn. 2 f.
(39) BVerfGE 65, 1 ff.
(40) *Würtenberger* (Fn. 26), S. 214.
(41) *Ladeur*, Das Recht auf informationelle Selbstbestimmung: Eine juristische Fehlkonstruktion?, DÖV 2009, 45 ff.
(42) BVerfGE 108, 52, 75は「給付の保障の場合でも，規範はその内容が……関係人にとって明瞭かつ追体験可能なものでなければならない」とする。
(43) これについて，*Würtenberger*, Die Idee der Freiheit und ihre Sicherung bei Montesquieu, in: Klein (Hg.), Gewaltenteilung und Menschenrechte, 2006, S. 15, 28 ff.

ついて経験的に省察しようとはされていない[44]。

　これは，ドグマーティクがしばしばドグマーティクの歴史に遡ることができず，それゆえに自らの歴史的地平を確かめることができないという，さらなる憂慮すべき現象をもたらす。たとえば憲法では，近時まで法治国家あるいは連邦国家の包括的な解釈論史がない。今日まで作用を及ぼし続けている，解釈論的な新機軸のさまざまが何時，何故，どのような取組から生じたのかは，まだたいていはっきりしないままである。解釈論史は，時代に適合したドグマーティクに達するために，今日の法秩序の根元にあるものを解明する必要はないのであろうか。

　(d)　ドグマーティクにおける自己省察の欠如　　以上のすべてのことが，法ドグマーティクが自己省察をしていないことと結びついている。新しい文化科学上の試みに即して重要なのは，法ドグマーティクを，主要な政治的法的討議に，価値観や行動態様や法受容の変化に，メディアおよび，社会の現実についてメディアが伝えたもの，への依存関係などに，組み込むことであろう。確かに，言及された分野では重要な検討が存在する。もっともそれらは，法ドグマーティクの著作や裁判官法では知られていないか，せいぜい片隅で知られるのみである。

II　法の外的領域

　視線を変えて，法の外的領域に目を向けよう。ここで意図されるのは，社会科学研究および自然科学‐技術分野における基礎研究と応用研究である。これらの研究は，法学上の基礎研究にも法ドグマーティクにも，大きな挑戦を突きつけている。以下，この三つの領域に詳しく立ち入る。

1　法ドグマーティクと社会変化に関する理論

　法ドグマーティクは硬直的なドグマを作り出すのではない。法およびその基礎の継続的発展は政治の課題であるが，しかしまた法ドグマーティクの課題でもある。法ドグマーティクが時代と事物に適った法秩序に相応しくあるべきであるなら，法ドグマーティクの変化は社会の変化に埋め込まれるべきである。

---

(44) 法，行政，司法の間の責任の区分を大幅に消し去る，実用主義的な「明確性ドグマーティク（Bestimmtheitsdogmatik）」について，*Zippelius/Würtenberger* (Fn. 25), §12 Rn. 62 ff., §45 Rn. 113 ff.

社会変化の永続的な過程のなかで，法ドグマーティクの役割はアンビバレントである。法ドグマーティクはより良い認識から抗事実的修正をなすべきか。法ドグマーティクはそもそもより長期的な観点から，抗事実的修正などなし得るのだろうか(45)。そしておそらく最も難しい問題として，そもそも法ドグマーティクは社会変化をどのようにして確かめることができるのか。法ドグマーティクは，時代と共にあって現実に適した解決を展開するために，価値および正義観の変化，行動様式の変遷，変わりゆく社会倫理，新たな経済化などと取り組まねばならない。このような社会変化は社会科学の重要なテーマの一つである。

社会科学は確かに法秩序をその認識関心の中心においてはいないが，それでも法ドグマーティクにとって重要な基礎研究を行っている。その認識が憲法解釈を規定するところの政治学，その想定が法解釈論的構成を規定するところの経済学(46)，基本的な価値問題を規定する社会倫理学のみを挙げておく。

社会科学上の基礎研究によって，包括的な意味で，法秩序の変化に対する要求や根拠を確かめることができる。社会科学上の基礎研究は大きな社会変化に取り組むのだが，この変化はそれ自体，法秩序の変化をもたらさざるを得ない。社会科学上の基礎研究は，法のヨーロッパ化やグローバル化という新たな挑戦を，価値観や行動様式における変化を，新たな危機状況を，政治体制の改革能力を，要するに，法秩序のさらなる発展を強いる社会的経済的政治的変遷過程を問う。法を何か委託されたものとして把握し，法的変化に道筋をつけることを自らの任務とする法ドグマーティクは，この種の基礎研究を必要とする。法ドグマーティクは，社会変化のなかに位置して，この現象と，そして社会変化を説明する各種理論と取り組まねばならない。

法ドグマーティクは，社会あるいは価値変化に関する，また社会的受容の問題に関する基礎研究の成果に接続する能力がなければならない(47)。この種の基礎研究を考慮に入れない法ドグマーティクは社会変化の過程に対して盲目であ

---

(45) これについて，*Würtenberger* (Fn. 26), S. 229 ff.

(46) 例については，*Tontrup*, Zum unterschiedlichen Verhältnis der juristischen Teilfächer zu den Sozialwissenschaften, in: Engel/Schön (Fn. 14), S. 192, 201 f.; Fleischer (Fn. 33), S. 74 f. は「法律家は経済学について何を知るべきか」と問う。

(47) これは決して共通認識ではない。例えば*Rüthers* (Rechtstheorie, 2. Aufl. 2005, Rn. 309) には，ドグマーティクが社会科学研究と密接に関係することについて，何の指摘もない。Frisch (Fn. 14), S. 183はむしろ慎重である。

り(48),単なる法技術学 (Rechtstechnologie) に成り下がる。常に率直に法学上の基礎研究と取り組む法ドグマーティクのみが,時代と共にあり続ける。

　今一度,法学の外的領域のトポスに言及すると,法ドグマーティクは,その補助学とされる多様な法学科目に埋め込まれているだけではない。社会科学上の基礎研究は法秩序を社会変化に関する理論において考察の中に取り込んでおり,したがって法ドグマーティクもまた,かかる,社会科学的な外部領域と取り組まねばならないのである(49)。この方向への歩みはすでに行われている。法学や社会科学では,理論の相互移動を可能にし,絡み合いながら作用する,分野横断的な模範像や鍵概念が次々と開発されている(50)。法学およびドグマーティクはこのような方法で,隣接科学の認識を通じて豊かになる(51)。

2　法および法ドグマーティクによる自然科学的-技術的基礎研究の制限

　憲法のドグマーティクおよび判例が自然科学的-技術的基礎研究をどの程度制限するかは,また別の問題として存在する。ここで問題となるのは,例えば人間の尊厳であり,これは憲法上保障された研究の自由を制限する。どこに境界線が走っているか,は明瞭とはまったくいえない。例えばドイツでは,多くの者が,余剰胚を使った研究は憲法上保障された生命および尊厳の保護と相容れないと考える(52)。この極めて広く把握された尊厳保護ドグマーティクを正当とすべきであるなら,基本法79条3項は,このような領域での研究の可能性を開くような基本法改正に立ち塞がることになるであろう。この種の憲法原理主義は憲法比較という試験台の上に置かれねばならないように思われる。他の立憲国でこの種の研究の問題が政治的および道徳的-倫理的な討議に従って法的に規律されているとき,基本法1条1項の解釈にとっては次のようなことが根本的に問題となる。す

---

(48) *Kantorowicz*, Rechtswissenschaft und Soziologie, 1911, S. 29による。これについて *Rehbinder*, Rechtssoziologie, 6. Aufl. 2007, 2 III.

(49) 法学と社会科学との分業について,*Engel*, Herrschaftsausübung bei offener Wirklichkeitsdefinition, in: Engel/Schön (Fn. 14), S. 205, 238 ff.

(50) *Jestaedt*, „Öffentliches Recht" als wissenschaftliche Disziplin, in: Engel/Schön (Fn. 14), S. 241, 261.

(51) *Voßkuhle*, in: Hoffmann-Riem/Schmidt-Aßmann/Voßkuhle (Hg.), Grundlagen des Verwaltungsrechts, Bd. 1, 2006, §1 Rn. 71.

(52) 文献につき,*Zippelius/Würtenberger* (Fn. 25), §21 Rn. 19 ff. を参照。

なわち，人間の尊厳の保障を拡大解釈することによって，自然科学領域における研究の自由にかかる，そして研究政策においても，中心的ないくつもの問いを，責任ある民主的意思形成からおよそ引き離してしまうなどということは，何によって正当化されるのか，という問題である[53]。

こうした考察は，法ドグマーティクの決定的要素の一つである社会倫理にも通じている。自然科学的-技術的医学研究が導きうる新しい発展には，社会倫理上の基礎研究が伴わねばならない。この基礎研究は法ドグマーティクを不適切な道徳化から守るべきものであろう。法ドグマーティクは社会倫理的な立場のドグマーティクを構成する場所ではない。ドグマーティクおよび裁判官法による社会倫理的道徳化の試みは，何度もはかなく挫折した。連邦通常裁判所の淫行周旋決定，あるいは連邦憲法裁判所の第一次堕胎判決のみを挙げておく[54]。立法者も裁判官も法ドグマーティクも，集合的社会倫理意識と矛盾する法を生み出し，押し通すことはできない。

では，代替手段となるのは何か。引き続き医学研究に即して言えば，倫理的責任を問われる研究についての規準は，しばしば，国際的な規定作成作業において発展する。国内レベルでは，多元的な倫理的討議が案内をしてくれる。連邦レベルでの多元的に構成された各種倫理委員会がこの基礎研究領域での事態に即した折衷案を作り上げ，それが立法および法ドグマーティクに指針として役立つ。具体的研究現場では，その都度権限を有する倫理委員会が，ヒト（Menschen）に関する医学研究に付き添う。

このような領域のドグマーティクを疑わしい憲法解釈によって硬直的かつ問答無用に構築しようとしても，法律家には，そして司法にも，最終的には，社会倫理上の管轄権がない。法ドグマーティクおよび裁判官法は，社会の討議に自らを解放し討議に道筋をつけねばならないのであって，ただ，時にはより良い洞察から対抗策を講じねばならないことも，やはりあるのである。

3　自然科学-技術分野の応用研究と法学研究

応用的な自然科学-技術研究と，法学上の基礎研究および法ドグマーティクと

---

(53) *Losch*, Kulturfaktor Recht, 2006, S. 210 ff.
(54) *Würtenberger* (Fn. 26), S. 225 ff.

の関係についても，類似の諸問題が立てられる。安全保障研究の例[55]に目を向けよう。

欧州連合およびドイツの安全保障研究プログラム[56]は，多くの新しい安全保障技術に通ずる。この安全保障研究プログラムにとっての契機となったのは，重要な基盤的制度 (kritische Infrastruktur)[i]の保護の必要性，そして国内外のテロ行為による，国境を越えた組織的犯罪行為による，あるいは気候変動の結果激しさを増した自然災害による，新たな危機状況であった。この安全保障研究プログラムは，観察やデータ処理の新しい方法，重要な社会的経済的基盤の確保や災害時救助についての新しい方法，国内安全の危殆化を回避し，発生している損害状況への効率的な対処を可能とする新しい協力形態を展開している。このような一連の新しい安全保障技術が，ここ数年の内に安全保障法に取り込まれることになるだろう。ここでは，コンテナのスキャン，災害時の飛行ロボットや新種の捜索システムの投入，人物特定のための生体測定方法，規則違反行為の認知方法，危険物探知あるいは遠隔探索システムのみを挙げておく。いずれにせよドイツでは，新しい監視方法が開発されても，技術的に可能なことのすべてが（憲）法的に許容されることになるのではない。

政治的討議も法的討議も，あるいはドグマーティクも，基本権を侵害する個々の監視手段の正当性と限界付けだけを問題とするならば，十分ではない。むしろ，社会科学上の基礎研究および法学上の基礎研究の課題は，自由と安全との関係を新たに定めることである。この種の基礎研究の頂点にあるのは，安全を保障する国家のさまざまな課題である。すなわち，新たな危機状況を学問を基礎にして評価し，危険を防止する措置の効用を解明し，おおらかさと自由とを擁護し，新しい安全保障技術を社会的に受容し，開かれた国家による多次元的体制の下で国家を超えて安全保障法上協力すること，である。

自由と安全との関係を定めることは，以前から，国家理論および国家任務論の主題であった[57]。これに，すでに18世紀中葉に提起された市民犠牲問題（Frage

---

(55) その他の例については，*Stein*, Der technische Fortschritt als Herausforderung für die Systematik verwaltungsrechtlicher Handlungsformen – am Beispiel der automatischen Mauterhebung, DVBl. 2008, 1546 ff.

(56) Federal Ministry of Education and Research (Hg.), Research for Civil Security. Protection Systems for Security and Emergency Services, 2009.

des Bürgeropfers)(58)が加わる(59)——自由を強調する国家は，テロ行為や組織的犯罪行為に広い活動領域を与え，被害に遭う市民を生命健康の犠牲へと導く。これに対して安全保障の要請に従う国家は，人格保護および情報自己決定の領域で市民を犠牲にする。

ここで問題と思われるのは，自由と安全との間に，憲法上課せられた適切な均衡関係があるという法解釈論上の命題を連邦憲法裁判所が前提としており(60)，しかもこの均衡関係を現在の法学および社会科学研究による討議と関連づけて立ち入って根拠づけていないことである。この均衡関係を確立することは，法学や社会科学や社会倫理学における責任ある討議の課題である。にもかかわらず，連邦憲法裁判所は，現在盛んに行われているこのような討議に開放的ではない。連邦憲法裁判所は，この均衡関係を憲法から導き出せると考えるからである。

自由と安全との間の均衡関係に関するドグマーティクは，次のような問いに答えるための基礎研究を要請する。危機のシナリオはどの程度現実的なものなのか。国内の安全を高めるにはどのような措置が効果的か。心理的に感じられる不安と現実の危機状況との間の矛盾はどのように扱われるべきか。安全保障は社会倫理ではどのような役割を果たすのか。変化した通信手段は通信基本権にどのような影響を与えるのか。テロ攻撃のもたらす雪崩現象的効果，すなわち国民の行動様式の不安定化あるいは変化を法はどのように扱わねばならないのか。これらすべての問いを，現在，基礎研究が立て始めている(61)。自由と安全との間の適切な均衡関係を，対応する社会科学上の基礎研究を欠いたままもっぱら憲法から導きだそうとする者は，無視界飛行状態にある。

以上のことは，法学上の基礎研究における，ある重要なテーマのひとつとなる。

---

(57) *Conze*, Art. Sicherheit, Schutz, in: Brunner/Conze/Koselleck (Hg.), Geschichtliche Grundbegriffe, Bd. 5, 1984, S. 831 ff., 842 (「安全」は「ヨーロッパ国家体制およびその国際法の基本概念」の一つである)．

(58) *Abbt*, Vom Tod für das Vaterland (1761), Nachdr. 1915, S. 76 は，国家制度 (Staatsverfassung) を，それが「保護と自由」を与えるゆえに，擁護する。

(59) *Depenheuer*, Selbstbehauptung des Rechtsstaates, 2007, S. 75 ff.

(60) BVerfGE 115, 320, 346, 358.

(61) 社会科学上の基礎研究による近時の問題提起についての概観は，*Würtenberger/Tanneberger*, Gesellschaftliche Voraussetzungen und Folgen der Technisierung von Sicherheit, in: Winzer u.a. (Hg.)，Sicherheitsforschung-Chancen and Perspektiven, 2010, S. 221ff.

新しい安全保障技術は，それがいずれにせよ長期的に見て社会による受容に至る限りでのみ，実現可能である。法律と同様に安全保障法のドグマーティクもまた，その規範的準則が社会による受容に，あるいは受容の用意がある状態に至ることになるかどうかを問うべきである。新たな安全保障技術の開発のために莫大な援助資金が国家によって投入されても，それは，浪費になってしまうであろう——もし，新たな技術が，受容の用意が欠如しているために，政治的法的に利用可能なものにならないのであれば。

III 結 語

結論として以下のようにまとめることができる。

社会科学研究，自然科学-技術の基礎研究，自然科学-技術の応用研究，法学上の基礎研究そして法ドグマーティク，これらの間には密接な相互関係がある。もう一度これらの連鎖の中の要石として法ドグマーティクを見てみると，そのときどきの具体的な法的問題に対する法ドグマーティクの応答は，法ドグマーティクが自然科学-技術の基礎研究並びに法学上および社会科学上の基礎研究の成果を利用できる度合いに応じて，優れたものとなる。基礎研究から免責された法実証主義および憲法裁判所実証主義は，したがってまた隣接諸科学の研究成果を受け入れようとしない法ドグマーティクは，法の形成という任務を果たせはしない。

確かに法ドグマーティクは，法的発展の伝統に負う独立した型（Disziplin）である。それは頑強な力を有しており，相応の理由をもって様々な流行，少なくとも社会科学上の基礎研究における流行から免れている。しかしながら，基礎研究が社会経済政治の領域での大きな発展方向を理解する限り，あるいは応用研究が新しい法的解決を求める限り，法ドグマーティクは，法政策と同様に，時代および事物に適した法的な問題解決を展開せねばならない。したがって法ドグマーティクは「堅牢な岩壁（rocher de bronze）」[ii]ではなく，将来に開かれたものでなければならない。

しかし，不確実な状況のもとで，法ドグマーティクは何をなしうるであろうか。どの時点でなら，法ドグマーティクは，例えば社会変化を出発点とできるであろうか。夕暮れにようやく飛び立つミネルバのフクロウというヘーゲルの喩えにしたがえば，いかなる根本的な経済的社会的政治的変化が実際に生じたのかは，か

なりの時間が経過してからのみ分かる。このように考えるなら，法ドグマーティクが法の継続的発展および適応という自らの作業を始めるのは基礎研究の成果が固まったときからである，というのも，なるほど正当なのであろう。

〈編者註〉

（ⅰ）Kritische Infrastruktur とは，連邦情報技術保障庁（Bundesamt für Sicherheit in der Informationstechnik）の定義によれば，「国家にとって重要な意味を持つ組織および制度のうち，それが欠落したり損傷を受けたりすると，長期にわたり，供給困難，公共の安全の甚大な悪影響，あるいはそのほかの劇的な帰結を伴うことになるようなもの」を指す。交通，燃料，危険物，情報技術および電子交流，経済・貨幣・保険諸組織，生活保障，役所・行政・司法，といったものが具体的には挙げられている。

（ⅱ）プロイセン国王フリードリヒ１世が，王位の強固を表現するために用いたこのフレーズが有名になった。

第Ⅱ部　法解釈学と民法における判例法

日本の民法解釈論における末弘法学の意義

杉 本 好 央

I 序 論

(1) 「法発展における法ドグマーティク (Rechtsdogmatik) の意義」というテーマのもと，本稿では，末弘厳太郎の法学説に取り組む。末弘は1888（明21）年に生まれ，1921（大10）年に東京帝国大学教授となり，1951（昭26）年に没した。本シンポジウムの壮大なテーマのもとで，なにゆえ，二〇世紀前半に活躍した一人の民法学者を取り上げるのか。まずその理由を論じねばならない。

(2) 法解釈論のもとで，法の解釈のみならず，その適用も理解される。法の解釈および適用は，実務では，裁判所による判決の形式で現れる。たとえ日本が制定法国であり，法律が主要な法源であるとしても，法解釈学は今日このような判決を無視することはできない。

日本民法の歴史的展開を顧みるとき，裁判所の判決を学問的対象とする研究は末弘の指摘に遡る。1867年の明治維新後，日本の法律家たちは，フランス人法学者ボアソナードの指導のもとで，まずはフランス法に類似する民法典を起草した[1]。この草案は1890（明23）年に公布されたが，激しい批判に遭い[2]，施行されるに至らなかった。その後，1898（明31）年に現行民法典が，フランス法を基礎としつつ，しかしまたドイツ法も考慮に入れながら，起草された。現行民法

---

(1) *E. Hoshino*, L'influence du Code civil au Japon, in: Université Panthéon-Assas (Hrsg.), 1804-2004. Le Code civil. Un passé, un présent, un avenir, 2004, S. 871 ff.〔星野英一「フランス民法典の日本に与えた影響」北村一郎編『フランス民法典の200年』（有斐閣，2006）61頁以下〕は，フランス民法と日本民法との関係に関する近時の検討である。

(2) 詳しくは，*Y. Yoshida*, Die Rezeption des japanischen BGB und der sogenannte „Kodifikationsstreit", Recht in Japan, Heft 6, 1986, S. 20 ff. を参照。

典施行後しばらくして，日本の民法学は，北川氏にならって「学説継受」と呼ばれる手法(3)でもって民法典の解釈に取り組んだ。これは日本の民法典をもっぱらドイツ法由来の概念や理論でもって解釈ないし適用するものであった。このような法学状況のもとで末弘は研究活動を開始し，ドイツの法解釈論の形式に従って幾つかの著作を生み出した(4)。

しかし，海外留学が末弘に変化の契機を与えた。末弘は第一次世界大戦ゆえにドイツへの留学を断念し，1918（大7）年2月から1920（大9）年9月まで，アメリカ，フランス等に滞在した。滞在中に判例法的思考に，また判例研究の専門家（arrêtist）に出会うことで，末弘は法解釈論における判例法の重要性を知り(5)，帰国後これを精力的に説いた。日本の法解釈論に新たな視点をもたらす末弘の作業は，日本民法学の発展にとって画期的な影響を有するものであった(6)。

(3) 以上のような理由から，本稿では，末弘法学を，とりわけ判例に関する彼の理解を考慮に入れて，分析的に検討する。まず，末弘が対決した法学の概要を述べる（Ⅱ）。次いで，末弘法学の全体を見渡す（Ⅲ）。最後に，判例に対する末弘の理解を考察する（ⅣおよびⅤ）。

Ⅱ 末弘法学の論敵

(1) 民法典の施行から数年間は，日本におけるドイツ法学の影響はまだそれほど大きいものではなかった。しかしその影響は徐々に大きくなり，およそ1908年には頂点に達する(7)。ドイツ法の強い影響下にあった当時の法学は，通常，概念法学と呼ばれる。

---

(3) *Z. Kitagawa*, Rezeption und Fortbildung des europäischen Zivilrechts in Japan, 1970, S. 21 und 67 ff.
(4) 例えば，末弘厳太郎『債権各論』（有斐閣，1918），末弘厳太郎「双務契約ト履行不能（1）-（4）」法協34巻3-6号（1916）。
(5) 日本評論社編『日本の法学』（日本評論社，1950）69頁以下〔末弘〕。
(6) 星野英一「日本民法学史（2）」法学教室9号（1981）14-15頁，水本浩「民法学の転回と新展開」水本浩／平井一雄『日本民法学史・通史』（信山社，1997）179頁以下は，末弘厳太郎の法学理論を「民法学の転回」という表題のもとで検討している。また，瀬川信久「民法の解釈」星野英一編『民法講座（別巻1）』（有斐閣，1990）1頁以下は，末弘が法解釈に対する見方を大きく転回させ，彼の問題設定が今日まで及んでいることから，末弘法学に関する検討から始める。

末弘法学をはじめて体系的に考察した磯村哲によれば，末弘が対決したのは，概念法学的法律実証主義であった。ここで概念法学とは，具体的な法的事件の決定を既存の法体系から論理的操作を媒介として論理的に導出されるものと理解し，このような論理的演繹の前提をなす法体系の完結性と無欠缺性を想定するという基本構造をもつ。そして法律実証主義とは，法を形式的合法的に成立した国家法に限定し，国家権力の意思あるいは命令とみる国家的法律観を基礎とする[8]。

　(2)　もっとも，以上のように特徴づけられた概念法学が日本に実際に存在したか否かは，別の問題である。本稿ではこの問題に詳細に立ち入ることはできない[9]。日本の概念法学の代表者の一人である石坂音四郎（1877-1917）の法理論に，以下の検討に必要な限りで，言及するに留める。

　石坂の課題は，日本民法典制定直後に支配的であった注釈的な法解釈論を批判するところにあった。石坂は，注釈的な法解釈論が法律の字句に拘泥し，法律の解釈および適用が実際の生活状態に合致しないという結果を招いていると考えた[10]。

　注釈的な法解釈論の欠点を克服するために，石坂は，ドイツの解釈方法論を検討して，法律の目的ないし価値と実際の生活関係とを考慮して法律を解釈するという解釈方法を採用した[11]。しかし，個々の条文や法制度の解釈では，実生活

---

(7) *M. Okuda*, Zivilrecht und Zivilrechtswissenschaft seit der Rezeption, in: G. Baumgärtel (Hrsg.), Grundprobleme des Privatrechts, Japanisches Recht, Bd. 18, 1985, S. 4.

(8) 磯村哲「市民法学」同『社会法学の展開と構造』（日本評論社，1975）4頁。以上のような概念規定を，磯村は，*W. Wilhem*, Zur juristischen Methodenlehre im 19 Jahrhundert, 1958, S. 10 ff. および *F. Wieacker*, Privatrechtsgeschichite der Neuzeit, 1952, S. 253を参考にして行う。もちろん，日本とドイツとでは歴史的社会的状況が異なるのであり，この点についても磯村は留意している。磯村・前掲書21頁以下を，また *Z. Kitagawa*, Das Methodenproblem in der Dogmatik des japanischen bürgerlichen Rechts, AcP 166 (1966), S. 334 ff. を参照。

(9) 北川善太郎『日本法学の歴史と理論』（日本評論社，1968）313頁以下，辻伸行「石坂音四郎の民法学とドイツ民法理論の導入」水本浩／平井一雄『日本民法学史・通史』（信山社，1997）105頁以下，*G. Rahn*, Rechtsdenken und Rechtsauffassung in Japan, 1990, S. 128 f. を参照。

(10) 石坂音四郎「法律ノ解釈及ヒ適用ニ就キテ」同『民法研究（第二巻）』（有斐閣，1913）175-176頁以下。

(11) 石坂音四郎「法律解釈論」同『民法研究（第四巻）』（有斐閣，1917）120-121頁。

との関係はほとんど考慮されなかった(12)。判例に関しても彼は同様の態度を示した。石坂は多くの判例批評を残したが，そこでは裁判所の判決はその論理連関や理論構成についてのみ分析され，事実関係やそれと法規範との結びつきは考慮の外に置かれた(13)。

石坂は，法律解釈や類推構成によってもなお事案に適用すべき法命題が見いだせない場合には，法律に不備があることを認めた(14)。もっともそれは，実際の生活関係にかかわるものではなく，ドイツ法の規定あるいは理論との対比から生じる日本民法典の欠缺であった(15)。

(3) 石坂法学を概念法学のもとで理解できるか否かはともかく，彼の法学が国家的法律観を体現し，法律実証主義の傾向を有するものであったことは確実である。石坂にとって，法律学は成文法と慣習法とからなる実定法のみを対象とするものであった。これに応じて法律学の課題は，実定法の内容ないし意義を明らかにしてそれらを系統的に組織することであった。実定法に服する社会現象や自然法は法律学の対象から明示的に排除された(16)。

このような特徴は判例に関する石坂の理解にもあてはまるものだった。裁判所の判決は当事者に対してのみ拘束力を有するものであり，法律と同様の効力がそれに付与されるのは，その判決が慣習法として認められた限りでのみであった(17)。慣習法の法的拘束力は，法的確信や取引慣行ではなく，主権者すなわち国家の意思に依拠するものであった。それは，一国において法の淵源が二つ存在することはできないからであった(18)。

III 末弘法学の一般的性格

(1) 末弘は帰国直後に物権法の教科書を刊行し，その序論で自らの構想を綱領的に述べている。すなわち，法律学には「あるべき法律」を説く部分と，「ある

---

(12) 辻・前掲注(9)138頁以下，とりわけ152頁以下。
(13) 辻・前掲注(9)153頁。
(14) 石坂・前掲注(10)187頁以下。
(15) 辻・前掲注(9)122頁および152頁以下。
(16) 石坂音四郎「法律学ノ性質」同『民法研究（第三巻）』（有斐閣，1914）14頁以下。
(17) 石坂・前掲注(10)192-193頁。
(18) 石坂音四郎「慣習法論」『民法研究（第一巻）』（有斐閣，1913）28頁以下。

法律」を説く部分とがある。後者は，日本の民法典でも，日本の伝統的な習俗でもない。日本の社会に内在する法のことである。法律学は裁判所の判決と新聞雑誌の記事を通じて「ある法律」を認識し，その上に「あるべき法律」を築かねばならない[19]。

末弘が目を向けた当時の日本の社会では，第一次世界大戦を通じて資本主義が高度に発展したが，これは国民の生活条件を改善するのみではなかった。使用者と労働者との間で，また地主と農民との間で抗争が頻発していた。末弘はこのような社会の動きを感じ取り，法律家としてこれに取り組んだ。

(2) 20世紀初頭の社会変動は，まず，末弘の関心を労働法に向けさせた。末弘の研究対象である民法は，市民の財産のみでなく，労働もまた，それが無産者にとって生死にかかわるゆえに，保護すべきものであった[20]。確かに，契約自由の原則により使用者と労働者とは形式的には同等の地位にあったが，実際には労働者は劣悪な労働条件を強いられていた。この時国家は労働者のために契約自由の原則を制限し，労働者保護立法を通じて労働条件の改善を行うこともできる。しかし末弘は，資本家層からなる当時の政府に期待しなかった。資本主義経済の下では契約自由の原則が維持されねばならず，それゆえ団体交渉により労働条件は改善されねばならないと考えた[21]。末弘は，労働者の自主的組織に依拠した労働立法の実現を目指したのである[22]。

末弘はまた農業法にも取り組んだ。その際，農村の法的問題を農民の立場から論じた。例えば，小作人が小作争議において小作料の不払いで地主に対抗する場合，地主は民法541条に従い小作契約の解除を求めて提訴し，同時に仮処分による小作地の返還を裁判所に求めることができた。これに関して末弘は，小作人には小作料の提供（民法492条）又は供託（民法494条）をなすよう助言すると同時に，裁判所には，仮処分により小作人は生活の基礎を奪われるという事実を考慮して，仮処分に対する慎重な判断を求めた[23]。

(3) 社会に目を向けることで，末弘は，法ないし法律を社会学的な観点から捉

---

(19) 末弘厳太郎『物権法（上）』（有斐閣，1921）序論4-6頁。
(20) 末弘厳太郎「民法改造の根本問題」『嘘の効用』（改造社，1923）211頁以下。
(21) 末弘厳太郎『労働法研究』（改造社，1926）25頁以下。
(22) 石田眞「末弘法学論」法律時報60巻11号（1988）57頁。
(23) 末弘厳太郎『農村法律問題』（改造社，1924）239頁以下。

えた。国家に主権があるゆえに国家の制定した規則に法律上の効力がある，という説明は，満足できるものではなかった[24]。あらゆる法律が社会の存在を前提とし，そこでは必ずある統制力が作用している。末弘は，ある社会においてある統制力によって遵守を強制する規範が法律であり，その統制力を国家が有する場合には「国家の法律」が，社会自体がそれをもつ場合には「社会の法律」が存在すると理解した[25]。

　社会を考察することは，末弘の民法解釈論にも影響を与えた。例えば，末弘は留学前には契約解除の効果に関して，ドイツ法学に倣って当時の日本でも支配的な見解であった直接効果説を支持し，原状回復義務を不当利得の一例と理解した[26]。しかし帰国後には見解を変えた。解除は始めから契約が存在しなかったのと同一の経済的結果を生ぜしめさえすればよいので，直接効果説のように考える必要はないからである[27]。民法の領域では，末弘は，実質的な法解釈論を追求した[28]。

　(4)　労働法や農業法の研究は，末弘にとって，判例研究と同様に，社会の具体的な現実を知る手段であった[29]。具体的な現実に刺激を受けることで，末弘は，民法の領域を超えて多くの社会評論を公表し[30]，様々な分野に多大な貢献をもたらした[31]。その際，末弘は，常に民衆とりわけ社会下層の利益を擁護した。これは末弘法学における「生きた法律」にとって，一つの指導的な要素であった[32]。

　末弘の著作の多くが短く随想的なものである。また，彼の主張は時代に応じて

---

(24)　末弘厳太郎『法学入門』（日本評論社，1934）60頁。
(25)　末弘・前掲注(24)64頁以下。
(26)　末弘厳太郎『債権各論』（有斐閣，1918）232頁以下。
(27)　末弘厳太郎「解除の性質について」同『民法雑記帳（下巻）』（日本評論新社，1953）12頁以下。
(28)　詳しくは，瀬川信久「末弘厳太郎の民法解釈と法理論」六本佳平／吉田勇編『末弘厳太郎と日本の法社会学』（日本評論社，2007）185頁以下。
(29)　末弘・前掲注(23)自序4頁。
(30)　重要な社会評論は，川島武宜編『末弘厳太郎 嘘の効用（上）・（下）』（冨山房，1988，1994）に収録されている。
(31)　末弘は労働法学の創設者にして，法社会学の先駆者であった。*A. Wani*, Suehiro, Izutarô, in: M. Stolleis (Hrsg.), Juristen, Ein biographisches Lexikon, 1995, S. 598.
(32)　末弘の弟子である戒能通孝は，「ある法律」を，日本の民衆が本当は要求し，しかし法曹の言葉ではいえないでいるようなものと説明する。戒能通孝「末弘厳太郎」法セミ55号（1960）62頁。

変化するように見える。それゆえ，末弘の業績に関する諸研究は異なる末弘法学像を描いている(33)。にもかかわらず，それらの研究はある共通の傾向を指摘する。それは末弘法学の現実主義的態度である(34)。現実主義は彼の理論の本質的な特徴といえる。

確かに，当時の支配的な法解釈論はドイツ的な法概念・法命題・法原理から構成されており，末弘はそのような法解釈論の克服を目指した。しかし末弘はドイツの法解釈論それ自体を拒絶したのではない。実際，末弘は，19世紀ドイツの概念法学が強調した精緻な論理と巧妙な技術を高く評価している(35)。また，ドイツ法に由来する消極的利益の概念を日本の法解釈論に基礎づけようと試みている(36)。末弘が当時の法解釈論を「ドイツ流」として批判するとき，その批判は抽象的な教義からの演繹的思考に向けられていた(37)。

Ⅳ 末弘法学における判例の理解

(1) 末弘の構想では，法律学は日本の社会に実際に存在する法を認識せねばならない。この法を知るため，末弘は，東京大学の同僚と共に民法判例研究会を立ち上げた。その際に彼は，裁判所の判決は法源であり，裁判所は法創造者であるとした(38)。もっとも，自己の見解の詳細を論じたのは，民法判例研究会の創設から数年後のことであった。

---

(33) 磯村・前掲註(8)は，末弘がある体系に従った大きな著作を残さなかったとしても，彼の法学は，特殊的なものを通して原理を探求するという意味で一貫しておりかつ高度に体系的なものであったと理解する。これに対して，石田・前掲註(22)は，とりわけ労働法に関して，末弘の法理論が社会経済状況に依拠するものであったゆえに，戦時に変化したことを指摘する。最近の検討である瀬川・前掲註(28)は，末弘法学を社会法学と民法解釈論とに区分し，前者は時代に応じて変化したが，後者は終始一貫したものであったと理解する。
(34) 磯村・前掲註(8)6頁，石田・前掲註(22)64頁，瀬川・前掲註(28)210-212頁。
(35) 末弘厳太郎『民法講話(上巻)』(岩波書店，1926) 50-51頁。
(36) 末弘厳太郎「消極的契約利益」同『民法雑記帳(下巻)』(日本評論新社，1953) 24頁。
(37) 日本評論社編『日本の法学』(日本評論社，1950) 71頁〔末弘〕。
(38) 民法判例研究会『判例民法大正十年度』(有斐閣) 序2頁以下。

第Ⅱ部　法解釈学と民法における判例法

　(2)　末弘の出発点は法律秩序の完全性を批判することであった。末弘によれば，法律秩序の完全性は，神の法に代わって国家の法が人間社会の諸関係のすべてを規律せねばならないという近代的な世界観を基礎としていた。末弘はこのような見方を，法律秩序は専ら国家の立法権力に還元されうるものではないゆえに，根本的に誤りであると考えた[39]。このような考えの基礎には，先に述べたような彼の社会学的な法理解が，そして日本の社会の現実に対する洞察がある。当時の日本では，増加する労働争議や小作争議の判断に直接の基準を与える実体法は存在せず，民法典を除けば，ただ調停法[40]が存在するのみであった。そのような状況下で法律秩序の完全性を想定することは，末弘の実証主義的精神にとってはあまりに形而上的なものであった[41]。

　(3)　法創造については，末弘はこれを法律的判断の特殊性から基礎づける。およそ法律的判断は，所与の問題を，関連する法規範を発見しそれを適用して解決することを課題とする。この法律的判断は，立法者についても裁判官についても，本質的に同一である。いずれの法律的判断も高次の規範によって拘束され，また一定の社会関係を想定して行われるからである。立法による法律的判断と比べて，裁判所の判決は，高次の規範に拘束される程度が大きく，想定される社会関係がより具体的であるという違いがあるに過ぎない。立法者の与える法律規範は抽象的な社会関係を対象としているに過ぎないため，事件すなわち具体的な社会関係に取り組む裁判官は，程度の差異こそあれ常に新しい法規範を創造せねばならない[42]。

　裁判官が法律的判断を行うとき，まず，自らに提示された事件に対応する法律規範を探求する。これに際して末弘は，各法律規範の前提とする社会関係の把握を重視する。各規範の内容及び妥当範囲は，想定された社会関係の認識に基づいて決定されるからである[43]。次いで，裁判官が対応する法律規範を見つけ出すことができないとき，新たな法律規範が創造されることになる。ここでも末弘は

---

(39)　末弘厳太郎「法律解釈に於ける理論と政策」同『民法雑考』（日本評論社，1932）7頁。

(40)　小作争議調停法（1924年7月22日法律18号），労働争議調停法（1926年4月9日法律57号）。

(41)　末弘・前掲注(39)35-36頁。

(42)　末弘・前掲注(39)17-19頁。

(43)　末弘・前掲注(39)18-20頁，24-26頁。

社会関係を重視する。彼によれば，法創造の基礎は，裁判官が自らの前に存在する事件を定型化して，換言すれば具体的社会関係として把握することである。この作業を通じて，裁判官は，類似の事件で同種の判決を可能とする新たな法規範を創造できるからである[44]。この定型化して把握された具体的社会関係はまた，創造される法規範の内容も規定する[45]。末弘法学において，裁判官が作り出すのは法や法律ではなく，また単なる法命題でもなく，具体的な社会関係と密接に結びついた具体的な法律規範であった。

　法創造について，末弘は，次の二点に注意を促す[46]。すなわち一方では，ジンツハイマーの立法学に関する所見[47]に依拠して，裁判官による法創造が自由かつ創造的なものであらねばならないことを強調する。裁判官が制定法の想定しない具体的社会関係に直面するとき，法学原理にとらわれることなく，そこに社会的目的や社会的努力が存在することを発見せねばならない。しかし他方で，末弘は，裁判官は法創造の際に高次の規範に拘束され，他の制定法規範との整合性を考慮に入れねばならないことも強調する。

　(4)　裁判官が創造した具体的な法律規範を，末弘は，法源と考えた。しかし彼の見解は単純なものではない。ある裁判所が類似の事件に同種の判決を下すこと，あるいは下級審裁判所がとりわけ大審院の判例に従うことは，たしかに，先例の事実的拘束力を示すものである[48]。しかし，このことによって，先例の法的拘束力を説明することはできない[49]。また，同種の判決が繰り返されることで，確かに慣習法が生み出されることもある。しかし，慣習法が成立することと，ある判決それ自体を法源とみなすこととは，区別されねばならない[50]。

　末弘の法学説では，裁判官による法創造は，類型的に把握された具体的社会関係と密接に結びついていた。それゆえ，ある事件で創造された法律規範は，具体

---

(44) 末弘・前掲注(39)20-21頁，26-27頁。
(45) 末弘・前掲注(39)28-29頁。
(46) 末弘・前掲注(39)30-32頁。
(47) *H. Sinzheimer*, Ein Arbeitstarifgesetz, 1916, S. 10.
(48) 末弘の同僚である穂積重遠が，すでに，このような見解を唱えていた。穂積重遠『民法総論（上巻）』（有斐閣，1921）40頁以下。
(49) 末弘厳太郎「判例の法源性と判例の研究」同『民法雑記帳（上巻）』（日本評論新社，1953）24-26頁。
(50) 末弘・前掲注(49)26-27頁。

第Ⅱ部 法解釈学と民法における判例法

的な社会関係が共通して存在するゆえに，そしてその限りでのみ，他の事件にも適用できるものであった。先例の拘束力を認めるためのこの前提条件に，末弘は，さらなる根拠を付け加える(51)。裁判官は程度の差こそあれ常に新しい法規範を創造せねばならず，このとき裁判官は様々な事柄を考慮に入れねばならない。司法の課題は法的安全を守ることであり，裁判官は司法の一部であるから，裁判官は可能な限り判例の統一性を保つ職務上の義務を有する。従って裁判官は，自由な法創造の際の一つの基準として，先例に注意しなければならない。末弘は，以上のように，裁判官の地位の特殊性に基づいて，判例を法源として承認したのである(52)。

Ⅴ 末弘法学における判例研究

(1) 末弘の見解によれば，裁判所は具体的な社会関係に応じて，先例として法的拘束力を有する具体的な法律規範を創造する。裁判所の判決からこの具体的な法律規範を読み取ることが，判例研究の目的である(53)。判例研究の対象は，それゆえ，判決理由に示された単なる法的見解ではない(54)。判例に関する末弘の理解をより具体的に把握するために，彼が実際にはどのように判決を検討したかを述べる(55)。

(2) まず，賃貸借契約の解除に関する判決である（大判大10年10月6日民録27輯1736頁）。事案は次のようなものである。賃借人XがAと共同して工場を設立するため賃貸人Yから土地を賃借し，保証金を差し入れた。その際Yは，XおよびAの目的が工場設立にあることを知っていた。契約締結後にAが自らの名義で，

---

(51) 末弘・前掲注(39)33-35頁，末弘・前掲注(49)31-32頁。
(52) Vgl. *H. Matsumoto*, Das Problem von Präjudizienwirkungen im japanischen Zivil- und Zivilprozeßrecht, in: K. Kroeschell (Hrsg.), Recht und Verfahren, 1993, S. 59 und 61〔松本博之「日本の民事法・民事訴訟法における先例効の問題」石部雅亮／松本博之編『法の実現と手続』（信山社，1993）83頁および85頁〕。
(53) 民法判例研究会『判例民法大正10年度』（有斐閣，1923）序7頁以下。
(54) 末弘・前掲注(49)34頁。
(55) 同種の試みとして，飯島紀昭「判例研究にみる末弘法学」飯島紀昭／島田和夫／広渡清吾編『市民法学の課題と展望（清水誠先生古希記念論集）』（日本評論社，2000）167頁以下がある。

工場に電動機を設置する許可をYに求めたが，Yはこれに応じなかった。Aは数日後再び許可を求めたが，Yは改めてこれを拒絶した。そこでXは債務不履行を理由にYとの賃貸借契約を解除し，保証金の返還を求めた。これに対してYは，契約の解除には民法541条に従い相手方が相当の期間を定めて履行を催告することが必要であるにもかかわらず，真の契約当事者ではなく単なる第三者であるAが賃貸人Yに義務の履行を求めているのであるから，解除の要件が欠けている，と抗弁した。

大審院はYの抗弁を受け入れた。すなわち，本件土地の賃借人はXである。Aは土地の使用に際してXと一定の利害関係を有するのみであって，共同賃借人ではない。Yの不履行を理由に賃貸借契約を解除するには，X自身がYに対して，定められた相当期間内に給付を提供するように催告せねばならない。それゆえ，AがYに義務の履行を求めたことをもって，XとYとの間の賃貸借契約の解除に必要な催告とすることはできない。XとAとが共同して土地に工場を設立することをYが知っていたとしても，同様である。

末弘によれば[56]，この判決は確かに形式論理上極めて理路整然としたものであるが，同時に，日本の法律学の欠点を最も露骨に体現するものであった。末弘は，この過度の形式的態度を次のように批判した。確かに，民法541条によれば催告は契約当事者によって行われねばならない。しかし，XとAとの間には組合関係がある，あるいは代理関係があると見ることができるなら，Aによる催告は十分なものとすることができる。また，これが認められないとしても，民法541条の催告要件はすでに満たされていると考えることもできる。というのは，この要件の目的は，履行のための相当期間を定めることなく契約を解除することを禁止するところにあるが，この相当期間は大審院まで争われたXの請求によって与えられ，Yの履行提供なく経過したと見ることができるからである。

(3) 次いで雇用の終了に関する判決を扱う（大判大11年5月29日民集1巻259頁）。事案は次のようなものである。印刷会社の職工Xらが，印刷会社Yと期間の定めのない雇用契約を締結した。その後，XらがYに向かって賃金値上げを要求したが，Yはこれを拒絶した。そこでXらは自らの要求の目的を達成するため怠業したが，ただ平日の6分ないし9分の仕事をしたに留まり，他の労働者の就業を妨

---

[56] 民法判例研究会『判例民法大正10年度』（有斐閣，1923）139事件（460頁以下）。

害することはなかった。4日後Yは，各当事者に「已ムコトヲ得ザル事由」による即時の解約を認める民法628条に従って，不誠実な怠業を理由にXらを解雇した。これに対してXらは，期間の定めのない雇用は解約申入れから2週間の経過でもって終了することを定める民法627条の規定を根拠に，解雇後2週間分の賃金を請求した。

主たる争点は，本件において民法628条の「已ムコトヲ得ザル事由」が存在するか否か，すなわち職工Xらの行為が印刷会社Yによる無賠償での即時解約を正当化しうるか否かであった。控訴審は，Xらの行動は雇用契約当事者間の相信関係を破壊するものであり，民法628条にいう「已ムコトヲ得ザル事由」が存在する，と判断した。Xらは上告した。

大審院はおおよそ次のようにのべて上告を棄却した。すなわち，「已ムコトヲ得ザル事由」とは，当事者が取り決めた契約目的の達成に重大な支障をもたらす事項のことである。Xらの怠業は故意に仕事の能率を減じ，これを手段として賃金値上げの目的を達成しようとするものである。このようなXらの行動は契約目的に違反する。それゆえYは即座に雇用契約を解約できる。控訴審の言う相信関係は，Xらの人格に対する信頼ではなく，普通の程度における労務の提供に対する信頼であり，控訴院は民法628条の解釈を誤っていない。

末弘の判例研究は[57]，まず，控訴院が示した相信関係の意味を問題にする。委任が相信関係を基礎として成立継続することについては疑いない。これに対して，雇用契約では区別を要する。奉公契約の場合にはこのような要素が含まれるが，本件のような工場所有者と工場労働者との近代的な労働関係には含まれていない。したがって，職工Xらの行為による相信関係の破壊を理由に民法628条を適用した控訴審判決は，極めて不当である。

大審院判決については，末弘は，「已ムコトヲ得ザル事由」の概念の解釈ないしその概念への包摂を問題とする。大審院は，おそらく，雇用者が普通の程度における労務の提供を信頼できない場合には「已ムコトヲ得ザル事由」があると考えるのだろう。しかしこの場合に雇用者はまず民法541条に従い，そのような労務の提供を催促すべきであって，即時に解雇を言い渡すことはできない。また，大審院によれば，「已ムコトヲ得ザル事由」は契約目的の達成に重大な支障を引

---

[57] 民法判例研究会『判例民法大正11年度』（有斐閣，1924）37事件（155頁以下）。

き起こす事実と理解される。しかし，大審院の判決からは，Xらの行動が実際に重大な支障を惹起したか否かは明らかではない。雇用契約では労働の程度に関して具体的には何ら定めがないのであるから，仕事の能率が減少しただけでは重大な障害にあたらない。確かに，故意に仕事の能率を減じることは，契約目的に背くものである。しかしそれは雇用者に損害賠償の権利を与えるのみであって，即時解雇を許すものではない。

最後に末弘は次のような苦言を呈した。すなわち，本判決に示された事実のみでは，雇用者が即時解雇をなすことを許すべき根拠は明確とならない。大審院は労使の戦いにおいて中立ではないとの批判に対して弁解できないのではないか。労働者及び彼の家族にとって，14日の予告期間を以て解雇されるか，即時に解雇されるかは生命の問題である。裁判所は，雇主側の都合のみを考えて，契約目的に背反するという理由で，即時解雇の判断を下すべきではない。

(4) 最後に，賃借権に基づく妨害排除が問題となった判決を取り上げる（大判大10年10月15日民録27輯1788頁）。事案は次のようなものである。Xが漁業組合から漁場の漁業権を賃借したが，その漁場においてYが何の権利もなく漁業を行った。そこでXはYに漁業の差止めおよび漁業禁止の仮処分を求めた。下級審がXを正当としたので，Yが上告した。

大審院は簡単な理由付けでもって上告を棄却した。すなわち，権利者が自己のために権利を行使する際に現存する妨害を排除できることは権利の性質上当然のことであり，その権利が物権であるか債権であるかによって異ならない。

検討の始めに，末弘は，賃借権に基づく妨害排除請求に関する裁判所の態度を述べる[58]。土地および家屋の賃貸借に関して，大審院は賃借人に占有訴権（197条以下）に基づいて，第三者による侵害に対する妨害排除請求権を認める[59]。しかし賃借人は，賃借物の占有を得ていない場合には，この訴えを利用することはできない。大審院は，また，民法423条に基づいて賃借人が所有者である賃貸人に代わって，第三者による妨害を排除する物権的請求権を行使することを認める[60]。しかしこれは理論的な問題を含む。この規定は原則として債務者が無視力の場合にのみ適用できるものだからである。最後に，大審院は，賃借権を物権

---

(58) 民法判例研究会『判例民法大正10年度』（有斐閣, 1923）148事件（499頁以下）。
(59) 大判大8年5月17日民録25輯780頁。
(60) 大判大9年11月11日民録26輯1701頁。

とみることは否定している(61)。

判例のこのような慎重な姿勢を鑑みて，末弘は本判決を，金銭賠償を原則とする不法行為（709条）の法発展にとって画期的なものと評価した。そして同時にこの大胆な判決を，大審院が社会の要求に圧迫された結果と考えた。このような認識からすれば，本判決のもたらした発展は，その不十分な理由付けを補うことで，確実なものとされるべきである。末弘にとってこれは学説の課題であった。かくして末弘は，債権に基づく妨害排除請求の正当化を試みた(62)。

Ⅵ 結 語

(1) 判例研究は，現実主義を志向する末弘にとって，社会の現実とそこに妥当する法とを把握するための手段であった。法学の課題は「あるべき法」を「ある法」の上に築くことにあるのだから，裁判所の判決は批判の対象でもあった。判決を検討する際，末弘は，判決が基礎とする事実関係から出発し，その背後にある社会構造や社会要求を突き止めた。そしてこのような立場から，裁判所の判決に現れる，事実と法規範との連関を検討した。

判例を法源とし，裁判官による法創造を率直に認める末弘の法学説は，制定法国では問題を含むものと言いうる。また，末弘の学説では，裁判官による法創造がほとんど常に許されることから，法律の解釈と法の継続形成との間に明確な区別規準が存在しないという問題に直面するであろう。しかし，判例研究に対する彼の態度を考慮するなら，末弘法学の意図は，社会に実際に存在する要求を見つけ出し，それに法的形式を与えて，法的に安定させることにある。この意図するところが実現する理論的可能性を，末弘は，裁判官による法形成ないし法創造に見たのである(63)。

末弘の法解釈論を判例に対する彼の理解と併せて見るなら，それは，法規範が

---

(61) 大判大9年10月4日民録26輯1416頁，大判大10年2月17日民録27輯321頁。
(62) 末弘は次のように主張した。物権と異なり，債権は排他性を有さないが，不可侵な権利である。およその権利の侵害は不法行為に基づく損害賠償を引き起こす。損害の賠償が認められるなら，その発生を防止することが認められてもよい。したがって，債権の不可侵性ゆえに，債権に基づく妨害排除請求が認められるべきである。
(63) 磯村・前掲注(8)84頁を参照。

適用される具体的な事実関係を，そしてそれを取り巻く現実の社会を射程に入れた点で，従来の日本の法解釈論とは異なるものであった。西欧法体系を日本の社会に即して運用するには，なんらかの道具立てを要する。これを獲得するために，当時の支配的な民法学はドイツの法解釈論に範を求めた。これに対して末弘は，判例法研究を通じて，継受された法体系を自らのものとし，日本の現実に根ざした法解釈論を求めたのである。

(2) 末弘法学は次世代に影響を与えた。例えば，我妻栄（1897-1973）は，末弘から示唆を受けて，法制度の社会的機能をも考慮した教科書を書き上げ，これは第二次大戦後も学説および実務にとって基本著作となった[64]。末弘が提唱した判例研究の方法は，第二次大戦後にようやく広範な支持を得た[65]。とりわけ川島武宜（1909-1992）によってアメリカの「リアリズム法学」と対比され，一般化した[66]。彼らの構想した法解釈論もまた，日本の法発展にとって意義深いものである。もっとも，これらの問題は本稿の射程外である。

---

[64] 我妻栄『民法講義（全八巻）』（岩波書店，1933以後）。
[65] 北川・前掲注（9）309頁。
[66] 川島武宜「末弘厳太郎先生の法学理論」法セミ71号（1962）2頁，また T. Kawashima, The concept of judicial precedent in japanese law, in: Festschrift für Max Rheinstein zum 70. Geburtstag, Bd. 1, 1969, S. 85 ff. も参照。

失敗した法律の修正
—— 538年5月1日 Justinianus 新勅法について ——

ヴォルフガング・カイザー
守矢健一訳

I 導　入

Christian Friedrich Glück[i]は，『Hellfeld に基づくパンデクテンの詳細な解説』第一巻において，新たな法律は制定後2ヶ月を俟って漸く妥当するに至るという理解に対して決然と反論した。斯様な見解は，まったく基礎づけられておらず，Justinianus 帝による新勅法に対する誤解に基づいたものである，というのである[1]。Glück が引照する Justinianus［以下，ユ帝と略記する，記者註］の法律[2][ii]は，538年5月1日の制定[3]に係るものである。そこに定められている2ヶ月と

---

(1) *Ch. F. Glück* Ausführliche Erläuterungen der Pandekten nach Hellfeld. Ein Commentar, Bd. 1, 2. Aufl., Erlangen 1797, S. 132-133 (zu D. 1, 1)：「… 第二に，われわれは，適切な仕方でなされた公布の作用を論じよう。作用の第一として，法律は，通常，臣民に周知されたその瞬間から臣民を拘束する，といえる。新たな法律は，公布後2ヶ月を俟ってはじめて妥当に至る，という見解を持つ学識法曹もなかにはある。しかしこの見解はまったく基礎づけを持たないので，別の学識法曹から正当にも非難された。なぜならば，Nov. 66. c. 1 は一般的な規則を含むものではなく，遺言に関するユ帝の勅令にのみ関わるものだからである。…」

(2) ユ帝については *A. Demandt*, Geschichte der Spätantike. Das Römische Reich von Diocletian bis Justinian 284-565 n.Chr. (HdA 3, 6), 2. Aufl., München 2008, S. 231-249. Justinianus の生きた時代については s. nur die Beiträge in M. Maas (Hg.), The Cambridge Companion to the Age of Justinian, Cambridge 2005 sowie *M. Meier*, Das andere Zeitalter Justinians. Kontingenzerfahrung und Kontingenzbewältigung im 6. Jahrhundert n.Chr., Göttingen 2003.

(3) ユ帝の新勅法は，以下では，*R. Schöll - G. Kroll*, Corpus iuris III, Novellae, 4. Aufl., Berlin 1912 に拠って引用する。538年5月1日新勅法は，その340頁から343頁にかけて見出される。

いう期限は，確かに遺言法について今後発せられる法律にのみ係るものである。すなわち，これらの法律は公布とともにではなく，その2ヵ月後にはじめて妥当する，とされている。しかし，Accursius[iii]による標準註釈 Glossa ordinaria において既に，この定めはすべての法律に渉るものだと理解されている[4]。

> 「この種の法律」：これはすなわち，既に前章で述べたとおり，遺言に係る法律，という意味である。ところでこの定め（すなわち2ヶ月の期限）[iv]は，他の法律にも妥当するものだろうか？わたしは妥当すると考える。表題のはじめの言葉が一般的な性質であることは，その見解を支える。したがって，講義聴講者にあっては，法律を一般的なものと理解されたい。これについては，ディゲスタにおいて「金と銀の遺贈」という表題の法律のなかの「個々の部分」(D.32, 2, 15)，「法および事実の不認識」という表題の，最後から二番目と最後の法律を (D.22, 6, 9.10)，参照されたい。しかし，このことは，既に触れた，「私邸」という表題を持つ法律の最後の部分 (Auth. 59) に矛盾する。そこにおいては，3ヶ月の期限に言及されている。しかし，そこにわたくしが註釈したとおり，これは特別の定めにのみ関わる。ところが，なお，「兵士でも盟約を結んでいる者でもない者」という表題を持つ，以下で扱う法律の条文「従ってまた」(Auth. 108, Cap. 1) もまた，この定めに抵触する。しかしこれもやはり特殊の定めにのみ関わる規定である。これに対し，ここで扱っている定めは，一般的なものなのである。

---

(4) 註釈 *Ut autem*（正しくはおそらく：*huiusmodi lex*) zu Coll. V, Const. 15 nach der Ausgabe von De Tortis, Venedig 1489, f. 50va (benutzt im Nachdruck Turin 1969 [Corpus glossatorum iuris civilis 11]) : *Ut autem. Huiusmodi lex: scilicet pro testamentis ut supra titulo proximo dictum est. Sed nunquid idem aliis. dico quod sic, ut patet ex rubrica in principio cuius verba sunt generalia et ita hoc intellege generaliter ut ff. de auro et argento legato l. species et ff. de iuris et facti ignorantia l. penultima et finalis. Sed contra ut supra in privatis domibus in fine. ubi dicitur quod intra tres menses. Sed illud speciale, ut ibi dixi. Item contra infra ut neque miles neque foederatus § sint igitur. Sed illud speciale similiter: Hoc autem generale.* Authenticum における新勅法の見出しの冒頭は実際，非常に一般的に以下のようになっている：*Ut factae novae constitutiones post insinuationem earum post duos menses valeant* ..., s. dazu unten S. 93.

註解学派は，発効の日時が明示されていないすべての法律について，2ヶ月の期限が妥当するという説を支持した[5]。《パンデクテンの現代的慣用》においては，かかる拡張的解釈は争いの的となった。Glück と同様，Augustin Leyser[v]はその著書 Meditationes ad Pandectas[vi]において2ヶ月の期限の一般的妥当に反対の立場を表明した[6]。曰く：ユ帝の新勅法は，遺言における方式要請という特殊な事例に係るものであり，だから「移行期間」を設けることに意味がある。このような特殊な目的設定ゆえに，新勅法を一般化することはできない。したがって，法律は原則的には公布の日に発効すると考えるべきである，と。これに対して，たとえば Samuel Stryck[vii]は，新勅法の2ヶ月期限は，発効の日付が明示されていない帝国法律には全て妥当する，と述べる[7]。Samuel de Cocceji[viii]はこの見解を次のように基礎づける[8]。新勅法はなるほど遺言のことについてしか語っていない。けれども2ヶ月の期限は，学識法曹の通説により，全ての法律に拡張して適用されねばならない。なぜならこの期限は立法の動機になっておりこの動機は他の法律にも同じように妥当するからである[9]。

今日の視点から見ると，かかる一般化を，法的解釈構成 (juristische Dogmatik) による顕著な達成だと見ることができる。解釈構成の語[10]を，新たな法的理論

（5） Bartolus による新勅法註解を見よ，Bartoli commentaria super authenticis ..., Lyon 1552, f. 32vb–33ra: *Constitutiones novae in urbe Constantinopolitana conditę, post duos menses ex quo ibi insinuatae sund, debent servari: in provinciis autem post duos menses ex quo directae sunt et palam factae in unaquaque civitate quia nullus posset de caetero assumere occasionem alicuius ignorantię ...* （1） *... Nota ex ista constitutione quod lex nova ligat post duos menses a tempore insinuationis, seu publicationis: quae insinuatio seu publicatio debet fieri secundum formam hic dictatam ...* （4） *Tu vero dic, quod ibi*（gemeint ist Auth. 108, 1）*in lege est certum et determinatum tempus quod constitutio liget, et ideo illud est servandum: et ita loquuntur omnia iura dicentia constitutione nova ligare. Si vero illud tempus post quod constitutio liget, non sit in lege determinatum, tunc liget intra duos menses a tempore ipsius insinuationis: ut haec.*

（6） *A. Leyser*, Meditationes ad Pandectas, Bd. 1, Leipzig – Wolfenbüttel 1717, Spec. VIII, hier zitiert nach der zweiten Auflage, ebenda 1733, S. 72: *... Ac verosimilius longe est, ubique legem novam statim, atque promulgata est, vim obligandi accipere, neque necesse esse, ut duo demum menses expectentur. Convenit id naturae legum et rectae rationi. ... Nam quod ad Novellam 66 attinet, haec non de legibus in genere, sed de iis tantum agit, quae circa solennia testamentorum feruntur. Ea solennia perdiscere difficile est, duo menses ab Imperatore indulgentur ad ea recte cogonscenda. Exinde vero ad leges super aliis negotiis latas argumentum ducere non licet ...*

命題を獲得するための[11]，なおかつこの命題を実定法理論と端的には同視しない[12]，そのような手続として理解するのであれば．

ユ帝自身は，538年5月1日の新勅法[13]によって，遺言相続法の中心領域の改正を行うことを目論んだ．二つの右に先立つ法律の施行に当たって露見した明ら

（7） S. Stryck, Specimen usus moderni pandectarum ad libros V. priores …, Frankfurt – Wittenberg 1690, § 15; hier zitiert nach der 7. Aufl., Halle 1730, S. 63: … *Unicum modum circa initium obligationis legalis notamus, scil. cautum in Novell. 66 quod novae LL post bimestre spatium auctoritatem habere debeant. Quaer. ergo, an idem in Imperii legibus? Non desunt exempla in Rec. Imp. ubi idem terminus probatur. Sic in Reform. Polit. de Anno 1577. Tit. 18. in fin. ibi: Es soll solche Ordnung in zweyen Monaten, nach geschehener Publication, wircklich angehen. Attamen hoc universaliter vix asserendum. Plerumque terminus obligationis a legislatore exprimi solet; quod si nullus adjectus sit dies, putarem, standum esse adhuc termino in Novell. praefinito. Spatium enim denegari nequit subditis, intra quod notitiam novae legis consequantur.* おなじような見解として*J. H. Boehmer*, Doctrina De actionibus ad praxin hodiernam accommodata, Halle 1718, zu D. 1, 3 § 12. S. für weitere Nachweise GLÜCK (o. Fn. 1), S. 132 Fn. 48. ヴィッテンベルク大学法学部がザクセン選帝侯に対して1719年に行った照会は，18世紀初頭における議論の状況を包括的に伝える．この照会にあたっては，具体的な事例が基礎にあった．この照会は以下に採録されている，*von Wernher*, Selectae observationes forenses, Bd. 3, 2. Aufl., Jena – Leipzig 1756, S. 938-941.

（8） *S. Cocceji*, Ius controversum civile, Frankfurt – Leipzig 1713, Qu. VII zu D. 1, 3, hier zitiert nach der 3. Aufl., Frankfurt – Leipzig 1753, S. 44: … *Obj. quod illa Nov. 66 loquitur saltem de testamentis. Resp. ex identitate rationis et communi Dd. sententia extenditur ad omnes alias constitutiones.* …

（9）《パンデクテンの現代的慣用》における拡張的解釈については*J. Schröder*, Recht als Wissenschaft. Geschichte der juristischen Methode vom Humanismus bis zur historischen Schule（1500-1850），München 2001, S. 155-161; *C. Schott*, Gesetzesinterpretation im Usus modernus, in: Zeitschrift für Neuere Rechtsgeschichte 21（1999），S. 45-84, 77-78.

（10） Dogmatik の概念史については *M. Herberger*, Dogmatik, Frankfurt am Main 1980; *J. Schröder*, Wissenschaftstheorie und Lehre der „praktischen Jurisprudenz" auf deutschen Universitäten an der Wende zum 19. Jahrhundert, Frankfurt a. M. 1979, insbesondere S. 155-161. 法解釈構成をめぐる現代の議論については *P. Gödicke*, Bereicherungsrecht und Dogmatik, Berlin 2002. また，*M. Hebeisen*, Recht und Staat als Objektivationen des Geistes in der Geschichte, Norderstedt 2004, Bd. 1 S. 380-382 は議論の概観を与える．- この語がしばしば不明瞭に利用されることについて *W. Selb*, Dogmen und Dogmatik, Dogmengeschichte und Dogmatikgeschichte in der Rechtswissenschaft, in: C.-W. Canaris – U. Diederichsen（Hgg.），Festschrift für Karl Larenz zum 80. Geburtstag, München 1983, S. 605-614, 605-607.

かな不備に応じようとしたのであった。帝国の少なくない場所で、それどころか帝国首都であるコンスタンティノープルにおいてすら、しかし、実務はかかる定めを無視し、引き続き旧法に従って遺言を作成していた。したがって、新勅法は、後期古代において法律を実務において具現化しようとするときに突き当たる諸困難を例解するものである[14]。新勅法はギリシャ語の原典については168の新勅法集成に含まれている（Coll.CLXVIII Novv. 66）[15]。さらに、Authenticum[16]には新勅法（Auth. 68）の字句に忠実なラテン語訳（Kata poda）が所収されている[17]。

---

(11) たとえば *F. Wieacker*, Zur praktischen Leistung der Rechtsdogmatik, in: R. Bubner – K. Cramer – R. Wiehl (Hgg.), Hermeneutik und Dialektik, Festschrift für Hans-Georg Gadamer, Bd. 2, Tübingen 1970, S. 311-336, 319-320（法解釈構成は、法律とは独自に一般的承認と遵守とを要求するような法命題および法規則からなる複合的な仕組［「理論構築物」］である）. さらに *G. Jahr*, Zum Verhältnis von Rechtstheorie und Rechtsdogmatik, in: G. Jahr – W. Maihofer (Hgg.), Rechtstheorie. Beiträge zur Grundlagendiskussion, Frankfurt a. M. 1971, S. 303-311, 303（法解釈構成とは、あるひとつの法秩序内において、法命題の意義を学問的に審査することである）.

(12) *A. Hollerbach*, Art. „Rechtswissenschaft", in: Staatslexikon 4 (1998[7]), Sp. 751-760, 751.

(13) この点について、*C. Kreuzsaler*, Aeneis tabulis scripta proponatur lex. Zum Publikationserfordernis für Rechtsnormen am Beispiel der spätantiken Kaiserkonstitutionen, in: R. Haensch (Hg.), Selbstdarstellung und Kommunikation. Die Veröffentlichung staatlicher Urkunden auf Stein und Bronze in der römischen Welt (Vestigia 61), München 2009, S. 209-248, 243-248.

(14) 後期古代および初期中世における法律の「実効性」の問題は、研究において集中的に議論されているところである。後期古代の立法について差し当たり *F. Wieacker*, Zur Effektivität des Gesetzesrechts in der späten Antike, in: Festschrift für H. Heimpel zum 70. Geburtstag, Bd. 3, Göttingen 1972, S. 546-566; 初期中世の Leges については *H. Nehlsen*, Zur Aktualität und Effektivität germanischer Rechtsaufzeichnungen, in: P. Classen (Hg.), Recht und Schrift im Mittelalter (Vorträge und Forschungen 23), Sigmaringen 1977, S. 449-502 さらに *C. Schott*, Der Stand der Leges-Forschung, in: Frühmittelalterliche Studien 13 (1979), S. 29-55; Kapitularien については *H. Mordek*, Karolingische Kapitularien, in: Ders. (Hg.), Überlieferung und Geltung normativer Texte im frühen und hohen Mittelalter, Sigmaringen 1986, S. 26-50, 44-49; 初期中世の公会議カノンについては *W. Hartmann*, Die Synoden der Karolingerzeit im Frankenreich und in Italien, Paderborn u. a. 1989, S. 28-34.

第Ⅱ部　法解釈学と民法における判例法

Ⅱ　ユ帝新勅法538年5月1日の背景

1　538年5月1日新勅法のきっかけ

新勅法の導入部でユ帝は直ちに，既に触れたところの法律の不備に言及する[18]。

> 出来する法的事例は，常に，立法を行う機会を提供する。われわれが相続に関して定めた法律に起因する嘆願書が数多く寄せられてきたからである。この法律のうちひとつは，被相続人は相続人の名前を自らの手で書かねばならない，ということを定め，もうひとつは，

---

(15) 168の新勅法の集成は，現存する全ての他の新勅法集成と同様，私人の手になるものである。この仕事はユ帝時代に行われ，ティベリウス2世時代まで継続された。このことについて，*P. Noailles*, Les collections de novelles de l'empereur Justinian, Bd. 1: Origine et formation sous Justinien, Paris 1912, S. 178-198 および Bd. 2: La collection grecque des 168 novelles, Paris 1914（zu den Handschriften）。ユ帝は自身の立法した法律の公式の集成を企図しており，それは Codex Iustinianus のあとに公布される予定だったが，実現しなかった。新勅法の表題（Rubrik）は，集成に収められたときにはじめてつけられた。つまり，表題は公的な性格を持っていない。このことについて，*Noailles*, Les collections des novelles 1, S. 129. 新勅法を掲載する現在の版の基礎となっている新勅法の章立ては，人文主義者 Antonius Contius（Antoine le Conte）が1559年にリヨンで彼が公刊した，ラテン語版の新勅法集において導入したものである。これについては，*F. A. Biener*, Geschichte der Novellen Justinians, Berlin 1824（Nachdruck Aalen 1970），S. 373-376.

(16) Authenticum の基礎を為すのは，ユ帝による134の新勅法の集成である。新勅法のうちもともとラテン語であったものは，原典のままで現存している。ギリシャ語の新勅法は，その数量においてラテン語のそれを凌駕するが，それはギリシャ語から字義通りのラテン語（Kata poda）に翻訳された。翻訳は，ユ帝時代の法学教育に由来するもので，ギリシャ語のテクストの理解を，ラテン語を解する学生に対して容易ならしめるためになされたのである（対応して，いわばギリシャ語の Kata poda に当たる，ラテン語の法源のギリシャ語訳も存在した）。Authenticum については *H. J. Scheltema*, Subseciva XI. Das Authenticum, in: TR 31（1963），S. 275-279, jetzt in: Opera minora ad historiam iuris pertinentia, Groningen 2004, S. 133-137; *D. Liebs*, Die Jurisprudenz im spätantiken Italien, Berlin 1987, S. 266-269; *W. Kaiser*, Die Epitome Iuliani. Beiträge zum römischen Recht im frühen Mittelalter und zum byzantinischen Rechtsunterricht, Frankfurt a. M. 2004, S. 963（s. v. Authenticum）.

(17) *Kaiser*, Die Epitome Iuliani（o. Fn. 16），S. 370-373.

両親が子に残さねばならない，Falcidia 法による相続分の割合は，遺産を12に分割したうちのどれほどか，3か，4か，それともそれ以上か，について定めたものである。この二つの法律に起因して数多くの遺言が，そこに書かれた内容が実現されない，という危険に曝された。なぜならば，この二つの法律は，確かに公布されたが，属州の住人および首都に住む者には未だに知られていなかったからである。というのも，この法律は，［そこでは］たまたま掲示されて居らず，したがって公示されていなかったからである。そこで，これらの問いに，簡潔な法律によって答えることが適切であるとわれわれには思われた。

ユ帝による二つの法律は，相続人指定を有効ならしめるための要請および子供の義務分（Falcidia）の割合を変更するものであったが，その法律は，属州はおろか帝国の首都においてすら一般に知られてはいなかったのである。法律が別に定めているにも関わらず，遺言には，相続人の名前が自筆で記されていなかったり，子に与えられる義務分の割合が不足していたりしたのである。ユ帝はこの不知の原因を，法律の公示の仕方が不十分だったことに求めている。

2 ユ帝時代の公布

(1) 発行書 Ausfertigung

法律は，後期古代においては原則的に，書簡の形式を採った。すなわち，皇帝は法律を高官に宛てる。この高官が，法律の公布と施行とに意を用いねばならな

---

(18) Coll. CLXVIII Novv. 66 praef.: Ἀεὶ τῶν νόμων ἡμῖν ἀφορμὰς αἱ τῶν κινουμένων ὑποθέσεων παρέχουσιν αἰτίαι. πολλῶν γὰρ ἡμῖν προσελεύσεων γινομένων προφάσει τῶν ἡμετέρων διατάξεων, ἃς ἐπὶ ταῖς διαδοχαῖς ἐγράψαμεν, ὁποῖον δὴ τὸ περὶ τοῦ δεῖν οἰκείᾳ χειρὶ τὸν διατιθέμενον τὸ τοῦ κληρονόμου γράφειν ὄνομα, καὶ αὖθις ἐκ πόσων οὐγκιῶν λογίζεσθαι χρὴ τὸν Φαλκίδιον, ὃν τοῖς παισὶν οἱ γονεῖς καταλιμπάνουσιν, εἴτε ἐκ τριῶν τοῖς παισὶν οἱ γονεῖς καταλιμπάνουσιν, εἴτε ἐκ τριῶν εἴτε καὶ ἐκ τεττάρων εἴτε καὶ ἐκ πλειόνων, καὶ πολλῶν διὰ τοῦτο κινδυνευσασῶν διαθηκῶν ἐκπεσεῖν εἰς τὸ μὴ πληρωθῆναι τὰ ἐν αὐταῖς γεγραμμένα, διὰ τὸ κἂν εἰ γεγόνασιν οἱ νόμοι, πλὴν μὴ γνωσθῆναι ἢ τοῖς ἐν ταῖς ἐπαρχίαις ἢ καὶ ἐνταῦθα, οὔπω τυχὸν προτεθέντες οὐδὲ γενόμενοι φανεροί, ἀναγκαῖον ᾠήθημεν τὰ τοιαῦτα νόμῳ βραχεῖ διορίσασθαι (ed. *Schöll–Kroll*, S. 340, 12-26).

いのである[19]。帝国全体に法律を妥当させるためには，ユ帝時代において名宛人はまずは近衛都督[ix]（Praefectus praetorio）すなわち文民としては最高の帝国官職であった[20]。ユ帝が527年に皇帝に就いたときには，ふたりの近衛都督が職についていた。すなわち，帝国の東側を統括する東近衛都督（Praefectus praetorio Orientis/per Orientem），そしてドナウ河流域とギリシャそしてクレタを含んだ領域を統括するイリュリア近衛都督（Praefectus praetorio Illyrici/ per Illyricum）である[21]。ヴァンダル人に対するはじめての戦勝のあと，ユ帝は533年の終わりにもうひとつの近衛都督職を北アフリカに設置した（Praefectus praetorio Africae/Africam）[22]。537年初めにはイタリアについても東ローマから近衛都督を任命した（Praetfectus praetorio Italiae / per Italiam）[23]。さらに，その余の帝国官職たちも，発行された書簡を受け取ることがあった。それは，該当する法律がかかる官職の管轄を扱う場合である[24]。いい例は，168の新勅法集成に所収された536年3月18日新勅法の末尾に収められている官房記録（Coll.CLXVIII Novv. 22）である。ここには婚姻

---

(19) *N. van der Wal*, Edictum und lex edictalis, in: Revue internationale des droits de l'antiquité (3 eme ser.) 28 (1981), S. 277-313, 284-291; *ders.*, Die spätrömischen Gesetzesformen nochmals betrachtet, in: Subseciva Groningana 6 (1999), S. 143-146.

(20) Praefectus praetorio については *Demandt* (o. Fn. 2), S. 292-294; *W. Ensslin*, Art. Praefectus praetorio, in: PWRE 22, 2 (1954), Sp. 2391-2502.

(21) それぞれの官職の統括領域については *Demandt* (o. Fn. 2), Karte 2 nach S. 753.

(22) *J. Prostko-Prostynski*, Zum Datum der Einrichtung der afrikanischen Prätorianerpräfektur durch Kaiser Justinian I., in: Byzantinische Zeitschrift 91 (1998), S. 423-434; *W. Kaiser*, Authentizität und Geltung spätantiker Kaisergesetze. Studien zu den "Sacra privilegia concilii Vizaceni", München 2007, S. 76-78.

(23) イタリア近衛都督の一代目は Justinianus 帝下の将軍 Belisar が担ったが，その任官期間は538年までに留まった。Belisar については *J. R. Martindale*, The Prosopography of the Later Roman Empire, Bd. 2: A.D. 395-527, Camdridge u. a. 1980, S. 469-470; 527年以降のイタリア近衛都督のリストについては *Martindale*, Prosopography 3 (o. Fn. 23), S. 1474-1475.

(24) 新勅法の発行については P. Krüger, Geschichte der Quellen und Litteratur des Römischen Rechts, 2. Aufl., München - Leipzig 1912, S. 301-303; Noailles, Les collections de novelles 1, S. 68-79, 80-86; L. Wenger, Die Quellen des römischen Rechts, Wien 1953, S. 654-657; G. Lanata, Legislazione e natura nelle novelle giustinianee, Neapel 1984, S. 107-161; N. van der Wal, Edictum und lex edictalis (o. Fn. 19), S. 297-299; Kaiser, Authentizität und Geltung (o. Fn.22), S. 134. これらの文献にはさらに詳しい文献目録がついている。

                                                                    失敗した法律の修正

法の定めが新たに置かれている(25)。帝国の官職者と並んで，教会法に係る内容を持った法律については教会の最高位官職者，すなわち総大司教も発行書を受け取ることができた。その例としてはたとえば，司教および聖職者の聖別を定めた536年3月16日の新勅法（Coll. CLXVIII Novv. 6）がある。この新勅法は，コンスタンティノープルの大司教 Epiphanius に宛てた発行書に含まれており，その後書に更なる名宛人として以下のことが記載されている(26)：

> アレクサンドリアのいとかしこき大司教であらせられる Timotheus，アンティオキアのいとかしこき大司教であらせられる Ephrain，イェルサレムのいとかしこき大司教であらせられる Petrus，畏れ多き近衛都督に二度もおなりである，また元執政官にして貴き家系であらせられる Johannes，イリュリアの畏れ多き近衛都督であらせられる Dominicus の各々に宛てて，この発行書はしたためられた。

名宛人のうちの多くの名前は，新勅法集成に反映されている。新勅法集成のなかには，同一の法律が異なった名宛人に宛てて，何度も収録されている場合もある。それは，集成者がどの発行書を集成し得たか，ということと対応している(27)。新勅法はギリシャ語および / またはラテン語で記すことができた(28)。法律が

---

(25) この新勅法は Coll. CLXVIII Novv. 22 に所収された，東近衛都督 Johannes に宛てた発行書に保存されている。その後書に，さらなる名宛人としてコンスタンティノープル知事たる Patricius，「侍従長（Oberhofmarschall）」とでも言うべき Magister sacrorum officiorum の Basilides，「財務大臣（Finanzminister）」とでも言うべき Comes sacrarum largitionum の職にあった Strategius，「法務大臣（Justizminister）」とでも言うべき Quastor sacri palatii の職にあった Tribonianus，「将軍（General）」とでも言うべき Magistri militum の職にあった Germanus, Tzitta および Maxentianus，さいごに皇帝直轄領管理を司る職 Comes sacrarum rerum privatarum にあった Florus の名前が挙がっている。ギリシャ語のテクストについては，参照，ed. *Schöll–Kroll*, S. 186, 33–187, 21.

(26) Coll. CLXVIII Novv. 6 epil.: Ἐγράφη τὰ ἰσότυπα <Τιμοθέῳ> τῷ ὁσιοτάτῳ ἀρχιεπισκόπῳ Ἀλεξανδρείας, Ἐφραΐμίῳ τῷ ὁσιοτάτῳ ἀρχιεπισκόπῳ Θεουπόλεως, Πέτρῳ τῷ ὁσιοτάτῳ ἀρχιεπισκόπῳ Ἱεροσολύμων, Ἰωάννῃ τῷ ἐνδοξοτάτῳ ἐπάρχῳ τῶν ἱερῶν praetoriwn τὸ δεύτερον, ἀπὸ ὑπάτων καὶ πατρικίω, Δομινίκῳ τῷ ἐνδοξοτάτῳ ἐπάρχῳ τῶν παρὰ Ἰλλυριοῖς ἱερῶν praetoriwn (ed. *Schöll – Kroll*, S. 47, 29–35).

第Ⅱ部　法解釈学と民法における判例法

ラテン語を使用する帝国領域に関する場合，コンスタンティノープルの帝国官僚に向けられている場合，あるいは（以前の）ラテン語で定式化された法律に解説を加える類の法律である場合，には，ラテン語のみが使用された[29]。イリュリア近衛都督が受け取った発行書にはラテン語のものとギリシャ語のものとがある[30]。それは，イリュリア近衛都督の掌る領域において二つの言語が使用されていたことによる[31]。帝国全体に亘る法律については，皇帝官房は（東側については）ギリシャ語の，（北アフリカとイタリアについて）ラテン語の発行書を作成することが許されていた。両方の言語で記された発行書は現在もはや残されていないが，Justinianus 帝は，538年5月1日の新勅法において，536年3月1日新勅法（義務分について）は，ギリシャ語とラテン語の両方の発行書によって公布されたことを伝えている[32]：

　　子供の相続の分量をめぐる法律に係る，（大勢がこれを必要としている
　　ため）ギリシャ人の言葉と，国家の固有の性格からして非常に重要

---

(27) 概観を与えるのは *B. Rubin*, Das Zeitalter Justinians, Bd. 1, Berlin 1960, S. 415-421. Iulianus 梗概の手稿に含まれた4つの碑文については *Kaiser*, Die Epitome Iuliani (o. Fn. 16), S. 240-246.

(28) 二つの言語で記された新勅法についてはたとえば *Krüger*, Geschichte (o. Fn. 24), S. 400; *E. Stein*, Deux questeurs de Justinien et l'emploi des langues dans ses novelles, in: Opera minora selecta, Amsterdam 1968, S. 359-384）; *T. Wallinga*, Tanta/Dedoken. Two Introductory Constitutions to Justinian's Digest, Groningen 1989, S. 67-73.

(29) *Krüger*, Geschichte (o. Fn. 24), S. 399-400.

(30) 例は以下の文献に列挙されている *Schöll-Kroll*, Novellae (Fn. 3), S. 806-810: Coll. CLXVIII Novv. 8 (a. 535; ラテン語), 33 (a. 535; ラテン語), 162 (a. 539; ギリシャ語), App. 1 (a. 540; ラテン語), 111 (a. 541; ラテン語), 153 (a. 541; ギリシャ語), さらに 143/150 (a. 563; ラテン語); Coll. CLXVIII Novv. 165 (a. 538?) については使用言語の特定は不可能。

(31) イリュリア近衛都督の掌握領域について *Demandt* (o. Fn. 2), Karte 2 nach S. 753 および *Vulić*, Art. Illyricum, in: PWRE 9, 1, Stuttgart 1914, Sp. 1085-1088, 1087. ドナウ領域はラテン語を使用するが，マケドニア，エピルス，テッサリア，アカイア，クレタではギリシャ語が使用されている。二言語使用については *A. H. M. Jones*, The Later Roman Empire 284-602, Bd. 2, Oxford 1964, S. 993; 言語使用領域の領域確定については *B. Gerov*, Die lateinisch-griechische Sprachgrenze auf der Balkanhalbinsel, in: G. Neumann - J. Untermann, Die Sprachen im Römischen Reich der Kaiserzeit, Bonn 1980, S. 147-165.

な言語であるところのローマ人の言葉との二つの言葉によって，二つの発行書が作成されたからである。そのうちのひとつの日付は3月（3月1日）となっているが，これは，この日付で発行書が作成されたもののまだ公布されていない段階の日付である。もうひとつの発行書（ローマ人の言葉によるもの）は，畏れ多きアフリカ近衛都督であらせられる Solomon を名宛人としているが，これの日付は4月（4月1日）である。

ラテン語こそが本来の国家の言語であるのに対して，ギリシャ語による発行書は，人口の過半数はギリシャ語（のみ）を語る[33]ことに由来する実務上の要請による，ということを，ユ帝は強調している。ユ帝はラテン語の発行書の名宛人としてアフリカ近衛都督の Solomon を明示しているが，ギリシャ語の発行書については名宛人について語っていない。よって，Coll.CLXVIII NOVV.66においてギリシャ語の発行書の名宛人であることが明示されているところの，東近衛都督たる Johannes のほかにも，イリュリア近衛都督もギリシャ語の発行書を受け取ったと見てよいであろう。

(2) 公布（Bekanntmachung）

発行書の受取人の任務は，該当する法律を，受取人の所掌する領域に公布することにあった[34]。公布は，特定の領域ないし特定の人々にだけ効力を持つ，いわゆる sanctio pragmatica[vii] の場合には，属州の知事に転送することで足りた。

---

(32) Coll. CLXVIII Novv. 66, 1, 2: διότι γενομένων ἡμῶν ἰσοτύπων διατάξεων περὶ τοῦ μέτρου τῆς ἐνστάσεως τῶν παίδων, τῆς μὲν τῇ Ἑλλήνων φωνῇ γεγραμμένης διὰ τὸ τῷ πλήθε κατάλληλον, τῆς δὲ τῇ Ῥωμαίων ἥπερ ἐστὶ καὶ κυριωτάτη διὰ τὸ τῆς πολιτείας σχῆμα, ἡ μὲν καλάνδας Μαρτίας ἔχει, γραφεῖσα μὲν τότε, οὐκ ἐμφανισθεῖσα δὲ τηνικαῦτα εὐθύς, ἡ δὲ τῇ Ῥωμαίων φωνῇ γεγραμμένη πρὸς Σολομῶντα τὸν ἐνδοξότατον τῶν ἐν Ἄφροις ἱερῶν ἡγούμενον πραιτωρίων καλάνδας Ἀπριλλίας προσγεγραμμένας ἔχει (ed. Schöll-Kroll, S. 342, 3-13).

(33)「帝国言語」としてのラテン語について，*H. Zilliacus*, Zum Kampf der Weltsprachen im oströmischen Reich, Helsingfors 1935, S. 28-30; *Wallinga* (o. Fn. 28), S. 50.

(34) これについて詳しくは *Kreuzsaler* (o. Fn. 13), S. 226-243. 法律の妥当は公布を前提として要求するものであるかどうかという問いについては，*W. Kaiser*, Zum Zeitpunkt des Inkrafttretens von Kaisergesetzen unter Justinian, in: ZRG RA 127 (2009).

帝国住民の全てに向けられた,一般法律（lex generalis）は公示の告示[35]によって,公共の場所に掲示されねばならなかった。コンスタンティノープルについては東近衛都督または市長（Praefectus urbi）がことにあたった[36]。近衛都督たちは法律を,彼らの配下にある属州知事たちに送付した。一般法律の場合には,しかるべく公示せねばならないという要請が添えられた。掲示板は,属州の都市全てに設置されているものとされていた[37]。教会の位階秩序の内部における公示についても,右に対応する措置が採られた。ユ帝による530年法律は,Codex Iustinianus[38]に所収されているが（C. 1, 3, 43),この法律は以下のことを定めている。すなわち,東近衛都督 Menas には勅法を首都大司教および属州知事たちに周知する義務があり,首都大司教にもまた[配下の]属司教に周知する義務がある,と[39]。こうした場合には,lex generalis は該当する教会において掲示された[40]。

　上記二つの法律について,公示が不十分だったというのだが,それがなにに起因するのか,については,531年法律に関するかぎり,不明である。536年3月1日法律についてみると,おそらく,二つの発行書が同時にではなく,前後して作成されたということが,不十分な公示の原因のようである（これについては以下92頁以下）。

---

(35) Kaiser, Authentizität und Geltung (o. Fn. 22), S. 180-183.

(36) コンスタンティノープル市長について,E. Sachers, Praefectus urbi, in: PWRE 22, 2 (1954), Sp. 2502-2534.

(37) 一例として553年2月2日新勅法の後書を見よ（Coll. CLXVIII Novv. 146):「東近衛都督 Areobindus よ,汝は,そちの配下にある属州知事にわれわれの法律を提示するのであるが,彼らが法律の内容を知りまたこの法律を全ての都市において掲示すべく,この告示を用いよ。」(vgl. ed. Schöll-Kroll, S. 717, 33).

(38) Ediert von P. Krüger, Codex Iustinianus, Berlin 1877 sowie zuletzt ders., Corpus iuris civilis II.: Codex Iustinianus, 9. Aufl., Berlin 1915; hier ist nach der Edition des Jahres 1877 zitiert. Codex Iustinianus は（権威づけられた,そして排他的な）大きな皇帝法律集成である。これは,ユ帝が528年および529年に集成し,534年に「第二版」として改めて施行された（Codex repetitae praelectionis)。ここに所収された皇帝法律は,Hadrianus 帝時代からユ帝時代までのものであるが,表題ごとに整理され,表題の内部については,時系列的な整理がなされている。ただし,法律は,原型のままの文言で所収されているのではなく,非常に圧縮され,加工もなされた。この Codex については Krüger, Geschichte (o. Fn. 24), S. 387-390; Wenger (o. Fn. 24), S. 638-651.

III 相続人指定および義務分の拡大に関するユ帝諸法律

1 531年3月1日の相続人指定法律

ユ帝が相続人指定に課す要件を厳格化することを目論んだ法律は，Codex Iustinianus のなかの C. 6, 23, 29 に所収されている。531年の，ラテン語で定められた法律である。手稿により伝えられる版によると，531年3月1日に法律は公布されたことになっているが，531年2月20日に公布されたという見方も可能である[41]。C. 6, 23 の章は，遺言作成を扱う（De testamentis: Quemadmodum testamenta ordinantur）。Codex Iustinianus に収録された以外には，これに関する法律はもはや現存していない。

Justinianus は，当該法律において，ローマ法における遺言相続法の中心的論点の一つ，すなわち相続人指定の定めを，改正した。ローマ法における遺言が効果を持つためには，相続人指定を必ず行わねばならない。これがなければ遺言は無効である[42]。ただし，自筆による指定は必要ではなかった。むしろ，遺言は，

---

(39) C. 1, 3, 43, 11-12: Ἡ τοίνυν σὴ ὑπεροχὴ τὴν θείαν ἡμῶν ταύτην νομοθεσίαν φανερὰν καταστησάτω τοῖς ἐν ἑκάστῃ μητροπόλει θεοφιλεστάτοις ἐπισκόποις καὶ τοῖς λαμπροτάτοις ἄρχουσι τῶν ἐπαρχιῶν, προστιθέμενος τὸ καὶ αὐτούς, εἰ δεήσειε, πᾶσαν διδόναι βοήθειαν τοῖς εὐλαβεστάτοις τῶν πόλεων ἐπισκόποις, ἐφ' ᾧ ταῦτα κωλύειν, ἅπερ ἀναιρεθῆναι προσετάξαμεν, καὶ εἴ τινι ῥαθυμίᾳ χρωμένους αὐτοὺς εὕροιεν φανερὰν ἡμῖν ταύτην δι' οἰκείας ποιεῖν μηνύσεως, ὡς ἂν ἅπαντες εἰδεῖεν τὰ παρ' αὐτῶν ὀφείλοντα διαφυλάττεσθαι καὶ τὴν ἐξ ἀμελείας διωρισμένην ποινήν. Φροντίσειάν τε οἱ θεοφιλέστατοι μητροπολῖται τοῦ καὶ τοῖς ἄλλοις εὐλαβεστάτοις τῶν πόλεων ἐπισκόποις τῆς αὐτῆς ἐπαρχίας ποιῆσαι φανερὸν τὸν θεῖον ἡμῶν τοῦτον νόμον καὶ παρεγγυῆσαι πᾶσιν ἀγρύπνῳ σπουδῇ ταῦτα φυλάττειν, δεδιόσι τὸ διορισθέν ἐπίτιμον (ed. *Krüger*, S. 47, 9-17). 教会内部の公示手続に係る位階秩序の例としては，Coll. CLXVIII Novv. 6 の後書を見よ (a. 536; ここでは司教と下位聖職者との叙階が問題になっている)。
(40) 一例として535年3月16日新勅法の後書を見よ（Coll. CLXVIII Novv. 6）：コンスタンティノープル総主教は，彼の配下にある教会において，法律を掲示すべきものとする。また，首都大司教は，首都の教会において，司教は司教区教会において，法律を掲示すべきものとする (vgl. ed. Schöll-Kroll, S. 47, 14)。
(41) この点については *P. Krüger*, Über die Zeitfolge der im justinianischen Codex enthaltenen Konstitutionen Justinians, in: Zeitschrift für Rechtsgeschichte 11 (1873), S. 166-186, 178.

第Ⅱ部　法解釈学と民法における判例法

他の証書と同様，専門的な公証人に作成させるを常としたのである(43)。通常，被相続人は，その実質的内容に相違がないことを自署または自署に代わる記号によって示した(44)。ユ帝はしかし，被相続人は相続人を自らの手でしるさねばならないと定めた(45)：

> 遺産を被相続人の意思にかなった仕方で移転させるためには，被相続人は，文字を書くことができる場合には，ひとりまたは複数の相続人の名前を自署とともに，あるいは遺言のどこかの部分に必ず記さねばならない。

文字を書くことができない被相続人は，相続人を口頭で証人の前で述べねばならない(46)：

> 重病のためあるいは文字筆記能力がないなどの理由で以上のことができない場合には，被相続人は，証人のいる前でひとり又は複数の相続人の名前を宣告せねばならない。このことによって，被相続人に自署を行う能力がない場合でも，証人は，誰が相続人であるかを

---

(42) M. Kaser, Das römische Privatrecht, Bd. 1, 2. Aufl., München 1971, S. 686 (auch zu Ausnahmen) sowie Bd. 2, 2. Aufl., München 1972, S. 490–491.

(43) 公証人については Wenger (o. Fn.24), S. 740-742 mit weiteren Nachweisen; ユ帝時代については H. Saradi, Il sistema notarile bizantino (VI–XV secolo), Mailand 1999, S. 3-37. 残存するローマの遺言書について Wenger (o. Fn.24), S. 820-828; M. Amelotti, Il testamento romano attraverso la prassi documentale, Bd. 1: Le forme classiche di testamento, Florenz 1966 sowie L. Migliardi - Zingale, I testamenti romani nei papiri e nelle tavolette d'Egitto. Silloge di documenti dal I al IV secolo D. C., Turin 1988.

(44) Wenger (o. Fn.24), S. 146.

(45) C. 6, 23, 29 pr.: *Iubemus omnimodo testatorem, si vires ad scribendum habeat, nomen heredis vel heredum in sua subscriptione vel in quacumque parte testamenti ponere, ut sit manifestum secundum illius voluntatem hereditatem esse transmissam* (ed. *Krüger*, S. 544, 28-30).

(46) C. 6, 23, 29, 1: *Sin autem forsitan ex morbi acerbitate vel litterarum imperitia hoc facere minime poterit, testibus testamenti praesentibus nomen vel nomina heredis vel heredum ab eo nuncupari, ut omnimodo sciant testes, si non ipse subscribere potest, qui sunt scripti heredes, et ita certo heredis nomine successio procedat* (ed. *Krüger*, S. 544, 30-34).

確実に知り，よって，相続人の名前を確実に知っているという条件の下で相続が遂行されるからである。

これに違反した場合には，ひとりの相続人もしかるべく確定されていない場合には，遺言の全体が無効になる。この勅令の定める要件を満たさない相続人については，相続から除外される[47]。勅令が目指したのは，相続人指定が被相続人の意思に実際に，確実に対応するということである。Codex Iustinianus によれば，この法律は東近衛都督の Iulianus を名宛人とするものである[48]。この法律は一般法律なので，イリュリア近衛都督に対する発行書もあったと見るべきである（これについては以下92頁以下参照）が，この発行書は現存していない[49]。

2 義務分に係る536年3月1日法律

第二の法律は，536年3月1日付のもの (Coll.CLXVIII Novv. 18)[50] なので，Codex Iusinianus が出来上がったあとに公布された，ということになる。536年3月1日新勅法は，Coll. CLXVIII Novv. によれば東近衛都督とある Johannes に宛てた発行書に記載されている。538年5月1日付新勅法を通じて，こんにち現存していない，アフリカ近衛都督たる Solomon に当てたラテン語発行書も記録されている。これに加えて，イリュリア近衛都督たる Domnicus に宛てたギリシャ語の発行書も存在したのであろう[51]（これについては上述73頁以下）。

この新勅法において，ユ帝は，古代末期において，（共和政末期の）Lex Falcidia と関連づけられたところの義務分法の改正を企図した[52]。それまでは，子供の義務分は，子供の数と関係なく，法律で定められた相続財産のうち4分の1とさ

---

(47) C. 6, 23, 29, 3: *Quod si non fuerit observatum et nomen heredis vel heredum non fuerit manu testatoris scriptum vel voce coram testibus nuncupatum, hoc testamentum stare minime patimur vel in totum, si tota heredum nomina fuerint praetermissa, vel in eius heredis institutionem, cuius nomen neque lingua neque manus testatoris significavit* (ed. *Krüger*, S. 544, 37-545, 1).

(48) Iulianus については *Martindale*, The Prosopography 3 (o. Fn. 22), S. 729-730 (Iulianus 2).

(49) 531年のイリュリア近衛都督は，おそらく Basilides であった，*Martindale*, Prosopography 3 (o. Fn.22), S. 173.

(50) Ed. *Schöll–Kroll*, S. 253-258.

れていた。ユ帝は義務分のこの硬直した割合を，子供の数に応じてより伸縮性のあるものに変えた。子供の数が4人までであれば，法定相続財産の3分の1が[(53)]，子供の数が5人以上であれば，法定相続財産の半分が，子供にあてがわれることとされた[(54)]。ユ帝は，義務分法についてのその他の立法の効力は失われておらず，割合だけが変わったのだということを強調している。子供が，法の定めるとおりの割合を手に入れることができない場合には，528年ユ帝法律によれば，遺言は無効になるわけではない。そうではなく，被相続人が子供への相続分を不十分にしか考慮しなかった場合には，子供たちは，義務分充当に不足する額の支払を請求することができる，というのである。ただ，義務分に対する権利を持つ者のことがまったく考慮されていない場合には，その者は，遺言に対して，不倫遺言の

---

(51) Domnicus については *Martindale*, Prosopography 3 (o. Fn. 22), S. 415 (Domnicus 2). Domnicus を名宛人とする，残存する新勅法のなかには，ラテン語で公布されたもの (Novelle vom 15. Juni 535, Coll. CLXVIII Novv. 33) と，ギリシャ語で公布されたものと (Novelle vom 9. Juni 539, Coll. CLXVIII Novv. 162) がある。

(52) Lex Falcidia は紀元前40年に公布された法であり，元来は，遺贈により遺産がなくなってしまわぬように相続人を保護するということがその目的だった，*Kaser*, Römisches Privatrecht 1 (o. Fn.42), S. 756-757. 古代末において，Falcidia という用語は法定相続人の義務分という意味で利用されるようになった，*Kaser*, Römisches Privatrecht 2 (o. Fn. 42), S. 515. - 536年新勅法および538年5月1日の新勅法についてはさらに *J. Urbanik*, Dioskoros and the Law of Succession: Lex Falcidia Revisited, in: J.-L. Fournet - C. Magdelaine (Hgg.), Les archives de Dioscore d'Aphrodité cent ans après leur découverte, Actes du colloque de Strasbourg (8-10 décembre 2005), Paris 2008, S. 117-142, 128, 130, 136-137.

(53) 新勅法はなるほど，一般的に，相続財産の3分の1について言及しているに過ぎない（これについては次註も見よ）が，これは，これまでの義務分の計算方法の変更を齎したと考えることはできないであろう，*Kaser*, Römisches Privatrecht 1 (o. Fn.42), S. 519 sowie *N. van der Wal*, Manuale Novellarum Justiniani, 2. Aufl., Groningen 1998, S. 140 mit Fn. 61.

(54) S. Coll. CLXVIII Novv. 18, 1: Ταῦτα ἡμᾶς ἐκίνησεν ἐπανορθῶσαι τὸν νόμον, καὶ μὴ περιιδεῖν αὐτὸν μέχρι παντὸς ἐρυθριῶντα, ἀλλὰ τοιούτῳ διορίσαι τὸ πρᾶγμα τρόπῳ· ὥστε, εἰ μὲν ἑνός ἐστι παιδὸς πατὴρ ἢ μήτηρ ἢ δυοῖν ἢ τριῶν ἢ τεσσάρων, μὴ τριούγκιον αὐτοῖς καταλιμπάνειν μόνον, ἀλλὰ τὴν τρίτην τῆς ἑαυτοῦ περιουσίας, τουτέστιν οὐγκίας τέσσαρας, καὶ τοῦτο εἶναι τὸ διωρισμένον μέτρον ἄχρι τοῦ ῥηθέντος ἀριθμοῦ. εἰ δὲ ὑπὲρ τοὺς τέσσαρας ἔχει παῖδας, τὴν ἡμίσειαν τῆς πάσης περιουσίας αὐτοῖς καταλιμπάνεσθαι μοῖραν, ὥστε ἐξαούγκιον εἶναι πάντως τὸ ὀφειλόμενον (ed. *Schöll-Kroll*, S. 128, 19-28).

訴 querella inofficiosi testamenti によって異議を唱えることができ，遺言の全体としての無効を導くことができた[55]。

3 皇帝による，個別事例に係る修正

538年から見ると，この二つの法律はそれぞれ7年前（531年3月）と2年前（536年3月）[56]にすでに公布されたものであった。ユ帝は538年新勅法の導入において（上述63頁参照），この二つの法律について多くの嘆願書を受け取ったということに触れている。

同新勅法のCap. 1, 1において，ユ帝は再び，数多くの嘆願書があったことに触れるが，ここで問題にされているのは，被相続人の自筆による相続人指定の義務だけである。

> したがって，被相続人が自筆で相続人の名前を書かねばならないと定める（531年の）法律はもはや古くからある法律であり，またわれわれが（Codex Iustinianus と）名づけた法律集成に見出される法律でもあるにもかかわらず，多くのものが，その法律の定めに逆らって，遺言を作成した。なぜならば，彼らは右の法律を知り得なかったからである。そしてこれまでは，こうした懈怠は，（皇帝たる）お上に報告され，これに寛恕を請う者のすべてにわれわれは寛容を示した。なぜならば（531年法律と536年法律の）これら［の法律］は公布されていなかったからである。そしてわれわれはこの点につき，われわれが彼らに正当なかぎりで寛容を授けるという旨が記載された，ありがたい通知を与えた[57]。

おそらく大多数の嘆願書は，法定相続人と相続権をめぐって争う，遺言による相続人に由来するものであろう。皇帝は彼の通知（θεῖοι τύποι; sacrae formae）において，方式規定の妥当にこだわらずに遺言の妥当を認めたのである。これは，技術的な意味における［すなわち，法律の適用を具体的な事例において除外する，

---

(55) C. 3, 28, 30 pr.– 1 （Justinian; a. 528）; *Kaser*, Römisches Privatrecht 2 (o. Fn.42), S. 509-510 (dort auch zu weiteren Einzelheiten) .
(56) Ed. *Schöll– Kroll*, S. 127-138.

教会法にいわゆる]特免（Dispens）には当たらないであろう。というのも，ここでは言及された定めは，法律の公布に瑕疵があったため，嘆願書の発せられた領域については，そもそも妥当していなかったのだからである。ユ帝による寛容（Nachsicht）は，嘆願書申請者には方式義務が課せられていなかったことを承認するものだったのである[58]。遺言は，自筆による相続人指定の要請に違反しているにもかかわらず，有効だったわけである。

ユ帝はここで，まずは531年法律のことにのみ言及している。しかしあとの部分で複数形を用いている（ταύτας ... ［これはギリシャ語の指示代名詞であり，ドイツ語ではdieseとカイザー氏が訳し，邦語訳では「これら［の法律］」とした部分に対応する］；ed. Schöll-Kroll, S. 341, 31）。こうしてユ帝は，公布に瑕疵があったのは，536年3月1日法律についても異ならないことを示したわけである。導入において皇帝は，二つの法律について嘆願書が多数寄せられたことに言及していた。531年法律のことについてだけ，その後の記述で実質的に触れられているのは，531年法律が発せられてから馬鹿にならない月日が経っているからで，それにもかかわらずなお存在する法の不知はもはや耐え難かったということであろう。

法律適用免除の嘆願の増加は，皇帝をして，法律による説明が必要だと考えるに至らしめるほどに至った[59]：

われわれが，この事柄について，ありがたき通知を発するを余儀なくされるという負担に日々苦しむということがないようにするために，われわれは以下のことを確定する，云々。

---

(57) Coll. CLXVIII Novv. 66, 1, 1: *Τοιγαροῦν καὶ μέχρι νῦν, καίτοι παλαιᾶς ἤδη τῆς διατάξεως οὔσης καὶ ἐν τῷ ἐπωνύμῳ ἡμῶν κειμένης τῶν διατάξεων βιβλίῳ, ἥτις γράφειν οἰκείᾳ χειρὶ τὸ τοῦ κληρονομοῦντος ὄνομα διετύπωσεν, ὅμως πολλοὶ παρὰ τὴν αὐτῆς διέθεντο δύναμιν ἀγνοήσαντες αὐτῆς τὴν νομοθεσίαν· καὶ μέχρι νῦν τὰ τοιαῦτα παροφθέντα προσαγγέλλεται τῷ ἡμετέρῳ κράτει, καὶ πᾶσιν ἀεὶ τοῖς τὰ τοιαῦτα δεηθεῖσι συνέγνωμεν, ἐπεὶ μήπω γενέσθαι ταύτας καταφανεῖς συνέβαινε, καὶ θείους ὑπὲρ τούτων ἐποιησάμεθα τύπους δικαίαν αὐτοῖς φιλοτιμούμενοι τὴν συγγνώμην* (ed. *Schöll-Kroll*, S. 341, 23-33)．

(58) これと異なった見解を示すのは *Kreuzsaler* (o. Fn.13), S. 245 である。彼女は，ここに特免を見て，そうして，公布に瑕疵があるにもかかわらず法律の妥当が暗黙裡に承認されていると考えるのである。これに対して，反対の立場を採るのが *Kaiser*, Zum Zeitpunkt des Inkrafttretens (o. Fn. 34).

失敗した法律の修正

Ⅳ 538年5月1日新勅法による確定

1 今後の原則と定め

ユ帝はまず，これまでの二つの法律が，公布以前には妥当し得ないのだということを確認する(60)：

> われわれはまず次のことを確認する。すなわち，遺言に係る法律は，一般に公布された時点で（初めて）妥当すること，そしてまた，ここ（コンスタンティノープル）では公布された時点から，しかし属州においてはそれぞれの都市において公布された時点からあるいは今後の公布を俟ってそれから，これらの法律が妥当するということである。法律の不知ゆえに，遺言を策定しこれに法的な方式を与える人間が，思わず法律に違背してしまう，ということがないようにするためである。

ここにユ帝はある原則を立てた。そして，この原則があとに続く説明で，限定され具体化される。コンスタンティノープルでも属州においても，掲示が法律の妥当にとって枢要である。属州については属州都市（Metropolis）すなわち属州知事の所在地における公布が決定的である。「公布された時点からあるいは今後の公布を俟って」（κατέστησαν ἢ γεγόνασι φανεραί）といって将来の公布に言及するのは，おそらく，ユ帝が序文で触れたとおり，二つの法律が帝国の全領域には

---

(59) Coll. CLXVIII Novv. 66, 1, 1: ... ἵνα τοίνυν μὴ ἐνοχλώμεθα περὶ τούτων καθ' ἑκάστην καὶ τύπους γράφειν αἰτώμεθα, διὰ τοῦτο θεσπίζομεν ... (ed. *Schöll–Kroll*, S. 341, 32-34).

(60) Coll. CLXVIII Novv. 66, 1 pr.: Θεσπίζομεν τοίνυν, ἐξ ἐκείνου τὰς ἡμετέρας διατάξεις τὰς ὑπὲρ διαθηκῶν κρατεῖν, ἐξ ὅτου καταφανεῖς ἐν κοινῷ γεγόνασι, καὶ τὸν χρόνον ἐκεῖθεν αὐταῖς συλλογίζεσθαι, τουτέστιν ἐνταῦθα μὲν ἐξ ὅτου πᾶσι κατέστησαν ἢ γεγόνασι φανεραί, ἐν ταῖς ἐπαρχίαις δὲ ἐξ ὅτου πεμφθεῖσαι κατάδηλοι ταῖς μητροπόλεσι γεγόνασιν ἢ καὶ ὕστερον γένωνται, ἵνα μὴ τῇ τῶν νόμων ἀγνοίᾳ κατὰ τὸ πρῴην κεκρατηκὸς τὰς διαθήκας ἄνθρωποι τιθέντες καὶ πολιτευόμενοι δόξαιεν παραβαίνειν τὸν νόμον (ed. *Schöll–Kroll*, S. 340, 27-341, 2).

公布されていなかったことに関連するのだろう。

　ただし，ユ帝は，かかる原則を，将来の，遺言に係る法律だけに限定している。これらの法律は，公布後2ヶ月を俟って初めて妥当すべきものとされる[61]：

> しかし，この問題のよりはっきりとした解決を得るために，次のことを確定する。すなわち，この種の法律が今後制定された場合には，法律にあてがわれた日付から2ヶ月を俟って初めて妥当し適用を見るべきである，と。このことは，幸福な都市（コンスタンティノープル）の場合でも，属州の場合でも異ならない。公布の後，この期間が設けられれば，すべての者に法律を知らしむるに充分であり，したがって公証人が法律の内容を知り，臣民が法律を知り，遵守することができるからである。そうすると，誰にとっても，われわれの法律を尊重しないことについて言い逃れをする口実は存在しないことになる。

　法律の「日付」の意味するところは，文脈からして，法律の制定の日付ではなく，公布（propositio）の日付であろう[62]。それは，そのあとに続く「公布の後，この期間が設けられれば…充分であ[る]」（μετὰ τὴν ἐμφάνισιν ἀρκοῦντος τούτου τοῦ χρόνου）という文言から明らかである。Justinianus 帝が念頭においているのは，公布と施行のあいだに存する期間は何より方式作成の実務に留意し，この実務が，あらたな法律に対応すべく雛形を変更するに充分な時間を与えることであっ

---

(61) Coll. CLXVIII Novv. 66, 1 pr.: Ὅπως δ' ἂν σαφέστερον ἔτι τὸ πρᾶγμα δηλωθείη, θεσπίζομεν, εἰ γραφείη τοιοῦτος νόμος, τοῦτον μετὰ μῆνας δύο τοῦ δοθέντος αὐτῷ χρόνου κρατεῖν καὶ πολιτεύεσθαι εἴτε ἐπὶ ταύτης τῆς εὐδαίμονος πόλεως εἴτε ἐν ταῖς ἐπαρχίαις, μετὰ τὴν ἐμφάνισιν ἀρκοῦντος τούτου τοῦ χρόνου πᾶσι φανερὸν αὐτὸν καταστῆσαι, τῶν τε συμβολαιογράφων τὴν αὐτοῦ μανθανόντων δύναμιν τῶν τε ὑπηκόων γινωσκόντων καὶ τὸν νόμον τηρούντων. οὕτω γὰρ οὐδενὶ παντελῶς ἔσται παραίτησις τοῦ μὴ τὸν ἡμέτερον νόμον φυλάττειν (ed. Schöll-Kroll, S. 341, 1-10).

(62) 三つの日付，すなわち制定（data），受領（accepta）および公布（proposita）については Krüger, Geschichte der Quellen, S. 314-315; P. Ombretta Cuneo, La legislazione di Costantino II, Costanzo II e Costante (337- 361), Mailand 1997, p. LXVIII-LXIX mit Beispielen in Fn. 2.

た(63)。

　施行までに期間を設定するということは，そのほかの場合には，ユ帝の立法実務においては非常に稀である。Institutiones と Digesta が公布されてから施行されるまでには，14日の期間しか置かれていなかったし(64)，Codex 第一版および第二版については，それぞれ公布と試行の間に 8 日間あるいは42日間の期間が設けられた(65)。新勅法のなかには，その定めの実施に向け期間を設定したあと，その期間が経過したあとには重い制裁を課して威嚇するものも少なくない(66)。

2　過去の法的状態の明瞭化

(1)　531年法律

　将来に生ずる事例について以上のような定めを置いた後，ユ帝は，新たな新勅法を設けるきっかけとなった二つの法律に論点を移す。ユ帝は531年勅令から議論を説き起こす(67)。

---

(63) 公証人が利用する雛形については，エジプトの場合について N. Cohen, Greek Documentary Papyri from Egypt in the Berlin Aegyptisches Museum (P. Berl. Cohen), Oakville 2007, S. 20-21 に一覧がある。さらに，Wenger (o. Fn. 24), S. 745 mit Fn. 110.

(64) Dedoken 勅法および Tanta 勅法［それぞれギリシャ語とラテン語による勅法である］によって Institutiones および Digesta が施行されるようになるのだが，この勅令の日付は533年12月16日であり，そして，12月31日に Institutiones および Digesta が施行される。

(65) 529年 4 月 7 日の Summa 勅法によって Codex 初版が529年 4 月16日に施行さるべしとされ，534年11月16日の Cordi 勅法によって，Codex 第二版が534年12月29日に施行さるべしとされている。

(66) 537年11月 3 日新勅法（Coll. CLXVIII Novv. 58; Auth. 59）は，私宅では何人もミサを執り行ってはならない，と定める。この法律の公布後 3 ヶ月の期間内に，この定めに違背する行為は，取り止めねばならない。さもなくば，該当する家宅は押収され，所有権者は皇帝の怒りに触れることになるであろう，と。542年 4 月 9 日新勅法（Coll. CLXVIII Novv. 116; Auth. 108）は，以下のことを定める。兵士を軍役から解き放ち私的目的のために彼らを投入した者たちは，この法律の公布後30日以内に，その私的任務から兵士を解き放たなくてはならない，と。それが行われなかった場合には，かかる私人に対しては，すべての財産が押収され，兵士にいたっては，処刑されるであろう，と威嚇している。この二つの新勅法には，公布後直ちに効力が与えられている。これに対して，アックルシウスはこの二つの新勅法を，公布後一定期間をおいたのちに初めて法律が効力を持つさらなる例として引用している。この点，上述註 4 。

第Ⅱ部　法解釈学と民法における判例法

　　したがってわれわれは以下のように定める。Codex Iustinianus に
　所収されている旧法は，ここ（コンスタンティノープル）では公布さ
　れた時点から妥当すべきものとするものの，属州においては，法律
　が当地に送付され属州首都およびその他の都市に公布された時点か
　ら，妥当すべきものとする，と。なんとなれば，すでに多くの時間
　が経過し，われわれの Codex はあらゆる領域に送付されたのだから，
　今後は時間について誤りを犯すことはあり得ないからである。

　コンスタンティノープルについては，公布と同時に勅令が施行することとせね
ばならない。この定めは，導入部で，コンスタンティノープルにおいてすら掲示
が欠けていたことが指摘されていたのと矛盾する。ひょっとすると，ユ帝は，コ
ンスタンティノープルの，およそすべての掲示すべき場所に掲示がなされてはい
なかったにせよ，掲示があったかどうかといえばとにもかくにもあった，という
ことを前提としているのかもしれない(68)。属州については，法律が首都に送付
され，首都およびその他の都市に掲示された時点から，当該法律は妥当するとさ
れている。この定めも，新勅法の，これに先立つ記述と，一致しない。ここでは，
法律の妥当については，属州のすべての都市における掲示が決定的だとされてい
る。これに対し，それに先立つ記述では首都における掲示だけが言及されていた。
導入の記述もまた，属州において領域全体には掲示が及んでいなかったというこ
とを前提としていた。

　おそらくこうした不確かさがあったために，ユ帝はさらに付け加えて，法律が
Codex にも所収されていたのでこの法律の知識は全領域において前提され得るの
だ，ということを拠り所にしたのだろう。ユ帝は529年に，Codex は帝国のすべ
ての領域に送付され公布されねばならないと命じていた(69)。

(2)　536年法律

---

(67) Coll. CLXVIII Novv. 66, 1, 1: … διὰ τοῦτο θεσπίζομεν, ὡς εἴρηται, τὴν μὲν πρεσβυτέραν τὴν ἐν τῷ Ἰουστινιανῷ κειμένην κώδικι κρατεῖν ἐνταῦθα μὲν ἐξ οὗ γέγονεν ἐμφανής, ἐν ταῖς ἐπαρχίαις δὲ ἐξ οὗπερ κατεπέμφθη καὶ φανερὰ γέγονεν ἑκάστῃ τῶν μητροπόλεων ἢ καὶ τῶν ἄλλων πόλεων. χρόνου γὰρ συχνοῦ διελθόντος ἐκεῖθεν καὶ τοῦ ἡμετέρου κώδικος πανταχόσε πεμφθέντος οὐκ ἂν εἰκότως ἀγνοοῖτο (ed. *Schöll–Kroll*, S. 341, 35-42).

失敗した法律の修正

　536年3月1日新勅法（Coll. CLXVIII Novv. 18）の場合には，問題解決はもっと複雑だった[70]：

> きわめて最近に制定された，もうひとつの新勅法は，Codex 制定後に制定された法律に属し，遺産に対する子供の持分を定めるものだが，この新勅法は，すでにわたしたちが確認したように，この至福の都市［コンスタンティノープル］および属州において，掲示後2ヶ月を俟って妥当すべきものとする。

　新勅法は首都においても属州においても公布後二ヶ月を経て施行さるべし，とされている。これは，それ自体としては，ユ帝が遺言相続に係る将来の法律について定めた原則である。すでに制定された法律についても二ヶ月の期限についてユ帝が言及できると考える理由が，そのあとに引き続いて述べられている。すでに触れたとおり（前述2-2-a）新勅法はギリシャ語とラテン語による発行書に所収されているわけだが，この二つの発行書は同時に作成されるわけではなかった。ギリシャ語版が536年3月1日に完成していたのに対し，ラテン語版は4月1日

---

(68) コンスタンティノープルについては，皇帝の柱廊広間に掲示があったことだけが知られている．539年4月8日新勅法（Coll. CLXVIII Novv. 82）：お上はこれ（この法律）を皇帝の柱廊広間およびわれわれの偉大な都市（コンスタンティノープル）のほかの箇所に掲示した（Ἡ τοίνυν σὴ ὑπεροχὴ ... ταῦτα ἐπί τε τῆς βασιλείου προθήσει στοᾶς ἐπί τε τῶν ἄλλων μερῶν τῆς μεγάλης ταύτης ἡμῶν πόλεως; ed. *Schöll-Kroll*, S. 408, 15）．ティベリウス2世による二つの新勅法は，コンスタンティノープルにおける掲示について，通常の，または目立つ箇所のことに言及している，(ed. *Schöll-Kroll*, S. 752, 17: ἐν τοῖς ἐπισήμοις τόποις; ed. *Schöll-Kroll*, S. 746, 19: ἐν τοῖς εἰωθόσι τόποις für eine Novelle Tiberius' II. aus dem Jahre 574)．コンスタンティノープルの Stoa Basileios とでも言うべきものについては *P. Schreiner*, Konstantinopel: Geschichte und Archäologie, München 2007, S. 116 sowie die Karte S. 115. ローマのさまざまの箇所で掲示が行われたことについてはずっと詳しい情報がある，*D. Liebs*, Promulgationslokale im spätantiken Rom, in: Satura Roberto Feenstra ... oblata, Freiburg/Schweiz 1985, S. 215-228.

(69) Const. Summa § 5. Codex の公布については *Wallinga* (o. Fn. 28), S. 93-95.

(70) Coll. CLXVIII Novv. 66, 1, 2: Τὴν δὲ ἑτέραν τὴν νεωτάτην, ἥτις ἐν ταῖς μετὰ τὸν κώδικα διατάξεσι κεῖται, τὴν ὁρίζουσαν τὸ τοῖς παισὶ καταλιμπανόμενον κρατεῖν ἐπί τε τῆς εὐδαίμονος ταύτης πόλεως ἔν τε ταῖς ἐπαρχίαις μετὰ δύο μῆνας τῆς ἐμφανίσεως, καθάπερ εἰπόντες ἔφθημεν (ed. *Schöll–Kroll*, S. 341, 43-342, 3).

にまで完成が遷延した。このような齟齬ゆえに，3月1日完成のギリシャ語版の送付は遅延することとなった(71)：

> そういう次第で，ギリシャ語の法律もまた，ラテン語版の法律が制定送付されないうちには，公布されなかった。ただ，当地に見出し得る顕著ないくつもの近衛都督に送付された発行書（われわれはギリシャ語版のことを論じているのである）は，5月にその裁判所当局に周知され送付された。

　新勅法は，「ここに見出しうる顕著ないくつもの近衛都督」を複数形で（Authenticum版でも同様）語っている。具体的に該当し得るのはしかし，東近衛都督とイリュリア近衛都督の二つだけである。しかもイリュリア近衛都督の所在地はシルミウムまたはテッサロニキである［から，「当地」の語に対応しない］(72)。これは役人の書き違いで(73)，本当はコンスタンティノープルの知事および東近衛都督を意味した，ということもあり得る。この二つの役職者は，コンスタンティノープルにおいて従事していたのである。そして両者とも，それぞれ，裁判所を保持していた(74)。Coll.CLXVIII Novv.に収録された，536年3月1日新勅法の公布命令は，東近衛都督にだけ，その職域の属州における掲示を命じているのである。コンスタンティノープルにおける公布についてはなにも触れられていない(75)。アフリカにおける法律の公布についてユ帝はなにも言わない。おそらくこの公布は規定通りに行われたのであろう。

　ユ帝は，この新勅法についても，妥当にいたるまでの期限を設定している(76)：

---

(71) Coll. CLXVIII Novv. 66, 1, 3：... διόπερ οὐδὲ ἡ τῇ Ἑλλάδι φωνῇ γραφεῖσα γέγονε παραχρῆμα καταφανής, ἕως καὶ ἡ τῇ Ῥωμαίων συντεθεῖσα γλώττῃ γέγονέ τε καὶ ἐξεπέμφθη, ἀμέλει δὲ καὶ ἡ πρὸς τοὺς ἐνταῦθα ἐνδοξοτάτους ἐπάρχους τῶν ἱερῶν ἡμῶν πραιτωρίων γεγραμμένη (φαμὲν δὴ τὴν Ἑλληνίδα) κατὰ τὸν Μάιον μῆνα ἐνεφανίσθη τε τῷ αὐτῶν δικαστηρίῳ καὶ ἐξεπέμφθη (ed. Schöll- Kroll, S. 342, 13-19).

(72) *Demandt* (o. Fn. 2), S. 293.

(73) 役人による書き損じの例については *Kaiser*, Authentizität und Geltung (Fn. 22), S. 116 mit Fn. 17.

それゆえわれわれは以下のように定める。子供の相続分の割合に係る新勅法の定めは，当地（コンスタンティノープル）においては当時の暦の5月より妥当するものとする。したがって，したがって，われわれはこの新勅法についても2ヶ月の期限を維持するのである。だが，新勅法がすべての属州に送付されていたわけではなかったので，可及的速やかに——まだ送付されていない他の新勅法のすべても，そしてまたわれわれによって，神のお導きの下に，将来に発せられるであろう新勅法についても——送付され，また送付の準備がなされていなければならない。それは，われわれの法律が，属州民の首都において周知され公布ねばならないからである。属州知事は（法律を）現在また将来にわたって，属州に存在するすべての都市に送付し，よってもって，将来，法律の不知ゆえに何人も保護されるということがないようにせねばならない。

ユ帝は，コンスタンティノープルについて，二ヶ月の期限という原則を，3月1日に法律が成立し5月1日に公示したと構成することで，維持した。これは，二ヶ月の期限の開始は公示から，という，ユ帝が前述した定めと矛盾する。属州においては新勅法は掲示の瞬間から妥当すべきものと，おそらくされていた。この掲示が未だ行われていないところでも，掲示が，遅滞なく行われ，遅れを取り

---

(74) コンスタンティノープル知事の裁判管轄については SACHERS (o. Fn. 36), Sp. 2533 -2534.

(75) Coll. CLXVIII Novv. 18 epil. (ed. *Schöll–Kroll*, S. 138, 8 -15)．

(76) Coll. CLXVIII Novv. 66, 1, 3 : Θεσπίζομεν τοίνυν δεῖν τὴν αὐτῆς νομοθεσίαν τὴν περὶ τοῦ μέτρου τῆς ἐνστάσεως τῶν παίδων διαλεγομένην κρατεῖν ἐνταῦθα μὲν ἀπὸ τῶν τότε καλανδῶν Μαΐων, ἵνα τὴν δίμηνον αὐτῇ φυλάξωμεν, ἐν δὲ δὴ ταῖς ἐπαρχίαις ἐξ ὅτου γέγονεν αὐτὴ καταφανής, κἀκεῖσε τῆς διμήνου μετὰ τὴν ἐμφάνισιν φυλαττομένης. εἰ δὲ οὔπω καὶ νῦν ἐν πάσαις ταῖς ἐπαρχίαις ἐξεπέμφθη, ὅτι τάχιστα αὐτήν τε καὶ τὰς ἄλλας, αἵπερ ἴσως οὐκ ἐξεπέμφθησαν ἔτι ἢ κἂν ὕστερον ἡγουμένου θεοῦ παρ' ἡμῶν τεθεῖεν, ἐκπεμφθῆναί τε καὶ ἐκπέμπεσθαι, ἐφ' ᾧ τε τὰς ἡμετέρας διατάξεις ἐν ταῖς μητροπόλεσι τῶν ἐθνῶν γενέσθαι τε καὶ γίνεσθαι καταφανεῖς· τοὺς δὲ τῶν ἐπαρχιῶν ἡγουμένους αὐτοὺς στεῖλαί τε αὐτὰς καὶ στέλλειν ἐν πάσαις ταῖς πόλεσι ταῖς ἐφ' ἑκάστῃ ἐπαρχίᾳ τεταγμέναις, ὥστε μηδένα τὸ λοιπὸν προφασίζεσθαι μηδεμίαν ἄγνοιαν (ed. *Schöll–Kroll*, S. 342, 19-35).

戻さねばならない。ユ帝は，補足的に，この機会に他の新勅法における公布の欠落が改善され，また将来にも送付が可及的速やかに執り行われねばならないことを，命じている。

　さらに，皇帝は，新勅法の制定後だが一般的な公布の前に被相続人が作成した遺言は，有効であることを認めた。被相続人が，新勅法の適切な公布後に遺言を集成しなかった場合でも，当該遺言は有効である，としたのである[77]。

> 相続人指定が，それが行われた時点で当時の法の定めに適合的な形でなされていた場合には，この相続人指定は有効であり続けるし，彼ら（被相続人）がこれら（相続人指定）を，被相続人の生存中に，変更しなかったからといって，その有効性に非難が加えられることはない。われわれにもすべてが可能なわけではなく，遺言を作成する時間を持たない者も少なくないし，遺言を作成する暇もないままに死が人を驚かす，ということもしばしばあるのである。

最後に皇帝は述べる[78]：

> 結論として，われわれは次のように述べることができる。われわれの法律が制定される以前に，あるいは制定されたが属州知事によって公布されてはいない段階で，作成された遺言によって，両親から12分の3の財産を相続した子供は，その量で甘んずべきものとする。

3　勅法の施行

　新勅法の末尾にある公布命令によって，東近衛都督 Johannes は，コンスタンティノープルにおいても東近衛都督の所掌領域の属州においても，当該新勅法が

---

(77) Coll. CLXVIII Novv. 66, 1, 4: ... ἐπιζησάντων δὲ ἴσως τῶν διαθεμένων οὐκ ἠμείφθησαν, μενέτωσαν καὶ οὕτως αἱ ἐνστάσεις αἱ τὴν ἀρχὴν κατὰ τοὺς τότε φανεροὺς ὄντας γενόμεναι νόμους τὴν οἰκείαν ἰσχὺν ἔχουσαι, καὶ οὐκ ἐγκαλούμεναι διότι καθ' ὃν ἐπεβίουν χρόνον ἐκεῖνοι ταύτας οὐκ ἤμειψαν. οὐ γὰρ πάντα ἐστὶν ἐφ' ἡμῖν οὐδὲ ἀεί τισι καιροῖς γίνεται διαθήκη, αἰφνίδιόν τε πολλάκις ἐπίασιν ἀνθρώποις τελευταὶ τῆς τοῦ διαθέσθαι τούτους ἐξουσίας ἀφαιρούμεναι (ed. *Schöll-Kroll*, S. 343, 6-14).

公布されねばならない，ということが課された(79)：

> われわれが良いと認めた事柄，そしてこの聖別された法律によってはっきりした事柄を，貴下（すなわち東近衛都督）が自らの勅令によって，このもっとも偉大な都市（コンスタンティノープル）の，そしてコンスタンティノープル以外に存する諸都市（すなわち属州）の，すべての住民に公布し，よって以て，すべての者に，われわれが総ての者の無事のために法律によって定めた事柄が明らかにされねばならない。

4　補説 —— 二つの法律のその後の効力

被相続人が相続人の名前を自筆で書かねばならないという定めを，ユ帝は7年後，544年1月20日の法律の中で，失効させた（Coll. CLXVIII Novv. 119, 9）(80)。

> 被相続人は自筆で又は証人の媒介を経て，遺言に相続人の名前を与えねばならないという法律を，われわれはかつて制定したが，この厳格な定めにより多くの遺言は有効性を失ってしまった。それは，被相続人は，この厳格を遵守しうる状況になかったからでもあるし，あるいはまた，被相続人が，自らの意思を他の者が聞くということを嫌がったということもあるかもしれない。そこで，われわれは，次のように定めることとする。すなわち，今後も同法律の方式に従って自らの遺言を作成したいと考えるものには，その可能性を残すこととする。しかし，この方式を尊重せず，それ以前の慣習によって

---

(78) Coll. CLXVIII Novv. 66, 1, 5: Συνελόντας τοίνυν εἰπεῖν λαμβανέτωσαν οἱ παῖδες τὸ καταλελειμμένον αὐτοῖς, εἰ οὕτω τύχοι, παρὰ τῶν πατέρων τριούγκιον ἐκ τῶν οὕτω γενομένων διαθηκῶν ἢ πρὸ τῆς τοῦ νόμου θέσεως, ἢ μετὰ τὴν θέσιν τοῦ νόμου πρὶν δὴ τοῦτον παρὰ τοῖς ἄρχουσιν ἐμφανῆ καταστῆναι (ed. Schöll–Kroll, S. 343, 21-26).

(79) Coll. CLXVIII Novv. 66 epil.: Τὰ τοίνυν παραστάντα ἡμῖν καὶ διὰ τοῦδε τοῦ θείου δηλούμενα νόμου διὰ κηρυγμάτων οἰκείων ἡ σὴ ὑπεροχὴ πᾶσι ποιησάτω φανερὰ τοῖς τε ἐπὶ τῆς μεγάλης ταύτης πόλεως τοῖς τε ἔξωθεν, ὅπως ἂν ἅπασι γένοιτο σαφῆ τὰ παρ' ἡμῶν ἐπὶ τῇ πάντων ἀσφαλείᾳ νομοθετηθέντα (ed. Schöll– Kroll, S. 343, 33-38).

遺言を作成する者が居たとしても，かかる被相続人がその遺言についてその余の法律の定めを完全に遵守している限りは，相続人の名前を自筆で記そうとも，または他人の手によって記そうとも，われわれとしては，そのような方法で作成された遺言に効力がある，と定める。

こうして，相続人指定の正当性を被相続人の自筆の要件で担保しようとしたユ帝の試みは，13年ののちに，人民における承認の欠落ゆえに，失敗した。これに対して，義務分の変更に係る定めは放棄されなかった[81]。

ユ帝は，のちにも，遺言相続法に係る法律，または，部分的に遺言相続法に関わる法律を制定した[82]。ここではしかし，われわれが扱った新勅法が定めた二ヶ月の期限についての言及は，ない。

V 新勅法の不正確について

新勅法は，こんにちの理解からすれば，既に指摘したとおり，さまざまの点で，不正確ともいえ，あるいは首尾一貫性に欠ける，ともいえる。

このことは，まず，事実の水準について言える。ユ帝は，前書で，531年法律も536年法律も，コンスタンティノープルでも属州でも公布されていないということを指摘している。ところが，過去の法的状態の明瞭化に当たっては，531年

---

(80) Coll. CLXVIII Novv. 119, 9: Ἐπειδὴ δὲ πρὸ τούτου νόμον προηγάγομεν, ὥστε τοὺς διατιθεμένους ἢ χειρὶ ἰδίᾳ ἢ διὰ τῶν μαρτύρων τὰ ὀνόματα τῶν κληρονόμων ἐγγράφειν ταῖς διαθήκαις, ἔγνωμεν δὲ ἐκ τῆς τοιαύτης ἀκριβείας πολλὰς διαθήκας ἀνατραπῆναι, οἷα τῶν διατιθεμένων μὴ δυναμένων τὴν τοιαύτην ἀκρίβειαν παραφυλάξαι ἢ ὡς εἰκὸς μὴ βουλομένων γνῶναί τινας τὴν ἰδίαν αὐτῶν βουλήν, κελεύομεν ἄδειαν μὲν εἶναι τοῖς βουλομένοις ταῦτα φυλάττειν ἐν ταῖς αὐτῶν διαθήκαις· εἰ δὲ καὶ ταῦτα μὴ φυλάξουσιν, ἀλλὰ κατὰ τὴν παλαιὰν συνήθειαν διάθωνται, καὶ οὕτω βεβαίαν εἶναι τὴν διαθήκην θεσπίζομεν, εἴτε δι' ἑαυτοῦ τις εἴτε δι' ἑτέρου προσώπου τὸ ὄνομα τοῦ κληρονόμου ἐγγράψει, εἴπερ ὅλως τὴν λοιπὴν νόμιμον παραφυλακὴν ἐν τῇ διαθήκῃ ὁ τεστάτωρ παραφυλάξει (ed. *Schöll-Kroll*, S. 576, 26-577, 4).

(81) *B. Windscheid - Th. Kipp*, Lehrbuch der Pandekten, Bd. 3, 9. Aufl., Frankfurt a. M. 1906, S. 377-378.

法律について，定められたとおりの公布手続を，そして536年法律については，少なくともコンスタンティノープルにおける，定められたとおりの掲示を，彼は前提にしている(83)。ここではユ帝は，明瞭な定めを作るに熱心な余り，不明瞭な事実関係は看過したのであろう。

536年法律において，コンスタンティノープルにふたりの近衛都督がいたと欠かれたのは，おそらく，役所の書き損じである。正しくは，都市の知事と東近衛都督，と記されるべきだったろう。

遺言法に係る将来の法律について妥当すべき二ヶ月の期限を，ユ帝は，536年の法律について，コンスタンティノープルに関する限りは，満たしている，と判断した。しかし，制定と公布との間に存した二ヶ月の時間の経過のあいだに，誰も法律について知ることはできなかったはずである。

ユ帝は，属州における，定めどおりの公布の要件についても，まちまちの定め方をしている。一方では，彼は，属州では，属州の首都において法律が公布されれば，法律は妥当するとしている(84)。しかし，そのあとに記された二箇所にわたって，知事は属州の首都のみならずその余のすべての都市において法律を掲示すべし，と定めている(85)。公布は，実のところ，属州のすべての都市で掲示されることによってはじめて完成されたと見るべきなのだろう。そのように解釈すべきなのは，教会法上の問いを扱う535年3月16日の新勅法に同様の定めがあるからである。この法律を，大司教たちは，大司教教会に掲示し，また首都大司教は，首都大司教教会において掲示し，さらに配下の教区の司教に転送せねばならない。そして最後に，司教たちは，この法律を自らの司教区教会において掲示すべしとされた(86)。したがって，属州における公布についても，属州首都における掲示で事足りたわけではなく，その余の都市にも掲示が義務づけられたと見るべきなのである。

---

(82) Coll. CLXVIII Novv. 89 (a. 539; 相続分), 107, 1–3 (a. 541; 相続分), 115, 3–5 pr. (a. 542; 相続人指定, 日無分), 131, 9. 11 (a. 545; 相続人指定) ; 新勅法における遺言相続法の概観については *van der Wal*, Manuale novellarum (o. Fn. 53), S. 135–140.
(83) 前出註18，註67および註70に対応する本文を参照．
(84) 前出註60に対応する本文を参照．
(85) 前出註67および註76に対応する本文を参照．

Ⅵ ユ帝時代の法学講義における新勅法の理解

　二ヶ月の期限の定めが中世においてすべての法律に拡張されたが，かかる解釈はユ帝時代の法学講義[87]にすでに胚胎していた。新勅法における2ヶ月の期限を，法学者ユリアヌスは，新勅法集成（Epitome Iuliani）[88]のラテン語で書かれた導入において，適切にも，遺言に係る将来の法律に関連づけた（Ep.Iul.Const.60）[89]。この講義はコンスタンティノープルで行われた。その最も古い版として548年のものが確認できる[90]。その後も，たとえばTheodorus Hermupolitanusの著したBreviarium novellarum（575年よりあとに成立）とか，Athanasius Emesenusが著したSyntagma（572年前後に成立）も，新勅法を正しく理解している[91]。

　Epitome Iulianiの欄外註（Paratitla）も，ユ帝時代に成立したものだが[92]，そこでは，Ep.Iul.Const.60において，新勅法は，Codex Iustinianusにおける皇帝勅法についての章 [C.1,14] にも及ぶ，と記されている[93]。このことで，二ヶ月の期限がすべての法律に妥当する，ということが言われたのかどうかは，開かれた問いのままにせねばならない。しかし，168の新勅法集成において，法律の（公式のではない！）[94]標題は，誤解の余地なく，すべての新たな法律に，二ヶ月期限を関連づけているのである[95]：

---

(86) *Schöll-Kroll*, S. 47, 14-22.

(87) *H. J. Scheltema*, L'enseignement de droit des antécesseurs, Leiden 1970, jetzt in: Opera minora ad historiam iuris pertinentia, Groningen 2004, p. 58-110; *P. Pieler*, Byzantinische Rechtsliteratur, in: H. Hunger, Die hochsprachliche profane Literatur der Byzantiner, Bd. 2, S. 341-480, 400-428.

(88) Ediert von *G. Hänel*, Iuliani epitome Latina Novellarum Iustiniani, Leipzig 1873.

(89) Ep. Iul. Cap. 204（Const. 60）: *Haec constitutio iubet leges de ordinandis testamentis a nostro imperatore scriptas post duos menses ab intimatione earum numerandos tenere*（ed. *Hänel, S.* 83, 10）.

(90) *Kaiser*, Die Epitome Iuliani（o. Fn. 16），S. 179, 212-214.

(91) Theodorus Hermupolitanus, Nov. 66（ed. *K. E. Zachariae von Lingenthal*, Anekdota, Leipzig 1843, S. 69）; Athanasius von Emesa, Syntagma novellarum 9, 5（edd. *D. Simon – S. Troianos*, Das Novellensyntagma des Athanasios von Emesa, Frankfurt a. M. 1989, S. 280, 20）.

新たに制定される法律は，公布ののち2ヶ月を俟って，妥当するものとする。

Authenticum における表題も，同じ表現を採っており，しかも，新勅法における例外規定をも指示している[96]。700年後，Accursius は，2ヶ月の期限をすべての法律に妥当することを論証するために，この表題に依拠したのであった。

---

(92) *Kaiser*, Die Epitome Iuliani (o. Fn. 16), S. 305-306.
(93) Die Paratitla zu Const. 61: *Kap. cciiii interpretans constitutionem principis nostrum relatum in vi libro Codicis titulo de testamentis* (= C. 6, 23, 29). *pertinet autem et ad titulum positum in libro i Codicis, qui inscribitur De constitutionibus principum* (= C. 1, 14) (ed. D. Liebs, Die Jurisprudenz im spätantiken Italien, Berlin 1987, S. 253).
(94) 上述註15を参照。
(95) Die Rubrik zu Coll. CLXVIII Novv. 66: Περὶ τοῦ τὰς γινομένας νέας διατάξεις μετὰ τὴν ἐμφάνισιν αὐτῶν μετὰ δύο μῆνας ἄλλους κρατεῖν (ed. *Schöll–Kroll*, S. 340, 1).
(96) Auth. 68 rubr. および Auth. 68: *Ut factae novae constitutiones post insinuationem earum post duos menses valeant. Parcit autem non custodientibus subtilitatem constitutionum super testamentis in relinquendo quadrante aut non scribendo aut non dicendo nomen heredis* (ed. Schöll–Kroll, S. 340, 1).

第Ⅱ部　法解釈学と民法における判例法

訳註：簡単な語義説明は，本文中に［　］のなかに示して，本文をスピーディーに読めるものにすることに努めた。訳者による註は，平凡なものである。

(ⅰ) 1755-1831。パンデクテンの現代的慣用を手法とし，絶対主義的啓蒙主義の思想に影響を受けた，最後の世代の法学者。本文ですぐに触れる未完の大著『ヘルフェルトに基づく…』における，ユスティニアヌス法典のうち，Digestaについての詳細綿密な解説によって，法学史上，華々しいものではないが，看過し得ない意義を有する。

(ⅱ) 著者は，二次文献の提示に当たっては，それが代表的なものの列挙に過ぎないことを示すために，相当多くの場合，siehe nur と記している。翻訳に当たっては，訳文の徒に煩瑣になることを懼れて，これを訳さなかった。なお，註の翻訳の方針について，つぎの訳注も参照くだされば幸いである。なお，本文の訳出に当たっては，含意の明瞭化に意を用いたため，原語たるドイツ語との直訳的対応を目指さなかった。訳者の専門を遥かに越える内容について意訳を行うことの危険は承知しており，誤訳，誤解の多きを懼れる。同時に，諸賢の批判的なご指摘を切望する。著者は，公布という，法律の妥当にとって基本的な概念について，専門外の読者にも充分理解できるよう，興味深い議論の明晰かつ平易な展開を行っている。訳者の任務は主観的には，これを，実定法学者を含めた法律家に媒介するに尽きている。

(ⅲ) 1185頃 - 1263。13世紀前半にボローニャで活躍した，ローマ法文の個別の語に註釈を加える方法でローマ法文の意味を解き明かした，註釈学派に属する法学者。Justinianus法典の全体を註釈する巨大な作業（その全体は通称で標準註釈 Glossa ordinaria と言われる。本文でもその通称で引用されている）によって，後世のローマ法学に規定的な影響を与えた。

(ⅳ) 著者は，ラテン語およびギリシャ語のテクストの主なものにはドイツ語の翻訳をつけている。ドイツ語の翻訳には彼は追加的説明を括弧で括って示すことがある。この箇所もそのひとつである。翻訳においては，その箇所には，WK と表示する。なお，著者がドイツ語訳をつけていないラテン語およびギリシャ語の引用については，本稿では邦語訳はつけないこととした。主として訳者の力量不足によるが，註については，専門家が自ら原語を解読すれば足りるのではないだろうか。特殊に専門家に向けられた内容のドイツ語文も，訳文が却って理解を妨げる場合があることを懼れて，そのままにした。

(ⅴ) 1683-1752。自然法を指針とし，かつ，実務上の便利にも配慮した法的思考を展開した，啓蒙的法学者。ヘルムシュテット，次いでヴィッテンベルクにおいて教授。同時に法実務家としても活躍。

(ⅵ) ドイツ語でも翻訳されないラテン語の書物のタイトルは，ラテン語のまま示すこととした。

(ⅶ) 1640-1710。パンデクテンの現代的慣用を決定的に推し進めた法学者。ハレ大学の設立にも力を注いだ。

(ⅷ) 1679-1755。プロイセン司法改革に規定的影響を与えた法実務家。

(ⅸ) ローマ法上の訳語については，ひとまず原田慶吉の訳語を踏襲することを許され

たい。
（vii）ドイツ語にも定訳は管見の限り見当たらない。皇帝立法の一種であり，一般法律 lex generalis と皇帝解答 rescriptum の中間に位置するもので，5世紀からあらわれた。

第Ⅲ部　法ドグマティークと，国家行政活動に係る新たな法的諸問題

行政制裁と法ドグマーティク

中 原 茂 樹

I はじめに

　日本の多くの行政法律には，刑罰規定が置かれている。その理由の1つとして，日本には，現在，ドイツと異なり，包括的な行政上の強制執行システムがないことが挙げられる。すなわち，日本における行政上の強制執行の一般的制度としては，代替的作為義務について行政代執行を，また，行政上の（法律に規定された）金銭債権について行政上の強制徴収を行い得るのみである。

　地方自治体の多くの条例にも，刑罰規定が置かれている。日本の地方自治法14条3項によると，普通地方公共団体は，条例に違反した者に対し，2年以下の懲役等または100万円以下の罰金等を科する旨の規定を条例に設けることができる。

　しかし，これらの刑罰規定は，実務上，稀にしか適用されない。その原因は，以下の点にあると考えられる。第1に，行政法律や条例の立法者が，真に刑罰を科すに値する行為であるかどうかを十分に吟味することなく，あらゆる違反行為に対して刑罰を規定する傾向にあることである。第2に，国民も行政機関も，全ての違反行為が刑法犯と同様の犯罪行為であって処罰されるべきであるとは，必ずしも考えていないことである。第3に，刑罰を科すためには，捜査を行い，証拠を集め，公訴を提起する必要があるが，それに充てられている人員（行政職員，警察官，検察官および裁判官）は，あらゆる違反行為を処罰するためには，少なすぎることである。第4に，上記の結果，重大な違反行為のみが処罰されうるが，そのような重大な違反行為によって行為者が得る利益に比べると，（とりわけ自治体の条例において予定されている）刑罰が軽すぎることが多く，それゆえ，当局が刑罰規定を適用しようとする動機付けも小さいことである。第5に，日本の行政実務においては，行政職員は，警察や検察の力を借りて刑罰規定を適用するより

も，行政機関限りで実行可能な，インフォーマルな勧告や助言（いわゆる「行政指導」）を好んで用いる傾向があることである[1]。

このような状況については，一方で，真に刑罰を科すに値しない違反行為についても刑罰規定が置かれているとすれば，国民の自由保障にとって重大な問題であるし，他方で，重大な違反行為に対して十分な制裁を科すことができないのも問題である。それゆえ，一方で，重大な違反行為に対して，それに応じた重い刑罰を規定することが必要であり（そのためには，上述の地方自治法14条3項の改正を検討すべきである），他方で，比較的軽微な違反行為に対しては，よりマイルドな制裁手段を用意する必要がある。もっとも，そのためには，行政制裁をめぐる法的問題について，議論する必要がある。以下では，この問題，すなわち，法ドグマーティクが行政制裁に与える影響について，論じることとしたい。

Ⅱ 日本における行政制裁の例

1 過料

日本には，ドイツの秩序違反法のような，過料に関する一般法は存在せず，個別の行政法律が過料に関する規定を有しているのみである。地方自治法との関係では，同法14条3項により，普通地方公共団体は，条例に違反した者に対し，5万円以下の過料を科する旨の規定を条例に設けることができる。1999年の地方分権改革以前は，同条は刑罰についてのみ規定していたため，条例によって過料を科すことができるのかについては，争いがあった。上述の現行規定は，この問題を立法的に解決したものである。

国の過料は裁判所によって科されるのに対し，地方自治体の過料は，行政機関（普通地方公共団体の長）によって科される。普通地方公共団体の長は，過料の処分をしようとする場合には，過料の処分を受ける者に対し，あらかじめ弁明の機会を与えなければならない（地方自治法255条の3第1項）。地方自治体の過料は，刑罰と異なり，裁判手続を経ずに科され得るので，前述した刑罰の「執行の欠如」が，過料によって克服されることが期待される。例えば，多くの地方自治体が，

（1）参照，阿部泰隆『行政の法システム 下〔第2版〕』（有斐閣，1997年）454頁，北村喜宣『行政執行過程と自治体』（日本評論社，1997年）。

人通りの多い特定の道路上での喫煙を禁止し，違反に対して過料を科しているが，これは効果的な制裁として機能している。

　もっとも，行為者が莫大な経済的利益を得るような違反行為に対しては，過料によって十分な制裁を与えることができない。なぜなら，過料は，一定の金額（地方自治体の場合，上述のとおり，最高で5万円）までしか科すことができないため，ドイツの秩序違反法と異なり[2]，しばしば，行為者が得た不法な利益を剥奪することができないからである。

2　制裁手段としての課徴金

　前述のように行政刑罰が実効性を欠くことに対する，別の解決策として，制裁手段としての課徴金を法律によって導入することが考えられる。いくつかの法律においては，すでにそのような課徴金が規定されている。例えば，カルテル禁止に違反した者は，独占禁止法により，違反行為の対象商品等の売上額の10％[3]に相当する課徴金を課される。別の例として，金融商品取引法[4]の課徴金がある。すなわち，インサイダー取引，相場操縦行為，風説の流布・偽計による取引，虚偽の開示書類に基づく募集・売出しおよび有価証券報告書等の虚偽記載を行った者は，これらの違反行為によって得られた不法利益に相当する課徴金を課される。

　これらの課徴金は，過料ではない。すなわち，国の過料は，裁判所によって科されるのに対し，これらの課徴金は，行政機関によって課される。独占禁止法および金融商品取引法には，違反行為に対する刑罰規定も置かれているが，前述のとおり，これらの規定の適用は，実際には，困難を伴う。この執行の欠如を克服するため，課徴金が導入されたのである[5]。

3　制裁手段としての公表

　比較的新しい制裁手段として，日本の多くの行政法律および条例は，法律・条

（2）ドイツの秩序違反法17条4項は，行為者が秩序違反行為から得た経済的利益よりも過料の金額が上回るべきことを規定している。
（3）但し，この算定率は，小売業については3％，卸売業については2％とされている。なお，本シンポジウム後の2009年6月に独占禁止法が改正され，課徴金の対象行為の拡大や課徴金の加算等が定められた。
（4）この法律の名称は，2006年に，証券取引法から金融商品取引法に変更された。
（5）2007年には，公認会計士法にも，制裁手段としての課徴金が導入された。

例上の義務違反があった場合，あるいは，行政機関による勧告に対する不服従があった場合に，その事実を公表することができる旨を規定している。これらの規定は，世論の圧力によって，法律・条例上の義務の履行または行政機関の勧告への服従を促すことを意図している。公表はあまり費用をかけずに実施することができるため，立法者は，しばしばこれを制裁手段として規定する傾向にある。しかし，実際に公表が実施されることは稀である。行政機関は，公表によって国民が見せしめにされるという批判(6)を考慮しているのかもしれない。

III 法ドグマーティクが行政制裁に与える影響

1　二重処罰の禁止

　日本において法ドグマーティクが行政制裁に影響を与えている典型例として，二重処罰の禁止に関する議論を挙げることができる。すなわち，独占禁止法上の課徴金につき，1つの違反行為に対して刑罰および課徴金という二重の制裁が課されうるため，憲法が禁止する二重処罰に当たるという批判が提起された。当初，行政当局（公正取引委員会）は，課徴金はカルテルによる不法な利益を吸収するにとどまるので制裁ではないとの立場をとった。この見解に従うと，課された課徴金が不法な利益を超える場合は，刑罰と課徴金の重課は，憲法違反であることになる。

　1977年に課徴金制度が独占禁止法に導入された際は，課徴金の算定率は売上額の1.5％であった。1991年には，算定率が6％に引き上げられ，刑罰と課徴金の重課が二重処罰に当たるか否かが，再び激しく議論された。しかし，公正取引委員会は，課徴金はカルテルによる不法な利益を吸収するにとどまるので制裁ではないという，当初の見解を変更しなかった。ところが，2005年の独占禁止法改正において，算定率が再び引き上げられ，原則として10％とされるとともに，課徴金減免制度（リーニエンシープログラム）が導入された。この改正により，公正取引委員会の当初の見解は，もはや維持され得なくなり，新たな反論として，憲法は二重の刑罰を禁止しているにとどまるところ(7)，課徴金は刑罰ではなく行政上

（6）塩野宏『行政法I〔第2版〕』（有斐閣，1994年）201頁。但し，最新版（第5版，2009年，242頁）には，この批判は見られない。

の措置である,という見解が出された。この見解によると,課徴金の額は,不法な利益を超えることが許されることになる。もっとも,刑罰と制裁としての課徴金が全体として,比例原則に反しないことが必要である[8]。この見解が支持されるべきであると考える[9]。

2 比例原則

独占禁止法によると,カルテルに対して課徴金と罰金の両方が課される場合,罰金の半額に相当する金額が課徴金から控除される。また,金融商品取引法によると,インサイダー取引等について,没収・追徴の確定裁判があるときは,課徴金額から没収・追徴相当額が控除される(課徴金額が没収・追徴相当額を超えないときは,課徴金の納付を命ずることができない)。私見では,これらの措置は,比例原則が行政制裁に影響を与えている例であり,そのような観点から,肯定的に評価されるべきであると考える。

比例原則の観点からは,制裁手段としての公表は,重大な問題をはらんでいる。すなわち,公表が相手方にどのような侵害をもたらすかは,公衆が公表に対してどのように反応するかに依存しているため,刑罰,過料等による場合と異なり,侵害を受ける国民にとっても公表を行う行政機関にとっても,計算することが困難である。それゆえ,公表により,計算できない重大な損害,しかも,事柄の性質上,事後的に回復困難な損害がもたらされる危険性がある。その結果,公表は,法治国原理(侵害の計測可能性および予測可能性)および比例原則に反するおそれがある。このような観点から,公表を法律または条例に規定する際には,重大な違反があった場合に限定すべきであり,かつ,相手方に事前に弁明を述べる機会を与えるべきである。その意味で,多くの条例が,条例上の義務違反ではなく,行政機関による勧告の不服従に対する公表を規定しているのは,とりわけ問題であるように思われる。そのような勧告は,それ自体,法的拘束力を持つべきものではないからである。

---

(7) 参照,佐伯仁志「二重処罰の禁止について」『刑事法学の現代的状況〔内藤謙先生古稀祝賀〕』(有斐閣,1994年)300頁。

(8) 高木光「独占禁止法上の課徴金の根拠づけ」NBL774号(2003年)24頁。

(9) 中原茂樹「証券取引法上の課徴金について」『現代の行政紛争〔小高剛先生古稀祝賀〕』(成文堂,2004年)232頁。

3 裁判手続によらない制裁？

これまで見てきた行政制裁は，そもそも，また，いかなる要件の下で，刑事裁判手続によらずに行政機関が制裁を課すことが許されるかという，根本的な問題を提起する。確かに，過料，課徴金または公表に関する行政機関の決定は，行政処分に当たり[10]，これに不服のある者は，取消訴訟を提起することができる。しかし，制裁の相手方の手続保障のためには，行政庁の決定の後で取消訴訟を提起しうるのみでは不十分であり，行政庁の決定前の行政手続の保障が重要である。

独占禁止法および金融商品取引法は，課徴金に関する行政庁の決定の前に，裁判手続類似の審判手続をとらなければならないことを規定している。また，これらの法律は，課徴金算定のための明確な基準を定めており，課徴金算定について行政機関の裁量は認められていない。これらの措置は，制裁の濫用的な適用から相手方を保護するものであり，肯定的に評価できる。もっとも，立法政策論として，課徴金の算定に関して行政機関の裁量を認めるべきか否かについては，議論がある。

これに対し，地方自治体の過料に関する行政機関の決定の前には，簡単な弁明手続があるのみである。確かに，地方自治体の過料は，一般に，さほど高額ではない（前述のとおり，最高で5万円である）が，現行の手続が制裁手続として十分かどうかについては，疑問の余地がある。

Ⅳ　お わ り に

本報告で見てきたように，日本には，行政制裁に関する一般法がない。実効的な制裁システムを確立するためには，そのような一般法の導入を検討する必要があるように思われる。その際には，本報告で述べた法ドグマーティクが大きな役割を果たすことが期待される。

【付記】　本稿は，2009年2月にフライブルクで行われたドイツ語による報告の翻訳であり，条文および文献の引用は，最小限にとどめられている。

---

[10] 但し，公表（に関する決定）が行政処分に当たるか否かについては，争いがある。

国家任務の民営化における法ドグマーティクの役割

フリードリヒ・ショッホ

中原 茂樹訳

I テーマ設定における問題の地平

「法律学は、少なくとも、体系的であり、さもなければ、それは、法律学ではない。」ハンス・ユリウス・ヴォルフが1952年に公法学に対して銘記し[1]、フリッツ・リットナーが最近、私法に対して強く注意を促した[2]、この有名な言葉は、我々のシンポジウムが取り組むテーマ(「法発展に対する法ドグマーティクの意味」)の核心に通じる。もっとも、より正確に見渡せば、「法ドグマーティク」の概念を「民営化(Privatisierung)」の現象と結びつけることは、かなり無謀であるように見える。ここで、このテーマが挑発的であることの3つの理由が指摘されなければならない。

1 民営化措置の自然発生性

国家(広義、すなわち自治体を含む)の任務の持続的な民営化は、ドイツでは、1980年代に開始された。しかし、民営化が「全速力」になったのは、ドイツでは1990年代になってからである。ドイツに住んでいる(いた)全ての人に影響のある、最も重要な例の1つは、旧ドイツ連邦郵便の民営化[3]である。自治体レベルで、

---

(1) *Hans Julius Wolff*, Typen im Recht und in der Rechtswissenschaft, STUDIUM GENERALE 1952, 195 (205).

(2) *Fritz Rittner*, Über die Notwendigkeit des rechtssystematischen Denkens, in: Festschrift für Nörr, 2003, S. 805 ff., 825.

(3) 詳細は、*Johannes Masing*, Post und Telekommunikation, in: Isensee/Kirchhof (Hrsg.), Handbuch des Staatsrechts, Band IV, 3. Aufl. 2006, § 90 Rn. 16.

2つ目の ── 同様に住民全体に関わる ── 例を挙げると，廃棄物処理の民営化が強く推進された(4)。一般に，主としていわゆる「生存配慮（Daseinsvorsorge）」の任務が民営化措置の対象とされていると言うことができる。

1990年代の民営化現象を今日的観点から捉えると，その展開が何か自然発生的なものであることが明らかとなる。統一的な構想が欠けており，このことは，国の分野のみならず，自治体レベルにも当てはまる。例えば，なぜ，当時，連邦郵便は民営化されたのに，連邦鉄道は民営化されなかったのか。なぜ，廃棄物処理は民間開放されたのに，下水処理はほとんど民営化されず，水道供給は全くと言っていいほど民間開放されなかったのか。それぞれの展開が同時でないことについて，説得力のある個別的な理由はあるかもしれないが，民営化を計画し，民営化を決定し，民営化の結果を克服する(5)ための一種の「建築計画」は，存在しなかった。

2　政治の領域としての民営化

ここで簡潔に述べた事実の所見がすでに ── 実際上 ── ，国家任務の民営化における制御，秩序付けおよびコントロールの手段としては，法が広範囲にわたって「不在」であることを示している。「国家を縮小し」「民間を拡大する」という決定は，政治の領域に属するという意識が支配的であった(6)。この基本的な姿勢は，欧州共同体によって本質的に強化された。確かに，欧州共同体は，構成国の民営化措置に関する指令の権限を有しない。しかし，欧州共同体によって推進さ

---

(4) 展開については，参照，*Wolfgang Kahl*, Die Privatisierung der Entsorgungsordnung nach dem Kreislaufwirtschafts- und Abfallgesetz, DVBl 1995, 1327 ff.; *Heinz Joachim Kummer/Ludger Giesberts*, Rechtsfragen der Privatisierung kommunaler Abfallentsorgung und Abwasserbeseitigung, NVwZ 1996, 1166 ff.; *Clemens Weidemann*, Übergangsprobleme bei der Privatisierung des Abfallwesens, NJW 1996, 2757 ff.; *ders.*, Kreislaufwirtschaft contra dezentrale Verwaltungswirtschaft – von den Schwierigkeiten bei der Umsetzung eines Privatisierungsgesetzes, GewArch 1997, 311 ff.; *Alexander Schink*, Öffentliche und private Entsorgung, NVwZ 1997, 435 ff.

(5) これらの3つの局面に関する詳細は，*Hartmut Bauer*, Privatisierung von Verwaltungsaufgaben, VVDStRL 54 (1995), 243 (254); *Rainer Schröder*, Verwaltungsrechtsdogmatik im Wandel, 2007, S. 152 ff.

(6) この点につき，自治体の民営化プロジェクトを例とする私自身の直接的な見解として，参照，*Friedrich Schoch*, Privatisierung der Abfallentsorgung, 1992.

れる規制緩和（Deregulierung）および市場において貫徹される自由化（Liberalisierung）は，結果として，国家任務の民営化への強力な吸引作用をもたらしたことに注意しなければならない[7]。体系的な端緒を欧州共同体の政策に見出すことは，ほとんど不可能である。

我々は，不断の並行的展開を観察することはできず，相対立し，部分的には後退さえする諸現象を記録しなければならないため，事実領域の法的把握は，容易ではない。3つの例を挙げる。

・水道供給の民営化は，ドイツではほとんど成功しなかった。水道事業の拡張可能性を追求したフランスの環境コンツェルンは，最近，ドイツに絶望したことが伝えられている[8]。
・全般的に，自治体の分野では，一定の反動が始まった。民間の施設経営者やサービス提供者が良くないということが経験され，同時に，自治体の能力が改善したことにより，多くの分野で再公営化が行われた[9]。
・2000年にとりわけ財政上の理由で民営化された連邦印刷所は，最近，「再国営化」された。興味深いのは，連邦内務省が，単なる部分的国営化を意図していた連邦財務省に反対して，外国投資家が連邦印刷所の経営に関与するのを（ドイツ連邦共和国の安全保障上の利益のために）防ぐ目的で，完全国営化を貫いたことである[10]。

これら3つの例は，政治における優先順位の移動が，「民営化」というテーマへの基本姿勢を変化させ，行政活動の実務にまで影響を与えることを示す点で，事実の所見を明らかにするのに有益である。

（7） 民営化，規制緩和および自由化の関係については，*Klaus Stohrer*, Informationspflichten Privater gegenüber dem Staat in Zeiten von Privatisierung, Liberalisierung und Deregulierung, 2007, S. 32, 79 ff., 96 ff.
（8） 参照，FAZ Nr. 156 vom 7. 7. 2008 S. 15.
（9） この点に関する実務報告書として，*Roland Schäfer*, Privat vor Staat hat ausgedient, Sonderbeilage „Öffentliche Finanzen" zur FAZ vom 20. 6. 2008 S. 3；特に廃棄物処理について，*Dagmar Thimm*, Rekommunalisierung und Wettbewerb in der Entsorgungswirtschaft, AbfallR 2008, 289 ff.
（10） この点につき，参照，*Manfred Schäfers*, Druck aus Berlin, FAZ Nr. 213 vom 11. 9 .2008 S. 18.

3　枠秩序としての法

　民営化は，法ではなく政治が決定し，責任を負うべきものであるという，政治家の間で長い間支配的であった意識は，1993年に効果的な財政法上の刺激を受けた。連邦財政法の新たな規律（7条1項2文）によると，「国家任務または公の目的に資する経済活動が，分離および非国営化または民営化によって，どの程度満たされうるかの審査を」，経済性および節約性の原則に従って行わなければならない[11]。この，非国営化または民営化の目的による審査義務は，一定の前提理解を表現するものである[12]。それによって，民営化措置の包括的な法的省察が活性化されるわけではない。2006年に挫折した航空管制の民営化[13]および行き詰まっている鉄道の民営化[14]は，政治的に着想され，法的にはほとんど援護されず，ある程度熱が冷めれば頓挫せざるを得ない民営化の高揚の典型例である。

　そうこうするうちに，法は民営化のために，少なくとも枠秩序を定立するということは，――（連邦の）政治においても――広く認識されるようになった。何が容易に見逃され，何に立ち戻るべきかの基準は，しばしば正確かつ詳細である。憲法でさえ，時として，民営化計画に対して明確な行動指示を与える。航空管制の例は，このことを明確にした[15]。計画されている鉄道民営化についても，このことは，ほとんど変わらないであろう。また，自治体の分野において，一定の民営化計画の内容，形式および範囲について，後述するように，いくつもの拘束的な規律が存在する。

---

(11) この規律は，1993年12月21日の法律（BGBl I S. 2353）による。これに相当する義務を，新しい予算原則法（HGrG）6条1項2文を超えて，連邦法により州に負わせる試み（BT-Drs. 12/6720）は，成功していない。

(12) これに対する批判として，*Joachim Wieland*, Privatisierung öffentlicher Aufgaben – Gestaltungsmöglichkeiten, Grenzen, Regelungsbedarf, NdsVBl 2009, 33 (37).

(13) 航空管制の新規律に関する法律を成立させないという連邦大統領の決定は，BT-Drs. 16/3262に文書化されている。

(14) この点に関して包括的には，ドイツ諸州の運輸大臣会議の委託によって作成された法律鑑定書である，*Dirk Ehlers*, Die verfassungmäßige Beurteilung des Entwurfs eines Gesetzes zur Neuorganisation der Eisenbahnen des Bundes, September 2007.

(15) *Friedrich Schoch*, Vereinbarkeit des Gesetzes zur Neuregelung der Flugsicherung mit Art. 87d GG, Die Verwaltung, Beiheft 6, 2006, S. 35 ff.

Ⅱ 民営化措置の普遍性

　法および法ドグマーティクの意味をより詳細に探究する前に，民営化の現象について，もう少し詳しく述べなければならない。その契機となるのは，3つの言葉，すなわち，民営化の概念，関係する任務分野，および活動する行政レベルである。

1　民営化の概念

　「民営化」の概念は，そうこうするうちに，法律上の概念になっている[16]ものの，それは，統一的な現象を記述するものではない。その規範的な内容は，具体的な事例において，それぞれの規律の関連から確認されなければならない。その結果，行政がその任務を履行するために，私法上の組織形態（例えば，有限会社，株式会社）を用いるだけなのか，あるいは，当該任務が特許者（Beliehene）または行政補助者によって実現されるのか，あるいは，民間セクターへの任務の委譲（「非国営化」）がもたらされるのかを，法律上の民営化概念から読み取ることはできない。しかし，このような，一方における概念の開放性と他方における不備な法律状態は，対象を法ドグマーティクによって取り扱うための糸口を提供する。そのための基盤は，すぐ後に述べる[17]，類型論の展開である。

　「民営化」という用語は，まず第一に，様々な現象を把握し，束ね，——いわば統一された1巻として——公共セクターと民間セクターとの間の再配分の過程を記述する，一種の包括概念（Bündelungsbegriff）である[18]。法的観点から重要なのは，法的レジームの転換，すなわち，任務処理に関する公法から私法への転換である。したがって，その際，常に転換行為が必要である。転換行為は，（多くの場合そうであるように）私法的組織形態の選択に尽きることもありうるし，主

---

[16] すでに説明した連邦財政法7条1項2文と同様の規定が，州法にも見られる。すなわち，ほとんどの州の州財政法7条1項2文が，連邦法の当該規定に相当するものである。「民営化」の概念につき，さらに，官吏法大綱法（BRRG）123a条を参照。
[17] 後述 Ⅳ 1（1）参照。
[18] *Bauer*（Fn. 5）VVDStRL 54（1995），243（250）; *Schröder*, Verwaltungsrechtsdogmatik（Fn. 5），S. 148.

として任務処理の手続に関わることもありうるし，実体法的な規制に関わることもありうる。さらに，重要なポイントとして指摘しなければならないのは，私法レジームへの転換は，任務処理に関し，どの公法上の拘束が存続するかについて，何も述べるものではないということである[19]。国家任務の民営化は，公法の「枷」から完全に脱しうることを意味するわけではない。

2　民営化措置のための任務分野

　民営化措置に開かれている任務分野について問うと，この点において，ほとんど限界はない。国家の任務の構成は，憲法上，固定されたものではなく，発展に開かれている[20]。基本法は，国家任務のカタログを有していない。法律学の学説も，（実体的な）国家任務理論を展開してこなかった。ドイツには，形式的な国家任務概念があり[21]，それによると，国家任務は，国家（およびその下位分枝）が法の指定に基づいて引き受ける公的任務[22]である[23]。

　具体例によって，この所見が明確になるかもしれない。そのための例として，すべての人間にとって不可欠の財である「水」を選ぶこととしたい。水管理上の任務の履行に関して，連邦行政裁判所が述べたところによると，水 ── すなわち，表層水も地下水も ── の確保および保護のような重要な公益については，生命にとって不可欠であるがゆえに最終的に民営化することのできない国家任務にかかわる問題である[24]。連邦憲法裁判所は，この法解釈に反対している。すなわち，

---

(19) この点につき，参照，*Friedrich Schoch*, Gewährleistungsverwaltung: Stärkung der Privatrechtsgesellschaft?, NVwZ 2008, 241（243 ff.）.

(20) *Lerke Osterloh*, Privatisierung von Verwaltungsaufgaben, VVDStRL 54 (1995), 204 (207).

(21) BVerfGE 12, 205（243）; さらに，例えば，*Martin Burgi*, Funktionale Privatisierung und Verwaltungshilfe, 1999, S. 41 ff. – 他に，例えば，*Wolfgang Weiß*, Privatisierung und Staatsaufgaben, 2002. この試みに対する批判として，*Hans-Peter Bull*, Buchbesprechung, DÖV 2003, 869 f.

(22) BVerfGE 38, 281（299）によると，「公的任務」とは，その処理について共同体の高度の利益が存する任務である。エネルギー供給を例とした，民間経済主体による公的任務の引き受けについて，BVerfGE 30, 292（311 f.）.

(23) *Eberhard Schmidt-Aßmann*, Das allgemeine Verwaltungsrecht als Ordnungsidee, 2. Aufl. 2004, Kap. 3 Rn. 79; *Martin Burgi*, Privatisierung, in: Isensee/Kirchhof (Hrsg.), Handbuch des Staatsrechts, Band IV, 3. Aufl. 2006, § 75 Rn. 2.

生存配慮その他の任務の領域における任務は，公益にとって本質的に重要であるという理由だけで当然に，国家によって直接処理されなければならないというわけではない。このことは，例えば，水管理並びに廃棄物経済およびエネルギー供給について当てはまり，それらは広範囲にわたって，私法形式で行われうる，と，このように述べたのである[25]。一般化して，かつ，従来の概念を用いて言うと，給付行政（とりわけ生存配慮）のみならず，秩序行政および侵害行政も，民営化にさらされうる。しかし，後者の分野については，別の問題がある。すなわち，職業公務員への機能留保（基本法33条4項）および私人による公権力行使に対する特許（Beleihung）の必要性に注意しなければならない。

3 国家および行政レベル

さまざまの任務の民営化は，国家機構における特定の機関の特権ではない。連邦，州および自治体は，等しく民営化のアクターである。連邦レベルにおいては，国民全体にとってほぼ日常的に重要な一連の事柄が問題となる。若干の分野については，導入部ですでに述べた。郵便[26]と通信，航空管制[27]と鉄道[28]の例を想起していただきたい。州レベルでは，目下のところ，例えば大学病院の民営化[29]，刑

---

(24) BVerwGE 106, 64 (77) = NVwZ 1999, 870 (874).
(25) BVerfGE 107, 59 (93 f.).
(26) 上掲注3の紹介を参照。注目されるのは，BVerfGE 108, 370 (393) である。それによると，基本法87f条2項1文は，郵便サービスを無限定に競争原理にさらすことを定めるものではない。郵便法51条により，信書送達分野におけるドイチェポスト株式会社の独占権が経過措置として認められていることは，基本法143b条2項1文に反しない。
(27) この点につき，上掲注13および注15の紹介を参照。今後の展開の可能性について，*Joachim Wieland*, Zur zukünftigen Ausgestaltung der Flugsicherung in Deutschland – Die Aufgaben der Flugsicherung und der Rahmen ihrer Privatisierung nach einer Verfassungsänderung, Rechtsgutachten im Auftrag der DFS Deutsche Flugsicherung GmbH, Februar 2007; *Elmar M. Giemulla*, Flugsicherung und Verfassungsrecht, DVBl 2007, 719 ff.
(28) この点につき，上掲注14の紹介を参照。さらに，*Eberhard Schmidt-Aßmann/Hans Christian Röhl*, Grundpositionen des neuen Eisenbahnverfassungsrechts (Art. 87e GG), DÖV 1994, 577 ff.; *Felix Berschien*, Zur Trennung von Netz und Betrieb der Deutschen Bahn AG auf Grund des europäischen Eisenbahnpakets, DVBl 2002, 1079 ff.

第Ⅲ部　法ドグマーティクと，国家行政活動に係る新たな法的諸問題

罰の執行における民営化措置[30]および裁判執行の民営化[31]が問題となっている。

　自治体の分野では，民営化計画に対して，重要な法的特例が妥当している。連邦および州は，民営化の決定の際に，原則として，憲法上の制約を受けるのみであるのに対し，市町村および郡については，さらに法律による拘束がある。このことは，実務上，非常に重要である。実際，すでに述べた廃棄物処理[32]，下水処理[33]および水道供給[34]の分野で，問題となる。最近では，例えば，見本市，市場および民俗祭礼の民営化が増えている[35]。これに対し，かつて激しく行われた貯蓄銀行の民営化に関する議論[36]は，治まっている。他にもいくつもの例を挙げることができよう。

---

(29) この点につき，*Klaus Ferdinand Gärditz*, Privatisierung der Hochschulmedizin: Bilanz des 1. Deutschen Hochschulrechtstags, DÖV 2006, 1042 ff.; さらに, *Wolfgang Löwer* (Hrsg.), Universitätsklinika in öffentlich-rechtlicher oder privatrechtlicher Organisationsform, Wissenschaftsrecht Beiheft 17, 2006.

(30) この点につき，*Christean Wagner*, Privatisierung im Justizvollzug – Ein Konzept für die Zukunft, ZRP 2000, 169 ff.; *Heinz Joachim Bonk*, Rechtliche Rahmenbedingungen einer Privatisierung im Strafvollzug, JZ 2000, 435 ff.; *Meik Lange*, Privatisierungpotentiale im Strafvollzug, DÖV 2001, 898 ff.; *Christoph Gusy*, Möglichkeit und Grenzen der Privatisierung des Jugendstrafvollzugs, JZ 2006, 651 ff.; *Thomas Mösinger*, Privatisierung des Strafvollzugs, BayVBl 2007, 417 ff.; *Holger Mühlenkamp*, (Teil-) Privatisierung von Justizvollzugsanstalten, DÖV 2008, 525 ff.- Zu verfassungsrechtlichen Grenzen NdsStGH, NdsVBl 2009, 77 (84 ff.).

(31) これに反対する見解として，*Stefan Pilz*, Verfassungsrechtliche Grenzen der Privatisierung des Gerichtsvollzieherwesens, DÖV 2009, 102 ff.

(32) この点につき，上掲注4の紹介を参照。さらに，*Wolfgang Kahl*, Privatisierung der Abfallentsorgung: Rahmenbedingungen, Konfliktfelder und Perspektiven, in: Kloepfer (Hrsg.), Abfallwirtschaft in Bund und Ländern – Perspektiven des föderalen Umweltschutzes am Beispiel der Abfallwirtschaft, 2003, S. 75 ff.; さらに，後掲注74の紹介を参照。

(33) この点につき，*Hartmut Bauer*, Privatisierungsimpulse und Privatisierungspraxis in der Abwasserentsorgung, VerwArch 90 (1999), 561 ff.; *Hermann Reffken*, Abwasserbeseitigung durch Dritte, NdsVBl 2000, 229 ff.; *Peter Queitsch*, Organisationsformen in der kommunalen Abwasserbeseitigung, UPR 2000, 247 ff.; *Diana Zacharias*, Privatisierung der Abwasserbeseitigung, DÖV 2001, 454 ff.; *Georg Franz*, Private Abwasserbeseitigung als Übergangslösung, NWVBl 2002, 51 ff.; *Jochen Bohne/Holger Heinbuch*, Die Dienstleistungskonzession als Privatisierungsmodell in der kommunalen Abwasserbeseitigung, NVwZ 2006, 489 ff.; *Stefan Fenzel/Tilo Biesecke*, Konzessionsmodelle als materielle Privatisierungsform in der Abwasserbeseitigung?, LKV 2007, 296 ff.

Ⅲ 法ドグマーティクの機能および意味

　さて，法ドグマーティクの側に目を向けると，まず留意されるのは，そのつどの法的素材に対する（および，法的素材による）ドグマーティシュな取組みが，ドイツ法律学の専売特許となっているということである。これは，すべての法分野（民事法，刑事法，公法）にあてはまる。理論および実務における法の能力は，かなりの程度，法のドグマーティシュな浸透に依存している。

1　概念理解の明確化

　「法ドグマーティク」──ここで理解している意味での──とは，「法秩序の全体から仕上げられるべき，または仕上げられた，法的な概念，制度，原則および規則の構造物であって，法律による決定から独立して，一般的に，承認および遵守を要求し，ratio iuris〔法の根拠〕として，個々の法律上の規律による ratio legis〔法律の根拠〕に波及するもの[37]」を意味する。法ドグマーティクは，規範および規範複合に対する関係によって，現行法を厳格に踏まえており，かつ，

---

(34) この点につき，*Martin Burgi*, Privatisierung der Wasserversorgung und Abwasserbeseitigung, in: UTR Band 55, 2001, S. 101 ff.; *Martin Fischer/Katrin Zwetkow*, Systematisierung der derzeitigen Privatisierungsmöglichkeiten auf dem deutschen Wassermarkt – Trennung vom Netz und Betrieb als zusätzliche Option?, NVwZ 2003, 281 ff.; *Angelika Emmerich-Fritsche*, Privatisierung der Wasserversorgung in Bayern und kommunale Aufgabenverantwortung, BayVBl 2007, 1 ff.; *Wolfgang Kahl*, Die Privatisierung der Wasserversorgung, GewArch 2007, 441 ff.; *Gerald G. Sander*, Privatisierung in der Wasserversorgung und europarechtliche Vorgaben, VBlBW 2009, 161 ff.; monographisch *Frank Forster*, Privatisierung und Regulierung der Wasserversorgung in Deutschland und den Vereinigten Staaten von Amerika, 2007, S. 39 ff.

(35) 参照，VG Freiburg, NVwZ-RR 2002, 139; VG Stuttgart, DÖV 2006, 835 = NVwZ 2007, 614; HessVGH, DÖV 2008, 607. さらに，*Christoph Gröpl*, Privatisierung von Messen, Märkten und Volksfesten, GewArch 1995, 367 ff.; *Thomas Schalt*, Der Zulassungsanspruch des Schaustellers zu Volksfestveranstaltungen – Neuere Entwicklungen der Rechtsprechung, GewArch 2002, 137（138 ff.）.

(36) 例えば，参照，*Wernhard Möschel*, Die Privatisierung der öffentlich-rechtlichen Kreditinstitute im Streit der Meinungen, in: Festschrift für Fikentscher, 1998, S. 574 ff.; モノグラフとして，*Alexander Scheike*, Rechtliche Voraussetzungen für die materielle Privatisierung kommunaler Sparkassen, 2004.

自らを —— 言わば現行法に前置されている —— 法理論のレベル（rechtstheoretische Ebene）と区別することを心得ている場合に，そのことを理由として，卓抜した問題解決能力を付与される[38]。法学のドグマーティクにとって不可避の「ドグマ」は，その時その時の現行法であり，その「ドグマ」の取扱いを学問的にするために重要なのは，体系的思考である，との言明[39]は，正鵠を射ている。

広範囲に波及する効果を持つ学説を作り出すことをねらった法ドグマーティクは，法の内的な調和という意味での体系化を行う。法の統一性，秩序および内的な首尾一貫性が生み出され，明確にされる。重要なのは，ときにそう思われることもあるようだが，公理に基づく，演繹的な，形式的概念構成に依拠した秩序構造ではなく，目的論的な，事実の領域をぼやけさせないような体系である[40]。法ドグマーティクは，絶えず発展し，標準的な命題が通常のケースに対してのみ認められ，それにより，化石化を防ぐ場合にのみ，すなわち，法および社会の変化に遅れをとらない場合にのみ，自らの適用要求を維持することができる[41]。そのように理解された法ドグマーティクは，実際上の側面に関していうと，不完

---

(37) *Winfried Brohm*, Kurzlebigkeit und Langzeitwirkung der Rechtsdogmatik, in: Festschrift für Maurer, 2001, S. 1079（1082）; 根本的には，*ders.*, Die Dogmatik des Verwaltungsrechts vor den Gegenwartsaufgaben der Verwaltung, VVDStRL 30（1972），245 ff.; *Franz Wieacker*, Zur praktischen Leistung der Rechtsdogmatik, in: Hermeneutik und Dialektik II, 1970, S. 311 ff.; *Josef Esser*, Dogmatik zwischen Theorie und Praxis, in: Festschrift für L. Raiser, 1974, S. 917 ff.

(38) *Jürgen Kühling/Oliver Lieth*, Dogmatik und Pragmatik als leitende Parameter der Rechtsgewinnung im Gemeinschaftsrecht, EuR 2003, 371（380 f.）後掲注53も参照。

(39) *Karl-E. Hain*, Ockham's Razor - ein Instrument zur Rationalisierung der Grundrechtsdogmatik?, JZ 2002, 1036（1037）.

(40) この点につき，参照，*Friedrich Schoch*, Vorläufiger Rechtsschutz und Risikoverteilung im Verwaltungsrecht, 1988, S. 1059 f. 法ドグマーティクの能力を過小評価するものとして，*Markus Pöcker*, Fehlende Kommunikation und die Folgen - Das heutige Verhältnis dogmatischer Rechtswissenschaft zu rechtstheoretischer Innovationsforschung, Die Verwaltung 37（2004），509 ff.; *ders.*, Stasis und Wandel der Rechtsdogmatik, 2007; 構造的な批判として，*Christoph Möllers*, Theorie, Praxis und Interdisziplinarität in der Verwaltungsrechtswissenschaft, VerwArch 93（2002），22 ff.; 法律学の各部門のドグマーティクへの集中を賞賛するとともに非難するもの（「ドグマーティクの呪いと祝福」）として，*Oliver Lepsius*, Themen einer Rechtswissenschaftstheorie, in: Jestaedt/Lepsius（Hrsg.），Rechtswissenschaftstheorie, 2008, S. 1（16 ff.）.

(41) *Brohm*（Fn. 37），FS Maurer S. 1084 ff.

全であることが避けられない法律秩序のもとで判断を下すことを強いられている裁判官にとって，不可欠の認識根拠である。法ドグマーティクが法理論に接続可能なものであり続け，なおかつ実務の利用にも寄与すべきであるとすれば，目の前にある法的素材から徐々に目を離さなければならず，しかし，そのときどきの関連において，複雑さを適切に減少させるために不可欠な程度を超えて，法的形象を提供してはならない(42)。

2　法ドグマーティクの機能

　法ドグマーティクは，それ自体が目的なのではない。法ドグマーティクは，主として，合理化，制御および負担軽減の機能を果たす。そのような機能は，複雑さから逃れることのできない我々の法的日常において，不可欠である。法ドグマーティクは，それ自体，体系形成の傾向を有する。それは，法ドグマーティクの古典的な構成要素である(43)。その際，法ドグマーティクの有名な3つの次元，すなわち，分析，経験および規範の次元(44)が，一緒に作用する。この点については，後述する。

　ドイツ公法学においては，他国では実際に行われている行政法と憲法との区別が，十分な理由があって行われておらず(45)，時代と歩みを共にする法ドグマーティクは，統一に寄与する機能を追求している。行政法総論におけるドグマ形成——「民営化」のテーマにおいては，まさにこれが問題となる——を見て，行

---

(42) *Hain* (Fn. 39), JZ 2002, 1036 (1045).「複雑さを減少させること」は，ここでは，ドグマの形成に関するものであり，手続の問題に関するものではない。この点に関し，*Niklas Luhmann*, Legitimation durch Verfahren, 3. Aufl. 1978, S. 144 ff.

(43) *Eberhard Schmidt-Aßmann*, Zur Funktion des Allgemeinen Verwaltungsrechts, Die Verwaltung 27 (1994), 137 (139 ff.); 批判として，*Lepsius, Rechtswissenschaftstheorie* (Fn 40), S. 36 ff.

(44) *Robert Alexy*, Theorie der Grundrechte, 1985, S. 23 ff.

(45) *Friedrich Schoch*, Gemeinsamkeiten und Unterschiede von Verwaltungsrechtslehre und Staatsrechtslehre, in: Schulze-Fielitz (Hrsg.), Staatsrechtslehre als Wissenschaft, Die Verwaltung, Beiheft 7, 2007, 177 (179 f.). 外国における法の構成については，*Matthias Ruffert*, Die Methodik der Verwaltungsrechtswissenschaft in anderen Ländern der Europäischen Union, in: Schmidt-Aßmann/Hoffmann-Riem (Hrsg.), Methoden der Verwaltungsrechtswissenschaft, 2004, S. 172 ff.（イギリス），S. 178 ff.（フランス）。

政法総論は，そのドグマーティシュな機能により，憲法から行政実務への「変換機」であることが，正当に指摘されている[46]。この認識も，法ドグマーティクが行動を指導する機能を有することを明確にする。この点については，後に実例に即して詳述する[47]。

さらに，法ドグマーティクのさらなる機能を指摘しておくことが重要であるように思われる。一般理論への方向付けは，特殊利益の規律化をもたらす[48]。特殊利益は，公共団体のまとまりにとって，いずれにせよ潜在的な危険となる。個別の事案に関する決定状況へ視野を狭窄化することは，事実上あるいは推定上の「関係者」に奉仕し，それによって一般利益を見失わせるリスクをはらんでいる。それでも，いくつもの分野の特殊状況は，考慮されうる。しかし，それには十分な正当化がなされなければならない。法ドグマーティクは，事案の状況を，類似の状況および事案間での「偏差」の評価と比較することを可能にし，合法な特殊利益を濾過するための基礎を作る。

3　法ドグマーティクの利用

法ドグマーティクの実務における利用については，法適用を視野に入れて，すでにいろいろ指摘した。しかし，「利用計算」は，本質的に，より広範囲にわたる。学問としてのドグマーティクは，与えられた法的素材の体系的な再構築を目指すものであるということを意識しなければならない[49]。良き法ドグマーティクによってもたらされるのは，法の具体化および法適用の度ごとに，法秩序，規範複合または個々の規範に関する基本的な事実問題および価値づけ問題が新たに投げかけられたり，それについて徹底的に議論する必要が生じたりするのではなく，それについて与えられるべき答えが，法ドグマーティクによって解明されたならば，的確なものと想定してよい，ということである。イメージ喚起的にいうと，法ドグマーティクは，いわば法律適合性の「メモリー〔記憶装置〕」を有しており，

---

(46) *Schmidt-Aßmann* (Fn. 43), Die Verwaltung 27 (1994), 137 (140).

(47) 後述 IV 1（3）および（判例につき）IV 2 参照

(48) *Schmidt-Aßmann* (Fn. 43), Die Verwaltung 27 (1994), 137 (146 f.); *Helmuth Schulze-Fielitz*, Verwaltungsrechtsdogmatik als Prozess der Ungleichzeitigkeit, Die Verwaltung 27 (1994), 277 (292 ff.).

(49) *Hain* (Fn. 39), JZ 2001, 1036 (1045).

法を適用する者は，そのメモリーを利用することにより，法適用に伴う基本的承認を常に熟考しなくて済む(50)。

　この「メモリー作用」に，要求の高い法ドグマーティクの負担軽減機能が表れており，それは，法律学的および法実務的に非常に高く評価されるものである(51)。「メモリー」は，それが機能せねばならない限りにおいて，抽象化を基礎としているため，同時に，法の下の平等（公正性）の理念に奉仕しうる。法的素材のドグマーティシュで体系的な評価を通じて，ケース・ローに基づくモデルよりもはるかに良く，統一的な法律の執行が保障されうる(52)。さらに，法ドグマーティクにとって特徴的な類型化と一般化が付け加わる。それは，通常の事例に対して確実さを与えるとともに，典型的でない事案をも考慮に入れうるものである(53)。したがって，熟考されたドグマーティクは，硬直した体系を作り出すのではなく，それぞれの法秩序にとって必須の安定性と不可欠の可変性とを結び付けるものである(54)。

Ⅳ 民営化の法ドグマーティシュな浸透

　以上の前提的な解明の後，民営化現象の法的な把握，制御およびコントロール

---

(50) *Brohm*（Fn. 37），FS Maurer, S. 1082は，次のようなわかりやすい比喩を用いる。すなわち，法律学において，ドグマは，「自然科学における多くの実験で裏付けられた法則性や，数学における公式と似た機能を有する。そのつどの実験や計算によって，法則性や数学の基本命題を再度始めから導くのではなく，過去の研究に基づいて発見された法則や公式の正しさが前提とされる。」

(51) この点につき，詳細は，*Kühling/Lieth*（Fn. 38），EuR 2003, 371（383 ff.）。なお，Lepsius, Rechtswissenschaftstheorie（Fn. 40），S. 18参照。負担軽減機能の重要性は（十分に）認識・評価されていない。

(52) *Brohm*（Fn. 37），FS Maurer, S. 1081.

(53) 「民営化」というテーマの場合，これらは，一方における基本類型（後述Ⅳ1（1））および他方における混合形態および分化（後述Ⅳ1（2））である。実務における法適用を見ると，このやり方は，法律学における（しばしば法律に従属しない）「やわらかい指導概念」の発見よりも，好まれるのが常である。この問題につき，*Helmuth Schulze-Fielitz*, Rationalität als rechtsstaatliches Prinzip für den Organisationsgesetzgeber – Über Leistungsfähigkeit und Leistungsgrenzen „weicher" Leitbegriffe in der Rechtsdogmatik, in: Festschrift für K. Vogel, 2000, S. 311（316）.

(54) *Brohm*（Fn. 37），FS Maurer, S. 1084 f.

において，法ドグマーティクがそもそも，また，どのように有益でありうるのかが問題となる。これに対する答えは，一面において，体系的な認識の関心によって導かれうるが，他面において，平等かつ同じ重みで，判例による法ドグマーティクの洞察の利用を視野に取り込む。このようにして，法的日常において，良きドグマーティクほど実用的なものはないということを示すことができる。

1　法ドグマーティクの諸次元

　「民営化」現象の法ドグマーティシュな浸透の可能性への最初の接近のため，よく知られた法ドグマーティクの3つの次元を用いる。それは，事実領域の基本的な構造化を可能にし，法的な推論の基礎を提供する。

(1)　分析の次元：民営化の基本類型

　最近20年間に見られた国家任務の民営化の形態を分析すると，諸現象を4つの基本類型に還元することを可能にする，法則性が確認される[55]。

- 「組織の民営化」においては，任務それ自体は，依然として国家セクターに残されている。任務の担い手（連邦，州，市町村，郡，等）は，任務処理のために，所有会社（とりわけ有限会社または株式会社）の設立による私法上の組織形態を用い，原則として（すなわち，私法上の主体の公権力行使の特許〔Beleihung〕の場合を除いて）私法の形態および手段によって任務を遂行する。この民営化類型は「形式的民営化」ともよばれる。

- 「機能的民営化」は，同様に，任務それ自体を国家の権限に委ねたままにしておく。しかし，任務処理は，私人に委任される。この私人は，通常，行政補助者（「履行補助者」）として，任務の実施（給付の提供）に取り入れられる。この私人が公権力をも行使しうるためには，特許者（Beliehene）という法的地位を必要とし，法律により，または法律の根拠に基づいて，公権力を与えられなければならない。

- 「任務の民営化」は，公的セクターから私的セクターへの，任務の真の移動を

---

(55) *Helmuth Schulze-Fielitz*, Grundmodi der Aufgabenwahrnehmung, in: Hoffmann-Riem/Schmidt-Aßmann/Voßkuhle (Hrsg.), Grundlagen des Verwaltungsrechts, Band I, 2006, § 12 Rn. 108 ff.; *Torsten Lämmerzahl*, Die Beteiligung Privater an der Erledigung öffentlicher Aufgaben, 2007, S. 96 ff. 一部異なるものとして, *Jörn Axel Kämmerer*, Privatisierung – Typologie, Determinanten, Rechtspraxis, Folgen, 2001, S. 29 ff.

もたらす。国家は，当該任務から（全部または一部）撤退し，当該任務を市場すなわち私的経済主体に委譲する。国家任務の実質的な削減が行われる。任務の民営化は，「実質的民営化」ともよばれる。
- 「財産の民営化」は，国家による私法主体への財産（例えば，土地，企業の株式）の委譲である。すなわち，国家の所有物およびその収益の私人への売却である。この民営化類型は，「所有権の民営化」ともいわれる。

これら4つの基本類型は，常に繰り返される民営化の種類を模式的に描写するものである。実務はそれに適応しており，判例は，訴訟の判断をするために，この分類（用語を含む）を用いている。学説[56]において提案されている，──1ダースを超える民営化形態があるという見解すらある──さらなる分類は，「法ドグマーティクの過剰設備」も同然であり，運用可能な類型のために必要でも有益でもなく，実際上も，ほとんどどこへも導かない。それらの提案をより正確に分析するなら，追加されたモデルは，上述の基本類型の下位事例である（例えば，公私協働，手続の民営化，私人の雇用，混合経済企業の設立）か，または，まったく別の法的レベルに位置づけるべきである（公権力の特許 Beleihung）かのいずれかである。

(2) 経験的な次元：混合形態および分化

理念型として立てられた民営化の基本モデルは，実際に頻繁に登場する。もっとも，経験的知見によれば，しばしば混合形態が好まれ，それが細かい分化を伴って形成される。4つの実例がこの所見を明確にしうる。
- ベルリンでは，公法上の営造物法人に市の水道供給および下水処理を委譲した。10年以上も前に，この営造物が持株会社モデルの枠組みによって私法上のコンツェルンに包括されることにより，組織の部分的民営化が行われた。その際，持株会社が営造物企業の匿名組合員として49.9パーセントの株式を保有し，残りの50.1パーセントは州が保有し続けた[57]。
- 機能的民営化においては，任務の担い手（公権力の主体）と行政補助者（私法上の主体）との協働関係を法的に秩序付けるための，具体像の蓄積がかなりある。水道分担金をめぐる法的紛争においては，市に義務付けられている水道供給任務の機能的民営化に当たって，法的責任を明確にし，かつ，機能的民営化を「権

---

[56] *Gregor Kirchhof*, Rechtsfolgen der Privatisierung, AöR 132 (2007), 215 (216, 236 ff.); *Rolf Stober*, in: Wolff/Bachof/Stober, Verwaltungsrecht, Band 3, 5. Aufl. 2004, Vor § 90 Rn. 10 ff.

第Ⅲ部　法ドグマーティクと，国家行政活動に係る新たな法的諸問題

限委譲（Delegation）」（すなわち任務の委譲）から区別しうるために，単純な行政補助者，委託（事業執行モデルまたは事業者モデル）または営業許可（すなわち，施設事業者の，自己の名による活動）のいずれの方法によるのが良いのかが，裁判によって明らかにされた(58)。

- 任務の民営化は，大きく見れば，部分的民営化として特徴づけられる。ごくまれな場合にだけ，―― とりわけ自治体の分野において ―― ある分野の任務全体が公的セクターから私的セクターに移される。実務においては，例えば，廃棄物処理全体の民営化は，ほとんど行われない。連邦行政裁判所は，特別監視廃棄物の処理に関する廃棄物監視の民営化の許容性について，そのように判断しなければならなかった(59)。他の実務の事例によれば，地方自治体は，年の市（Jahrmarkt）の民営化の場合でさえ，時として，単なる部分的民営化を用いる(60)。

- 民営化措置を，単なる過程として理解すべき場合も稀ではない。その典型例は，航空管制である。もともとこの任務は，国家自身によって行われていた。1992年，連邦の所有会社である「ドイツ航空管制有限会社」（DFS）の設立により，組織の民営化が行われた(61)。これは，2006年に計画されたが連邦大統領の「拒

---

(57) Vgl. VerfGH Berlin, DVBl 2000, 51 = NVwZ 2000, 794; dazu *Caroline von Bechtolsheim/Kerstin Abend*, Teilprivatisierung der Berliner Wasserbetriebe, LKV 2000, 337 ff.; *Benedikt Wolfers*, Privatisierung unter Wahrung der öffentlich-rechtlichen Rechtsform: Der Modellfall Berliner Wasserbetriebe, NVwZ 2000, 765 ff.; *Arndt Schmehl*, Teilprivatisierung der Daseinsvorsorge, Demokratieprinzip und Gewinnerzielungsmaxime, JuS 2001, 233 ff.; *Jan Hecker*, Privatisierung unternehmenstragender Anstalten öffentlichen Rechts, VerwArch 92 (2001), 261 ff.; Daniela Ochmann, Rechtsformwahrende Privatisierung von öffentlich-rechtlichen Anstalten – Dargestellt am Holdingmodell zur Teilprivatisierung der Berliner Wasserbetriebe, 2005, S. 20 ff.

(58) SächsOVG, SächsVBl 2005, 14 (16 f.).

(59) BVerwG, DVBl 2006, 840 = DÖV 2006, 651 = NVwZ 2006, 829.

(60) VG Stuttgart, DÖV 2006, 835 = NVwZ 2007, 614.

(61) 1992年7月14日の基本法改正法（BGBl I S. 1254）および1992年7月23日の第10次航空法改正法（BGBl I S. 1370）。これについて，*Heinz-Joachim Pabst/Rolf Schwartmann*, Privatisierte Staatsverwaltung und staatliche Aufsicht, DÖV 1998, 315 ff.; *Karsten Baumann*, Luftsicherheit und materielle Privatisierung, ZLW 2001, 304 ff.

(62) 上掲注13を参照。簡潔に紹介するものとして，*Karsten Baumann*, Bundeseigenverwaltung und Wettbewerb? – Die Neuordnung der Flugsicherung, DVBl 2006, 332 ff.

122

否権」により挫折した資本の民営化(62)の，前段階の役割を果たした。厳密に言えば，航空管制については，混合経済企業の創設による部分的な資産の民営化が行われるべきである(63)。

　これらの例は，時宜に適ったドグマーティクが，法システムの安定化のために行われる，一定の法的素材の類型化と一般化を，事物任務の処理の理由から必要になる，ドグマーティシュな理論の柔軟性と結び付けるものであること，そしてその結びつけ方を，示す。現代のドグマーティクは，決して固いシステムを描写するものではなく，法学的に信頼でき，かつ，事物的に問題に適した解決を発展させるための，確かな出発点を固めるものである。このことを以下に詳述する。

(3)　規範的な次元：類型化の法的成果

　民営化法の概念的・体系的な浸透，そこから生じる，民営化の基本類型に表れている基本概念の形成，および，民営化のモデルと過程の構成は，問題解決のための規範プログラムを意味するわけではなく，それについては ―― 裁判所が判断を見出し，根拠づけるという意味では ――，実定法が決定的な意味を持つ。法ドグマーティクの規範的な次元は，地震計の機能を果たす。すなわち，生じる法的問題を高感度で示し，区別と限界づけを強制し，法的に通用しない行政学的な提案を分離し，そして，解決の可能性と民営化の限界を明確にする。この関連において，公法上の拘束も，依然として効果を発揮する。

　組織の民営化においては，公権力の主体がその所有会社の行動に対して完全な法的責任を有し続けることにつき，根拠を要しない。単なる形態の変更は，公法上の義務の遵守を免除するものではない。このことは，部分的な組織の民営化にも当てはまる。ベルリン水道企業の部分的民営化について首尾一貫して認識されたのは，以下のことであった。すなわち，公法上の営造物が持株会社モデルの枠組みの下で私法上の法人の指揮に服することは，当該営造物に対する指示の付与に関する決定が，最終的に保証人（具体的には，ベルリン州）の手に保持されることが法律上確保される場合にのみ，民主主義原理に合致しうる，なぜなら民主的正統性を有する保証人の代表者が，最終決定を行う影響力行使の可能性を保持しなければならないから(64)，ということ。

---

(63)　*Schoch*, Neuregelung der Flugsicherung (Fn. 15), S. 29 f.
(64)　VerfGH Berlin, DVBl 2000, 51 (52) = NVwZ 2000, 794 (795).

第Ⅲ部　法ドグマーティクと，国家行政活動に係る新たな法的諸問題

　機能的民営化は，様々な適切性評価によって強く規定される。法律による指示がない場合，第三者私人に任務遂行を委ねるか否か，また，どのような範囲で委ねるかについては，公法上の任務主体に裁量が認められる(65)。もっとも，機能的民営化の範疇は，若干の厳しい法的な機能制限によって特徴づけられる。行政主体は，任務の履行に対する法律上の責任を有するため，第三者私人に対して指示を出すことにより常に働きかけることができるとともに，その者をコントロールすることができなければならない(66)。私法上の主体が特許（Beleihung）の方法により公権力の行使を委任される場合は，憲法による指令が付け加わる。すなわち，民主主義原理により，任務の責任と，そこから生じる任務履行に対する保証人的地位が引き続き国家に残されることが求められ，その結果，政府の議会に対する責任によって，特許者（Beliehene）に対する包括的な法監督および専門監督が要求される(67)。

　実質的民営化においては，公権力の主体がそれまでの任務への関与を完全に放棄する(68)。もっとも，このことは，それぞれの場合において，この任務領域における国家責任の終了を意味するわけではなく，実質的民営化は，国家の保障責任を生じさせる(69)。この民営化類型は，単なる部分的民営化の場合に，特に「陥穽」に陥るという特徴がある。任務遂行が（例えば自治体の生存配慮の場合に時折見られるように）事前の権力的な許可決定から独立している場合，それに関する決定は第三者私人に委任されてはならない(70)。

2　判例による法ドグマーティクの利用

　これまで呈示された，民営化の法ドグマーティシュな浸透に関する構想は，例

---

(65) BVerwG, NVwZ 1999, 653（廃棄物処理を例として）；一般的には，*Burgi*, Funktionale Privatisierung (Fn. 21), S. 100 ff.

(66) SächsOVG, SächsVBl 2005, 14 (16, 17); VG Stuttgart, DÖV 2006, 835 = NVwZ 2007, 614.

(67) BremStGH, NVwZ 2003, 81 (84 f.). 一般的には，*Klaus Weisel*, Das Verhältnis von Privatisierung und Beleihung, 2003, S. 121 ff.

(68) HessVGH, DÖV 2008, 607.

(69) この点については，後述Ⅴの指摘を参照。

(70) BayVGH, NVwZ 1999, 1122 (1123 f.) = BayVBl 1999, 657 (658)；（あまり説得力のないものとして）VG Freiburg, NVwZ-RR 2002, 139.

124

えば「血の通わない机上の学問」の表現ではなく，決してアカデミックな議論サークルにおける話題にとどまるものではない。関連判例の調査の労をとる者は，ここで展開された法ドグマーティクが実務に対してどれほど有益に作用するか，直ちにわかる。裁判所は，民営化の基本類型およびその修正を明示的に援用し，それによって，現行法の基礎の上で，事案を解決している。

　組織の民営化の類型は，場合によっては生じうる民営化禁止の問題を投げかける。これは，国の公権力主体（連邦，州）に対しては，憲法から生じ，地方自治体（およびその他のいわゆる間接的国家行政の主体）に対しては，それに加えて，法律から生じうる。禁止が定められていない限り，原則として許容される，という規則がここでは妥当する。この基礎の上に，例えば水道供給および下水処理に関しては，所有会社の形態による「形式的民営化」は，それに反する規定がなければ，許容されることが判例で確認されている[71]。この問題の憲法上の次元については，連邦憲法裁判所が判断したところによると，国家の手に公法上の組織を存続しなければならないか否かについて，基本法からは基準は生じない[72]。他に，国家組織法に──例えば連邦レベルについて──「連邦に固有の行政」という組織類型が規定されている場合には，そこから基準が生じうる[73]。

　実務において，機能的民営化は，広範囲に及ぶ法的帰結を引き起こす。この民営化類型は，権限を有する行政主体の法的義務に影響を与えるものではないことを，判例は強調している。例えば，廃棄物処理に第三者私人を関与させることは，責任を有する公法上の処理主体の処理義務を何ら変更するものではない[74]。賠償義務法（HPflG）2条1項による作用責任について，連邦通常裁判所の最近の判断によると，私人の「履行補助」による下水処理義務の遂行は，損害事案にお

---

(71) OLG Dresden, NVwZ 1998, 1331.

(72) BVerfG-K, NJW 1995, 514 (515). なお，BayVerfGH, NJWE-VHR 1997, 2 (4) は，立法者が特定の民営化モデルを採用する判断は，合目的性の問題であると強調している。

(73) この点につき，基本法87d条1項2文の例を参照。Schoch, Neuregelung der Flugsicherung (Fn. 15), S. 35 ff.

(74) 循環経済・廃棄物法16条1項2文と同条2項との関係につき，参照，BVerwGE 129, 93 (95, 97) = NVwZ 2007, 1185 (1186) = UPR 2007, 448 f. この点につき，*Ludger-Anselm Versteyl*, Zur Verantwortlichkeit des Abfallerzeugers/-besitzers – Vorläufiges oder Endgültiges?, NVwZ 2007, 1150 ff.; *Foroud Shirvani/Meinhard Schröder*, Die Verantwortlichkeit des ehemaligen Abfallbesitzers, UPR 2008, 41 ff.

いて，下水処理施設の所有者としての公権力主体の賠償義務に影響を与えない[75]。権力的任務の遂行に私人を関与させることは，特に慎重な配慮を要することが，実務において何度か実証された。交通監視における民間会社との協働について，裁判所は，行政補助の問題に過ぎないとして放置するのではなく，国家任務の核心領域における典型的な権力的任務の遂行であって許されないと判断した[76]。他面において，行政任務の単なる機能的な（実質的でない）民営化は，公権力主体にとって，引き続き自らの権限を行使しうるための前提条件である。裁判所の判断によると，市が水道供給の実質的民営化を断念し，機能的民営化を選択した場合，水道供給は依然として市の公の施設であり，その結果，水道分担金を定めることが許される[77]。

　実質的民営化は，法的には，私的セクターへの完全な任務移転に基づき，従来の行政主体の個別法律上の義務を免除する作用を有する[78]。任務の民営化についても，法律によって禁止されていない限り，原則として許される[79]。しかし，法秩序は，──とりわけ地方自治体の生存配慮の分野において──許容性のハードルを伴う，一種の段階モデルを予定している。例えば，下水処理義務の機能的民営化は，法律上明示的に認められているが（水管理法18a条2項2文），同任務の実質的民営化（部分的民営化を含む）は，厳格な要件の下に置かれている（同法18a条2a項）。さらに，任務の民営化が自動的に公権力行使権限の委譲をもたらすわけではないことに注意しなければならない。この点は，例えば地方自治体については，微妙である。私人の〔公権力行使の〕特許（Beleihung）は，法律の根拠に基づいてのみ，許容されるからである。それゆえ，部分的民営化の枠組みで，市と私人との契約により，市場の出品者の選択に関する決定権限を委譲しても，こ

---

(75) BGH, NVwZ 2008, 1157 (1158).

(76) BayObLG, DÖV 1997, 601 = BayVBl 1997, 412 (413)；KG, NJW 1997, 2894. さらに，参照，*Udo Steiner*, Möglichkeiten und Grenzen kommunaler und privater Verkehrsüberwachung, DAR 1996, 272 ff.; *Rupert Scholz*, Verkehrsüberwachung durch Private?, NJW 1997, 14 ff.

(77) SächsOVG, SächsVBl 2005, 14 (18 ff.)；さらに，*Bert Schaffarzik*, Folgen der Privatisierung für die Erhebung öffentlicher Aufgaben, SächsVBl 2006, 225 ff.

(78) 循環経済・廃棄物法16条2項に関して，BVerwGE 129, 93 (97) = NVwZ 2007, 1185 (1186) = UPR 2007, 448 (449).

(79) HessVGH, DÖV 2008, 607.

の契約上の規律は，法律による禁止に違反するため，無効である（民法典134条）[80]。

3 補論 —— 行政学的アプローチと法ドグマーティクとの対立

　ここで優先的に扱った，国家任務の民営化の法ドグマーティシュな浸透については，争いがないわけではない。民営化をテーマとして2008年にエアフルトで行われた第67回ドイツ法律家大会のための鑑定人は，問題指向で欧州法指向の類型論を展開するという「新たな試み」を明示的に提案した[81]。このモデルは，4つの異なる民営化の選択肢を包括するものである。すなわち，(1)任務の民営化，(2)契約に基づく公私協働（PPP）その他の機能的民営化の諸形態（例えば，行政補助，サービスの許可），(3)制度化されたPPP（すなわち混合経済企業）および(4)特許（Beleihung）である[82]。それに加えて，法律家大会の鑑定書においては，PPPに関する一般法の制定が求められている。それは，契約に基づく，制度化されたPPPに関して，民営化法の総則を条文化するものである[83]。

　この新たな試みが説得力のあるものであるか否かがはっきりと問われなければならない（し，問われてよいはずである）。答えは，批判的な結果となる。以下に述べるとおり，この新たな構想には，法ドグマーティシュに着想された現在の法律学の研究水準に対する本質的な進歩は，ほとんど見出されえない。

- 組織の民営化は，実務上重要な意味を有しており，また，憲法上も承認されている（基本法87d条1項2文）にもかかわらず，「問題指向の類型論」においては，全く登場しなくなっている。

---

(80) VG Stuttgart, DÖV 2006, 835 (836) = NVwZ 2007, 614 f.

(81) *Martin Burgi*, Privatisierung öffentlicher Aufgaben – Gestaltungsmöglichkeiten, Grenzen, Regelungsbedarf, Gutachten D zum 67. Deutschen Juristentag 2008, S. 31. 第67回ドイツ法律家大会のいわゆる添付論文を見ると，テーマの取り扱いが区々であり，同一のテーマを扱っているにもかかわらず，ほとんど接点が見られない。参照，*Hubertus Gersdorf*, Privatisierung öffentlicher Aufgaben – Gestaltungsmöglichkeiten, Grenzen, Regelungsbedarf, JZ 2008, 831 ff.; Jörn Axel Kämmerer, Privatisierung und Staatsaufgaben: Versuch einer Zwischenbilanz, DVBl 2008, 1005 ff.; *Rolf Stober*, Privatisierung öffentlicher Aufgaben, NJW 2008, 2301 ff.

(82) *Burgi*, Gutachten D zum 67. DJT (Fn. 81), S. 32 ff. 本文で（4）と呼んだ観点につき，*Christian Sellmann*, Privatisierung mit oder ohne gesetzliche Ermächtigung, NVwZ 2008, 817 ff. も参照。

(83) *Burgi*, Gutachten D zum 67. DJT (Fn. 81), S. 109 ff.

- PPP および機能的民営化に関しては，上位概念と下位概念が取り違えられている。機能的民営化は PPP の下位事例ではなく，正しくはその反対である。実質的にみると，機能的民営化は，PPP をはるかに超えるものを指している。
- 特許（Beleihung）は，民営化の範疇ではなく，私法上の主体が公権力を行使しうる場合に，事情によっては考慮に値する，民営化の帰結である。結論として，特許は，任務の民営化および機能的民営化の場合のみならず，新たな構想においては握りつぶされている組織の民営化の場合にも，問題となる。

問題指向の類型論においては，EU 委員会からの刺激を受けとめるとともに，PPP(84)という現象形態の価値を引き上げることに，主眼があることは明らかである(85)。そのこと自体に対しては，何ら異議を唱えるものではなく，この問題に対するこのようなアプローチによって確かに，差し迫った，アクチュアルな問題が扱われている。しかし，法律学的な革新は，―― 少なくともドイツでは ―― その法ドグマーティシュな整合性および欧州法上の必要性に基づいて，問われねばならない。厳密に法的に見ると，欧州法は，構成国の民営化事象それ自体に対しては，中立であり(86)，特に，欧州共同体法は民営化強制をもたらすものではない。EU 委員会の緑書および通知 ―― 刺激を与えているのは，それ以上のものではない ―― を見ると，EU 委員会の単なる場当たり的な思いつきのために，国家任務の民営化に関するドイツの確たるドグマーティクを拙速に放棄するのは，特に判例が（用語法に至るまで）ドイツのドグマーティクに適応してきたことを考えると，過失であるということを，はっきりと述べておかなければならない。実際，契約に基づく PPP および制度的 PPP を従来の体系の枠組みで法的に処理することに，何の問題もなく，そのような処理は，それら以外のものについて，これまでにすでに行われてきた(87)。民営化法総論を PPP のみによって基礎づける提案は，偏狭すぎるため，事物的に不適当であり，その意味で，明らかに，より広いものから始めなければならないであろう。

---

(84) これにつき，*Jan Ziekow/Alexander Windoffer*, Public Private Partnership, 2008, S. 17 ff.

(85) *Burgi*, Gutachten D zum 67. DJT (Fn. 81), S. 33 ff.（契約に基づく PPP）および S. 39 ff.（制度的 PPP）．

(86) このことは，*Burgi*, Gutachten D zum 67. DJT (Fn. 81), S. 73 も認めている。

Ⅴ 結論 —— 法ドグマーティクの能力

　最後に，簡潔に結論を確認すると，時宜に適った，発展に開かれた法ドグマーティクは，しばしば見通しの悪い国家任務の民営化の分野においても，確かなものと立証された。さらに，法ドグマーティクは，民営化の結果を事物に即して克服することができる。ドグマーティクは，ドイツにおいては，保障行政法を発展させることができる[88]。理論および実務が等しく示すように，国家任務の民営化は，決して国家の完全な撤退と結び付いているわけではない[89]。一般に知られているように，国家には —— 憲法上，多方面から根拠づけられる —— 保障責任がある[90]。このキーワードによって，別の講演のための新たなテーマが示される。

---

(87) この点につき，参照，*Peter J. Tettinger*, Public Private Partnership, Möglichkeiten und Grenzen – ein Sachstandsbericht, NWVBl 2005, 1 ff.; *Volker Stehlin/Georg Gebhardt*, Public Private Partnership – ein Modell für Kommunen?, VBlBW 2005, 90 ff.; *Winfried Bausback*, Public Private Partnership im deutschen Öffentlichen Recht und im Europarecht, DÖV 2006, 901 ff.; *Peter Baumeister*, Public Private Partnership als neue Form der Erfüllung staatlicher Aufgaben?, in: Hyun Seok/Ziekow (Hrsg.), Die Einbeziehung Privater in die Erfüllung öffentlicher Aufgaben, 2008, S. 65 ff.; *Lämmerzahl*, Beteiligung Privater (Fn. 55), S. 127 ff.
(88) この点につき，最近のものとして，*Claudio Franzius*, Der Gewährleistungsstaat, VerwArch 99 (2008), 351 ff.; 水道供給を例とするものとして，*Arne Glöckner*, Kommunale Infrastrukturverantwortung und Konzessionsmodelle, 2009, S. 59 ff.
(89) *Wieland*, Privatisierung (Fn. 12), NdsVBl 2009, 33 und 37.
(90) *Schoch*, Gewährleistungsverwaltung (Fn. 19), NVwZ 2008, 241 (245 ff.).

第Ⅳ部　法政策と法解釈学

裁判所の政治学と日本の裁判

野 田 昌 吾

I　はじめに

　日本の司法の特徴として，とりわけアメリカ人の日本法研究者からよく指摘されるのは，その判決の際立った統一性・安定性・予測可能性である[1]。このような日本の司法の特徴については，これまで，日本の法システムが基本的に，個別の判例法の蓄積のうえに発展を見た英米法ではなく，ローマ法継受のうえに体系性を志向したヨーロッパ大陸法をもとに形成されてきた点から説明されることが多かった。実際，ヨーロッパ大陸の司法においても，同様の特徴が存在することを比較法学者は指摘している[2]。しかし，日本の司法の統一性は，そのようなヨーロッパ大陸諸国と比べても際立っているように思われる。日本の司法部は，単に階層的な上訴制度を通じて法的判断の全体的な確実性・統一性が維持されるということだけでは満足しない。下級裁判所の個々の判決においても法的判断の一貫性が保持されることが強く目指されている。言うまでもなく，日本国憲法は「すべて裁判官は，その良心に従ひ独立してその職権を行ひ，この憲法及び法律にのみ拘束される」として，個々の裁判官の独立を保障している（第76条）。しかし，ダニエル・H・フットが述べているように，日本の裁判所においては「裁く裁判官が誰であろうと，事件は同じように扱われ，結果は同じになる」ことが望ましいと考えられており，実際にもそうなっている。彼が日本の司法を「名もない顔

（1）たとえば，ダニエル・H・フット『名もない顔もない司法』NTT出版，2007年，ジョン・ヘイリー「日本における司法の独立・再考」石井紫郎・樋口範雄編『外から見た日本法』東京大学出版会，1995年，3-30頁。

（2）Cf. *Mirjan R. Damaška*, The Faces of Justice and State Authority: A Comparative Approach to the Legal Process, Yale University Press, 1986.

もない司法」と呼ぶ所以である[3]。

　このように日本の司法が法的判断の一貫性を強烈に確保しようとしているということは，見方を変えれば，日本の司法は，自らが「宣明する法準則・法原則の体系性への希求」を強く持っているということを意味する[4]。制定法の条文の意味内容を確定し，さまざまな条文・概念相互の関係を整理して，法体系全体の整合性を確保しつつ，「法的に正しい」紛争解決規準を形成・確定する営みをドグマーティクと呼ぶとすれば，法的判断の一貫性を強く希求する日本の司法部も，彼ら独自のドグマーティクを生成・発展させてきたと言えるであろうが，では一体それはどのような性格を持つものなのであろうか。また，そもそもこうした日本の司法の際立った統一性・安定性・予測可能性は何によってもたらされているのだろうか，別の言い方をすれば，裁判官の判決は何によって規定されているのだろうか。本稿はこうした問題，すなわち日本の司法部の特徴である強力な統一性・安定性・予測可能性とその中身（「裁判所ドグマーティク」）に政治学的観点から迫ることを目的とする。裁判をめぐってどのような政治的メカニズムが働いており，そしてそれがどのように司法の法的判断に影響を与えているのか，そしてこのメカニズムに今日どのような変化が生じているのか，以下明らかにしていきたい。

II　裁判統制の政治学

1　政治学における司法研究

　本稿は司法の政治学的分析を試みるものであるが，司法は立法・行政と並んで国家権力の重要な一部を構成しているにもかかわらず，これまで政治学の研究対象にはほとんどなってこなかった。比較的近年になってアメリカを中心に取り組まれ始めたというのが政治学的司法研究の実態である。その際，アメリカで中心的なテーマになっているのは，司法の政治的党派性と政治的独立性の問題である。周知のように，アメリカでは連邦最高裁判事の指名は常に政治的争点を形成してきたし，実際にもその政治的党派性は連邦最高裁の判決に大きな影響を及ぼして

（3）フット，前掲書，319頁。
（4）ヘイリー，前掲論文，24頁。

きた。しかし他方で、アメリカの連邦最高裁判事は法定の定年がなく在任期間が長いため、選任した側からすれば、こうした党派性にもとづく任命により裁判官の政治的忠誠を確保できる保証はない。こうした複雑な政治‐司法関係が存在するアメリカでは、司法の政治的コントロールや政治的独立の問題は重要な政治的意味を持ち、近年では少なからぬ政治学者の関心を惹きつけるようになっている。また、そのなかで、裁判官の行動を規定するのは一体何なのかという法社会学者が取り組んできた問題にも政治学者は取り組むようになってきている。裁判官にとって重要なのは「法原則」なのか、裁判官個人の「政治的選好」なのかといったかつてリーガル・リアリストの立てた問題が再び取り上げられている[5]。

日本の政治学においても、司法はこれまでほとんど研究対象として取り上げられてこなかったが、アメリカ政治学での動向も受けて、日本政治分析においても近年になって政治‐司法関係がひとつの重要なテーマとして徐々に取り上げられるようになってきた。その大きな契機となったのは、二人のアメリカ人研究者、J・M・ラムザイヤーとE・B・ラスムセンの研究であった[6]。彼らは、日本の裁判官の経歴に関する計量的な分析にもとづき、政府・与党に不利な判決を下したり「反政府的」団体に所属した裁判官はポストや任地に関して不利な処遇を受けている事実を実証的に示し、日本の司法は政治的にコントロールされているという論争的な見解を打ち出した。

日本の司法に関する政治学的分析は、このラムザイヤーらの研究とそれが引き起こした論争を軸に展開されてきたと言うことができる。そこでの主要な論点は、ラムザイヤーらが提示した仮説、すなわち政治が司法をコントロールしているという解釈の妥当性であった。つまり、ラムザイヤーらが提示した下級裁判官への司法上層部による影響力行使は、彼らが言うように政治が実際に司法に政治的介入を行った結果なのかどうかという点をめぐって激しい論争が行われたのだが、

---

(5) Cf. *Michael A. Bailey/ Forrest Maltzman*, Does Legal Doctrine Matter? Unpacking Law and Policy Preferences on the U.S. Supreme Court, in: American Political Science Review, Vol.102 no. 3, 2008, pp.369-384.

(6) *J. Mark Ramseyer/ Eric B. Rasmusen*, Judicial Independence in a Civil Law Regime: The Evidence from Japan, in: Journal of Law, Economics and Organization 13, 1997, pp.259-286（河野勝訳「日本における司法の独立を検証する」『レヴァイアサン』22, 1998年、116-149頁）; id., Measuring Judicial Independence: The Political Economy of Judging in Japan, University of Chicago Press, 2003.

ひじょうに興味深いことに，この論争のなかで逆にクローズアップされたのは，政治による司法介入の有無それ自体というよりも，司法行政政策とそれがもつ高度の政治性であった。ラムザイヤーらの政治支配説自体には後述するように多くの批判が寄せられたが，彼らが立論の根拠とした事実，すなわち下級裁の裁判官への司法上層部の人事政策を介した体系的な影響力行使という事実そのものについては論者の間でそもそも争いはなく，こうした司法部内部における個々の裁判官の行動に対する厳しい統制，いわゆる「裁判（官）統制」には，裁判所の組織としての政治的判断が働いているという点についても大方の論者の見解は共通している。

このような裁判内容にまで及ぶ司法上層部による統制，「裁判（官）統制」が日本の司法の統一性や安定性とひじょうに密接な関係を持っていることはあらためて言うまでもない。裁判統制とその政治学について今少し立ち入って見ていくことにしよう。

2 裁判所の内部統制と司法の独立をめぐる議論

(1) 「司法の反動化」と「裁判官の独立」

日本の裁判所において，このような司法上層部による個々の裁判官への厳しい統制が存在しているという問題は早くから指摘され，憲法で保障された裁判官の独立を侵すものとして激しい批判の対象となってきた。この裁判所の内部統制は1960年代末から強化されはじめ，「司法の反動化」という批判を招いたが，その際，とりわけ大きな問題となったのは，裁判官の「青年法律家協会」（青法協）所属をめぐる問題であった[7]。

青法協は日本国憲法の擁護を目的とする法律家の組織であったが，一般には革新的傾向をもつ団体であると見なされていた。この団体が社会の大きな注目を集めるきっかけとなったのが，1969年のいわゆる平賀書簡問題である。自衛隊のミサイル基地の合憲性が争われた長沼ナイキ基地訴訟を担当する札幌地方裁判所の福島重雄裁判官に対し，同裁判所の平賀健太所長が詳細な「助言」をしたためた書簡を送り，この事件に関して憲法判断を見送り，基地の差し止めを認めないよう暗に求めたが，福島はこの「助言」に従わず，基地の違憲・差し止めの判決を

（7）フット，前掲書，127-130頁。

出し，さらにこの平賀書簡を知人に送り，これが報道機関の手に渡って公表された。報道機関はこの平賀書簡を裁判官の独立の不当な侵犯であると批判し，平賀に対する弾劾手続が開始されたが，その一方で内部文書の漏洩の廉で福島にも同様に弾劾手続が取られた。いずれも司法上の倫理に違反したとの理由で注意処分を受けたが，平賀の書簡が裁判官の独立を侵すものであったとは認められなかった。

　この問題自体，裁判統制の事実を示唆するものであったが，この問題が重要なのはそればかりでなく，いわゆる青法協問題と「司法の反動化」の大きなきっかけとなったからであった。そもそも平賀が福島に書簡を送ったのは，福島が青法協の会員であり，その革新的な立場から彼が違憲判断を下す可能性が高かったからであったが，実際，彼が違憲判決を下し，しかも書簡問題が明るみに出たことによって，裁判官の青法協加入に社会の注目が集まり，200名を超える裁判官がその会員であることが明らかになった。与党・自民党は「立憲国家」日本において裁判官の青法協加入は許されないとの声明を発表し，これを受けるかたちで，司法行政のトップである最高裁判所事務総局の総局長も，裁判官は政治団体に加入すべきでないとの見解を発表するに至る。これに従い，ほとんどの会員だった裁判官は青法協を脱退するが，これに従わなかった宮本康昭判事補は1971年に最高裁に再任を拒否された。もちろん最高裁事務総局は，この再任拒否の理由を宮本の青法協加入のためであるとは言わず，これまでの慣行どおりにその理由を一切明らかにはしなかった。

　このような事件を目の当たりにして裁判所内部には自己規制せざるをえない雰囲気が生まれたという。ある元裁判官は，このような一連の事件の後，1970年代の後半以降，裁判所は「見ざる，言わざる，聞かざる」という時代を迎え，さらにこれに「考えざる」が加わり，「4ザル」の世界になったと述べている[8]。司法上層部の意向に反し，特定の政治団体に所属したり「反政府的」な判決を下した裁判官は，いわゆる左遷の対象になり，また異動・昇進に関しても不利益を受けるというのが，裁判にかかわる人間の間では半ば一般的な常識的事実とされ，弁護士や法学者による激しい批判の対象となってきたのであった。

---

(8) 安倍晴彦・安原浩・木佐茂男「(座談会) 裁判官は何に追いつめられているか」『世界』2000年3月号，120-129頁，125頁。

第Ⅳ部　法政策と法解釈学

(2)　ラムザイヤー／ラスムセンによる実証

　こうした「一般的常識」に対しては，もちろん異論もあった。そもそも，問題となっている特定の裁判官が被ったとされる職業上の不利益が本当にその彼・彼女の行動に表れた「反政府的」傾向にもとづくものなのかどうかは，最高裁事務総局がその理由を公表していない以上，明らかにはできない。また，「裁判官の独立」の欠如を批判する議論は，うえで取り上げたような特定の問題事例をもとに展開されたものにすぎないため，はたしてそれが日本の司法人事政策全体を貫く傾向なのかどうかは開かれたままである。

　このような日本の「裁判官の独立」そして「司法の独立」をめぐる議論状況を克服すべく，そうした「アネクドータル」なアプローチではなく，1960年から1969年までの間に採用された裁判官501人の経歴データの計量的分析により，この問題を「システマティック」に検証しようとしたのが，これまで繰り返し言及してきたラムザイヤーとラスムセンの研究である[9]。

　彼らは，この分析により，これまでさまざまな「逸話」にもとづいて主張されてきたことが，決して個別的・例外的な出来事ではなく，日本の司法の一般的・体系的傾向であることを実証した。すなわち，政治部門に非同調的な判決を下したり，青法協のような「反政府的」と見なされる団体に所属した裁判官は，その後の経歴において不利な影響を受けていることを統計的に確認するとともに，この傾向は，こうした事実を否定する論者が主張してきたような裁判官の能力や勤勉さといった要因とは独立したものであることも併せて確認した。「反政府的」傾向を示す裁判官は任地やポストのうえでの不利益を受ける傾向，とりわけ司法部内で権威が高いとされる司法行政的ポストから遠ざけられる傾向があることが示されたのである。

　すでに述べたように，こうした司法部内の傾向をラムザイヤーらは，政治すなわち政権党である自民党による政治的コントロールの結果であると論じた。もちろん，ラムザイヤーらも，自民党が直接あからさまに司法に介入はしなかったことを認めている。しかし，そのことは司法が政治のコントロールから独立していることを意味するのではないと言う。自民党は戦後長期にわたって政権を担当することで，司法をして自民党に有利な判決を下させるような誘因構造を生み出し，

（9）　*Ramseyer/ Rasmusen*, Measuring Judicial Independence.

これによりあからさまな介入によることなく，政治的目的を達成することができたのだとした。いつでも介入しうるという蓋然性が，司法のあり方にシステマティックな影響を与えたというわけである。

(3) 司法自身による予防的組織防衛戦略としての裁判統制

こうしたラムザイヤーらの議論に対しては，司法内部で「反政府的」判決の抑制が行われているからといって，これを政治によるコントロールの産物であると論じることは，論理のまったくの飛躍であるという批判が寄せられた。ラムザイヤーらは，制度論的合理的選択論にもとづき理論的な観点から政治的支配説を導出したが，実際にこの司法部内の傾向が外部からの介入によるものなのか，それとも司法部内の自律的な判断によるものなのか，あるいは裁判官の経歴の操作が誰のどのような意図のもとで行われたものであるのかは実証を俟たねばならない問題であるというわけである(10)。こうした立場からもっとも明確にラムザイヤーらの議論を批判したのは，日本法研究者であるジョン・O・ヘイリーである。彼は，日本の司法部内の人事的決定に政治が介入したという証拠は一切見出されず，したがってラムザイヤーらの議論は証拠にもとづかない反証不可能な「噴飯ものの誇張」であると激しい批判を展開した(11)。

政治的支配説を斥けるヘイリー自身も，日本の司法が個々の裁判官に対するコントロールを実施してきたことを否定するわけではない。しかし彼は，この裁判統制は政治によるコントロールの産物ではなく，司法自身による予防的防衛戦略であるとの立場をとった。すなわち，ヘイリーによれば，日本の司法部は，政治の介入を受けない独立的地位を維持するために，政治的にセンシティブな事件に対しては抑制的な立場を組織的に一貫してとることを重視して，個々の裁判官に対するコントロールを行ってきたのである。つまり「司法の独立」のために「（個々の）裁判官の独立」を犠牲にしてきたのが日本の司法なのであった。

たしかに，ヘイリーが主張するように，政治介入の客観的な証拠がない以上，

---

(10) 佐藤岩夫による同書の書評を見よ。佐藤岩夫「日本の『司法の独立』を測定する——『逸話』から『実証』へ」『法社会学』62, 2005年, 180-187頁。

(11) *John O. Haley*, The Japanese Judiciary: Maintaining Integrity, Autonomy and the Public Trust, in: Daniel H. Foote (ed.), Law in Japan: A Turning Point, University of Washington Press, 2007; ヘイリー，前掲論文。また，フット，前掲書，135-151頁，参照。

政治的支配説は理論的仮説にとどまらざるをえないとしても、ヘイリーの予防的防衛戦略説にも同様の批判は可能であり、その意味で「司法の独立」をめぐる議論は再び出発点に戻った感もなくはない。しかし、ヘイリーの予防的防衛戦略説にしても、ラムザイヤーらが強調する「政治介入の影」の存在を否定しているわけではなく、両者の相違は見かけほど大きくはない。ヘイリー自身、青法協問題などにより司法の政治化の危機が昂進した1970年代に、この「司法の独立」を維持するための努力が強化されたと主張している。その意味で、これらの論争は、日本の司法の大きな特徴である裁判統制が政治 - 司法関係の大きな文脈のなかで理解されるべきものであるということをむしろ確認するものであったと総括してもよいであろう。

3 政治—司法関係の変遷と裁判統制

(1) 自民党による司法牽制

では、「司法の反動化」が議論されるようになる1960年代末以降の政治—司法関係には、一体どのようなことが起きていたのであろうか。

「司法の反動化」を批判する論者が異口同音に指摘するように、司法上層部による裁判官に対する統制は1960年代末に強化された。それ以前の裁判所内には「自由な雰囲気」が流れていたとの元裁判官の述懐[12]や、青法協に所属する裁判官がすでに述べたように無視できない数に上っていたことから考えても、1960年代末は日本の司法部にとって一つの大きな転換期であったと言える。

この時期、日本社会はある種騒然とした雰囲気に包まれていた。学生運動が次第に激化し、1968年には日大闘争・東大闘争が始まり、この年の6月には東大安田講堂が占拠される。街頭でもベトナム反戦や政府の対米協力を批判するデモや集会の嵐が吹き荒れていた。こうした状況のなか、戦後米国の施政権の下にあった沖縄の返還問題を最大の政治課題に据える自民党の佐藤栄作首相は、1968年11月末の自民党総裁選で3選を果たすと、党・内閣人事に着手し、内外の懸案を処理するための強力な態勢を整えた。政治—司法関係に関わってとりわけ重要であったのは、幹事長に田中角栄が復活したことであろう[13]。田中は、1969年4月、最高裁が教員の争議行為の合法性を認めた東京都教組事件判決を批判し、自民党

---

(12) たとえば、安倍・安原・木佐、前掲、123-124頁を見よ。

内に「裁判制度に関する調査特別委員会」を設置することを提案したのである。

　このような司法に対するあからさまな圧力行使はそれ以前にはなかった。それは，自民党にとって司法が何の問題も引き起こさなかったからではない。1966年，最高裁は全逓中郵事件訴訟において，公共企業体の職員の争議行為は刑事制裁の対象にはならないとの新判断を下し，自民党政治家に大きな衝撃を与えたが，このとき自民党はのちの都教組事件のときのようなあからさまな圧力を行使はしなかった。都教組事件判決の直前，公務員給与改訂をめぐる抗議デモで東京都公安条例違反により起訴された総評幹部に対し，東京地裁が無罪判決を出した際，西郷吉之助法相が「あそこ（裁判所）だけは手が出せん」と述べたうえで，「何らかの歯止め」の必要性に言及したが[14]，まさに都教組事件まで裁判所は政府・与党が手を出してこなかった領域であった。ところが，都教組事件を契機に，自民党は一転して司法に対しあからさまな圧力行使を開始したのである。その先頭に立ったのが田中であった。たしかに自民党総務会において判決批判の口火を切ったのは田中ではなかったが，判決に対する不満や批判を「裁判制度全体の根本的検討という重大課題」へと「迫り上げ」を行ったのは田中であった[15]。政治学者の坂本孝治郎と盛岡多智男は，佐藤内閣後期に生じたこうした政治の司法に対するスタンスの変化は「田中角栄幹事長の登場を抜きにしては考えられない」としているが[16]，まさに田中の幹事長就任と軌を一にするように，自民党は司法に対してあからさまな圧力を行使し始めたのである。

　田中による「裁判制度に関する調査特別委員会」設置案自体は，最高裁の猛烈な抗議により撤回されたものの，自民党による司法牽制はその後も続く。自民党は1970年，政策機関誌において「憂うべき偏向裁判」という記事を載せ，また1971年の党の「運動方針案」では，「運動の目標」として「法秩序を守ろう」という項目を設け，そのなかで青法協問題を取り上げて「司法の独立の美名にかくれ，反体制思想を鼓舞する作為的行為こそは，法秩序を根底からゆさぶるもので

---

(13) 坂本孝治郎・盛岡多智男「政治・司法関係の変遷（Ⅰ）——『法務委員会』への最高裁事務総局裁判官の出席を中心として」『学習院大学法学雑誌』43巻1号，2007年，23-164頁，40-42頁。
(14) 山本祐司・岡田けい子「最高裁インサイド物語（2）あるクーデター」『法学セミナー』378号，1986年，140-144頁，143頁。
(15) 坂本・盛岡，前掲論文，49頁。
(16) 同上，42頁。

141

あり，法治国家として断じて許されない」と述べている(17)。

(2) 石田長官による裁判所運営

こうした状況のなか，ラムザイヤーらのように「政治によるコントロール」と言うべきか，ヘイリーのように自律的な予防的組織防衛策と言うべきかはともかく，最高裁は，あからさまな政治の介入を回避し，自らの組織的独立性を維持するため，政治的事件に関しては抑制的な態度をとるようになるとともに，そうした方向性が裁判所全体で貫徹するように内部統制＝裁判統制を強めていくことになる。

その指揮をとったのが，1968年末の佐藤内閣の改造直後（1969年1月）に最高裁長官に任命された石田和外であった。実は，この長官人事に関しては政府・与党内部でも，東京大学法学部から最高裁入りしていた"行政法の権威"田中二郎が既定方針であったらしい。しかし，全逓中郵事件判決に見られるような最高裁の「リベラル」路線に危機感を持った保守政界の長老・木村篤太郎が佐藤首相に直談判した結果，石田長官が誕生した。木村は佐藤に，「最高裁長官は公正で信念のある人でなければならない。"国難"にさいして司法行政にも明るい石田君が最も適任だ」と述べたという。佐藤は，この人事への横やりに一瞬「ムッとした顔をした」が，「政治家のカン」でリベラル派の田中ではなく，保守派の石田の起用で間違いないと確信した。最高裁長官の任命は，退任する前長官による推薦を受けて行われるのが慣例になっていたが，政府は一応この慣例に従うかたちをとるため，横田正俊長官に田中の推薦を引っ込めさせ，代わりに石田を推薦させた(18)。この石田長官人事は，その後の政府，とりわけ佐藤内閣の最高裁判事人事に決定的な意味をもったといえる。政治において人事の持つ重要性を熟知していた佐藤であったが，実はこれまで最高裁判事の人事には無頓着で，いわば「他人任せ」であった(19)。それが証拠に，佐藤内閣下でそれ以前に任命した判事にはリベラル派も多く，そのせいもあって当時の司法はリベラル派の全盛期であった。しかし，新たに長官に就任した石田は，最高裁判事が定年で退官するたび，保守派を後任に推薦し，徐々に保守派の数を増していった。また，佐藤首相自身も最高裁判事の人事に無頓着ではなくなり，1972年には石田長官が推薦した候補

---

(17) 同上，49頁。
(18) 山本・岡田，前掲論文，140-141頁。
(19) 坂本・盛岡，前掲論文，41-42頁。

者でさえ拒否している。

　このような人事政策の甲斐もあり，とうとう1973年には石田長官下の最高裁は，全逓中郵事件以来の労働公安事件に関する判例の変更を実現する。警職法反対闘争として行われた勤務時間中の職場集会を煽ったとして全農林幹部が国家公務員法違反で起訴された全農林警職法事件の上告審で，最高裁大法廷は，非現業公務員に対する刑罰による争議行為の一律禁止を合憲と判断，上告を棄却し，第二審による有罪判決を確定させた。なお，この判決は8対7の僅差での決定で，多数意見に与した8名のうち5名は石田長官の推薦で選任された判事であった[20]。この公務員の争議行為に関する態度は，1977年の全逓名古屋中郵事件でも踏襲され，今日に至っている。

　石田長官時代の最高裁はまた自民党による青法協問題批判を受け，裁判官は政治団体に加入すべきではないとの見解を発表し，裁判所からの青法協排除を進めていった（「ブルーパージ」）。まず，1970年春，青法協会員を含む3名の司法修習生の裁判官任官を認めず，翌1971年春には，同様に7人の司法修習生の任官拒否，さらに最高裁の方針に反して青法協から脱会しなかった宮本判事補の再任を拒否し，また司法研修所修了式を妨害した修習生の罷免を行っている。また，最高裁事務総局が，青法協に所属する事務総局付判事補に対し脱会の勧奨を行ったことも判明した[21]。任官や再任の拒否の理由に関して，最高裁事務総局は「人事上の機密」として明らかにしなかったが，こうした最高裁の態度は，当然のことながら，個々の裁判官の間で，最高裁事務総局は裁判官の思想信条によって不利益処遇を行うとの疑念を招くことになった。先に引用した裁判所内の「見ざる，言わざる，聞かざる」という風潮は，まさにそうした個々の裁判官の疑念の産物にほかならない。

　以上に見たように，最高裁の「リベラル」的傾向に対する保守政治家の危機感から誕生した石田長官の下で政治的消極主義と裁判統制の強化が進行・確立した点を見れば，ラムザイヤーらの政治的コントロール説がまったく妥当しているように思える。しかし他方で，石田コートにおける裁判所運営，とりわけ青法協排除をはじめとする司法人事政策は，積極的か消極的かは別として，最高裁の他の

---

[20] 同上，55-56頁。
[21] 同上，46頁。

判事も承認したものであった(22)。裁判官は政治的団体への加入を慎むべきとの1970年に出された最高裁の公式見解も，当然，最高裁の全裁判官によって構成される裁判官会議の議を経たものであった。1969年の都教組事件判決を見ればわかるように，このときなお最高裁はリベラル派優勢であった。つまり，石田長官とは思想的立場を異にする他の最高裁判事も，自民党による司法への介入の危険性の増大を前に，組織的自律性の確保のため，石田長官の方針に同調したのである。この点を見れば，ヘイリーらの予防的組織防衛説も十分な妥当性を有していると言える。

(3) 田中派支配の継続と司法

いずれにせよ，1960年代末に生じた政治 - 司法関係の変化，政治による介入の危険性の増大が，最高裁による裁判所運営を政治的には抑制的で，また内部的には統制的なものへと変貌させたわけだが，こうした政治 - 司法関係のあり方は，1969年から71年にかけてのようなあからさまな司法牽制こそ影をひそめていくものの，その後も1980年代半ばまで基本的に続いていく。司法にとって「明白かつ現在の危険」が過ぎ去っても，裁判所としては依然として組織防衛に意を用いなければいけない状態が長期にわたって続いたのである。

1972年，沖縄返還を花道に退陣した佐藤首相の後を襲ったのは，自民党の司法攻撃を指揮した田中角栄であった。田中内閣自身は，その経済政策の失敗により国民からの支持を失ったうえに，金権政治批判の高まりによって1974年に退陣を余儀なくされたが，これによって司法は田中から解放されはしなかった。首相を退陣した田中は，1976年，首相在任中に米国ロッキード社の航空機売込みに関し，職務権限を利用してロ社に便宜を図った見返りに商社丸紅から5億円を受け取ったとして逮捕・起訴される。刑事被告人となった田中は自民党をこそ離党したが，議員にはとどまり，自らの裁判を有利に運ぶためにも，政権党である自民党内での影響力を増大させる。田中の組織する自民党内派閥（田中派）に所属する国会議員の数は田中の逮捕後増加の一途をたどり，1983年には自民党国会議員の29%を占めるに至る。国会で過半数を握る自民党内で過半数を握れば，党内主流派を形成できる，その主流派の過半数を握れば権力を握れるという「権力の方程式」

---

(22) *Masaki Abe*, The Internal Control of a Bureaucratic Judiciary: The Case of Japan, in: International Journal of the Sociology of Law, 23, 1995, pp.303-320, p.317.

によって，田中は自民党を事実上支配する。1978年の大平正芳以後の3代の首相はいずれも田中が数の力を背景に誕生させた。また，露骨に田中派の政治家が就くということこそなかったが，法相には田中に近いとされる人物が任命され，また，国会での質疑などで田中派あるいは田中シンパと見られる議員が司法および検察を牽制する発言をしばしば行った[23]。田中を起訴した検察当局としては，田中を有罪にできなければ，政治的報復を受け二度と立ち直れなくなることは必至であり，田中有罪判決に影響を与えぬよう特別に慎重な姿勢をとり続けたが，裁判所にとっても状況は同じであっただろう。1960年代末に政治-司法関係を大きく変えた田中に関する負の記憶に加え，こうした逮捕後の田中派の権力増大と彼らによる司法牽制は，裁判所に組織防衛の必要性を自覚させるのに十分であった。司法の政治的消極主義と裁判統制は，1970年代後半以降も決して弱まりはせず，むしろ強化されていった。

「田中支配」そのものは，1985年の竹下派の独立と田中の病変で終焉を迎えるが，そのときまでに政治的消極主義と裁判統制を特徴とする日本の司法の体質は確立していた。以下に述べるように，人事政策をテコとする裁判統制は，こうした姿勢を内面化した裁判官を生み出すだけでなく，そうした規範を身につけた裁判官を司法行政ポストに就けることで新たな裁判統制の担い手を再生産する。今や自民党による介入の危険性など問題ではないのである。田中金権政治の最大の批判者の一人である評論家の立花隆は「日本の政治をここまで悪くした原因の一つは司法」だと述べた[24]が，このように考えれば，日本の司法をここまで悪くした原因の一つは，長期にわたる田中支配であったと言うこともできるかもしれない。

III 裁判統制と裁判所ドグマーティク

1 裁判統制のシステム

では，裁判統制は具体的にどのようにして行われているのであろうか。その要にあるのは，繰り返し述べているように，人事政策である[25]。

日本の裁判官は，アメリカとは異なり，基本的に他の職業を経験することなく，

---

(23) 坂本・盛岡，前掲論文，89-93頁。
(24) 『朝日新聞』1995年2月23日。
(25) See *Abe*, op.cit., pp.304-312.

司法試験の合格後，司法研修所での修習を受け，その修了ののち，裁判官として採用されるが，定年に達するまで十年ごとに任期を更新する必要があり，また約3年に一度の間隔で配置転換がある。また，政府官僚と同様に，裁判官のポストには序列があり，昇進が制度化されている。すなわち，日本の裁判官は，司法試験からはじまって引退するまで，繰り返し人事考課の対象となり続けるのである。当然，裁判官たちは，実際に人事行政を掌る最高裁事務総局の意向に無関心ではいられない。

　裁判所法によると，司法行政事務は最高裁の裁判官会議の議によるとされているが，裁判官人事に関して裁判官会議での議論は形式的なものにすぎず，実際的な決定はこの事務総局によって行われている[26]。事務総局は，最高裁の担う司法行政事務全般の補佐事務を行なう機関という位置づけで，人事のほか，裁判所内の予算編成や規則制定，法律の制定・改正に関する作業，各種の資料作成，また判例集の編纂などを行なっている。機構的には，事務総長の下に2課7局がおかれ，事務総長，事務次長，局長，そして各局の課長の相当数は判事から任命されている。各局課には，2・3年の裁判経験のある判事補が局付・課付として配置されているが，このうち，とくに局付には，研修所の卒業試験の成績優秀者が配属され，そこで有能とされると司法行政事務ポストを中心に異動を重ね，「エリートコース」を歩むことになる。なかでも国会・内閣・弁護士会との連絡を担当する総務局長に就いた者は将来を約束されていると言ってもよい。現職を除く20人中，15人が高裁長官，11人が最高裁判事，さらにそのうちの4人が最高裁長官に就任している。彼らの多くは，前述の「局付」に5年以内になり，総務局長就任までの半分以上の期間を司法行政的ポストで過ごしている。要するに，高裁長官や最高裁判事，さらには最高裁長官といった職業裁判官としてのキャリアの頂点を極める者は，総務局（さらには人事局）を中心とする事務総局の司法行政ポストで経験を積んだ者たちなのである[27]。

　その「選ばれし者」になるためには，最高裁の方針に忠実である必要がある。

---

[26] 塚原英治「最高裁とは誰か　第1回　事務総局」『月刊司法改革』11号，2000年，8-9頁，「第2回　事務総局の主要官僚たち」同12号，2000年，74-75頁。

[27] 坂本孝治郎・盛岡多智男「政治・司法関係の変遷（Ⅱ）──竹下内閣期から小泉内閣期までを中心として」『学習院大学法学雑誌』44巻1号，2008年，1-146頁，140-146頁。

そもそもまず司法試験を受験するときから，こうした方向付けは始まる。受験生は，最高裁の判例に批判的な考えを答えれば，試験に合格しない虞があると考える。実際，最高裁の判例を覚え，それにもとづいて解答する方が，安全かつ効率的だろう。司法試験に合格すると，2年間の司法研修所での修習が待っている。研修所は最高裁の裁判官会議の管理下にあり，その教官は下級裁裁判官，検察官，弁護士から裁判官会議によって任命されることになっているが，実際は事務総局が選任している。そこでは裁判官が従うべき裁判所における標準的な手続から判決文の書式までかなり細かく教え込まれ，また各地の裁判所などでの実務研修を受ける。裁判官希望者は修習2年目に最高裁に任官を申し込むが，その適否を決めるのも事務総局である。事務総局が作成する任官名簿は，最高裁の裁判官会議の承認を経て内閣に提出され，憲法の規定に従い正式には内閣によって任命される。1947年から1994年までの3440名の任官希望者のうち，任官を拒否されたものはわずか50名，全体の1.5％でしかないが，この数字は表面に現れたものに過ぎないとの指摘もある[28]。司法研修所の教官は，裁判官にふさわしくないと思われる修習生には任官希望を出さないよう説得し，これらの修習生のほとんどはこの説得に応じ，いわば「自主的に」任官希望を取り下げているという。この説得に応じない，すなわち事務総局の意向に従おうとはしない者だけが正式に任官拒否されるわけである。前述の青法協加盟修習生らの任官拒否の例はまさにこれに当たる。

　任官を認められた修習修了生はまず判事補となる。判事補は任期10年で，原則として一人で裁判できず，合議体に加わる時にも同時に2人以上加わり，また裁判長にもなれない。また，各裁判所での裁判官会議の構成員にもなれない。判事補は通常およそ3年ごとに赴任地を変えつつ経験を積み，任期10年を終えた後，正式の判事に昇進する。この場合も判事補任官と同様に，事務総局の作成する原案を最高裁の裁判官会議が承認し，これにもとづき内閣が任命するという手続きをとる。その後の任期更新（再任）手続きについても同様である。後述するように2003年に下級裁判所裁判官の任命に関する新制度が発足するまで，戦後の日本の裁判所において再任を拒否された者はわずか2名で，その一人は前述の青法協に所属した宮本判事補であった。その意味では再任拒否は極端に例外的なケース

---

[28] *Abe*, op.cit., p.307.

でしかないが，その「可能性」だけでも判事補や判事にとって脅威とも言える。また，再任拒否にまでは至らなくとも，昇進・異動の点を考え合わせると，事務総局の意向に無頓着ではいられない。判事補は3年ごと，判事は3～5年ごとに赴任地を変えるが，その決定を行うのももちろん事務総局である。裁判所法は，裁判官の意思に反した転所を認めていないが，事務総局の決定に従わない者は昇進の可能性を断たれることを覚悟しなければならない。多くの裁判官の間では，地方支部での勤務よりも，大都市の裁判所での勤務を望む傾向が一般的であり，この赴任地の決定は，事務総局に裁判官に対する絶大な影響力を与えている。事務総局は，こうした異動を裁判官の「仕事ぶりに対する報酬」としても用いることができるのである。ラムザイヤーらは，裁判所上層部の意思に反して「反政府的」判決を下した裁判官が「非魅力的」な任地への赴任を命じられる一般的な傾向があることを示している。

　もっとも，判事補時代の赴任地の移動については，そうした「報酬」とはあまり関係はない。さまざまな経験を積ませるため，判事補は大都市部の裁判所と地方支部との双方で勤務するのが通例である。そうした赴任地によるものではなく，「優秀な」判事補には事務総局における司法行政ポストという「報酬」が用意されている。前述の「局付・課付」というのがそれである。これもまた前に述べたように，一般に，日本の司法部では，司法行政ポストが職業裁判官にとっての「エリートコース」の中心であり，その意味で，赴任地の決定とともに司法行政ポストの配分が，事務総局による裁判官に対する影響力行使の主要な手段となっている。ラムザイヤーらによれば，青法協に所属した裁判官であっても大都市部に任命されているが，彼らは裁判所内で権威の高い司法行政上の責任を負うポストにはまったく恵まれていない[29]。したがって，職業裁判官としての「成功」を望む者にとって，事務総局の意向は絶対的な価値を持つことになるし，また，そのようにして事務総局の意向を内面化した者が事務総局の枢要なポストに就任するわけである。法社会学者である阿部昌樹は，この点を捉えて「裁判統制の自己再生産」と呼んでいる[30]。そもそもは，政治介入に対する組織的自己防衛手段であっ

---

(29) なお，政治学者の増山幹高は，青法協所属裁判官が経歴上の不利益を受けているというラムザイヤーらの説を再検証し，これを否定する研究を発表している。増山幹高「裁判官キャリアの生存分析：『司法の独立性』再考」『成蹊法学』61，2005年，69-114頁。

た裁判統制が，それを担う裁判官自身に内面化・規範化されることで，今や政治による介入とは無関係に自ら作動するようになっているというわけである。

ともあれ，こうしたキャリアシステムをとる職業裁判官の人事政策を通じて，裁判所上層部の意向が下級裁判所の裁判官に貫徹し，その結果として，ひじょうに統一的で安定した，あるいは画一的と言ってもよい裁判が日本では現出しているのである。最後にこの点について，もう一点だけ付け加えておけば，事務総局は，その裁判の統一性の確保のため，さらに下級裁判所において「裁判官会同・協議会」と呼ばれる裁判官との「研究会」を開き，なお先例の出ていない新たな法律問題や争いのある法律問題に関して「事務総局の見解」を提示することも行っている。この見解は，多くの下級裁判所の裁判官たちによって，あたかも最高裁判例のように受け入れられている[31]。

2 「裁判所ドグマーティク」

このような事務総局の潜在的・顕在的な影響力行使を通じて，ひじょうに統一性・安定性・予測可能性の高い裁判が日本には現出しているわけであるが，政治的介入の排除のために1960年代末以降強化された裁判統制を通じて，裁判所上層部は，いったい具体的にどのような法秩序をもたらそうとしてきたのであろうか。冒頭に述べた言葉を使えば，法的判断の一貫性を強く希求する日本の司法部は，彼ら独自のドグマーティク，言うなれば「裁判所ドグマーティク」を生成・発展させてきたと言えるであろうが，では一体それはどのような内容と性格を持つものなのであろうか。もちろん，この課題に正面から応えることは，政治学者である筆者の手に負えるものではなく，法律学者の手に委ねざるをえないが，さしあたってここでは，先行研究で指摘されている政治-司法関係の観点から浮かび上がるいくつかの特徴だけを簡単に挙げておきたい[32]。

①政治性の高い訴訟における消極性

これまで繰り返し述べてきたように，1960年代末以降強化された裁判統制の契機は，政治介入ないしその危険性の増大であり，そこから司法の組織的自律性を

---

[30] *Abe*, op.cit., pp.318-319.
[31] 湯川二朗「裁判官会同・協議会と裁判行動」『法社会学』43号，1991年，55-61頁。
[32] とりわけ，J・マーク・ラムザイヤー「司法」平野浩・河野勝編『アクセス日本政治論』日本経済評論社，2003年，179-193頁，185-190頁，参照。

守るために何よりもまず求められたことは，政治を刺激することで介入の口実を政治に与えないようにすることであった。一票の格差問題，憲法9条，選挙違反，戸別訪問禁止規定といった問題，あるいは行政差し止め問題などで，政府・与党に不利な判決は避けられ，とりわけ違憲判断を下して政府・与党の政策を否定するような判決は厳しく抑止された。いわゆる司法消極主義であるが，憲法学者の辻村みよ子の言葉を借りれば，むしろそれは「合憲判断積極主義」でもあった[33]。

②日常的な民事訴訟における「迅速かつ安価な解決」の重視

先行研究によって指摘されている日本の裁判の大きな特徴の一つは，「訴訟を迅速かつ安価に解決させようとする傾向」である。日本の裁判は，アメリカと比較して1件当たりはるかに少数の裁判官によって，アメリカの各地・各種の裁判所の係争解決スピードの中間値を達成しており，有能な裁判官を要する連邦裁判所と比べてもその速度はほとんど遜色がないという。訴訟の約半分は1年以内に判決が下され，3年以上かかる訴訟は全体の10分の1程度である[34]。

こうした迅速な解決のために裁判官は，個々の事件の特殊性に注意を払うよりも，問題を定型的・類型的に把握し，最高裁の判例や事務総局の見解などに依拠して迅速な問題処理を心がけることになる[35]。この訴訟の定型化・類型化の組織的助長によってもたらされる日本の裁判の統一性・安定性・予測可能性の高さは，他方で，もう一つの日本の民事裁判の特徴である「和解」の多さをもたらす。訴訟の結果がかなりの確度で予測できるのであるならば，紛争当事者はわざわざ訴訟を起こしてまで争う理由はないからである[36]。

しかし，別の理由からも和解は助長されている。すなわち，和解は，裁判官に求められる「迅速な解決」という基準からも助長されているのである[37]。和解であれば裁判官は判決文を書く必要はないし，当事者は上訴できないため，当該事件を担当する裁判官個人にとっても，また裁判所全体にとっても大きな負担の軽減を意味する和解による処理は組織的にも推奨され，（半ば強制的なものも含む）裁判官による和解勧告が盛んに見られることになるのである。

---

[33] 辻村みよ子『憲法 第2版』日本評論社，2005年，511-512頁。
[34] ラムザイヤー，前掲論文，185頁。
[35] *Abe*, op.cit., pp.313.
[36] ラムザイヤー，前掲論文，186頁。
[37] *Abe*, op.cit., pp.313-314.

この和解勧告の例に見られるように，日本の裁判における迅速性の重視は，裁判所全体の負担の軽減という観点と密接にかかわっているが，この点も実は裁判統制の中心的課題であった政治的介入の予防的回避という点と関係してくる[38]。日本の裁判官の数は，法曹人口の大幅拡大を目指す司法制度改革以前には約3000人で，国際的に見てもひじょうにわずかである。裁判官1人当たりの国民数はおよそ4万3千人で，この数字は，ドイツの約4千人とはもちろん，アメリカ（州）の9400人，イギリスの1万6千人といった数字と比べても格段に多い（裁判官は少ない）[39]。このように相対的にわずかな裁判官で増大する訴訟に対応するにはもちろん相当に効率的な処理が必要になってくるのは当然であるが，しかし他方で注目すべきことは，日本の司法は，このような状況を是正すべく，積極的に裁判官の増員を求めてきたわけではないということである。別の言い方をすれば，これまで最高裁は意識的に「小さな司法」政策を採ってきたのだった[40]。その理由として考えられるのは，第1に裁判官の増員は裁判所予算の増額を必要とするため，議会および政府の承認を必要とし，政治介入ポイントを生み出すことにつながるという点である[41]。さらに第2には，それとは一応別に，裁判所上層部は，裁判統制の観点からも意識的に「小さな司法」を維持しようとしてきたことが考えられる。実は，最高裁は，裁判所予算の伸びが許しても裁判官の増員をそれほど熱心に進めてはこなかった。その際，よく「量より質」ということが口にされたが[42]，裁判官の増員よりも，裁判統制を効果的に遂行するためにもキャリア裁判官の数を相対的に限定することを優先したのではないだろうか。もちろん確たることは言えないが，「迅速な処理」という日本の裁判の特徴も，裁判所の予防的組織防衛戦略とおそらく無縁ではない。

なお，刑事事件については，日本の有罪率が99％を越えるという点から，しばしば日本の刑事裁判は捜査機関の判断を追認する場であるとの批判がなされてき

---

(38) Ibid., p.314.
(39) 枝野幸男・宮本康昭・小田中聰樹「(座談会) いまなぜ司法改革なのか」『世界』2000年3月，82-94頁，91頁の表，参照。
(40) 坂本・盛岡「政治・司法関係の変遷 (II)」，122頁。
(41) *Abe*, op.cit., p.314.
(42) 坂本・盛岡，前掲論文，122頁。

た。ただ裁判統制の観点から言えば，無罪宣告を下した裁判官がキャリア上の不利益を被っているということはないようであり[43]，1990年代に入るまでの判決の寛刑化傾向などとも併せ考えると，日本の裁判所が刑事事件の処理に関し，どのような法原則や法準則を打ち立てて来たかはあらためて検討すべき課題であるように思われるが，ここではその指摘だけにとどめざるをえない。

　ともあれ，日本の司法は，組織としての自律性の維持・確保のために裁判統制を強め，司法全体としてひじょうに一貫性のある法的判断を下そうとしてきた。その一貫性追求の重要な目的のひとつが組織的自律性の確保である以上，司法部が全体として統一的に宣明してきた法的判断には司法部の組織戦略が当然反映されることになる。日本の司法に関してしばしば耳にする「政治的保守性」であるとか「創造性の欠如」といった批判は[44]，まさにその帰結であり，その代償にほかならない。法律学的には，こうした「組織の論理」を濃厚に反映した日本の裁判所の法的判断の体系，本稿の言う「裁判所ドグマーティク」が，一体どのような法的論理や法的準則を用いたものであるのかを分析することがさらなる重要な課題になるが，もちろんこれについては法学者の検討に委ねるしかない。

Ⅳ　変わる政治，変わる司法
　　——　グローバル化とポピュリズム時代の政治と司法

1　日本政治の流動化と司法

　1960年代末以後，日本の司法に大きな危機感を与え，組織防衛に腐心させた張本人である田中角栄は1985年に脳梗塞で倒れ，狭義の「田中支配」はこれにより幕を閉じる。この間，17年もの間，司法部は田中が実質的な権力を握る政府・与党による牽制に耐え，政治による直接的な介入から組織的自律性を守り通すことに成功する。政治的には抑制的な態度を通しつつ紛争を迅速に処理し，政治に介入の口実を与えず，反対に1979年の服部高顯の最高裁長官就任以後，裁判官出身の長官の固定化にも成功するなど，司法部はその堅実な運営を通じてある種の自信を獲得していったと言ってもよいであろう。

---

(43) ラムザイヤー，前掲論文，188-189頁。
(44) 同上，191-192頁。こうした見方にはもちろん異論があるが，ここでは立ち入らない。さしあたって，ダニエル・H・フット『裁判と社会』NTT出版，2006年，参照。

1985年，最高裁大法廷は，いわゆる「1票の格差」が最大4.40倍に達した1983年衆議院選挙における定数配分規定に対し，この種の事件でははじめて違憲と判断し，政府・与党に大きな衝撃を与えた。選挙の無効については，多数意見は「事情判決の法理」により認めなかったが，これを認める反対意見もあったほか，多数意見に与した13人の裁判官のうち5名が，これを是正せずに次の選挙を行なった場合，選挙無効とすることもありうると述べるなど，これまでになく厳しい判決であった。田中支配から晴れて解放された自民党総裁で首相の中曽根康弘は，参議院選挙とセットで総選挙を実施し，これに勝利することで，党総裁の任期の延長を狙っていただけに，「各々が各々を侵さないで，自分たちの節度を持って三権の調和を取ることが憲法の命ずるところだ。……司法がオーバーランすることはないか，についても勉強もし検討もしたい」と述べ，この判決に強い苛立ちを示したことは有名である。

　その後も，矢口洪一（1985-1990），草場良八（1990-1995）と2代続けて，在任期間が4年以上に及ぶ最高裁長官が続き，裁判所の運営はさらに安定感を増す。とりわけ矢口長官時代には，地元国会議員からの牽制を跳ね除けるかたちで，全国100箇所以上にものぼる簡易裁判所の統合や地裁・家裁の支部の廃止などを実現したほか，法廷メモの解禁を認める大法廷判決を出したり，陪審制の調査を命じたりするなど，後の司法制度改革の時代を先取りするような方向も示している[45]。また，矢口は事務総長時代すでに若手裁判官の研修制度や裁判官任官システムの見直しにも着手しているが，こうした路線は草場長官にも受け継がれていく。そこには，政治からの自律性の確保に成功した司法の自信を見て取ることもできるだろう。こうした司法の状況は，この間日本政治が相次ぐ政治スキャンダルや政界再編騒ぎで激しく流動化したこととまったく対照的なものであった。

2　グローバル化と司法改革の進展

(1)　規制緩和要求と司法改革論

　1990年代の司法は，混乱する政治から距離をとり，堅実にその足場を固めていくかに見えた。しかし，司法を取り巻く状況は急激に大きく変わっていく。相次ぐ政治スキャンダルは自民党政治の行き詰まりを露わにし，政治改革や分権改革

---

　[45]　坂本・盛岡「政治・司法関係の変遷（Ⅰ）」131-132頁。

が政治の重要なアジェンダに上り，また，そうした動きとも呼応しつつ，冷戦終結後の経済グローバル化の本格化を背景に，日本の経済社会システムの「構造改革」を求める声も大きなものになっていった。とりわけ経済界は，自民党の介在を許す中央省庁による裁量行政は腐敗を生むとともに，経済成長の源泉である企業の自由な行動とりわけ市場への新規参入を阻害することで，日本経済からグローバル化への適応に必要な活力を奪っているとして，規制緩和を強く求め，また同様に，日本市場への参入を狙うアメリカ企業なども規制緩和を強く求めた。

これまで政治から距離をおき自律性を確保することに成功してきた司法であったが，こうした規制緩和や構造改革をめぐる政治については，これまでのようにはいかなかった。なぜなら，司法自体が，この規制緩和の政治の重要な対象と位置付けられていったからである。すなわち，規制緩和を求める経済界などは，規制はなるべく失くすべきであるが，規制が必要な場合であっても従来のような不透明な行政指導によってではなく，明確なルールによって行うべきであり，処分に関する争いも司法の場で透明・公平に解決されるべきだと主張し，そのためには法曹人口を大幅に拡大し，事後チェック・事後救済型の社会にふさわしい司法制度を整備すべきであると論じたからである。

具体的には，経済同友会が1994年に「現代日本社会の病理と処方」という文書を発表し，法曹人口の大幅増員，法曹養成制度および司法制度の抜本改革を提言したのを皮切りに，司法改革は日本版構造改革の一環として位置づけられていく[46]。とりわけ構造改革を政権の重要課題と位置づけた橋本内閣（1996-98）の下で，司法制度改革は構造改革の実現にとって必要不可欠であるとの確認がなされ，与党・自民党に「司法制度特別調査会」が設置された[47]。同調査会は1998年に法曹の質量強化や法学教育のあり方などを検討するための「司法制度改革審議会」の設置を提言し，これを受けるかたちで翌1999年「司法制度改革審議会設置法」が成立，ただちに内閣に憲法学者の佐藤幸治を会長とする「司法法制度改革審議会」が設置され，司法制度改革は急速に具体化を見ることになった。

同審議会は2001年に最終意見書をとりまとめ，小泉首相に提出した[48]。そこ

---

(46) 坂本・盛岡「政治・司法関係の変遷（Ⅱ）」3頁。
(47) 同上，62-63頁。
(48) 司法制度改革審議会の最終意見書は『月刊司法改革』22号（2001年7月）に全文収録されている。

には，法曹の質量の強化を目指し，新司法試験制度を導入して合格者を増やすとともに，その質の確保・向上のために法曹養成に特化した教育を行う法科大学院の設置を提言したほか，無作為に選ばれた国民が裁判官とともに重大刑事事件の審理を行う日本版参審制である「裁判員制度」の導入，裁判官任命手続の見直し，判事補に裁判官以外の法律専門職の経験を積ませる仕組みや弁護士任官の推進といった，これまでの司法のあり方を大きく変えうる内容が含まれていた。この審議会には委員が13名いたが，法曹出身者は3名だけで，しかも彼らはすべて現役の役職を退いた者ばかりで，裁判官を含め当事者である法曹三者を基本的に排除したかたちで改革案作りは進められた[49]。これは，1960年代に裁判官不足が問題になって以来，何十年もの間にわたって，互いに対立して自らの手で問題解決を図れなかった法曹三者への不信の表れでもあったが，ともかく当事者を外すことで改革は予想外に大規模なものになった[50]。

　最終意見書を受け取った小泉首相は，司法制度改革を「国家戦略のなかに位置づけるべき重要課題」と位置づけ，3年以内を目途に関連法案の成立を目指すという対処方針をすぐさま閣議決定，「司法制度改革推進法」を成立させ，首相自らを本部長とする「司法制度改革推進本部」を内閣に設置した。推進本部の作業は順調に進み，目標の3年以内に24本の関連法案が成立を見た。司法制度改革審議会が目指した改革は「成功した」と言ってもよい[51]。司法はこの新しい「外からの入力」にどのように対処したのであろうか。

　(2) 司法制度改革と司法

　司法が対峙しなければならない「政治」のありようは1990年代に入り大きく変わっていた。これまでの政治は，言ってみれば，戦後確立した中央政府を介した利益配分システムの自民党による運用であった。司法はこうした自民党政治から慎重に距離をとることによって自らの自律性の確保に努めてきたわけであるが，そうした利益政治的な自民党政治のあり方は，1980年代後半には深刻な政治腐敗と財政悪化を招き，行き詰まりを見せ，1990年代初頭には，経済グローバル化の本格化に伴う構造改革問題の浮上とも相俟って，日本政治は「改革の時代」を迎えることになった。この改革政治が司法自体を対象に巻き込んでいったことは前

---

(49) 坂本・盛岡，前掲論文，4-5頁。
(50) 同上，129頁。
(51) 同上，100-105頁。

述の通りだが，さらにこの改革政治は日本の政治過程のあり方そのものにも大きな変化をもたらした。

これまでの自民党政治は，有力政治家が自らの周りに議員を集めてつくる「派閥」間の合従連衡と，さまざまな業界利害に支えられた議員（族議員）たちが関連省庁とともに代弁する諸利害間の妥協と調整との二つの柱から成り立っており，この両側面から党総裁＝首相の影響力は制約され，日本の政治過程は，いわばボトムアップ的な調整の政治を基本的な特徴としてきた。しかし，この利益政治と密接に絡み合った調整型の政策決定のあり方自体が，政治腐敗と改革の停滞をもたらすものとして激しく批判される状況のなかで，改革政治にふさわしい新しい政治手法として，トップダウン型の政策決定スタイルが大きく浮上してくることになった。

このトップダウン型の政策決定を可能にするための条件も改革政治によって用意された[52]。第1に，1994年，カネのかからない政策本位の選挙の実現を目指して衆議院選挙に小選挙区比例代表並立制を導入する選挙制度改革が行われた。同一選挙区から複数の当選者が出る従来の中選挙区制に代えて同一選挙区から当選者が1名しか出ない小選挙区制を導入するこの改革は，党の公認候補者を決定する権限を持つ党執行部の影響力を大きく強化し，逆にこれまで選挙支援などを通じて発揮されてきた派閥の存在感は大きく後退することになった。第2に，官僚機構に対する「政治の指導性」を確立するための内閣機能の強化を盛り込んだ法律が1998/99年に成立し，内閣府などの首相補佐機構が拡充・強化され，首相官邸主導で政策決定を行う舞台が整えられた。選挙改革の結果，党中央の権力が強化されたこととも相俟って，首相が強い指導力でもって内閣府の下に政策立案の拠点を築いた場合，個別省庁や個別利害からの抵抗は困難となる。「改革」は時代の号令のような響きを持ち，そのためにも「強いリーダーシップ」や「政治主導」が強く求められたことも，調整型の政治の作動領域を小さなものにした。

こうした新しい政治の現出を前に，司法は組織戦略の見直しを余儀なくされた。政治による介入を防ぎ自律性を確保するためには，従来のような政治から距離をとる受け身的な予防的組織防衛戦略だけではもはや不十分であり，積極的に自らの正統性を高める必要が出てきたと言ってよい。「政治主導」が叫ばれる一方で，

---

[52] 内山融『小泉政権』中公新書，2007年，参照。

その政治自身は、移ろいやすい世論の動向に大きく左右されるものになっており、本来なら慎重な審議が求められるような刑事立法の分野でも場当たり的に国民の人気受けを狙ったような法案が十分な審議も経ずに成立を見たりしている。法制審議会や内閣法制局も「政治主導」の声を前にして以前ほどチェック機能を果たさなくなっているという指摘もある[53]。司法からすると、それこそ世論の動向如何でいつ矛先がこちらに向かってくるかわからない状況になっているとも言える。

　司法制度改革の政治過程はこのことを司法にまさに実感させた。当初、最高裁は司法制度改革に消極的な対応を示している。司法制度改革審議会におけるヒアリングで最高裁総務局長は、陪審制の導入にまったく否定的な意見を述べただけでなく、参審制に関しても市民に評決権を与えることに「憲法上の疑義」を持ち出し反対の姿勢を示したほか[54]、法曹人口の拡大についても、これまでの増員によって裁判官数に現状では不足はなく、大幅な増員は不要であるとの立場を暗に示し、審議会の議論の方向性と大きく異なる姿勢をとっていた[55]。しかし、このような姿勢は審議会において激しい批判に晒されたため、最高裁はこうした主張を行わないようになる。

　逆に、最高裁は、審議会が最終意見書を提出して以降、積極的に司法制度改革を推進する立場を示すようになった。審議会の打ち出す「国民の期待に応える司法制度」や司法の「国民基盤の確立」という方向性に合流することで、自らの基盤を強化する方向へ転じたと言える[56]。政治がますます世論迎合的になるなか、司法が自らの独立性を確保するためには「社会」からの支持が必要であり、そのためにも「国民の期待に応える司法制度」と「国民基盤の確立」は重要であった。

　裁判員制度については、その具体的な制度設計において、3人の職業裁判官と市民から無作為に選ばれる6人の裁判員とが合議し（争いのない事件では裁判官1名と裁判員4名）、多数決で結論を下すこととされたが、その際、裁判官と裁判員それぞれ少なくとも1名の賛成がなければならないというかたちで、裁判官の役割が確保されるものになったこともあって積極的に推進した。なお、2008年11月、

---

[53] 井上達夫・河合幹雄・松原芳博「（座談会）死刑論議の前提」『世界』2008年9月。
[54] 「司法制度改革審議会　第30回議事概要」（2000年9月12日）
[55] 「司法制度改革審議会　第17回議事概要」（2000年4月17日）
[56] 「（討論）裁判員制、是か否か（上）」『世界』2008年6月、116-133頁、123-124頁、参照。

48年ぶりに最高裁判事を経ることなく東京高裁長官から大抜擢され最高裁長官に就任した竹崎博允は事務総長として裁判員制度の制度設計に携わっている。他方，裁判所は「市民感覚から遊離した司法」という批判に敏感に反応し，2000年代に入る頃から刑事事件における厳罰化を推し進めた。この間，殺人事件の数は戦後最低レベルで推移しているにもかかわらず，死刑および無期刑の確定者は急増している[57]。司法自身が世論に迎合する姿勢を取っていると言われても仕方がない状況である。日本では法定刑の幅が大きく，法の支配という点で問題を抱えてきたこともあって，司法は戦後いわゆる「量刑相場」をつくり，この問題に対処してきたのであるが，この「相場」を司法は近年自らの手で崩しているのである。司法は，その自律性確保のため，これまでの予防的組織防衛戦略を超えて，正統性調達戦略に新たに踏み出したのである。

Ⅴ 曲がり角にある日本の司法

1　司法改革への適応による「成功」

　司法制度改革審議会の最終意見書が提出されてからすでに7年以上，また裁判員法が成立してすでに4年半以上が過ぎている。司法改革に適応し，社会からの正統性調達に積極的に乗り出すという司法が採用した新しい戦略は，司法の組織的自律性の確保というその目的に照らして果たして機能しているのであろうか。さしあたって現段階に限ってだけ言えば，新しい戦略は「成功」していると言ってもよいだろう。

　第1に，裁判所は「国民の参加」を進めることによって逆にその自律性を強めることに成功しているように見える。裁判員制度は今年〔2009年〕の5月からの開始で，まだ具体的な審理は始まってはいないにもかかわらず，批判はすでに決して少なくないが，一般の市民の代表を審理に参加させ，しかも彼らに評決権を与えることは，裁判の結論の責任を市民と分有するということを意味し，少なくとも「市民感覚から遊離した」との批判は理屈の上ではもはや当てはまらない。しかし実際には，審理には職業裁判官が3名参加し，しかも彼らのうち少なくとも1名が賛成しなければ結論は得られないという仕組みは，表立ってそうでなく

---

[57] 桐山桂一「進む"終身刑化"」『世界』2008年9月。

とも，当該問題に関して考慮すべき事項や量刑相場についての説明などを通じて，職業裁判官に審理全体を主導する役割を与えている。すなわち，裁判所はこれまでどおりの統一的で安定的な法律運用を行いながら，そうした裁判自体の正統性あるいは説得性を国民の参加によって強化しうるのである。

　まったく同様のことは別の改革においてすでに現実のものとなっている。司法制度改革審議会最終意見書は，最高裁による下級裁判所の裁判官の指名過程が必ずしも透明とは言えず，またそこには国民の意思が及びえないとして，この指名過程に国民の意思を反映させるため，指名されるべき適任者を選考する機関の設置を提言した。最高裁はこの提言を受け2003年に「下級裁判所裁判官指名諮問委員会」を設置した(58)。この委員会は11名の委員からなり，そのうち裁判官は2名で，残りは弁護士2名，検察官1名，そして学識経験者が6名の構成となっている。委員会は最高裁の諮問を受け，下級裁判所の裁判官の指名の適否に関して審議し，最高裁に意見を述べる。外部者を参加させることで裁判官の任命を「開かれた」，「国民の意思を反映」したものにするというわけである。諮問委員会の議事要旨によれば，新制度発足後5年の間に，これまで任官が不適切とされた人数は，新任（判事補）で40人，再任で22人いる（2008年9月現在）。この数字は，新制度発足以前の数字と比べると格段に多い。それ以前の15年間に判事補への任官を拒否された者は10人しかおらず，また再任を拒否された者は戦後を通じてわずか2名しかいない。結果だけから言えば，第三者を入れた委員会を設置したことにより以前より自由に任官を拒絶することができるようになっている。もちろん審査の基準が厳しくなったとも考えられるが，審議は基本的に裁判所内部の評価報告書を基礎として行われており，また判断基準や任官拒否の理由などこれ以上の情報の開示についても最高裁の強い反対があって実現していない。諮問委員会は，裁判官の任官に関する裁判所のこれまでのやり方に「お墨付き」を与える機関として実際には機能している。なお付言すれば，裁判統制の重要な手段となってきた異動や赴任地の変更，昇進などは，この委員会の管轄外である。

　このような「国民の参加」による正統性の強化だけではなく，司法制度改革なかんずく裁判員制度の導入は，別の方向からも裁判所の自律性を強化している側面がある。まず，法律専門家ではない一般市民の参加を予定する裁判員制度の導

---

(58) フット『名もない顔もない司法』210-229頁，参照。

入は，刑事裁判の手続きの見直しにつながる。これまでのような捜査機関が作成した証言調書を中心とする書面による裁判は，裁判員制度の下では不可能であり，公判における証人による生の証言が重要になるはずである。また，裁判員を長期にわたって裁判に拘束できないため，短期間で審理が行えるよう，「公判前整理手続」が採用されたが，その実質化のためには検察側が持っている証拠が前もって開示される必要がある。すでに最高裁は，自白の任意性が争われている事件に関して，警察官が被疑者取調べの際に手元に残したメモまで，弁護人の開示請求を認めているが，取調べの可視化への動きなども含め，こうした裁判員制度導入に絡む一連の変化は，捜査機関との力関係を変えることで，裁判所の自律性を強める方向に作用していると言える[59]。

また，最高裁は，裁判員制度の導入にあたり，報道機関に対して報道規制要求を行い，これを実現している[60]。そもそも裁判員法のたたき台においては，裁判員に「事件に関する偏見を生ぜしめないように配慮」することを報道機関に義務付ける規定が準備されていた。この規定は，報道機関側の激しい反対によって結局法律には盛り込まれはしなかったが，最高裁（そして日弁連）の強い要求を受けるかたちで，2008年1月，日本新聞協会と日本民間放送連盟は相次いで事件報道に関する自主ルールを策定・公表した。これらの自主ルールは，立法による規制を回避することを重視した結果，「裁判員法の趣旨を踏まえて取材・報道」し，「検討すべき課題が生じた場合は裁判所と十分協議する」（民放連文書）など，事件・裁判報道の委縮も懸念される内容となっている。これまで司法がメディアによって「市民感覚からの遊離」などと批判されてきたことを思えば，裁判員制度の導入は，対メディア関係においても司法の自律性を強化する意味をもったと言える。

2 両刃の剣としての新司法制度と新しい組織戦略

こうして見ると，1990年代以降の改革政治の波の襲来により，それまでの予防的組織戦略では対処できない危機にいったん陥った司法であったが，司法制度改革の動きに合流し，自らこれを推進する新しい戦略をとることで，危機から脱し，

---

(59) 後藤昭「裁判員制度をめぐる対立は何を意味しているか」『世界』2008年6月，90-100頁，94-96頁。

(60) 田島泰彦「表現・メディア規制のなかの裁判員制度」『世界』2008年6月，134-142頁。

逆に自律性の強化に成功を収め，見様によっては，司法は自信をよみがえらせているようにも思える。危機を脱し，自律性を再び確保することに成功した司法の今後は，いったいどのようなものになるだろうか。

　本稿の関心は，日本の司法の特徴とされる統一性・安定性・予測可能性への志向性はいったい何によってもたらされているのか，そしてそのこととの関連でその統一的な法的判断にはどのような特質があるのかという問題にあった。その答えのカギは，政治‐司法関係にあり，政治による介入から組織の自律性を確保するための戦略との関連で，独特の統一的な法運用とそれを支える内部統制システムが発展を見てきたのであった。こうした歴史の中で育まれてきた日本の司法システムの特徴は，戦後2回目の危機を乗り切り自律性を確保した司法の下，そのまま維持されるのであろうか。

　こうした観点からみた場合，近年に司法が採用した「社会への開放」による正統性調達という戦略は両刃の剣である。たしかに，裁判員制度の導入は，司法の正統性を強化し，またそのほかの面でも司法の自律性強化につながっている。しかし，実際の運用如何によっては，逆の効果を生む可能性も十分ある。裁判員裁判において，たしかに職業裁判官は主導的な役割を果たしうるが，その制度趣旨から言って，裁判員の意見に職業裁判官が真っ向から対立することは困難かもしれない。そうした場合，裁判員裁判はこれまでの裁判の統一性や安定性を破壊するものとして立ち現われてくるだろう。もちろん，上訴は可能であり，上級審でその統一性は確保できる。だが，これもまた制度趣旨からして，裁判員裁判の結論を上訴審が簡単に覆すことは，「国民の理解」を得られないかもしれない。刑事事件に関して「裁判所ドグマーティク」の自律性は脆弱なものになる可能性は十分ある。

　そもそも社会との接点を持つことで正統性を強化し，自律性を確保しようとする司法の新しい戦略は，司法の自律性自体を大きく状況依存的なものにするものである。すでに裁判官はメディアの報道をひじょうに気にし，また司法上層部としても世論に迎合するように刑事事件の量刑の厳罰化を進めている。その意味では，自らの手で裁判所の法的判断の安定性を掘り崩しているわけである。そうした綻びは今後さまざまなところに生じてくるかもしれず，その結果，統一的な法運用，ひいては裁判統制のシステムにも変化が生じてくることもあるかもしれない。日本の司法はまさに今日，曲がり角にあると言える。

第IV部　法政策と法解釈学

【追記】本稿は，シンポジウムの報告原稿に最低限の修正を付して，2009年7月に脱稿したものである。シンポジウムの時点でどのような議論を行なったかという点を明らかにしておくということを重視し，裁判員制度の実施を含むその後の展開については本稿では触れていない。制度経過年数などの表記も従ってそのままにしてあることをお断りしておきたい。

公法における法ドグマーティクと法政策

ライナー・ヴァール

野田昌吾訳

I 問題の所在

1 ドイツの法律家にとっての自明なものとしての法ドグマーティク

　法ドグマーティクについて熟考しようとすると，ある特別な独特の問題，明らかな矛盾に直面せねばならない。一方で，法律家の活動とはドグマーティッシュな活動のことであるというのがドイツの法律家の自己理解であり，さらに進んで，自明の自己理解であると言いたくなるほどである。法律家はなにをしようとも，この自己理解を持つ限り，常にドグマーティクのカテゴリーに入っていくことになる。ドイツの法律家はその訓練を通じてドグマーティクとドグマーティッシュな思考を身に付けるかたちで成長（社会化）し，こうした思考は彼らにとって習慣となる[1]。

　他方で意外なことに，法ドグマーティクに関する文献は驚くほど少なく，それは貧弱だと言ってもよいほどである。しかも，それらを読んでも，ドグマーティクとは何かということはまったく明らかにはならない[2]。これもまた驚くべきことである。このような状況からすれば，ドグマーティッシュな思考には停滞や硬

（1）ただちにもう一点付け加えうることは，ドイツ法の成功とその名声の大部分は，ドグマーティクおよびこれと結びついた体系化に拠っているということである。

（2）「（法ドグマーティクは）しばしば用いられるものの，めったに説明されない，そしてほとんど意味が明らかではない言葉である。辞書や法律学の「入門書」ではしばしばそのキーワードについて一言も触れられてすらいない」（*Bernd Rüthers/ Axel Birk*, Rechtstheorie, 3. Aufl., 2007, Rn. 309）。「もちろん法的ドグマーティクあるいは法ドグマーティクという言葉で理解されうることは，まったく明らかではない」（*Hans-Peter Schwintowski*, Juristische Methodenlehre, 2005, S.97）。

直化の傾向が内在しているとか(3)，法ドグマーティクの概念はドイツの法律家の自己欺瞞，ある種のイデオロギーと結びついているといった批判が広くなされていることも不思議ではない。

それはそうとして，ドグマーティクという言葉はドイツ語圏ではすでにひじょうに長いあいだ語られてきた。それは，長い伝統を持ち，それに見合った確固たる伝統の意識を持っている。したがって，長い伝統の歴史のなかで，ひじょうに多くの良き記憶と良き自己解釈が存在していて，したがっていくつもの自己理解が誇張されているとしても，驚きではない。しかし，以下で扱うのはそれではなく，自己理解のメインストリームと見なされうるものについてである。

こうして冒頭で述べた矛盾が生じる。法ドグマーティクとは，すべての法実務家にとって，しかしまたほとんどの法学者にとっても，今さら詳しく説明する必要もない，あまりに自明で納得できるものであると見なされている観念であるのだが，しかしいったんこれについて考えをめぐらしたり，考察しようとしたりすると，途端に壊れやすい不安定な地盤へと滑り落ちてしまうのである。

2 法政策に関する常識的理解

本稿のテーマに掲げた二つ目の概念，法政策に関して，わたしははじめから表題に定式化した法ドグマーティクと法政策のあいだの関係，あるいはもっと正確に言えば，しばしばそう表現され，そう考えられている両者の間の鋭い対立の問題に議論を絞りたいと思う。この対立関係において強調されているのは以下の点である(4)。

法政策が政治的な論証として理解されるということは自明である。決定的なことはしかし，いずれにせよドグマーティクは非政治的であり，既存の法の純粋な適用であるというふうに考えられているということである。ドイツの法律家はどの世代であれ，自分たちの活動が非政治的であり，したがって法的な問題にのみ結び付いているというところから，彼らの自己理解と肯定的な自己評価とを引き

---

(3)「ドグマーティクは，多くの者にとって，保守的硬直性，教条主義，そして生の現実や今日的および将来的必要性に対する法の疎遠さ以上のものであったし，今なおそうである。それは，伝統的な法文に疑問を投げかけたり，それを変更したりする可能性のある新しい認識や価値観に対する法律家の防御手段のようである」*Rüthers/ Birk* (FN.2), Rn.309（ここではヨーゼフ・エッサーを参照して論じている）。

出してきた。法曹養成およびそれに引き続く法曹職への順応は，こうした理解の受容や習得へと導くのであり，このことは，政治的領域に対する隔離という結果をもたらすことになる。ドグマーティクは，とりわけ法政策の反対概念として，その輪郭とプロフィールを手に入れるのである。つまり法政策は将来に向けて形成される法としてますます理解され，反対にドグマーティクは非政治的で，法律のなかに表現されていることの単なる確認作業であるとますます見なされることになる。

このような立場がドイツ連邦共和国の60年の歴史のあいだに争われるようになり，また段階的に激しく争われるようになったと推定するのに，さほどの空想力は必要ではない。したがって以下では，両者の区別の問題，またとくに，ドグマーティクはたとえば新しい法の成立に部分的あるいは重要な寄与をなしうるかという問題を取り上げたい。

II 法ドグマーティクの特性と機能

1　法ドグマーティクの機能

このような前提的な議論に引き続いて，法ドグマーティクという観念についてより詳細に分析しなければならない。ここではわたしは諸文献の主張を統合して提示したい。ドイツのドグマーティクという観念は，あらゆる法秩序にとっての根本問題への一つの回答であり，またそれは以下のような回答である。すなわち，

－特殊ドイツ的な様式のそれであり，

－しかしそれには歴史的な変遷も明らかである。19世紀および20世紀初めに見られたようなドグマーティクの先鋭的な理解が唯一のドグマーティクのかた

（4）法典化の理想によれば，第一に，そしてなにより，立法者こそが，最重要の法律を公布する，しかもこれらの法律をできるだけ包括的で全面的なやり方で，理想的にはすべての関連する事柄を包含するようなものとして，公布せねばならない。それゆえに，ドグマーティクの思考は，概念的・体系化作業のなかにのみ存在するのではない。あらゆる体系化とすべての概念作業は，大きな法典を志向することになる（それはそれ自体がしばしば学問的な概念・体系形成の表現である）。したがって，実際の法をめぐる活動では，すでに出発点において，そしてとりわけアプローチの方法において，大陸ヨーロッパの法律家と英米の法律家のあいだに大きな違いが生じることも不思議ではない（これについてはIVを参照）。

ちなのではなく，さまざまなそれの競合があり，今日ではひじょうに変化したかたちで立ち現われている。

あらゆる国，あらゆる時代のあらゆる法秩序の一つの根本問題とは，現に効力を持つ法のすべてを見通すことはできないということであり，そうした法は，それが法律であれ，裁判所の個々の判決であれ，ひじょうに多くの個々の公文書に分かれているということである。いかなる法秩序も，無数の法規の無秩序な併存というこのような単層的なあり方にとどまることでは満足しえない。こうした状態では，そもそも法の研究など不可能だし，法の名宛人である諸個人は，理解できず見渡すこともできない大量の個別法規の束に対峙させられるということになる。またこれにあらゆる法秩序のさらなる根本問題が付け加わる。すなわち言葉による表現の問題である。すべての法律家，そして時にはまた法の名宛人たる諸個人は，それぞれの法規範が，それとしては言語的に明確に表現されているとしても，やはり，言葉と個々の表現の理解について，そしてそれらの解釈について，問題を山のようにもたらしているということを経験してきた。

秩序や概観を創り出すことは不可避であり，そうしたものはすべての法システムにおいて保障されなければならない。ドイツの法秩序では，このような必要な役割は，ドグマーティクによって果たされている。その際，この役割は区別すれば以下のようにまとめられる[5]。

- 秩序付け，および整序化（Systematisierung）機能
- 安定化機能
- 負担軽減機能および実務に対する否定禁止（通説の法解釈論的命題から乖離したい者は，自由にそれをなしうるが，これをなそうとする者に論証の負担があり，その者は自らの提案の方が何ほどか優れていることを示さなければならない）
- 法適用にとっての拘束機能および刷新機能
- 批判機能および継続的形成機能

ドグマーティクの第一の主体と第一の生産者は法律学である。裁判所はこうした（前提）作業に従うと同時に，場合によっては，この建造物 [法律学の構築したドグマーティク] のあれこれの箇所を改良もする。しかし裁判所には当然のこ

（5） *Rüthers/ Birk*（FN. 2），Rn. 321 ff. による。これに関してはまた，本書所収のヴュルテンベルガー論文の I 1 (1) (a) を参照。

とながらこの建物全体についての「管轄」はない。ドグマーティクのさまざまな機能のうち，秩序付けおよび整序化機能は最も重要な機能である。それは，ドイツの法秩序に不可欠の基礎機能を与える。すなわち，無数の規範に一つの秩序を，それも，法およびその制度の体系を志向する一つの秩序を，獲得する，という機能である。したがって，三つの大きな法領域のそれぞれにおいて，ドグマーティクは，その素材となる法的規範の内的体系化の努力と結び付けられる[6]。

2 ドグマーティクの作業の例

　ドグマーティクに関する言説の一つの弱点は，ほとんど常にそれは抽象的に語られ，ドグマーティクについて具体的な説明が行われない点にある。ドグマーティクの作業では具体的に何がなされ，それはどのように行われ，個別にはどのような作業が行われ，ある解決策を別のそれよりも優先することについてどのような論証の方法によって決断が下されるのかといったことについて，ほとんど具体的説明がなく，また，それが示されることはない。これに関する一つの分析の例として，私が以前に別の関係で提出した，1950年代の新しい行政課題であった建設基準計画の行政法による解決に関する分析を挙げることができる[7]。

　1949年以降に強く前面に現れてきた建設計画は，当初，伝統的な法制度（行政行為あるいは規範）にすんなりと，あるいは適切に，組み込まれたわけではなかった。この法秩序への整序化の難しさは解消されず，直ちにより根本的な検討に立ち戻ることとなった。

　規範と個別行為との伝統的な二項対立は，特殊なプログラム形式すなわち条件プログラム形式の表現として解釈され，そしてこの条件プログラム形式自身は，

（6）公法に関しては，*Winfried Brohm*, Die Dogmatik des Verwaltungsrechts vor den Gegenwartsaufgaben der Verwaltung, VVDStRL 30 (1972), S. 254 ff. 参照。近年もっとも包括的に体系と体系性の意味を考察したものとして，*Eberhard Schmidt-Aßmann*, Das allgemeine Verwaltungsrecht als Ordnungsidee: Grundlagen und Aufgaben der verwaltungsrechtlichen Systembildung, 2. Aufl., 2006, S. 1 ff.（1 Kapitel）および *Thomas v. Danwitz*, Verwaltungsrechtliches System und Europäische Integration, 1996 がある。

（7）以下の概観的議論は以下の研究にもとづく。*Rainer Wahl*, Herausforderungen und Antworten. Das Öffentliche Recht der letzten 50 Jahre, 2006, S. 45 ff. 詳細な分析は，以下に収められている。*Rainer Wahl*, Rechtsfragen der Landesplanung und Landesentwicklung, 2. Bd., 1978, S. 78 ff., insbesondere S. 101 ff.

167

危険防御という国家責務についての適切なプログラム形式として解釈されていた。このような，具体的な行政法上の制度からプログラム形式を経て特殊な国家責務へと至る上昇過程を背景として，こんどは順番は逆転しうる。計画と形成という国家責務から，思考過程は，目的プログラムまたは目標プログラムへ，そして目的プログラムからそれぞれの計画の個別の種類へと向かうことになる。この演繹過程の最後のところに来て，計画は通常の行政行為でも規範でもないということ，そしてそれがなぜそうなのかということが理解される。

しかしまた，個々の具体的な計画をたとえば連邦建設法（BBauG）第10条に定められたような計画の性質をわきまえつつ，ある種の規範として取り扱う道も開かれた。なぜなら，何といっても訴訟法が行政行為と規範の二者択一しか与えていなかったからである。この思考過程の全体としての結論は，一方で計画の独自性を十分に認識しつつ，他方で，規範のように建設計画を取り扱うとしても，個々の問題に対する逸脱的な解決を冷静に計算に入れるというものであった[8]。

この時間的にひじょうに長きにわたった議論において特徴的だったことは，まず最初に思考枠組の拡大が行われたことであった。伝統的なドグマーティクの形式的な範疇，すなわち規制の性格としての，抽象と具体，一般と個別の区別は，（建設）計画を法体系へ納得のいくかたちで整序化することを可能とはしなかった。そのために，——抽象度を高めて——規範と行政行為の二項対立という国家学上の基盤に立ち戻らざるをえなくなった。そして，国家学的基礎が，今まで中心的に考察されてきた危険防御という国家任務の諸特質に見出されたのである。この危険防御という国家任務は，「執行行政」（Vollzugsverwaltung）の典型例である。一般・抽象的な規範と具体・個別的な個々における執行という二段階構成（Doppelschritt）は，この執行行政には当てはまるが，執行行政にしか当てはまらず，計画行政には当てはまらない。これに対して，異なる性質を持つ国家任務である計画は，抽象的なるものと具体的なるもの等の割り当てを，その行為手段たる計

---

(8) 土地利用計画では，計画が可能な限り抽象的に一般的なかたちで定式化されているということは，古典的な規範とは違って望ましくも正しくもなく，むしろまったくの欠陥である。計画は具体的な状況を考慮に入れて立てられなければならず，できるだけ直接に具体的な状況とその特殊性に関連づけられる必要があり，まったく異なる空間的状況を同じように規定してはならない。そんなことをしては利益にはならないであろう。

画において，ある別のやり方で行う。この問題に関する手がかりは，プログラム形式ないしプログラミング形式に関する，当時新たに基礎づけられた分析によって与えられた。この分析によって，さまざまに異なる国家任務と計画の具体的な法的形成とのあいだで，不可欠な中間的ないし連結的な段階が提供された[9]。議論の全体は，したがって以下のように再構成される。すなわち，

- 国家理解から出発し，
- 国家任務の理解の仕方を経て，
- プログラム形式（プログラミング形態）を経由し，
- 行為形態の形式的な範疇（たとえば個別行為もしくは規範といったメルクマール）へと至る。

　新たな問題の克服のもう一つの重要な例は，ドグマーティクによる建設法典（BauGB）の8章第1条の「衡量の要請」（Abwägungsgebot）の解明である[10]。これは，法学者の文献と判例との相互作用によって生み出された。最終的にドグマーティクは一つの新しいタイプの行政決定を構成し，一般にはしばしば本当に曖昧にしか用いられない「衡量」という概念に，これ以降計画法のすべての領域を貫通することとなる重要な法的形成を与えたのだった。行政法とりわけ計画法において「衡量」が法的な輪郭を獲得し，そして，衡量による決定が行政および法的統制の独自の類型となったのは，ドグマーティクの功績であった。そのほかの新しい法領域，たとえば環境法のような，予防原則といった当該の法領域を特徴づける制度をもった法領域が出現した際にも，問題の事柄の点においてだけではなく，法に対する挑戦としても新しさをもっている問題の理解に努め，その新しさを既存の法体系のなかへ統合し，あるいはこれを修正しようとする試みにおいて，ドグマーティクの「操作」が見てとれる。

3　法ドグマーティクというドイツ的観念の特性

　このような上で挙げたドグマーティクの機能や役割について詳細に掘り下げれば，確かな根拠を持って，ドグマーティクの注目すべき役割やその能力について確信を得ることができる。しかしそうすると次のような疑問が出てくるかもしれ

---

(9) ヴィンフリート・ブロームは彼の1971年の報告の重点を計画行政の特徴の明確化においている。*Brohm* (FN. 6).

(10) 詳しくは，*Wahl* (FN. 7), S. 48 ff., 50 ff. 参照。

ない。ではそこで何が特殊ドイツ的なのか？ ほかの法秩序ではドグマーティクのような観念にどうして頼らないのか？ なぜならば，上で言及した秩序付けや概観を与える必要性は，他のすべての法秩序においても，したがって判例法の伝統の法秩序においても存在しているからである。ドイツ的理解の独自性は，こうした基本的要請に対する代替解決策との比較によっても認識されうる（これについてはⅣで扱う）。

　体系性をひじょうに強調する点は，法ドグマーティクの観念に刻印を押した19世紀の時代にその深い根を持っている。哲学的分析に深く立ち入らなくとも，簡単に確認できるが，ドイツのドグマーティクの体系思考は何か一般的に体系化を志向したというものではなく，観念論哲学，歴史法学派の思想，そしてまた本質的に，概念法学がその基礎とした一連の精神史的基礎が体系および体系観念に与えた特別な重要性と関係している。19世紀のたとえばイギリスとドイツの哲学がひじょうに違ったものであったように，体系化と言っても二つの法秩序において考えるものはひじょうに異なっている。19世紀に発展を見，ドイツの法律家の自己理解ではドグマーティクの概念で記述されるような，概念的・体系的思考（*begrifflich-systematisches Denken*）は，ただ単なる秩序付けをはるかに超えるものである。ここで言われている体系性とは「引き出し付の箱が提供する以上のものを提供する秩序」である[11]。体系性には少なくとも外的および内的な体系の形成と，多くの個別の規定からの一般的な法原則の抽出とが，含まれる。概念的・体系的思考のその元々の観念は，その独自の中心性と重みを，その哲学的な想定を背景に，ドグマーティクが自らを，独自の体系へと完成しようとするところの，法概念と法制度の基礎理論として理解したことから引き出した[12]。

　批判的な意図から，とりわけヨーゼフ・エッサーもこの初期のドグマーティク理解を明らかにした[13]。この初期の理解によれば，ドグマーティクは「サヴィニーによって追求されたあらゆる概念の内的な連関」を打ち立てるものである。ドグマーティクはしたがって「価値評価や判断が主観的であるという性質や感情的であるという疑念を喪失し，客観的意味を獲得するような，排他的な場としての肯定的判断体系を形成する」。こうした特徴付けから明らかになるのは，ドグマー

---

(11) *Klaus F. Röhl/ Hans Christian Röhl*, Allgemeine Rechtslehre, 3. Aufl., 2008, S. 436.
(12) *Röhl/ Röhl* (FN. 11), S. 437 f.

ティッシュな活動を通じて客観化が生じうるし，生じるべきだということである。ドグマーティクがどのように大きな希望に満ちた連関のなかに打ち立てられるかは，さらなるその特徴付けから明らかになる。すなわち，ドグマーティクによって期待される役割は，「価値評価の問題を認識問題や真実性の問題に変換することである」というそれである[14]。全体として明らかとなるのは，ドグマーティクは新しい状況や問題に出会ったときにそこから演繹し，正しい見解に到達できるような体系として理解されているということである。

4　新しい定義

　ヨーゼフ・エッサーはドグマーティクに関するこうした理解を拒否し，これを別のかたちのものへと変えようとしたのだが，彼の仕事は，しかし，たしかに誇張や歪曲を伴うものであった。したがって，彼のドグマーティクに関する特徴付けはすでに19世紀の法律学のあり方を適切に表現していないのではないかという疑問も出されるかもしれない。いずれにせよ，たしかなことは，20世紀に入って，とりわけエッサー自身によって，別の理解や別の強調点の置かれ方が優勢になったということである。

　最近数十年の新しい文献は，法ドグマーティクをはっきりと扱うものに限って言うと，ドグマーティクの観念そのものを批判せず，依然としてこの観念にドイツ法の一つの特徴を見ている。文献は，19世紀の，すでに古びたいくつかの基準

---

(13) *Josef Esser*, Möglichkeiten und Grenzen des dogmatischen Denkens im modernen Zivilrecht, AcP 172 (1972), S. 98 ff. エッサーのこの議論にカール・ラーレンツは取り組んでいる。*Karl Larenz*, Methodenlehre der Rechtswissenschaft, 5. Aufl., 1983, S. 215 ff. こうした自己理解は概念法学の時代にもっとも明らかとなった。この古いイメージについて，ラーレンツは以下のように述べている。「（このイメージは）すべての法現象を概念によって捉まえることができるという観念でもって要約できる。それは，新たに出現する法問題に対しても論理的な思考作業を通じて解答できる多かれ少なかれ閉じられた首尾一貫した概念体系というイメージである。学問的思考のイメージは，法律家の領域においても，「価値中立的な客観的な認識」以外のものではありえなかった」。

(14) エッサーは「価値中立的概念作業の意味でドグマーティッシュな思考」について語っている。彼はドグマーティクの役割を，それが「正義の問題をその個別の場合において法的に処理可能にする」点に見ている。引用はラーレンツによる（FN. 13, S. 215）。

から観念を解き放とうと試みている。そこで攻撃される対象となるのは，とりわけドグマーティクが価値中立的で非政治的であるという中心的な理解である。カール・ラーレンツは，価値志向的思考が今日の法ドグマーティクにおいて占めている広大な領域について指摘する。これは，憲法や公法においてまったく顕著である。しかし，これは，彼の分析によれば，民法においても当てはまるし，また，類型的な作業を行うところや，法素材（Rechtsstoff）のなかで「基本的な」法原則が探し求められるところでは，どこにでも当てはまる。法原則とは，まだ直接的に利用可能な法規則には濃縮されてはいない法思想に関する一般的な価値尺度や価値優先にほかならない。それは，あらゆる「具体化を要請する」基準と同様に，概念的定義を逃れてしまう。すなわちその意味内容は，例示によって明らかにされる[15]。

　一般的に，ラーレンツは，法ドグマーティクの理解を概念法学による過去の重荷から解放した。この関連で彼は，新しいドグマーティッシュな諸形象は，今日もはや概念的な体系から演繹されるのではなく，取引の要請（Verkehrsbedürfnis）や正義の観点からする特定の要請を考慮して，たいていは判例を点検することにより発展するということを述べている。ラーレンツははっきりと，今日の「ドグマーティク」は，新しい法問題への解答のために概念的体系の修正や破壊を避けてはこなかった，と強調している[16]。

5　ドグマーティクにおける法政策の要素

　今日の文献では，ここでとりわけ興味を引く法ドグマーティクと法理論のあいだの関係についても新たな定義が行なわれている。たとえばリュタースは，ドグマーティクの刷新機能というキーワードのもとで法適用に関して次のように論じている[17]。ドグマーティクは「解釈および法の継続的形成を通じて，法秩序の解釈上の柔軟性を規定する。… ドグマーティクはこれにより同時に法的な可変性の条件と限界，すなわち法的問題の解決のための新たな法的な構成の可能性を定義する。この役割においてドグマーティクは現行法を超える。法政策の論証（de lege ferenda）[18] もまたその限りでドグマーティクによって取り込まれる」。リュ

---

(15)　*Larenz*（FN. 13），S. 217 f.
(16)　*Larenz*（FN. 13），S. 219.
(17)　（FN. 2），Rn. 325.

タース/ビルクは，その限りでドグマーティクに一つの制御機能を与えている。この機能は，法適用ばかりでなく，法の事後形成にも及ぼされる。

「法ドグマーティクと法政策」というテーマに関して，リュタース/ビルクは次のように言う[19]。「ドグマーティクが法の継続的形成の手段として奉仕する程度において，それは，価値中立的で純粋に論理的な概念作業という意味における純粋な分類分けの体系としての性格を失う[20]。法の継続的形成は不可避的に規範設定を意味し，したがって法政策への関与を意味する。法政策への関与は二つの結果をもたらす。ドグマーティクの価値との関連づけと結果志向性である」[21]。

6　ドグマーティクの相対化された理解

リュタースのこの最近の考察は，そして部分的にはとりわけラーレンツのそれも同様だが，ドグマーティクと法政策の峻別は緩和され，そうした厳しい区別はむしろ批判されているという点で一致している。いずれにせよ，ドグマーティクには，将来を志向する法政策への関与をも認められる。ドグマーティッシュな論証は，いわば時間の次元で，すなわち将来に至るまで「延長される」。そのように開かれた法ドグマーティクは，実際に，法政策上の問題において重要な発言をなすことを要求しうる。法ドグマーティクは法政策を当然のことながら完全に，あるいは決定的に規定することはできない。法ドグマーティクによる論証はしかし法政策のプロセスにおいて，新しい諸提案が従来の体系に適合するのかどうか，それらが従来の体系を小さくしか変えないのか，それとも大きく変えるのか，どのような問題がそこから生じうるのかを提示しうる。このように理解された法ドグマーティクは，法発展の将来に対し，意識的に一個の責任を負う。それは，あ

---

(18) 彼らはここで，*Luhmann*, Rechtssystem und Rechtsdogmatik, 1974, S.24 を引いている。

(19) (FN. 2), Rn. 328-330.

(20) ここでは，*Larenz, Luhmann und Rüthers*, Rechtsdogmatik und Rechtspolitik, 2003, S. 30 ff. を引いている。

(21) 「結果志向性」というキーワードの下でリュタースは以下の点を強調している。「法政策への参加は，同時に『結果責任』をも意味する。したがって，ドグマーティッシュな概念や原則を立てるにあたって，結果を衡量する要請をも意味している。ドグマーティッシュな言明は，現実を形成するための道具でもある。形成過程の予測可能な結果を考慮の外においておくことはできない」。

る提案の体系整合性について判定を下し，その体系への影響に注目を与える。その限りで法ドグマーティクは，まったく特定の目的を追求するある具体的な提案が当然のことながら意識していない体系との関係の管理人でありうる。この法ドグマーティクは，もしある提案が体系を変える作用を持つとき，どのような領域で影響が現れるかについての考察も行いうる。

　このようなより新しい理解に到達するために，近年の省察はしたがって，これまでの重要な特徴を放棄した。ドグマーティクは価値自由的ではない，純粋な概念体系ではない。ドグマーティクは単に分類的あるいは論理的であるばかりではない。ドグマーティクは既存の法に単に固定されているのではない。これにより，「より現代的」で，より柔軟で，より開かれた法ドグマーティクの理解が得られたのである。けれども，このように法ドグマーティクとその特徴を記述することは，以前よりも難しいものになった。以前の強固な立場が持っていた明白さは失われてしまった。その点では，このより新しい理解はより開かれ，より柔軟ではあるが，以前の観念と比べて，明らかに後退しており，また相対化されている。シュヴィントフスキらの表現を借りれば[22]，すべてのほかの法秩序においても行われているか，あるいは行われねばならない，というのでないようなことを，記述してはならない，とされる。ここでは，ドグマーティクのドイツ的理解を他の国の法解釈の方法から識別しうるような特殊なものはほとんど見られない。反対に，ドイツの法ドグマーティクの特殊性は，この後退し相対化された概念においては表現されないのである。

Ⅲ　（法ドグマーティクと法政策の関係の）特別な状況としての，憲法と単純法規との関係

　省察的な法理論と法学方法論ではドグマーティクと法政策との相対化がすでに以前から生じているかもしれないとしても，法実践や法律学文献の大部分にとっ

---

(22)　この相対化と後退については，たとえば *Schwintowski* (FN. 2), S. 97 において明らかにされている。そこでは，法ドグマーティクは，(1)法的概念の論理的分析，(2)この分析の一つの体系への総括，(3)この分析結果の法的決定の根拠付けへの使用，の３つの課題を持っていると言われている（ここでは *Robert Alexy*, Theorie der juristische Argumentation, 1983, S. 311 が引かれている。なおこれに関してはさらに以下の文章も参照。「法ドグマーティクは，規範体系の内部における概念の論理と法的決定の内的矛盾の回避とを得るための手続きである」）。

ては，価値中立的・非政治的ドグマーティクという理解は依然として大きな魅力を持っている。法律家が法解釈を行う際，政治をそこに持ち込まない，また法政策をも持ち込まないということは，彼の能力を示す顕著なメルクマールだと理解される。こうしたイメージの存続は，連邦共和国においては，法理論や法学方法論が実際に何も知ろうとしない一つのまったく別の展開によって，あらためて強化されている。今日，法律家，法実践に携わる人たち，法学者たちがある立法プロジェクトの枠組みにおいて議論するのを聴く人がいれば，そこではかなりの程度において法政策が法ドグマーティクによる論証の衣装をまとって行われていることを知るであろう。

　その原因は，議会制定法の上位に法的基準の第2番目の層が生じていることである。すなわち憲法がそれである。憲法的な論証によって，したがって，まったく当然のこととして，法的なそれとして主張されうる論証によって，実際にはすべての立法の企図が説明されうるのである。憲法的に論証することで，ドイツの法律家は法解釈的にのみ論証を行うのであって，決して公然と法政策的に論証はしないという伝統的な役割のなかに完全にとどまるのである。しかし憲法的な基準はひじょうに広範な解釈の余地を有している（またそうでなければならない）ので，憲法からの法解釈論的論証のなかに自らが望む法政策的ないし政治的意思を忍び込ませることは難しくない。したがって，議会制定法にとって憲法が大きな役割を果たすということ，議会制定法の憲法依存性は，法政策的に規定された立法の多くが，憲法的に論証されるがゆえに，法解釈的な装いでもって争われうるという事態をもたらす[23]。その限りで，ドグマーティクの古い理解がなお確かに生き残るということになる。ドイツの法律家は法政策に全面的に関わる一方，自らを法解釈的な論証を行う人間だと理解しうる —— まことに夢のような立場であると言えよう。

IV　ドイツの法ドグマーティクと他の法秩序におけるその代替肢

　法ドグマーティクとは，ドイツの法律家がしばしば口に出すものの，これにつ

---

[23] これと関わる問題の一部は，*Rainer Wahl*, Der Vorrang der Verfassung und die Selbständigkeit des Gesetzesrechts, NVwZ 1984, S. 401-409 (*ders.*, Verfassungsstaat, Europäisierung, Internationalisierung, 2003, S. 161-187) で取り扱われている。

いて深くは考えない観念であるということが明らかとなった。このことは別にひどいことでも，批判することでもないかもしれない。というのは，ドイツの法曹養成を終えた法律家は，ドグマーティクについて正確に話すことも熟慮することもできないかもしれないけれども，その本質については体得し，ドグマーティクを実践しうると想定できるからである。こうしたすべてのことは，比較的新しいが，もはやきわめて新しくはない展開が何か別のことを要求し，別の方向へと導くのでなければ，そのままでいいのかもしれない。しかし，ドイツの法律家が，たとえば経済法の専門家や，また裁判官も，他のヨーロッパ諸国やそれ以外の国々の法律家との会合に参加するような場合 —— 実際，そうした機会は大きく拡大している ——，彼らは，外国の法律家たちが具体的な問題にまったく異なるアプローチを行い，彼らの論証のやり方が自分たちのそれとはひじょうに異なっていることを知るであろう（もちろん，こうした経験はドイツの法律家に限られない。イギリスやフランスの法律家がドイツの法律家の論証を聴くとき，彼らは同様に法的論証の別の世界を経験することになる）。

　好奇心に富み，問題への感受性をもつような法律家なら，こうした比較によって刺激を受け，また生産的な困惑を経験する。多くのことは別のかたちをとりうるということ，みずからが維持している理解は，それを自明なものと捉えず，自らのアプローチの基盤や長所，さらにはまた短所や欠点について尋ねる場合にのみ，その有効性が証明されるということを知ることは，実り多く，また極めて刺激に富むことである。それゆえに，法ドグマーティクというテーマに取り組む新しい段階がまさに始まろうとしていると想定ないし予言することができるであろう。そこでは，大陸ヨーロッパの法思考の特殊性が，まったく異なる英米の判例法的伝統との対立と比較から明らかとなるであろう。

　具体的には，外国の法秩序や法律家との頻繁な出会いは，諸外国の法秩序における代替肢への問いへと導くことになる。そこでの中心的な問題は，他の法秩序では諸規範の端的な文言とそのより深い理解との間にあるひじょうに大きな空間をどうやって満たしているのか，野心的な解釈へとどうやって到達するのかといった問題である。その際，明らかなのは，秩序付けの機能と体系化は他の法秩序においても必要であるということである。判例法思考も，無数の判例の無秩序な蓄積としては学ぶことはできないし，実際に扱うこともできない。一定の抽象化や一般化，原則や原理の形成をもちろん判例法的伝統も行っている。したがっ

て，決定的な問題は，ドイツの法ドグマーティクの体系化・秩序付け機能は，この種のほかのそれと比べた場合，どの点で異なるのかという問題である。

わたしは，小さな回り道をすることで，一つの答えを提出してみたい。手短に「裁判官法（Richterrecht）」の問題を取り上げてみよう。ここでは出発状況は明白に見える。英米法圏では，当然ではあるが，判例法が優位している。判例法的伝統は，まさに，裁判所による判決の積み重ねのうえに存在している。立法はその遠く背後に引き下がっている。ドイツ的伝統では反対に，ドグマーティッシュな思考ばかりでなく，立法の大きな存在もまた顕著である[24]。裁判官法の優越的な地位など，ドイツの伝統では予定されてはいない[25]。

しかし，このような外見上まったく明白な出発状況に対して，とにもかくにもドイツ法においては，大きな変化が生じていることを見逃してはならない。ドイツの法秩序は，過去数十年において知らぬ間に，ひじょうに強く裁判官法的な特徴をもつ法文化へと成長してきたのである。制定法と裁判官法の比重は後者の有利に変化した。これはおそらくヨーロッパ大，世界大で生じていることである。こうした展開の解釈においては，しばしば一つの典型的な反応が寄せられる。ドイツの法律家の多くは喜びを交えて，裁判官法の意義の増大に直面して，明らかにすべての法秩序はお互いに接近していると主張する。大きな一致のヴィジョンが描かれ，収斂論が主張される。それは積極的に歓迎され，大きな希望をもたらすものと見なされる。

---

[24] 法典化の理想に関しては，前掲註4を参照。特に，大陸ヨーロッパ諸国と英米の法律家の違いに関しては，大陸ヨーロッパの法律家にとって法律とドグマーティッシュな観念による解釈が中心的な関心事であるとすれば，判例法思考は先行する判例（裁判所の決定の集成が法である）と，そして実際の作業においては，事実関係が先例のそれと比較可能かどうかという点に自らを方向付ける。

[25] 裁判官法の問題性については，*Jörn Ipsen*, Richterrecht und Verfassung, 1975; *Thomas Raiser*, Richterrecht heute, ZRP 1985, S. 111; *Friedrich Müller*, Elemente einer Verfassungstheorie, Bd. 4: Verfassung und Richterrecht, Basel u.a., 1991（これはスイスの法状況に関するものである）; *Klaus Dieter Borchardt*, Richterrecht durch den EuGH, in: Randelzhofer, Albrecht u.a. (Hrsg.), GS Eberhard Grabitz, 1995, S.29 ff.; *Katja Langenbucher*, Die Entwicklung und Auslegung von Richterrecht, 1996; *Christian Callies*, Rechtsfortbildung und Richterrecht in der EU, in: Institut für Völkerrecht der Universität Göttingen, Abteilung Europarecht – Göttinger Online –Beiträge zum Europarecht Nr. 28, 2005; gekürzte Fassung in NJW 2005, S. 929 ff.

第Ⅳ部　法政策と法解釈学

　こうして裁判官法の意義の増大は正しく特徴づけられているが，このような帰結の導出は，あるいは時期尚早かもしれない。いずれにせよ，収斂論を唱えるには本格的な考察が必要である。さまざまな国の裁判所は，裁判官法を発展させる場合でも，当然だが，同じようには行動しないし，論証しない。ドイツの裁判官法はイギリスやヨーロッパの裁判官法とはひじょうに異なっていると，確実に言える。さまざまな法秩序のあいだの主たる違いは，その裁判官法にも伝えられる。ドイツの裁判官はドイツの法律家であり，裁判官法をつくる場合も体系化を行う。英米系の裁判官は事件を別のように扱う。彼らは，扱っている事件の実際の出来事が以前に判決が下された事件の事案と比較可能かどうかを検討する。したがって，事案にまったく集中的に目を向けるということが，彼らにとって典型的なことがらなのである[26]。大学で法律を学ぶイギリスの学生は，多くの判例においてまさにこのことを学ぶのであり，判決が下された事案の本質的な要素を探究し，すでに判断が下された事件において実際の状況に鑑みて何が重要で，何がそうでないかを分析することを学ぶのである。ドイツの法律家は，これに対して，法解釈上の上位命題や具体的な判断基準に集中する。彼らは，目下のケースがその法的な内容と根拠付けの要素の点において以前のそれと同じかどうかを比較し，その際，体系的な注釈書に依拠するのである[27]。イギリスとドイツは双方とも判例の蓄積を形成するが，それはまったく相異なる要素を通じて行うのである[28]。

　ドイツの法思考は，学説のなかでの事件の様相から，たとえば基本権のなかに含まれる保護義務の次元といった高度に抽象的な形象を導いてくる。憲法裁判所はたしかにこの形象を事件に即して具体化するが，事件相互の共通性は，事案の近似的な同一によってではなく，抽象的な形象との関係が共通であることによっ

---

(26) これに関する最近の文献として，*Oliver Lepsius*, Was kann die deutsche Staatsrechtslehre von der amerikanischen Rechtswissenschaft lernen? in: Schulze-Fielitz, Helmuth (Hrsg.), Staatsrechtslehre als Wissenschaft, Die Verwaltung Beiheft 7，2007，S. 319 ff.
(27) 裁判官法の処理やその取り扱いをめぐる違いの一つの分かりやすい指標は，各国における教科書である。それはそれぞれの間の共通性よりもむしろそれぞれの特殊性を明るみに出す。
(28) たとえばドイツとイギリスの裁判官が以前の判決をどのように扱うか，個々の判決のどのような要素が目下のケースにとって決定的な意味をもつのか，つまり先例として作用するのかという問題は，より詳細に分析する価値がある。決して，両国でそれが一致しているという前提から考えることはできない。

て，成立する。もしそうでなかったなら，妊娠中絶，原発の安全性，シュライヤー誘拐事件，飛行機騒音，森林被害，接近禁止法，エイズ[29]といった一連の事件を通じて，基本権上の保護義務に関する裁判官法が形成されるということもありえなかったであろう。英米系の裁判官法がこのような異質な事実を一つの根拠付けでまとめて，今後の具体的な事件の判決の基礎にすることなどほとんど考えられない。ドイツの裁判官法にとって，事案からの乖離は特徴的であり，事件相互の関連は，解釈論的形象や原理を通じて打ち立てられる。そこから生まれるのは，コモン・ローとは異なる別の裁判官法である。判決や論証のスタイルにおける違い（演繹的に結論を導き出すか，それとも実際的に「理性的な」結果を志向するか）がこれに付け加わる。そこから出て来るのは，大陸法と英米法といった法サークル間の大接近を声高に叫ぶ以前に，両者の共通性とともに相違の本格的な分析が行われるべきだという格言である。望まれるのは，多くの法秩序のそうした比較分析において，ドイツの法ドグマーティクの特性がよりはっきりと，より明白になり，ドイツの法律家が法ドグマーティクに関する熟考の新たな段階へと入っていくことである。このことはまた，ドイツの法律家が法ドグマーティク的ではない思考を行うことを学んでこなかったがゆえにも必要なことなのである（同じようなことは，当然，イギリスの法律家と彼らの思考と活動の方法にも言えることである）。

---

(29) これについては，*Horst Dreier*, in: ders., Grundgesetz, Kommentar, 2. Aufl., 2004, Vorb. Vor Art. 1, Rdnr. 102，また個々の判決については，ebd., FN. 427 参照。

第Ⅴ部　刑事法の法発展への法解釈学の影響

刑法における判例と立法の役割
―― ヨーロッパ法教義学の日本化の一例 ――

浅 田 和 茂

I はじめに

　Rechtsdogmatik という用語は，従来「法解釈学」と訳されてきたが，このシンポジウムでテーマとされている Rechtsdogmatik は「法教義学」と訳すのが適切と思われる。というのも，Rechtsdogmatik が立法に及ぼす影響という観点は，もはや従来の「法解釈学」という用語では捉えきれないものだからである。また，Hermeneutik という用語が「解釈学」と訳されるようになって以来，Dogmatik を「教義学」と訳してそれと区別することが普及してきたことも，このことを促している。他方，ドグマという日本語には，独断ないし偏見を伴う教義ないし命題といったマイナス・イメージが付きまとっているが，「教義学」という用語には，未だそのような影は色濃くはない。

　本稿では，主としてヨーロッパ近代刑法の基本原則である罪刑法定主義の思想を，刑法におけるもっとも重要な Rechtsdogmatik と捉えたうえで，日本におけるその継受と変容を取り扱うことにしたい。

　日本の法発展は，歴史的にきわめて大まかに見れば，5つの時期に区分できるが，それらの多くは，外国の法システムの継受によって特徴づけられる。第1期は，8世紀から12世紀末にかけての時期であり，当時の日本は，中国のいわゆる律令制を継受することにより，比較的温和な刑法を有していた。第2期は，12世紀末から19世紀に至る長期にわたる武家法の時期であり，日本独自のどちらかといえば苛烈な刑法が支配していた。第3期は，正確に1867年から1945年，第4期は，1945年から1995年頃まで，第5期は，それ以降今日までである。以下では，

この3つの時期について検討する。

ところで，日本は，継受した法システムを，日本の文化およびその時々の体制に応じて，増減ないし修正を加え，いわば日本化してきた。それらを通じて，日本の法的現実は，それらの法システムの母国とはしばしば異なるものとなってきたのである。

罪刑法定主義とりわけ類推の禁止は，私見によれば，社会における自由主義と民主主義に支えられている。自由主義と民主主義が存在しないところでは，罪刑法定主義は，せいぜいのところ理論的に通用しているだけで，現実に妥当しているとはいえない。このような観点から，以下では，主として類推の禁止について取り扱うことにするが，判例と立法の役割というテーマとの関連で，近時の日本における刑事立法についても触れることにしたい。

II 旧刑法と判例

1867年の明治維新の後，明治政府は，王政復古の立場から，まず，古い律のモデルに従った刑法（仮刑律，新律綱領，改定律例）を制定したが，そこでは明文で類推が許容されていた（援引比附，不応為）。しかし，その後間もなく，政府は，とりわけアメリカその他の諸国との不平等条約を解消するために日本の近代化を進めるという要請から，急速にヨーロッパの法システムを継受する努力を強いられることになった。

そこでフランスの法学者ボアソナード（1825-1910年）を招き，その指導の下に，1880年，日本で最初の近代的な刑法典（「旧刑法」）が制定された。旧刑法の立法作業においては，日本の事情を勘案しボアソナード独自の意見を反映させながらも，当時世界で最も進んだ刑法典と評価されていたフランスのナポレオン刑法（1810年）が，その基礎に置かれた。旧刑法の特色は，とりわけ具体的かつ細分化された犯罪類型の規定，それに伴う比較的狭い法定刑の幅にあり，そのために，裁判官の裁量の余地は狭かった。

旧刑法2条は,「法律ニ正条ナキ者ハ何等ノ所為ト雖モ之ヲ罰スルコトヲ得ス」と規定した。これによって，日本ではじめて罪刑法定主義が宣言され，同時に類推の禁止が導入されたのである。

もっとも当時の学説によれば，この規定は，必ずしも国民の自由に奉仕するためのものではなく，むしろ全国の裁判官の法解釈を統一することに主眼があったといえる。旧刑法の下で，たしかに一方で類推は禁止されたが，他方で判例の法解釈は，時としてきわめて拡張的なものであった。

たとえば，1903年の大審院判決（大判明36・5・21刑録9輯874頁）は，電気の窃用につき窃盗罪の規定を適用して有罪とした。旧刑法366条は，窃盗罪の客体を「人ノ所有物」と規定しており，一般に「物」とは有体物を意味すると解されていたにもかかわらず，電気は刑法上は「物」であるとしたのである。ところが，その後，立法者は，1907年の現行刑法を制定するに当たって，刑法245条に「本章ノ罪ニ付テハ電気ハ之ヲ財物ト看做ス」という規定を置いた。問題は，大審院判決の立場からすれば，この規定は過剰なもの（単なる注意規定）と解さざるをえないことになるという点にある。

注目すべきは，当時，ドイツの帝国裁判所は，同種の事例について，電気は「所有可能な物（eigentumsfähige Sache）」に当たらないという理由で，窃盗罪の成立を否定していたということである。ドイツの立法者も，その後，ドイツ刑法248c条に電気的エネルギーの窃用についての規定を追加したのであるが，ここでは，同条は，正に処罰を根拠づける不可欠の規定と解されることになるであろう。

Ⅲ 現行刑法と戦前の判例

1889年に大日本帝国憲法（「旧憲法」）が制定された。旧憲法23条は,「日本臣民ハ法律ニ依ルニ非スシテ逮捕監禁審問処罰ヲ受クルコトナシ」と規定していた。他方，旧刑法は，当時のなお未開な日本の法状態からすれば，あまりに進歩的かつ自由主義的であったといえ，制定の直後から改正の動きが生じて，結局，1907年に現行刑法が制定された。旧憲法が1850年のプロイセン憲法をモデルにしていたのに応じて，現行刑法のモデルとされたのは1871年のドイツ帝国刑法であった。

この間に，明治政府は，多くの若い研究者を，奨学生として，ヨーロッパとりわけドイツに留学させ，彼の地で最新の法学を学ばせた。さらに，日本の諸大学の図書館は，大量にかつ継続的に，ヨーロッパとりわけドイツ・フランスの専門書を購入し始めた。

ところで，当時，ヨーロッパの刑法学は，周知のとおり，古典学派と近代学派とのいわゆる「学派の争い」の渦中にあった。その結果，現行刑法の立法に参画した刑法学者の多くは，多少なりとも近代学派の学説の影響を受けていたといえる。かくして，1907年現行刑法は，まさに新旧両派の妥協の産物として成立したのである。

新刑法には，罪刑法定主義の規定は置かれなかった。それは，前述のとおり，すでに旧憲法に罪刑法定主義の規定が置かれたので，同じ内容を刑法に規定することは過剰と考えられたことによる。さらに，新刑法は，きわめて包括的な犯罪類型（たとえば謀殺と故殺とを区別しないなど）および広範な法定刑の幅に，その特色がある。殺人罪の法定刑は，死刑，無期または3年以上の有期懲役とされた。ここには，裁判官の裁量範囲を拡げることにより，刑事政策的な考慮を入れ易くしようという，近代学派の思考の影響を明瞭に看て取ることができる。

その後，次第に，学説においては，類推の禁止は憲法上の原則であるという見解が浸透してきたが，そのような見解は，法実務において，たしかに否定はされないものの，引き続き合目的的と考えられる拡張的な解釈が優先されてきた。

たとえば，1926年の大審院判決（大判大15・6・19刑集5巻267頁）は，わいせつな映画を上映した被告人を，わいせつ物公然陳列罪で有罪とした。しかし，映画の上映が「陳列」に当たるとするのは，言葉の可能な意味を超えているように思われる。また，この判決が，映像ではなくフィルムが「わいせつ物」に当たるとした点にも問題がある。処罰の必要性があるとすれば，立法者に「映像（ないし画像）の上映」を条文に追加することを要求すべきであったといえよう。

1940年の大審院判決（大判昭15・8・22刑集19巻540頁）は，ガソリン・カーを過失により転覆させた被告人につき，「汽車の転覆」に当たるとして有罪とした。刑法129条は「汽車」と「電車」を区別して規定しており，両者の違いが主として燃料の点にあることからすると「ガソリン・カー」が「汽車」に含まれるとす

ることに問題がないわけではない。

　1935年頃から，戦時体制に入るとともに，学説では徐々に，刑法においても類推を許容すべきであるという主張が有力になってきた。その背景には，天皇の臣民である国民は，天皇の機関である裁判官を信頼すべきであるという思想があった。しかし，実務では，それによって判例に顕著な変化が見られたわけではなく，また，ドイツとは異なり，類推を許容するような刑法の改正は行われなかった。むしろ，戦争の遂行に役立たせるための多くの法律，たとえば1938年の国家総動員法，1941年の国防保安法などが制定され，さらに1941年には治安維持法が全面改正されて，とりわけ自由主義的思想の弾圧に用いられた。

　すでに1926年以来，政府は，日本の文化（淳風美俗，忠孝思想）および当時の体制（天皇制）に相応した刑法の制定に向けて継続的に作業を進めてきた。しかし，その作業は，第二次世界大戦の激化に伴い，1940年にいわゆる刑法改正仮案を公表して中断された。

　日本では，戦前および戦中においても，類推禁止を含む罪刑法定主義は，理論的には憲法上の原則であったが，しかし，法の現実においては何ら重要な役割を果たしてはいなかった。私見によれば，それは，当時の日本社会には自由主義も民主主義も根づいてはおらず，むしろ天皇制の下でファシズムと独裁主義が支配していたのであるから，当然のことであった。

Ⅳ　戦後初期の動きと判例

　第二次世界大戦後の1946年，アメリカ占領軍の強力な指導の下に，新たに日本国憲法が制定された。憲法31条は，「何人も，法律の定める手続によらなければ，その生命若しくは自由を奪われ，又はその他の刑罰を科せられない」と規定している。通説・判例によれば，この憲法規定は，罪刑法定主義を包含しており，これによって同時に，類推禁止は憲法上の原則と解されている。

　戦後，刑事訴訟法は英米法の当事者主義のモデルに従い，全面的に改正された

のに対し，刑法は，1947年の一部改正において，部分的に本質的な変更を包含しつつも，基本的には1907年の刑法がそのまま維持された。この改正では，一方において，新憲法に適合しないとみなされた規定，たとえば皇室に対する罪，安寧秩序に対する罪などが削除され，他方において，新憲法の要請と考えられる規定，たとえば名誉毀損罪における事実の証明の規定が追加された。かくして，戦後の日本では，英米法的な刑事訴訟法と，とりわけドイツ法をモデルとした大陸法的な実体刑法とが，混在することになったのである。

それに引き続いて，日本政府は，刑法の全面改正作業を開始し，1961年には改正刑法準備草案，1974年には改正刑法草案（政府草案）が公表された。しかしながら，この改正刑法草案は，ドイツにおける1962年政府草案と同様に，対案教授達による厳しい批判にさらされた。草案には，国家主義，倫理主義，治安主義，完全主義が表現されているという批判である。このような批判は，日本弁護士連合会の刑法改正阻止運動に結びつき，とりわけ保安処分を巡る精神科医の反対，さらに市民の反対運動へと導いた。かくして，1969年に対案の主張を大幅に取り入れた新刑法総則が実現されたドイツとは異なり，日本では，改正刑法草案による刑法の全面改正は頓挫したのである。

新憲法の下で，日本社会は，急激な自由化と民主化を経験することになった。類推の禁止は，再び通説となり，判例においても，とりわけ特別刑法の分野において，厳格な解釈を行う傾向が見られた。

たとえば，1955年の最高裁判決（最判昭30・3・1刑集9巻3号381頁）は，国家公務員法102条（政治的行為の制限）に関する人事院規則14—7第5項1号の「特定の候補者」に「立候補しようとする特定人」を含むと解するのは，用語の普通の意義からいって無理であり，刑罰法令について類推拡張解釈をとることは明らかに不当であるとして，原審の有罪判決を破棄した。

また，1956年の最高裁判決（最大判昭31・6・27刑集）は，火炎瓶4本を製造したという事件につき，爆発物取締罰則にいう「爆発物」とは，爆発物がその爆発作用そのものによって破壊力を有するものをいい，火炎瓶はそれに当たらないとして，原審の無罪判決を維持したうえ，これを取締まる必要があるとすれば特別の立法に俟つ外ないことは罪刑法定主義の原則に照らし多言を要しないと指摘し

た。この判決に従い，立法者は，1972年に至ってからではあるが，「火炎びんの使用等の処罰に関する法律」を制定した。

Ⅴ　その後の判例の動き

　しかしながら，日本国民が自由主義と民主主義を享受することができた時代は，短かった。1950年の朝鮮戦争勃発とともに，アメリカの占領政策は転換し，次第に，自由主義思想とりわけ共産主義に対する弾圧が強化された。それに引き続いて，長い冷戦の間に，日本は，軍事的にはアメリカの属国となりつつ，驚異的な経済的成長を遂げたのである。その間，国民は，平和的生存権，表現の自由その他の基本的人権のために闘ってきた。

　実務では，次第に，再び判例における拡張的な解釈が目立ってきた。たとえば，1976年の最高裁決定（最決昭51・4・30刑集30巻3号453頁）は，法務局供託官名義の供託金受領証の偽コピーを作成・使用した事件につき，公文書偽造・同行使罪を認めた。公文書偽造罪（刑法155条）は「公務員の作成すべき文書」として，公文書の原本の偽造を処罰しているにもかかわらず，公文書のコピーも公文書であるとしたのである。

　さらに，1983年の最高裁決定（最決昭58・11・24判時1099号29頁）は，自動車登録ファイルに不実の記載をさせたという事件につき，改正前の刑法157条にいう「原本」には磁気ファイルも含まれるとして，公正証書原本不実記載罪の成立を認めた。ところが，立法者は，1987年の刑法一部改正において，同罪の客体に「公正証書の原本として用いられる電磁的記録」を追加したのである。ここには，丁度，前述した1903年の電気窃盗に関する判例と1907年現行刑法における245条制定と，パラレルな（判例によれば改正は不要であったことになるという）問題点が見出される。

　最後に，2001年の最高裁決定（最決平13・7・16刑集55巻5号317頁）を挙げておきたい。ここではパソコンのハードディスクに大量のわいせつ画像を記憶・蔵置させ，会員が自分のパソコンでそれを閲覧できるようにした被告人が，わいせつ物公然陳列罪で有罪とされた。パソコンのハードディスクがわいせつ物とされた

のであるが，それは丁度，前述した1926年の大審院判決が，映画フィルムをわいせつ物としたのと同一線上にある。

Ⅵ 刑事立法の「活性化」と刑法改正

　刑法全面改正作業の頓挫の後，立法者は，1995年に，刑法の全条文を現代用語化する改正を行った。1907年に制定された現行刑法は，和漢混交文で表記され，句読点・濁点もなく，平均的国民は，理解することはもちろん読むことも難しかったからである。当時，日本では，刑法改正作業の経緯から，刑法の改正はきわめて困難であると考えられており，「ピラミッドの沈黙」に例えられた。その間も，実務では判例の拡張的解釈，私見によれば類推と思われる解釈が，市民権を得た感があり，学説の一部には，それを日本的解釈として積極的に評価するものもあった。

　しかし，その後，とりわけグローバリゼーション，新自由主義の波そして犯罪被害者の圧力の下で，状況は大きく変化してきた。この10年間は，刑事立法活性化の時代と呼ばれている。主として犯罪化と重罰化に向けられた改正が，刑法の分野でも特別刑法の分野でも，相次いで行われてきたのである。

　まず，1999年に，「組織的な犯罪の処罰及び犯罪収益の規制等に関する法律」が制定された。団体の活動として当該罪に当たる行為を実行するための組織により行われた犯罪（組織的犯罪）の刑を加重し，犯罪収益等による事業経営支配罪およびいわゆる資金洗浄罪（マネロン罪）を新設した。同時に，「犯罪捜査のための通信傍受に関する法律」が，捜査機関の盗聴に対する厳しい批判にもかかわらず，制定された。以下には，刑法の改正に限って紹介・検討することにしたい。

(a)　2001年，「支払用カード電磁的記録に関する罪」が刑法に追加された。当時，ガソリンスタンドなどでクレジットカードのデータの読取器（スキマー）を取り付けて偽造カードを作成する事件が急増し，外国人が大量の偽造クレジットカードを日本に持ち込もうとする事件が相次いだ。163条の2は，支払用カード等を構成する電磁的記録の不正作出，163条の4は，不正作出目的での情報の取得（ス

キミング）を処罰し，さらに163条の5は，未遂を処罰する。

とくに問題なのは，情報取得（情報窃盗に当たる）は不正作出の予備行為であって，情報取得の未遂の処罰は，予備の未遂の処罰になるという点にある。これは現行刑法の中できわめて異例であり，私見によれば適切とはいえない。

(b) さらに2001年には，危険運転致死傷罪が導入された。酩酊運転致死傷罪，高速運転・未熟運転致死傷罪，妨害運転致死傷罪，信号無視運転致死傷罪につき，傷害の場合は15年以下の懲役，死亡の場合は1年以上の有期懲役が規定された。この立法の背景には，交通事故被害者とりわけ遺族の強い要求があった。

これらの犯罪は，結果的加重犯として規定されているにもかかわらず，その基本犯に当たる罪は，刑法に規定はなく，道路交通法に類似の犯罪が抽象的危険犯として規定されているに止まる。

(c) 2003年には，刑法の適用範囲につき，外国で日本国民に対して犯された一定の犯罪に日本刑法を適用するという，消極的属人主義が規定された（3条の2）。

この改正は，2004年4月，公海上にあったパナマ船籍（実質的所有者は日本の会社である便宜置籍船）の大型タンカー・タジマ号で，フィリピン人が日本人を殺害するという事件が発生したことに由来する。フィリピン刑法には積極的属人主義の規定がなく，日本刑法の適用もないことが問題になったのである。この種の規定は，かつて刑法3条2項にあったが，1947年の改正で，国家主義的色彩が強いとして，国際協調主義の観点から削除されたものであった。

(d) 2004年，とりわけ人身犯罪に対する刑を重罰化する改正が行われた。有期刑の上限が15年から20年に引き上げられ（その結果，前述した危険運転致死罪の刑の上限は20年となった），殺人罪の刑の下限が3年から5年に，傷害罪の刑の上限が10年から15年に引き上げられ，傷害致死罪の刑の下限が2年から3年に，危険運転致傷罪の刑の上限が10年から15年に引き上げられた。さらに強制わいせつ罪の刑の上限を7年から10年に，強姦罪の刑の下限を2年から3年に，強姦致死傷罪の刑の下限を3年から5年に引き上げ，集団強姦罪（4年以上の懲役）・集団強姦致死傷罪（無期または6年以上の懲役）の各罪を新設するなどした。

立法に当たっては，国民の体感治安の悪化，国民の刑罰に対する正義観念が強

調された。しかし，体感治安といった漠然とした（正確なデータに基づくとはいえない）観念を立法理由とすることは，きわめて疑問である。

(e) 2005年，逮捕監禁罪の刑の上限を5年から7年に引き上げ，人身買受罪（3月以上5年以下），未成年者買受罪（3月以上7年以下），営利目的・生命身体加害目的等買受罪（1年以上10年以下），人身売渡（同），所在国外移送目的人身売買（2年以上有期），所在国外移送（同）の各罪を新設し，営利目的等の拐取および収受に生命身体加害目的を追加する改正が行われた。人身売買（human traficking）の処罰は，2000年に国連において採択された「人，特に女性及び児童取引を防止し抑止し及び処罰するための議定書」の要請によるものであった。

(f) 2006年，公務執行妨害罪に選択刑として50万円以下の罰金，窃盗罪に同じく50万円以下の罰金が追加された。さらに，業務上過失・重過失致死傷罪の罰金額が50万円から100万円に引き上げられ，略式命令の限度額も50万円から100万円に引き上げられた。

　公務執行妨害罪の罰金刑の追加は，公務員の場合に自由刑は執行猶予付きでも免職理由になる点で苛酷すぎるとして，以前から要望されていたところであるが，窃盗罪の罰金刑の追加については，それ以外の財産犯とのアンバランスが問題になる。なお，罰金刑の追加につき事務当局の説明は，従来の自由刑の基準を変更するものではなく，従来の不起訴部分が罰金刑の対象になるというものであった。

(g) 2007年，自動車運転致死傷罪（7年以下の懲役）が導入され，かつ，自動車にバイクが含められた（同時に危険運転致死傷罪にもバイクが追加された）。しかし，何ゆえに自動車やバイクの運転者が，他の業務上過失致死傷罪を犯した者（たとえば過失で航空機事故を起こしたパイロットや医療過誤を犯した医師）よりも重く処罰されなければならないのかは，明らかでない。

　以上の刑法改正を行った立法者の決断には，もちろん複数の要因がある。それはとりわけ，重大事件の発生，被害者の報復感情，国民の不安感（体感治安の悪化），国際的要求などである。しかし，われわれは，これらを具体的に，長いヨーロッパの歴史の中で発展し日本にも引き継がれてきた刑法教義学の所産，とりわけ罪

刑法定主義，法益保護原則，責任原理の観点から，検証しなければならない。

重大な事件が発生した場合に肝要なのは，被害者に即時にかつ十分な補償を行うとともに，その原因を究明し，未然防止のための方策を考えることであって，対処療法的な刑事立法は，刑法の基本原則を軽視しがちであり，それにもかかわらずあまり役に立たない。

被害者の報復感情には際限がない。たとえば致死事件被害者の遺族にとって，肉親を失った悲しみに比較すれば，行為者が成人か少年かあるいは精神障害者か，故意か過失かは必ずしも決定的ではないかもしれない。しかしこれらの区別は，責任主義の観点からは決定的であって，立法もこれを蔑ろにしてはならない。また，被害者が一人か多数かも，遺族にとっては重要でないと思われるが，量刑上大きな違いがある。

国民の不安感は，正確なデータの提示によってそれを取り除くのが国家の任務である。国家が国民の不安感を煽り，それを刑事立法の理由にするのは，本末転倒と言わざるをえない。さらに，不安感を理由にする刑事立法は，刑法的介入の早期化を促進し，予備の未遂や予備の幇助の処罰など，変則的で行為原理および謙抑主義に反するものになりがちである。

国際的要求に応じること自体は誤りではないが，わが国の法制とりわけ憲法の枠内でそれに応じるのは当然である。場合によっては，条約の締結に当たり，政府は，そのような観点から一定の留保を行うべきであろう。

Ⅶ おわりに

罪刑法定主義は，近代ヨーロッパの法発展の所産であり，社会における自由主義と民主主義の浸透をその前提としている。それが現実化してはじめて，類推の禁止も，日本においてヨーロッパにおけると同様の意義を有することになる。

問題は，日本の判例におけるきわめて拡張的な（私見では類推による）解釈が，古くから依然として続いていることにある。立法者が，判例の拡張的な解釈を後

追いする刑法改正を行った場合，判例の立場からすれば，その改正は不必要（過剰）であったことになるのである。

　1907年制定の現行刑法は，1995年に現代用語化されただけで，包括的な構成要件ときわめて広い幅の法定刑を特徴としている。刑法の全面改正は，今日まで幾度も試みられてきたが，実現せず，そのために部分改正が行われてきた。
　この10年来，日本では，刑事立法が盛んであるが，そのほとんどは，新たな犯罪化と重罰化に向けられてきた。その背景には，重大事件の発生，被害者の報復感情，国民の不安感（体感治安の悪化），国際的要求などがあるが，私見によれば，そのいずれも，刑法教義学の観点，すなわち罪刑法定主義，法益保護原則，責任原理の観点から見て，きわめて問題があるといわざるをえない。

　この10年間の刑事立法を刑法の視点から正確に評価することは難しいが，日本政府は，これらの重罰化に向けられた刑事立法にあたり，国民の不安感のみではなく，治安強化の国際的要請，それと同時に国家主義的思考を強調してきている。これは，私見によれば，今後の日本社会にとって危険な徴候といわなければならない。

刑法の展開にとっての法教義学の意義について

ヴォルフガング・フリッシュ

浅 田 和 茂 訳

　法教義学（Rechtsdogmatik）というものを法の展開と同時に挙げる者は，明らかに法教義学についてのポジティヴな基本的理解を前提としている。それ以上に，彼は，自分が法の展開に ―― もちろんそこで考えられているのはポジティヴにということであるが ―― 影響を及ぼすことができると信じていることを，明らかに示している。しかし，いずれも自明のことではない。

I 既存のものの「熟考」としての法教義学？

　啓蒙期の哲学では，教義学的思考は ―― 少なくともある種の観点において ―― 批判的ではない思考の権化とされることが稀ではなかった[1]。それは，一定のもはや批判的に再吟味されることのない諸前提 ―― まさにドグマ ―― から出発し，そこから ―― 熟考あるいは再考によって ―― さらなる認識を導き出すということによって，特徴づけられるものであった[2]。諸前提の批判的な吟味の代わりになっていたのは，所与のものあるいは権威への方向づけであった。教義学のこのような思考形式がわけても帰せられていた二つの専門分野が，神学と法学であった。

　もちろん，教義学のそのような理解は，法学的作業の本質を誤解しており，法

（1）この場合，たいていドグマ主義（Dogmatismus）と表記される，vgl. etwa *Kant*, Kritik der reinen Vernunft, 2. Aufl. 1787, Vorrede, S. XXXVI; *Nieke*, in: Ritter (Hrsg.), Historisches Wörterbuch der Philosophie, Band 2 1972, Sp. 277 ff. (Dogmatismus) ; Dogmatik の用語法に，時代に従って揺れが見られることについて包括的には *Herberger*, Dogmatik, 1981; *Thul*, Untersuchungen zum Begriff der Rechtsdogmatik, Diss. Mainz 1959.

教義学の戯画を描くものであって，今日ではもはや誰からもそのように主張されてはいない，という異議が唱えられるのは，自明である。しかしながら，少なくとも最後の点は，正しくない。神学と法学との比較は，近代に至るまで，多くの法学者によって行われてきた。たとえば，バラーステット（Ballerstedt）およびフォルストホッフ（Forsthoff）は，明示的に，「神学と法学とは，本質的に解釈学的な（hermeneutische, d.h. auslegende）学問である」[3]と認めている。スイスの法理学者ゲルマン（Germann）にとっても，「法律とは，法律家が法の適用に当たって揺り動かしてはならず，むしろ単に解釈しなければならないところのドグマである」[4]と考えられている。真に高い評価を得ている法哲学者であるアルトゥール・カウフマン（Arthur Kaufmann）も，まったく同様に，法哲学と法教義学とを対置するに当たって，法の教義学者は，彼が吟味なしに真実であると認めた前提条件から出発する，彼は「与えられたものから（ex datis）」思考する —— そのことが，彼を，はるかに批判的な態勢をとる法哲学者と区別するのである，と考えている[5]。ヨーゼフ・エッサー（Josef Esser）にとってもまた，「教義学とは，まったく一般的に，それがテクストであれ，その時々のその解釈であれ，不変の権威から出発するものであり，そのことが，一定の概念の蓄積についての学派的に仕上げられた概念的体系に基づいて，適切な判断形成の可能性を開く」のである[6]。したがって，—— エッサーによればさらに —— 概念的な細分化，体系化および安定化を念頭に置いた教義学は，「機能」「理性の徹底的評価」および諸価値に向けられた，前教義学的なおよび教義学以外の処理手続による補充を必要としている[7]。

（2） *Thul* (Fn. 1), S.11 ff.; *ders.,* Die Denkform der Rechtsdogmatik, ARSP 46 (1960), S. 241 ff.; *Kaufmann,* Rechtsphilosophie, Rechtstheorie, Rechtsdogmatik, in: Kaufmann/Hassemer/Neumann(Hrsg.), Einführung in Rechtsphilosophie und Rechtstheorie der Gegenwart, 7.Aufl. 2004, S.11 f.; *Viehweg,* Zur Geisteswissenschaftlichkeit der Rechtsdisziplin, Studium Generale 1958, S.334 f. における指示文献参照。教義学に特徴的な「否定の禁止」という標語につき，*Luhmann,* Rechtssystem und Rechtsdogmatik, 1974, S. 15 および *Meyer-Cording,* Kann der Jurist heute noch Dogmatiker sein?, 1973, S. 9 も参照。

（3） *Ballerstedt,* Dulckeit als Rechtshistoriker, Rechtsphilosoph und Rechtsdogmatiker, 1955, S. 27; *Forsthoff,* Recht und Sprache, 1940, S. 3 参照。

（4） *Germann,* Grundlagen der Rechtswissenschaft, 1950, S.38.

（5） *Kaufmann* (Fn. 2), S. 1 参照。*Meyer-Cording* (Fn. 2), S. 9 ff. も同様である。

（6） *Esser,* Vorverständnis und Methodenwahl, 1970, S. 88, 92

Ⅱ 批判的かつ法発展を促進する教義学の条件，正しきものの前実定的内容

　以上のように理解された法教義学が，当然に，決して法発展の推進力ではありえないであろうということについて，長い説明は不要である。そのような教義学がもたらすものは，本質的に，所与のものおよび受容すべきものを最後まで考察し，既存の規定および概念を解釈することによって細分化し，所与のものの根底に横たわる原理を把握し，そのようにして整除された解決策の蓄えを法適用のために提供することに尽きている[8]。そのような教義学において，「新たな展開」とは，たしかに本質的には，既存の規定について特定のこれまで開かれていた解釈を確定すること，ならびに新たに生じた事態に，既存の規定の基礎になっているその目的設定および諸原理に立ち戻ることによって，その規定を適用しまたは適用しないということであろう。その刑法上の例は，たとえば，故意を阻却する行為状況の錯誤に関する規定を，規定されていない正当化的事情の錯誤に，合理的に志向して推し及ぼすこと[9]，あるいは各論では，文書偽造の規定を技術的記録に拡張することや，詐欺の規定をコンピュータの裏をかくこと〔コンピュータ詐欺〕にまで拡張することの推奨であろう。これに反して，そのように理解された教義学は，決して従来のものに対して完全な針路変更をもたらすような展開の原動力ではありえないであろう。さらに一定の法領域における部分的変更を目的とした展開の根拠づけおよびその準備も —— たとえば，刑罰の構想の部分的変更や，刑事訴訟において手続を終了させる合意の限定的な許容のような場合 ——，教義学のそのような見方からすれば，教義学にはその本質上閉ざされている事柄であるということになるであろう。教義学が，既存のものの解釈学的な仕上げに自らを限定するという場合，どのようにして，教義学に対して常に繰り返し帰せ

（7） *Esser* (Fn. 6), S. 92, 159 ff., 167

（8） 法学のこのような解釈学的側面につき，*Frisch*, Wesenszüge rechtswissenschaftlichen Arbeitens, in: Engel/ Schön (Hrsg.), Das Proprium der Rechtswissenschaft, 2007, S. 156, 157 ff. 参照。

（9） この点については多くの文献に代えて，*Roxin*, Strafrecht. Allg. Teil, Band 1, 4. Aufl. 2006, §14 Rn. 52 ff.; *Frisch*, Vorsatz und Risiko, 1983, S.244 ff.; *ders.*, Der Irrtum als Unrechts- und/oder Schuldausschluß im deutschen Strafrecht, in: Eser/Perron (Hrsg.), Rechtfertigung und Entschuldigung III, 1992, S. 219, 247 ff., 268 ff. 参照。

第Ⅴ部　刑事法の法発展への法解釈学の影響

られてきた批判的な機能に[10]，然るべき程度において応ずることができるとされるべきなのかということは，同様に明らかとはいえないであろう。場合によっては，個別の規定が体系に反しているという意味において内在的に批判すること，ならびにその法律自体の基礎となっている原理や評価に鑑みて一定の欠缺を発見することは，なお可能であろう。これに対して，教義学が，既存のものの仕上げと体系化に自らを限定するという場合，どのようにして，既存のもののうち，たしかに体系に適合しているが，それにもかかわらず誤っている部分を批判することなどできるのか，は説明できない。

　諸々の構想あるいは見方の変遷を準備すること，既存の諸規定の制限という形態における批判的機能，さらにしかし，法律が詳細には語っていない諸概念の仕上げ，そのすべては，正しい法 (*richtiges* Recht) の尺度および観念が保有されている場合にのみ可能となる。これらの尺度は，論理的に，実定法を越えるところに存在せざるをえない[11]。実定法を越えるところにある尺度および観念なしには，実定法を合理的に批判することは不可能であり，そのような本当に正しきものについての観念に基づいてのみ，変遷や進路変更などに至りうるのである。

◆Ⅲ　前実定的な正しい法の展開 ── 法教義学の課題？

　法教義学が法の発展を促進するものでもあると信ずる者は，結局のところ，解釈学的手続の方法で法律の意思を究明することに自らを限定した教義学のみを念頭に置くことはできない。彼は，法教義学に，暗黙のうちに，正しい法の展開および少なからず正しい法の尺度による実定法の批判の役割りもまた認めるのである。もちろん，それによって同時に，良き事柄について，その名に伴なってきたハンディキャップのゆえに悪しき呼称が用いられることにならないであろうかと

---

(10) この点についてはたとえば，*Maiwald*, Dogmatik und Gesetzgebung im Strafrecht der Gegenwart, in: Behrends/Henckel (Hrsg.), Gesetzgebung und Dogmatik, 1989, S. 120, 122; *Rüthers*, Rechtstheorie, 3. Aufl. 2007, Rn.326 f.; *Zaczyk*, Was ist Strafrechtsdogmatik ?, in: Festschrift für Jakobs, 2007, S. 723, 727 ff. 参照

(11) *Zaczyk* (Fn.10), S. 728 は適切である。

(12) この点についてはたとえば，*Larenz*, Methodenlehre und Rechtswissenschaft, 6. Aufl.1991, S. 229; *Meyer-Cording* (Fn. 2), S. 21, 33 f., 36, 46, 49 参照。*Esser* (Fn. 6), S. 88 ff. も参照。

問うことはできる⁽¹²⁾。しかし，実定法の正しい適用を保障するためだけでさえ —— それは疑いもなく法教義学の課題である⁽¹³⁾ ——，解釈学的手続では不充分であって，さらに正しい法についての考慮なしに済ませることはできないことからすると，前実定的なものへの拘束の表現として教義学の概念を固持することは正当であるように思われる。

1 刑法における適切な法適用の不可欠な要件としての前実定的な理論およびモデル

ところで，正にそのことが，ここでは刑法に限らざるをえないが，高度にあてはまる⁽¹⁴⁾。刑法では，至るところで，解釈学的手続では解答を見いだすことができないような問題設定に行き当たる —— 長期にわたり総じて法律には規定されてこなかった刑罰の目的およびその尺度原理の問題，あるいは（今日もなおそうである）正しい刑罰の確定という問題を考えてみるだけで足りる。実定刑法の多くの概念も，単純に解釈学的手続のみでは解明されえない。結果犯における行為と結果の間に必要な関係の問題，未必の故意の正しい限定の問題や正犯と共犯の正しい限界づけの問題，あるいは，誰が保障人として一定の事象が発生しないことに責任を負わされるべきであり，したがって作為と同等の不作為を理由に処罰されるべきかといった問題が，解釈という古典的な方法によって解答されうるであろうという見方は，素朴に過ぎるのではないか。これらすべての事例において唯一先に進ませることができるのは，具体的に生ずる問題をより原則的な事実関係へと位置づけるような比較的複雑な理論および理論モデルの展開なのであり⁽¹⁵⁾，それによって同時に，その問題点は，その事実関係にとって基準となる法価値および諸原理の顧慮の下に合理的でまさしく合目的的であると思われる解

---

(13) 多くの文献に代えて，*Maiwald* (Fn.10), S. 121; *Rüthers* (Fn.10), Rn. 321 ff.; *Wieacker*, Zur praktischen Leistung der Rechtsdogmatik, in: Simon (Hrsg.), Ausgewählte Schriften, Band 2 ; Theorie des Rechts und der Rechtsgewinnung, 1983, S. 59, 63 ff. 参照。

(14) この点および以下の点については，*Frisch* (Fn. 8), S. 156, 160 ff. も参照。

(15) この点については，*Frisch* (Fn. 8), S. 168 ff.; *Jakobs*, in: Engel/Schön (Hrsg.), Das Proprium der Rechtswissenschaft, 2007, S. 103, 105, 113 ff.; 参照。法学における理論形成につき，一般的に，*Dreier*, in: ders. (Hrsg.), Recht – Moral –Ideologie, 1981, S. 70, 72 ff. 参照。

決策へと導かれるのである。そこで展開される解決策は，それぞれの事実関係の内部で，矛盾のないサブシステムを形成すべきであるのみならず，さらに他のサブシステムの解決策と両立可能なものでもなければならない[16]。

例を挙げよう[17]。長期にわたりまったく規定されていなかった量刑について，法適用者は，法定刑の枠内における刑罰の具体化に際して，いかなる目的および尺度に配慮しなければならないのかを彼に告げるような指針を必要としている。そのためには，歴史的経過の中で役割を果たしてきた刑罰目的を挙げるだけでは不十分である。若干の刑罰目的，たとえば一定の形態における一般予防や特別予防の場合，直ちに，それらと人間の自律性および人間の尊厳といった憲法の基本的価値との整合性という問題が生ずる。諸目的がこのような批判的検討に耐える場合にも，さらにこれらの目的と行為者の責任に方向づけられた刑罰との関係という問題が残る。この問題が，同様の事例の平等な取り扱いが保障されるべきであるという点に鑑みると，単純に法適用者の随意に委ねられうるものではなく，根本的な解答を必要としていることは，明らかである。その枠内で，さらに直ちに，予防という理由から行為者の責任の程度を超える刑罰は，たとえば正義といった法の基本的価値，おそらくはまた人間の尊厳と，はたして合致しうるのかというより特殊な問題が生ずるのである。それに対する解答は，それ自体，責任の要件およびその本質，刑罰の概念および正義と合目的性との関係についての明確な観念を有することなしには，不可能である。もちろん，それによって同時に，かつ直ちに，実定刑法それ自体もその他の実定法も解答を与えることができないような，多くの新たな問題や概念が関わってくることになる。このような相互に網目のように結びついた諸問題のもつれが，相対的に複雑な理論モデルによってのみ解答されうるということは，明らかである。この理論モデルは，さらに，いかなる尺度に従って，その都度，責任に適合した刑罰 —— それも量的観点において —— が決定されうるのか，ということに関する言明も保有していなければならない。この種の理論モデルは，上記の諸問題のうち若干のものについて部分的に法律に規定された後においてもなお[18]なしでは済まされないものであった。

---

(16) 法学の仕事のこの側面については，*Frisch* (Fn. 8), S.156, 179 f. 参照。
(17) 以下の点につき詳しくは，*Bruns*, Das Recht der Strafzumessung, 2. Aufl. 1985, insbes. S. 43 ff., 81 ff.; *Frisch*, Revisionsrechtliche Probleme der Strafzumessung, 1971, S. 8 ff. 参照。

別の例として，結果犯における行為者の行為と生じた結果との間に必要な関係を挙げることにしよう[19]。ここでは，態度の結果発生に対する因果関係という法律に規定された要件は，まったく不完全な解答であり，結局のところおおまかにすぎる。真に問題となるのは，他者に生じた結果に対する行為者の特殊規範的な答責性である。その点で重要なのは，被害者の答責領域，すなわちある者の自由の限界と他の者すなわち被害者の独自の答責性である。第三者が関与した場合は，行為者の答責領域と第三者の答責領域との限界づけが一定の役割を果たす。これらの問題の一部 —— たとえば過失犯の場合 —— について，注意義務という標語を用いて議論するとしても，これまた，容器としての語であるに過ぎない。いかなる注意義務が個々人の法関係において（相互に）適切であるのかという実質的問題は残ることになり，それはまた，決して刑法以外の諸法のどこにおいて解答されているわけでもないのである。

　同様に，原則的な理論モデルは，故意の確定およびその過失との限界づけ，あるいは正犯と共犯の段階づけの場合にも放棄しがたい。いわゆる未必の故意の事例における故意の限界づけにおいても，一連の考えられる選択肢全体からもっとも良く当てはまると思われるような，かの心理的な事実関係を際立たせること，過失の行為態様に対して故意のそれがより重く処罰されること，および多くの領域において故意行為の処罰に限定されていることを解明することが肝要である。それは，またしても，構成要件に該当する態度の処罰のより深い根拠についての知識，およびこの根拠に鑑みた相異なる精神的事実関係の意味の省察についての知識なしには，解答されえない[20]。この間に故意の限定について，同様にまた正犯と共犯との限界づけについて，ある種の公式が形成されてきたが，そこでもしかし，これらの —— ここでもまたしばしば単に限定的に包摂することができるに止まるような —— 公式は[21]，競合する諸理論の長きにわたる選別のプロセスの所産であり，法適用者は，それを用いて，法律に規定されておらず，法律から解釈によって導き出されうるわけでもないような何かへと遡及するのであると

---

(18) とりわけ刑法46条1–3項。
(19) この点および以下の点につき，多くの文献に代えて，*Frisch*, Tatbestandsmäßiges Verhalten und Zurechnung des Erfolgs, 1988; *Jakobs*, Strafrecht. Allg. Teil, 2. Aufl. 1991, S. 182 ff.; *Roxin* (Fn. 9), §11 参照。
(20) dolus eventualis の規定につき，*Frisch* (Fn. 9), S. 31 ff., 46 ff., 55 ff., 94 ff. 参照。

いうことが，看過されてはならない。

　正しい法を決定するために，それによって同時に法適用者にとって具体化可能な解決を用意するために，比較的複雑な理論が不可欠であることについて，総論の分野からさらに例を挙げて説明することは，止めることにする。ただ，ここでは総論の特殊問題のみが重視されているという類の批判に対処するために，さらに各論からの例を挙げておく。すなわち，はたして何ら明示的な欺もう［罔］を含んでいない一定の態度が，それにもかかわらず欺もうとなるか否かは，必ずしも単純に法律の概念である「欺もう」の解釈によって解答されうるものではない。この例は，── 挙動による欺もうを原則的に承認する場合であっても ──，いかなる時に，挙動による欺もうから出発することが正しいと考えられるのかについての理論を前提としている。この問題に解答しようとするならば，直ちに，その行為に付着している説明価値の指摘は，何ら真の解答ではなく，新たな問題に導くだけであることが確認されることになる。そのような説明価値は，結局のところ虚構にすぎないからである[22]。核心において重要なのは，はたして他の人々が，行為者の一定の態度について，一定の事情の存在あるいは不存在を信頼することが許されなければならないかどうかということなのである。その点で，またしても，説明責任と問い合わせ責任との合理的で正しい分配，ならびに規範的に保障されているわけではない信頼許容の効果についての考量が，役割を演じることになる。こうした考量は，問題となっている取引のタイプおよび法的交渉の必要性に応じて，それぞれ異なったものでありうる。ここで古典的な解釈方法を用いて法律の意思を探求するとしても，明らかに，そのすべてはもはや何の関わりも有してはいないのである。

---

(21) たとえば，正犯と共犯との区別の公式では，全体評価の枠内において，犯行への寄与の重大性，行為支配，その意思および関与者の犯行への利害が考慮されなければならない。この点については多くの文献に代えて，*Schmidhäuser*, „Tatherrschaft" als Deckname der ganzheitlichen Abgrenzung von Täterschaft und Teilnahme, in: Festschrift für Stree und Wessels, 1993, S. 343 ff. 参照。行為支配論の諸相からのものとして，*Roxin*, Strafrecht, Allg., Band 2, 2003, §25 Rn. 211 ff. 参照。

(22) この点および以下の点については，*Frisch*, Konkludentes Täuschen, in: Festschrift für Jakobs, 2007, S. 95 ff. 参照。

2　法教義学と実践的哲学

　任意にまだ付け加えることができるであろうこれらの諸事例は，次の一つのことを示している。すなわち，教義学が，法律の規定を解釈学的な手続を用いて細かい点まで区別することに限定してきたとすれば，その教義学は，刑法においておよそ法律の適用すら保証することはできなかったであろうということである。単純に法律から導き出されうるものではなく，その発展に応じて，しばしば漠然としていて初歩的な法律の下に置かれてきた諸理論の発展のみがはじめて，刑法を広く総じて適用可能なものにしてきた，より適切に言えば，その事案に適した適用を可能にしてきたのである。これらの理論が発展してきた基にある実質を形成しているのは，実践的理性の考量および洞察である。すなわち，諸理論の目標は，合理的で事案に適した法律の適用を保証することである[23]。理性的考量とはすなわち，われわれを，様々に異なる事実関係において，かつ，様々に異なる問題について，理解しうるものであって法価値と調和しているような解答へと導くことである。ツァツィク（Zaczyk）は，──ヴィーアッカー（Wieacker）に依拠しつつ[24]──法教義学に関して，もちろん無限定な実践的哲学とはその理性的考量の結果が法律にも帰することが可能でなければならないという点で区別されるような，実践的哲学について語ることにより，法教義学的作業のこの側面を的確に表現した[25]。すなわち，法教義学の教義的側面である。

3　法律を充足する理論と法律を超越する理論との実質的同一性
　── 法教義学の動的構成要素としての実践的哲学

　たしかに刑法においてのみ放棄しがたいわけではないこの種の法教義学の内実が意識されるならば[26]，法教義学に，法律を超越するような諸機能 ── それは

---

(23) 多くの文献に代えて，*Larenz* (Fn.12), S. 214 ff., 224 ff., 228 f., 232 ff.; *Rüthers* (Fn10), Rn. 311, 321 ff.; *Wieacker* (Fn.13), S. 66 ff.; *Zaczyk* (Fn.10), S. 727 f. 参照。

(24) *Wieacker* (Fn.13), S. 59 ff., 63 ff., 67 ff., 76 ff.

(25) *Zaczyk* (Fn.10), S. 729 f., 731 f. 参照。

(26) 民事法におけるこれとパラレルな教義学の課題と内容につき，*Behrends*, Das Bündnis zwischen Gesetz und Dogmatik, in: Behrends/Henckel (Fn.10), S. 9, 15 f.; *Henckel*, Rechtsdogmatik und Gesetzgebung in der Gegenwart, in: Behrends/Henckel (Fn.10), S. 93, 94 f., 104 f. 参照。とりわけ明瞭なのは，*Wieacker* (Fn.13), S. 59 ff., 67 ff. である。

批判的な種類のものあるいは改善的に先に進める種類のものでありうる —— を付与することに対する疑念は崩壊する。なぜなら，実質的には，それに従って既存の法を批判的に測定するような，あるいはそれを用いて既存の法をさらに先に進めるような法の内実の発展という場合，問題になるのは，漠然としていて初歩的な実定法の意味の充足に際して問題になるものとは別の考量ではないからである(27)。肝要なのは，常に，実践的理性において，理解しうる事案に適したものであって，かつ法価値および法の承認された諸原理に適合した，法的プログラムを展開することである。合理的で正しい法の発展へと向けられた，さまざまな考量それ自体には，相互に異なるところはない。相違はむしろ，熟慮の結果の既存の実定法に対する関係（したがってまた同時に実定法と並ぶ関係）の点にある。すなわち，ある事例では，実践的理性において展開されたもの（および法価値を正しく評価したもの）が，実定法と結び付けられうるが，他の事例ではそうではない。後者の事例では，むしろ，実定法の規定と，法価値へと義務づけられた実践的理性の視点からみて実質に即していると思われるものとの間に，緊張関係あるいは矛盾が生ずる。

　このような考慮の光を当てると，同時に，法教義学はどこからその批判的な力および法を先へと進める力を得るのかということが明らかになる。法教義学にこのような力を与えるのは，法教義学の解釈学的側面ではない。法教義学が，目に見える法に対して批判的であってかつ同時にこれを先へと進めるものでありうるのは，それが，理性の諸根拠から理解しうる，法価値に方向づけられた正しい法について言明を行う，実践的哲学の一専門分野であることを自覚するがゆえにであり，またその限りにおいてである。

Ⅳ 実践的哲学および法的教義学の刑法の発展に対する意義について —— 一つの回顧

　法教義学に含まれる実践的哲学のこのような側面に，われわれの今日の刑法の発展にとって，どのような意義が与えられるかということは，その発展を一瞥することによって明確になる。この発展への一瞥は，古拙な刑法を制御し抑制することに配慮してきたのが，実践的哲学の実質的考量のみではなかったことを示す

---

(27) 事実上これと一致しているのは，*Zaczyk* (Fn.10), S. 727 f. である。

限りでも，解明的である。刑法の精神的貫徹および発展に決定的に関与したのは，長期にわたり，—— しばしば同時に刑法を教授していた —— 哲学者達のツンフト（専門家集団）であった。

1　総論の例 —— プーフェンドルフ，フォイエルバッハ，フォン・リスト

　刑法に対する実戦哲学的考量の影響がとくに大きくかつ明瞭なのは，総論の領域である。その領域について，多くの刑法典は，近代の初期に至るまでは何も有していないのと同然であった。それらは，処罰される行為態様を列挙し，それに対して —— たいていは残虐な —— 刑罰を定める諸規定，ならびに手続についての若干の指示を確定することに尽きていた[28]。一定の事由が処罰を排除するか否か，犯行に関与した者がどのように区別して処罰されるか，刑罰の確定に当たっていかなる観点が尊重されなければならないのか，その他多くのことが，—— そもそもその問題に気づいた場合に —— 事例毎に決定されるが，決定する者の裁量に委ねられたままであった[29]。

　(1)　われわれが今日刑法総論と呼んでいるものについてその基礎を設定したのは，自然法および理性法を教授していた一人の哲学者，すなわちサムエル・プーフェンドルフであった[30]。プーフェンドルフは，その際，ホッブスおよびグロチウスの刑法理論についての部分的な手がかりを顧慮しただけではなく，ギリ

---

(28)　このことは，とりわけ様々な都市法，ラント法および法典（"Spiegel"）について当てはまるが（この点につき，*Eb. Schmidt*, Einführung in die Geschichte der deutschen Strafrechtspflege, 3. Aufl. 1965, §§ 57 ff. 参照），さらにマキシミリアン刑事法典（Maximilianischen Halsgerichtsordnungen）についても当てはまる（この点については，*Eb.Schmidt*, aaO., §§ 82 ff. 参照）。全体については，*Schaffstein*, Die allgemeinen Lehren vom Verbrechen in ihrer Entwicklung durch die Wissenschaft des gemeinen Strafrechts, 1930, S. 11 ff. も参照。

(29)　一般規定の手がかりは，ローマ法およびイタリア法の継受の影響の下に，1507年のバンベルク刑事法典（Bamberger Halsgerichtsordnung）および1532年のカロリナ刑事法典（Constitutio Criminalis Carolina）においてはじめて見出される（この点について詳しくは，*Eb. Schmidt* (Fn.28), §§ 95 ff. 参照）。

(30)　刑法の一般理論にとってのプーフェンドルフの意義についてはとくに，*Loening*, Geschichte der strafrechtlichen Zurechnungslehre, Band 1, 1903, S. XI; *Eb. Schmidt* (Fn. 28), §§ 152 ff.; *Welzel*, Die Naturrechtslehre des Samuel Pufendorf, 1958, S. 84 ff. 参照。さらに立ち入った文献につき，*Frisch*, Rechtsphilosophie und Strafrecht in Europa, GA 2007, S. 250, 256 参照。

205

シャ哲学，教会法における諸考察，および上部イタリア都市法が提供する具体的素材を広く消化して活用した。このような基盤の上に，彼は，――今日の視点から見ても――ほとんど完全な刑法の総論を構想し，それを，刑罰制度を正しく利用する際に尊重されるべき規準の総体と解した。彼の考察は，刑罰の目的についての比較的完成された理論を含んでいた，すなわち彼は，刑罰の目的を応報にではなく，潜在的行為者に対しては刑罰威嚇による，行為者自身に対しては適切に量定された刑罰による，予防的作用の点に認め，かつ，刑罰の目的を明確に必要の範囲内に限定したのであるが，それだけではない[31]。プーフェンドルフは，また，正しい決定と正しい行為を行う人間の能力に基づいて，行為者自身に視点を当てた処罰の正当化の基礎を展開した[32]。彼は，しかし，この一般的な正当化のレベルに止まってはおらず，同時に，それによって刑罰が正当化されうるために存在しなければならない，あるいは存在してはならない，かの外部的および心理的な事態を指摘した。このような文脈において，錯誤の問題が明敏に論じられ，また処罰が阻却されなければならない状況も同様に明敏に記述された[33]。複数の行為関与者あるいは今日の間接正犯に類した人物の相異なる取り扱いという問題についてさえ，プーフェンドルフにあっては，鋭敏な取り扱いが見られるのである[34]。

　そのようにして展開された帰責論（Zurechnungs- oder Imputationslehre）は，しばしば恣意的かつ逸脱的な法実務に対して，理性と自然法の承認に基づく諸原理および諸規準により限界を設定するものであった。たしかに，理性に根拠づけられ

---

(31) この点については，*Pufendorf*, De jure naturae et gentium, 1672, Lib. VIII Cap.III, § 8 und §§ 9-12; *ders.*, De officio hominis et civis, 1673, Lib. II Cap. XIII, § 4 und §§ 6-10 参照。さらに，*Welzel* (Fn.30), S. 93 ff. および *Lampe*, Strafphilosophie, 1999, S. 3 ff. の簡単な説明参照。

(32) *Pufendorf*, De jure naturae (Fn.31), Lib. I Cap. V §§ 1，3，5 ff.; *ders.*, De officio (Fn.31), Lib. I Cap. I 参照。プーフェンドルフの帰属論につき詳しくは，*Hardwig*, Die Zurechnung, 1957, S. 35 ff; *Hruschka*, Ordentliche und außerordentliche Zurechnung bei Pufendorf, ZStW 96 (1984), S. 661, 679 ff.; *Welzel* (Fn.30), S. 84 ff. 参照。さらなる文献につき，*Frisch*, GA 2007, S. 250, 256　参照。

(33) *Pufendorf*, De jure naturae (Fn.31), Lib. II Cap. V und VI; *ders.*, De officio (Fn.31), Lib.I Cap.V §§ 5-17 und 18-23 参照。

(34) *Pufendorf*, De jure naturae (Fn. 31), Lib. I Cap. V § 14; *ders.*, De officio (Fn. 31) Lib. I Cap. I § 21 参照。*Welzel* (Fn. 30), S. 92 f. の簡単な説明参照。

た刑法というプーフェンドルフの構想が刑法において効果をもたらすには，時間がかかった。しかし，最終的に，彼の多くの思考は，とりわけ彼の作品が全ヨーロッパに流布することを通じてという条件の下に，貫徹されたのである。そのことは，18世紀末および19世紀初頭の大規模な法典編纂における多くの痕跡に，看て取ることができる(35)。

(2) 刑法のさらなる発展もまた，実質的に，「正しい法」という対象に関わった実践的な哲学の領域に位置づけられるべき，諸考量によって決定的に特徴づけられる。ここでは —— トマジウス，クリスティアン・ヴォルフその他多くを度外視して(36) —— フォイエルバッハについて若干の指摘をするに止めることにする。同時に哲学者，法学教師および実務家であり，しかしまた1813年バイエルン刑法典の起草者として仕事をした彼にあっては，時代の哲学の影響すなわち啓蒙思想の成果が，刑法について，とくに顕著である。刑罰の威嚇によって潜在的行為者に対して行使される心理強制という彼の理論は，単に —— 思弁的ではあったとしても理論的に一貫して —— 予告される刑罰の高さ（それはその思考方法の点で啓蒙のフィルターにより特徴づけられていた）を決定しただけではない(37)。この刑法理論の出発点の果実が，今日われわれにとって自明のものと思われている罪刑法定原則（nullum-crimen-Satz）でもある。なぜなら，刑罰の予告を通じて作用を及ぼそうとし，そのことを一定の重さの刑罰によって期待する刑法にとって，この作用があるものと信じられている刑罰の確定と予告は，本質的だからである。他方，その存在が刑罰を阻却する事態もまた，この出発点から構想されている。それらを形成するのは， —— たとえば正当防衛のようにすでに行為者の権利を意味する場合ではなくても(38) —— ，帰責能力がない場合や一定の極端な窮迫状

---

(35) プーフェンドルフ説の影響については，*Eb. Schmidt* (Fn. 28), §§ 156 ff.; *Schaffstein* (Fn. 28), S. 14 ff., 31 f.; *Welzel* (Fn. 30), S. 2 ff.; *Wieacker*, Privatrechtsgeschichte der Neuzeit, 2. Aufl. 1967, S. 306 ff. 参照。

(36) トマジウスおよびクリスチャン・ヴォルフについては，*Eb. Schmidt* (Fn. 28), §§ 204 f. 参照。

(37) *Feuerbach*, Lehrbuch des peinlichen Rechts, 1. Aufl. 1801, §§ 12-18; フォイエルバッハについては，*Nagler*, Die Strafe, 1918, S. 380 ff., 391 ff.; *Eb. Schmidt* (Fn.28), §§ 229-233, 248. 参照。

(38) *Feuerbach* (Fn. 37), §§ 46 ff. 参照。同意につき，aaO., § 40. 参照。

(39) *Feuerbach* (Fn. 37), §§ 92 ff. 参照。

態の場合に当てはまるように，刑罰が作用しえないような事態である(39)。犯罪のカタログも，理性哲学および啓蒙の哲学によって特徴づけられている。刑法の任務は，個人の権利の保護および公共の財および利益の保護のみに存しうるがゆえに，神に対する犯罪や単なる宗教的な違反行動は，刑法典においてはもはや何も見出しえない(40)。定義可能な権利および財というこのような出発点は，同時に，多くの構成要件において，精確化ならびにそれまで混在していたものの相互的分離へと導いた。

(3) そのほぼ100年弱の後に，フランツ・フォン・リストにより，ふたたび刑法の偉人の一人が，実践的な考量により，刑法に別の方向を与えることを始めることになった。その著名なマールブルク綱領において(41)，彼は，当時の刑法，それは，一般予防および応報への方向づけによってまったく機能不全となっていた，すなわち累犯および少年犯罪の恒常的な増加へと導いていた，そのような刑法の状態および効果に対して辛らつな批判を行ったのであるが，それだけではない。彼は，また，ある別の刑罰および刑罰構想についての対案を提示した。この刑罰構想だけが，上記のような状態を唯一除去することができ，それゆえにそれは実践的な理性の諸根拠から実現されるものとされた。そのような構想こそが，特別予防的な目的刑であった。それによれば，刑罰付科および刑の量定の断固たる目標は，犯罪を犯した者の再犯の予防にあるとされた。そのためにもはや訓戒以上のものは必要ではないと思われる場合には，訓戒に止めるべきであるとされた —— そこでは，短期自由刑は，そのしばしば有害な付随効果のゆえに回避されるべきものとされた。自由刑は，—— 若干の重大な犯罪を除き —— 長期の改善作用を必要とする行為者あるいは公共が彼から（その改善能力の欠如のゆえに）長期にわたり保護されなければならない行為者に対するものに限定されるべきものとされた。少年および若年犯罪者に対しては，もっぱら教育的思考へと向けられたまったく独自の法効果が発動されるべきものとされたのである。

(40) *Feuerbach* (Fn. 37), §§ 37 ff., siehe auch §§ 344 ff. 参照。啓蒙主義哲学（モンテスキュー，ベッカリア，ヴォルテール）におけるこの種の制限のより古い礎定につき，*Frisch*, GA 2007, S. 250, 258 f. 参照。

(41) ZStW 3 (1882), S. 1 ff. = *v. Liszt*, Strafrechtliche Aufsätze und Vorträge I, 1905, S. 126 ff. 参照。以下の点につき，Kriminalpolitische Aufgaben, ZStW 9 (1889), S. 452 ff., 737 ff.; 10 (1890), S. 51 ff. und 12 (1892), S. 171 ff. さらに Die Zukunft des Strafrechts, in: Strafrechtliche Aufsätze und Vorträge II, S. 1 ff., 23 f. 参照。

もちろん，フランツ・フォン・リストの諸理念は同意のみに行き当たるであろうとは，期待されるべくもなかった。それらは，当時の刑法学および法実務にとっては，刑罰の本質を改竄するものであって(42)，数十年にわたり激烈に行われた近代学派と古典学派との学派の争いへと導いたのである(43)。もちろん時代の進行とともに，しかし，フランツ・フォン・リストが初期に実践的理性の言明と認め，かつ，要求していた事柄は，有効に働くようになった。すなわち，1923年には，若年の犯罪者には独自の制裁が必要であって，手続きにおいても別に取り扱われるべきであるという見解が，最初の少年刑法に現実化された。1927年には，罰金刑の立法が，有害な短期自由刑を回避するための最初の手段を創設した。数年後の予防的処分の導入は，危険な累犯者に対する潜在的被害者の保護というリストの思考を，たしかに（刑罰という）形態においてではなかったが，実体において顧慮した。実践的理性の観方を現行法へと現実化するこの漸進的プロセスは，1960年代の刑法改正法および行為者の社会化を前面に押し出した1977年の行刑法によって終結したのである。

1969年および1975年の刑法改正法は，もちろん，その法的効果の部分において，刑法理論家および刑法教義学者達が，長年にわたり，合理的で事案に即しているがゆえに正しい法として要求してきたものを，注目すべき多くの法律へと具体化することを含んでいたが，それだけではなかった。それらは，さらに第2の観点において，正しい法についての刑法教義学の諸見解が，いかに実定法の発展に影響を及ぼしうるものであるかということを証明している。これらの改正法の一般的規定に見出されるものの多くは，漠然とした初歩的な1871年刑法典を，それが法価値に合致し実践的理性が理解しうるように思われるような諸成果を保障するような形で，適用可能にするために，教義学が数十年にわたり展開してきたもの

---

(42) いわゆる古典学派のこのような立場については，とりわけ，*Binding*, Grundriß des gemeinen deutschen Strafrechts I, 5. Aufl. 1897, S. 145 ff.; *Birkmeyer*, Gedanken zur bevorstehenden Reform der deutschen Strafgesetzgebung, GA 1901, S. 67, 72 ff.; *R. Schmidt*, Die Aufgaben der Strafrechtspflege, 1895, S. 123 ff. 参照。

(43) 古典学派と近代学派との「学派の争い」については，*Eb. Schmidt* (Fn. 28), §§ 321 f.; 詳しくは，*Kohler*, Die sog. klassische und die sog. neue Strafrechtsschule, GA 1907, S. 1 ff.; *von Hippel*, Vorentwurf, Schulenstreit und Strafzwecke, ZStW 30 (1910), S. 871, 905 ff.; *Oborniker*, Zum Kampf der klassischen gegen die moderne Schule in der Birkmeyer-Naglerschen Sammlung, ZStW 36 (1915), S. 159 ff. 参照。

を，法律に規定したにすぎない(44)。

2　刑事訴訟の例

ここで，多数の教義学的に準備された各論についての展開，たとえば，まさに上述した刑法改正法による一定の道徳犯罪および風俗犯罪の排除などを飛ばして，直ちに訴訟の問題に向かうことにする。この150年間における刑事訴訟の発展は，まさに，実践的理性と基本的法価値への方向づけとの共働から実質に即した法がいかにして生じてきたかを示す模範例である。

　(1)　ここでも重要な刺激は，とりわけ実践的哲学から来た。啓蒙の哲学者達による基本権および人権の断固とした強調は，刑事訴訟に影響を与えないままではありえなかった。被疑者・被告人を —— それまでのように —— 目的志向的な国家の行為に無条件に支配されるような手続の単なる客体と見なすことは，それとは合致しえないものであった。すでにトマジウスにより，後にはとりわけベッカリアによって要求された拷問の廃止は(45)，したがって，時間が解決する問題に過ぎず，18世紀から19世紀への転換期における偉大な諸改革作業において実現された。同時に，モンテスキュー，ヴォルテールおよびベッカリアといった哲学者達は，とりわけアンシャン・レジーム下で広がっていた秘かな拘束という事態に照らして，［被疑者の］保護に向けた諸形式の遵守を要求した(46)。たとえばヴォルテールにおいては，被疑者とりわけ拘禁されている者に対する諸制約をできるかぎり緩和するために，制度化された弁護を整備するといった，すでに将来を指示するような考察も見出される(47)。

　(2)　ただし，法価値として刑事訴訟を変化させたのは，被疑者・被告人についての認識の変化だけではない。国家の恣意を諸々の保障とコントロールを通じて妨げるという啓蒙主義的な努力もまた，諸変化へと導かざるをえないものであっ

---

(44)　その例として，たとえば，様々な錯誤の規定（刑法16条，17条，35条2項），不作為の処罰に関する規定（刑法13条），機関および代表者の責任（刑法14条）あるいは緊急避難に関する個別化された規定（刑法34条と35条）がある。

(45)　*Beccaria*, Dei delitti e delle pene, 1764, XVI 参照。トマジウスについては，*Frisch*, GA 2007, S. 260 の指示文献，その後の発展については，*Eb. Schmidt* (Fn. 28), §§ 204, 252 f., 259 f. 参照。

(46)　たとえば，*Montesquieu*, De l'esprit des lois, 1748, 6. Buch　2. Kap. 参照。

(47)　*Voltaire*, Commentaire sur le livre des délites et des peines, 1766, XXII. 参照。

た。裁判官席における操作を防止するための明確な管轄の創設，および手続の公開の導入は，明白になってきた古い刑事訴訟の諸問題に対する合理的な解答であった。司法権への国民の関与の拡大，および上訴によるとりわけ一審裁判所手続のコントロールも，同様である[48]。

(3) 実践的理性の観点からは，しかしながら，国家的強制装置としての刑事訴訟を恣意から解放し，人権の尊重を義務づけることだけが不可欠と思われたわけではない。真実の探求という訴訟目的の達成のためにも，多くのことが，緊急に改善を要するものと思われたのである。重要な証拠方法を場合によっては全く見ることもあるいは尋問することもない裁判所が判決を下すという，広範に行われていた書面による手続の欠陥が，次第に明らかになった。同様に，次第に合理主義へと傾きかつ経験的洞察に開かれた社会には，ほとんど象徴的な証拠規則に従った証拠の評価が，真実の発見にとって決して経験的に信頼しうるような保障ではないということを，隠されたままにしておくことはできなくなった。最初に捜査をする訴追者と最後に判決を下す裁判官とが，古い刑事訴訟において分離されていなかったことが，裁判官に対して，心理的にも過重な負担をかけたということで，真実の発見はますす危険に曝されていた。このような弊害のある事態を除去しようとする努力こそが，19世紀の訴訟法理論の中心テーマの一つだったのである[49]。それに対する解答は，周知のこと，つまり実践的理性から訴訟法に注ぎ込まれた諸解答である。すなわち，捜査ないし訴追を行う審級と裁判をする審級との機能が，人的にも分離される。裁判所は，証拠方法について直接的な印象を形成することができる口頭の公判に基づいて，その裁判を行う。そして裁判所は，これらの証拠を，もはや硬直した証拠規則に従ってではなく，時代と理性

---

[48] 啓蒙の実践的哲学におけるこれらの保障および確定すべての根幹につき，*Frisch*, GA 2007, S. 260 f. およびその指示文献参照。その後の展開については，*Eb. Schmidt* (Fn. 28), §§ 255 ff., 259 f., 284 ff.; *Küper*, Die Richteridee der Strafprozessordnung und ihre geschichtlichen Grundlagen, 1967, S. 118 ff. 参照。

[49] 当時の議論から，*Feuerbach*, Betrachtungen über die Öffentlichkeit und Mündlichkeit der Gerechtigkeitspflege, 1821; *Mittermaier*, Die Mündlichkeit, das Anklageprinzip, die Öffentlichkeit und das Geschworenengericht in ihrer Durchführung in den verschiedenen Gesetzgebungen, 1845; *Zachariä*, Die Gebrechen und die Reform des deutschen Strafverfahrens, 1845. 参照。さらに補充的に，*Eb. Schmidt* (Fn. 28), §§ 265 f., 285 f., 287 ff. および，*Ignor*, Geschichte des Strafprozesses in Deutschland 1532-1846, 2002, S. 232 ff. 参照。

(4)　この今日まで作用を及ぼしている実践的な理性および訴訟法理論による方向転換は，20世紀を通じて，同様に，法価値へと方向づけられた実践的理性から法に注ぎ込まれてきた解答以上のものではないような，さまざまな発展によって補充されてきた。その周知の例を形成しているのは，たとえば，訴訟実務と訴訟法理論との共働に起因する証拠請求権の確立である[51]。続いて第二次大戦後のその例は，とりわけ，第三帝国において行われた苦痛に満ちた経験，そして憲法および人権条約に発する規範的刺激であった。これが，たとえば聴聞を受ける権利や立会い権あるいは公正の諸原則といった形で，被告人の諸権利のさらなる構築へと導いたのである[52]。まさに訴訟法の教義学もまた，長期にわたり訴訟法の発展にいかに強く関与してきたかということは，たとえば100年前にはほとんど知られていなかった証拠禁止論に印象的に示されている。この証拠禁止論はいまでは既にずいぶん前から一連の法律規定および判例で承認されてきた[53]。この証拠禁止論は，国家権力行使の自制および個人の権利の尊重という啓蒙主義の思想を，規則に違反して得られた，あるいは不可侵の核心領域に対する侵害によってのみ得られるような，一定の証拠方法の使用を断念することを通じて，首尾一貫した帰結へと導いたのである。

Ⅴ　刑法の発展に対する刑法教義学の消えゆく意義について

1　所見および例証

　以上のように，法教義学あるいは法理論の先行作業に遡及しうるような刑法お

---

(50) そのような展開につき，たとえば，*Jerouschek*, Wie frei ist die freie Beweiswürdigung?, GA 1992, S. 493, 495 f. およびその指示文献，*Küper* (Fn. 48), S. 118 ff.; *Geppert*, Der Grundsatz der Unmittelbarkeit im deutschen Strafverfahren, 1978, S. 67 ff.; *Stüber*, Die Entwicklung des Prinzips der Unmittelbarkeit in deutschen Strafverfahren, 2005; *Ignor* (Fn. 49), S. 231 ff. 参照。

(51) この点については，*Alsberg*, Der Beweisantrag im Strafprozeß, 1930, S. 45-128; *Perron*, Das Beweisantragsrecht des Beschuldigten im Strafprozeß, 1995, S. 135 ff., 179 ff. 参照。

(52) たとえば，刑事訴訟法136条aにおける一定の尋問方法の禁止，あるいは刑事訴訟法33条a，168条c，311条aの聴聞を受ける権利および立会権の規定参照。

(53) このような理論の展開についての文献については，*Frisch* (Fn. 8), S. 164 参照。

よび刑事訴訟法の発展という点で，欠けるところはない。ただし，次のことが際立っている。すなわち，教義学の影響に帰する刑法の発展は，とりわけ法典編纂の過程と，かかる法典が実際に経験したことに基づくその改善作業にかかわる領域において認められるということである。さらにそれと並んで，一定の権利あるいは法価値をとくに強調するような新たな規範的基本秩序の結果においても，教義学の影響に帰する刑法の発展が認められる[54]。刑法においてそのような発展が見出されるのは，とりわけ20世紀の60年代の末までであり[55]，その後は，刑法教義学に帰因する法の発展や変更は乏しくなっている。そのことは，この30年ないし40年の間に，刑法および刑事訴訟法において，何らの変更や新たな展開が存在しなかったということを意味するわけではない。むしろ反対である。しかし，新たな展開は，全く圧倒的に，法教義学の諸動因に基づくものではない。新たな展開が教義学を無視して遂行されたことも稀ではない。さらに次のようなこともある。刑法教義学が，拒絶とはいわないまでも全く圧倒的に批判的に対処してきたような，さまざまな展開もあるのである。

このような展開の連鎖は長い[56]。それは，実体法において，予備行為の領域への刑法のさまざまな前倒しおよびその他の多くの新たな刑罰化に始まり，新たな加重的構成要件および新たな制裁の創設を経て，部分的に極端な法定刑の加重および予防的処分の法の強化にまで至っている。刑事訴訟法では，とっくに，もはや権利や保護の構築ではなく，常にますます新しい強制処分や捜査措置の創設による捜査の効率の強化が重要になってきている。

---

[54] たとえばドイツでは基本法が行い，ヨーロッパ諸国の関係ではヨーロッパ人権条約が行ったようにである。

[55] ドイツにおける実体法の領域では，とりわけ1969年の第一次および第二次刑法改正法の形で行われた。訴訟法では，1964年刑事訴訟法改正法（いわゆる小刑事訴訟改正）により，さらに個別的に，（上述Ⅲに述べられた意味で）訴訟教義学的な考察の所産と解されるべき，法律の諸改正に至った。

[56] *Frisch*, Sicherheit durch Strafrecht?, in: Gedächtnisschrift für Schlüchter, 2002, S. 669, 677 ff.; *ders.*, Konzepte der Strafe und Entwicklungen des Strafrechts in Europa, GA 2009, Juli-Heft, unter Ⅳ. の概観参照。最近のものとして，*Heinrich*, Die Grenzen des Strafrechts bei der Gefahrprävention, ZStW 121 (2009), S. 94 ff., 101 ff. und *Paeffgen*, Bürgerstrafrecht, Vorbeugungsrecht, Feindstrafrecht?, in: Festschrift für Amelung, 2009, S. 81 ff. も参照。

第Ⅴ部　刑事法の法発展への法解釈学の影響

2　ありうべき諸理由

　もちろん20世紀の60年代に至るまで影響力を有していた教義学が，その影響力を広範に失い，多くの改革にほとんど無力に対置している理由は何処にあるのかという問題が生ずる。

　私は，そこには多くの理由が競合していると信じている。まず第一に，法教義学が偉大な時代は，とりわけ法典の創設の時代あるいはその経験に導かれた改良の時代であることを，看過してはならない。すなわち，法教義学の思慮深く批判的な判断および構成的な知識が問われる時代である。このような時代は，刑法においては，60年代半ばまでの，過去100年の教義学を確定させた諸刑法改正法およびそれと併行した若干の刑事訴訟法改正とともに，一旦終結したのである。その後そして現在関心が持たれているのは，別の事柄である。すなわち，新たな形態の不都合な態度に対する迅速な（刑罰化による）反応(57)，ヨーロッパ諸機構の刑罰化の期待に応えた現実化(58)——そしてとりわけ組織犯罪およびテロリズムの有効な克服を可能にするような諸規定の創設である(59)。このような目標を達成するために，政治は，法的に許容される限界にまで行き着く用意がある。そしてそれは，——最近，複数の刑法上および刑事訴訟法上の法律が［連邦憲法裁判所により］破棄されていることに示されているように(60)——場合によってはさらにそれを一歩超えることもあるのである。その点で必要とされる奉仕活動，たとえば突然新たに生じた望ましからざる諸現象を解決するためにその貯えを提供するという点で，教義学は，通常その備えができてはいない。そうではなくとも，国家的強制の可能性を許容される限界まで汲み尽くすことのみが問題となっているようなところでは，教義学は，本当に必要とされてもいない——それを

---

(57) たとえば，技術的装置の投入あるいは欺罔を通じた財の侵害（コンピュータ犯罪），自由の侵害の強度のものと認識されるようになったあるいは実際に増加している形態（たとえば私的な生活形成領域の軽視，無視など）等々である。

(58) とりわけ一定の共同体政治の保障。この点については，Frisch, GA 2009, S. 385, 401 ff. およびその指示文献参照。

(59) この点については，Frisch (Fn. 56), S. 669, 682 ff. und ders., GA 2009, S. 385, 395 ff., 399ff. 参照。包括的なものとして，Kinzig, Die rechtliche Bewältigung von Erscheinungsformen organisierter Kriminalität, 2004, S. 102 ff, 163 ff. 参照。

(60) たとえば，BVerfGE 105,135 ff. による，いわゆる財産刑に関する諸規定（刑法43条 a）に対する異議申立，および BVerfGE 109, 279 ff. による，住居への盗聴器の投入（旧刑事訴訟法100条 c）に対する異議申立参照。

行いうるのは内閣という装置を備えた政治それ自体である。学問は，ここではむしろ撹乱要因となる危険がある。そのことは政治も承知しているところであり，それゆえにこそ，教義学の助言は，気乗り薄くアリバイ的にのみ迎えられるか，あるいは全く迎え入れられないかのいずれかとなっているのである。

　ただし，刑法教義学および刑法学の影響が現在僅少となっていることの理由は，その助言が聞かれなくなったことのみに求められるべきではない。すべてが見せかけではないとすれば，学問自身の広範に及ぶ原理的な拒絶姿勢，そして新たな諸要求と明らかに高まっている危険を認める用意が欠けていることもまた，学問の無力化に寄与している。その代わりに，多くの者は，昔の時代の問題に対する正しい解答であるものに固執している。合意による手続の終結に対して長く明瞭に示されてきた反感，そして限られた資源を顧慮して解決されなければならない問題の適切な解決について構成的に考察する用意に欠けていることは，その例である。しかし，原理的な拒絶よりも批判的な共同作業が，よりよく物事の役に立つことも，稀ではない。このこともまた，実践的理性の洞察なのである。

第Ⅵ部　民事訴訟法解釈学における実体法と手続法

民事訴訟法ドグマーティクにおける実体法と訴訟法

松本博之

I 民事訴訟法の継受と民事訴訟法学の始まり

1 明治期における民事訴訟法の継受と民事訴訟法学の始まり

　日本において民事訴訟法学の基礎となる民事訴訟法が制定されたのは，明治23(1890)年のことであった[1]。民事訴訟法は，不平等条約の改正という政治目標を背景に，外国人の権利保護を要求する諸外国の要求に対応すべく制定されたものである。民事訴訟法は長い準備作業を経て制定されたが，それは結局のところ，大部分1877年のドイツ民事訴訟法（CPO）を翻訳的に継受するものであった。法律は明治24(1891)年4月1日に施行された。この法律の制定後，いち早く数点の解説書が公刊されたが，その多くは体系的に民事訴訟法を叙述するものではなく，個々の条文の解説を行うものであった。体系書の体裁をもつ書物が現れるのは，ようやく高木豊三の著作[2]が最初のようである。

　明治政府は，条約改正のための法典整備を計画する中で，明治19(1886)年には15名の人々をドイツに送り出した[3]。そしてドイツで学んだ学生の中から，帰国

---

(1) Vgl. *H. Matsumoto*, Die Rezeption des deutschen Zivilprozessrechts in der Meiji-Zeit und die weitere Entwicklung des japanischen Zivilprozessrechts bis zum zweiten Weltkrieg, ZZP 120 (2007), 3 ff.

(2) 高木豊三『民事訴訟法論綱』(1896年・明治法律学校講法会)。

(3) この留学生には，官費による出張者，私費出張者，司法省留学生，非職(休職)出張者があった。鈴木正裕『近代民事訴訟法史・日本2』(2006年・有斐閣)は，これらのグループを綿密に調べ上げ，彼らの帰国後の活躍を克明に明らかにする。なお，これより前に民事訴訟法の立法に携った人でドイツ等に滞在した著名な人物として，たとえば三好退蔵(1882年に伊藤博文の憲法調査に同行し3年間司法制度の調査に従事)，本多康直(1874年，私費留学生として渡独)，宮城浩蔵(1876年，司法省法学校からヨーロッパに留学)の名を挙げることができる。

後，立法，司法および法学の研究教育に活躍する有為な人材を輩出することになった。

鈴木正裕の研究(4)によれば，明治20(1887)年9月に「ドイツ法学」を置き，英法，仏法，独法の三部構成とした帝国大学法科大学の場合，明治23年に学科課程に変更を加え，それまでの外国法を中心とした講義から日本の法典を中心に講義科目が作られた。講義担当者を見ると，明治23年から25年まで「構成法・民事訴訟法」の講義を嘱託されたのは，田部芳(5)であり，明治26年から29年までは高木豊三(6)であり，明治29年から明治38年までは前田高階(7)であった。前田の後の担当者は加藤正治(8)であった（加藤は民法第四講座との兼担であった）。加藤を除く各氏は，すべて司法官であり，しかも明治19年に渡独したグループに属する。後に民事訴訟法の体系書を著す仁井田益太郎(9)が東京帝国大学の民訴法の教授に迎えられたのは，明治41(1908)年である。仁井田もドイツに留学している。

2 本稿の課題

本稿は，シンポジウムの統一テーマ「法発展における法ドグマーティクの意義」の中で，日本における民事訴訟法ドグマーティクの意味を考えてみることにある。

（4）鈴木・前掲注（3）181頁以下。
（5）田部芳は，明治12(1879)年12月東京外国語学校から司法省法学校に編入学し，卒業後司法省御用係として翻訳課に勤務，司法省留学生として明治20(1887)年に渡独した。
（6）高木豊三は，嘉永5 (1852) 年丹波に生まれ，司法省明法寮で佛法を修め，司法省および法制局に奉職。明治17 (1884) 年判事。明治19(1886)年ドイツに留学。帰国後，『日独民事訴訟法対比』(1892年・時習社) を翻訳編纂した。著書に前掲注（2）『民事訴訟法論綱』がある。
（7）前田高階は，蔓延元(1860)年加賀に生まれ，明治17(1884)年司法省法学校を卒業した。司法官になり，ドイツに留学。累進して東京地裁所長，宮城控訴院長になった。
（8）加藤正治は，明治30(1897)年法科大学を卒業し，明治32(1899)年，ドイツおよびフランスに留学，明治34(1901)年帰国後直ぐに東京帝国大学法科大学助教授に就任した。
（9）仁井田益太郎は，明治26 (1893) 年東京帝国大学法律学科を卒業後，明治30(1897)年，民事訴訟法の研究のためドイツおよびイギリスに3年間留学。明治33(1900)年京都帝国大学教授になり，その後明治41(1908)年に東京帝国大学法科大学教授に迎えられた。著書に『民事訴訟法要論上中下』（下は1914年，その他は不明）；『民事訴訟法大綱』(1918年)；『民事訴訟法一斑』(1929年) がある。

そのさい第一に、訴訟目的論の変遷についてささやかな考察を行い、次いで個々の解釈問題におけるプラグマティクな議論の進展について報告し、最後に現在におけるプラグマティクな議論の台頭のもつ問題性に目を向けたい。

II 訴訟目的論

民事訴訟において実体法と訴訟法がどのような関係に立つかという基本的な問題の捉え方は、私の印象によれば、まず、個別訴訟ではなく、全体として民事訴訟の目的を何に求めるかという点について明瞭に現れるように思われる。その訴訟目的の理解については、日本ではこれまで大きな変遷があり、それが今日の民事訴訟法解釈にも大きな影響を与えているように思われる。以下では先ず、民事訴訟目的論の変遷についての一瞥から始めよう。

1 明治23年民事訴訟法の下での訴訟目的論

明治23年民事訴訟法の下での訴訟目的論を理解するためには、その前提として、当時の民事訴訟法の研究がどのような状況にあったかを明らかにする必要がある。明治23年民事訴訟法が大部分1877年のドイツ民事訴訟法（CPO）の翻訳的継受に終始したものであったことは、その後の研究方向を当然左右し、ドイツ民事訴訟法に依拠した解釈法学をもたらした。当時の文献を2、3見ておこう。

高木豊三は『民事訴訟法論綱』（明治28年）を著したが、これはおそらく日本における民事訴訟法の最も早い体系書であろう。高木は、民事訴訟法の直接の目的は「私法の保護」であり、訴訟の目的は権利保護の請求であり、裁判所の判決は事件に対する法律の適用であって、判決が法律すなわち権利を創定するという見解は謬見であるとした[10]。私法の保護というのはやゝ分りにくいが、法の適用による権利保護が考えられているものと思われる。

仁井田益太郎も、民事訴訟の目的を私権の保護に求め[11]、訴訟の基本原則として処分権主義および弁論主義を挙げる。仁井田は、弁論主義について「凡民事

---

(10) 高木・前掲注（2）8頁以下。
(11) 仁井田益太郎『民事訴訟法要論上〔訂正4版〕』（1907年）183頁。

訴訟ハ私権保護ノ目的ヲ有スルモノナルカ故ニ裁判所ヲシテ当事者ノ提出セサル事実及ヒ証拠方法ヲ斟酌セシメサルヲ至当トスルノミナラス当事者間ニ争ナキ事実ニ付キテハ心証ヲ得ルト否トヲ問ハスシテ之ヲ認メシムルヲ至当トス可之裁判所ヲシテ当事者ノ提出セサル事実及ヒ証拠方法ヲ斟酌セシメサルトキハ当事者ハ其提出ニ努ムルニ至ルヘシ是レ即チ事実及ヒ証拠方法ノ蒐集ニ関シテ弁論主義ヲ採ルノ必要アル所以ナリ」と説いた(12)。

2 大正15年改正民事訴訟法の下での訴訟目的論

(1) 民事訴訟法の研究に大きな転機をもたらすのは，大正15年の民事訴訟法の改正である。明治23年民事訴訟法は，その施行後すぐに改正を求める声が大きくなった。新しい民事訴訟法の運用に当たった法曹の間で「手続煩瑣ニ亘リ実際ノ運用上不備ノ点少カラ（ズ）」という不満の声が上がったためである(13)。しかし他方で，運用の未熟さを指摘する声もあった(14)。新しい法律は，明治23年4月21日に公布され，翌（1891）年1月1日に施行された。僅か8ヶ月ほどの間に新法施行の準備をしなければならなかった。この準備不足が時の裁判官に大きな困惑をもたらした。次のような当時の裁判官の回顧がある。曰く「当時我邦に旺盛を極めたのは仏蘭西系の法学であって，独逸法系の輸入は極めて少なかった。これに関する著書翻訳書なども亦た寥々たるものであった。然るに新民事訴訟法は独逸民事訴訟法の忠実なる翻訳であったので，其新法の主義精神を了解することの困難は勿論のこと，新奇なる用語例は権利拘束とか，主参加，従参加とかいう極めて耳新しい，目新しい法律用語には実に眩惑させられたものが多かった」(15)と。

いずれにせよ，明治政府は，改正要求を無視することはできず，明治28（1895）年末に民事訴訟法調査委員を任命して修正案作りの作業を始めさせた。同時に，いわゆる法典論争によって施行延期になった旧民法の改正作業が行われており，

---

(12) 仁井田・前掲注（11）185頁以下。なお，同『民事訴訟法大綱（第2版）』(1918年・有斐閣) 3頁。

(13) 「民事訴訟法改正要目」松本博之＝河野正憲＝徳田和幸編著『日本立法資料全集11・民事訴訟法〔大正改正編（2）〕』（1993年・信山社）559頁。

(14) 中野貞一郎「手続法の継受と実務の継受」同『民事手続の現在問題』（1989年・判例タイムズ社）57頁以下，61頁参照。

(15) 柳沢重勝「温故知新」法曹会雑誌12巻5号（1934年）97頁，104頁。

民法との調整のためにも民事訴訟法の改正を必要とするという事情も存した。改正作業は途中，法典調査会の廃止，第二次法律取調委員会の設置およびその廃止，これに伴う民事訴訟法改正調査委員会（司法省）の設置など組織改変が相次ぎ，順調には進行しなかったけれども，約15年の後，民事訴訟法改正案の作成に漕ぎ着けた。これに基づき大正15（1926）年に民事訴訟法の改正が実現した。

　大正15年改正の特徴は，補充的職権証拠調べを許容するなど職権主義の強化による訴訟の促進に焦点が当てられたこと，また新たな制度も訴訟の促進のためと説明されたことであろう。本稿との関係で大正15年改正法に関して注目されるのは，ドイツ法にない制度を導入したことである。すなわち，権利能力のない社団・財団の全面的な当事者能力の承認（したがって能動的当事者能力を含む），選定当事者制度の導入，準備手続の原則化，訴訟係属中の係争物の譲渡の場合における権利承継人の訴訟参加の許容，債務承継人の訴訟引受義務，独立当事者参加，文書提出義務の範囲の拡張などを挙げることができる。このことは，新たに規定された制度・条文を正しく解釈する課題を民事訴訟法学にもたらし，ドイツ法を参考にして解釈論を展開しておればよいというような状況を一変させたということができる。しかも，新たに定められた規定が十分に要件と法律効果を定めていたかという点について，疑問もあった。事実，大正15年民事訴訟法改正を経て，民事訴訟法の関係文献の出版が質量ともに充実するようになった。

　(2)　改正民事訴訟法について，ドイツ留学の経験があり，後に大審院長になった細野長良（大審院判事，後に（最後の）大審院長）は，昭和5（1930）年に公刊された『民事訴訟法要義第一巻』において，次にように論じて民事訴訟の目的について権利保護説に立った。すなわち，権利の自助救済の弊害を防ぐため，国家は自助救済の禁止の代償として裁判所を設けて，権利主張者の要求により権利保護の場合か否かを調査し保護の完全を期す。そして，「権利保護ヲ以テ国家ノ責務と為ストキハ茲ニ私人カ国家ニ対シテ権利保護ノ請求権ヲ認ムルニアラサレハ其目的ヲ達スルノ術ナシ　憲法二十四條ニ日本臣民ハ法律ニ定メラレタル裁判官ノ裁判ヲ受クル権ヲ奪ハルルコトナシト規定シタルニ徴シ明白ナリト謂ハサルヘカ

---

(16)　細野長良『民事訴訟法要義第1巻』（1930年・巌松堂書店）11頁。
(17)　雉本朗造「訴権論」同『民事訴訟法の諸問題』（1955年・有斐閣）1頁，13頁（初出は，法学論叢61巻1号，5号（1921年）である）。

ラス」[16]と論じた。雉本朗造も，権利保護説を主張した[17]。

　しかし，現在の民事訴訟法学に極めて大きな影響を与えた，そして今日においてもなお持続的に影響を与えている兼子一は，昭和6(1931)年に発表された処女論文「訴訟承継論」において，民事訴訟制度とくに判決手続の目的を「私人間の利益紛争の法的共同体の判断による法律的解決にあると考え」[18]，そして，この判断は本案判決の確定によって得られるものであるから，「訴訟は既判力を得んことを目的とする手続で，而も此の既判力の実体は手続の進行と共に，実体法と訴訟法，内容と形式との交渉の成果として，順次に形成せられて来るのであって，訴訟は実質的に観察すれば，生成経過中の既判力（die werdende Rechtskraft）そのものであると謂ひ得ると思ふ」[19]と論じた。この見解は，直接には大正15年改正民事訴訟法が導入したと今日一般に理解されている，係争物の譲渡の場合の訴訟承継主義（原則）を理論的に根拠づけようとする意欲的な試みの中で表明されたものであるが，訴訟目的としての法秩序維持という兼子の考えがすでに見出されるように思われる。当事者の権利保護でなく，法的共同体の認識が重要とされているからである。事実，兼子は，この論文発表の7年後，昭和13(1938)年に『民事訴訟法概論』（岩波書店）を著したが，ここではそれまでの著者らとは異なり，民事訴訟の目的を私法秩序維持に求めた[20]。もっとも，この私法秩序維持説は，単に法の確証（Rechtsbewahrung）を重視するものではなく，特別な意味をもつように思われる。この書は，同年4月1日国家総動員法が施行されていることからも分るように，社会全体が右傾化する中で出版されたものであり，時代思潮に影響を受けたものといえる。兼子は，訴訟は静止的な法律関係と捉えるべきでなく，*J. Goldschmidt* に従って，判決に向かって発展進行する動的な手続（訴訟法律状態）と解すべきであるとする。兼子の独自性は，本来事実的なものである訴訟法律状態に，生成経過中の既判力（法的な拘束力）を結びつけることにより，これに強い規範的な性質を与えようとしたことであろう。

　彼は，この基本的立場に基づき，たとえば改正民事訴訟法が新設した，訴訟係属中の係争物の譲渡，債務引受けに関する73条，74条を訴訟承継原則を定めたも

---

　(18)　兼子一「訴訟承継論」同『民事法研究第1巻』(1950年・酒井書店) 1頁, 33頁（初出は，法協49巻1・2号（1931年）である）。

　(19)　兼子・前掲注(18)『民事法研究第1巻』34頁。

　(20)　兼子一『民事訴訟法概論』(1938年・岩波書店) 1頁以下。

のと解し,「生成経過中の既判力」の承継として,承継人の訴訟状態承継義務を根拠づけようとした[21]。これには,次のような事情があるように思われる。すなわち,係争物の譲渡に関する民事訴訟法の規定は全く不完全なものであり,係争物の譲渡がある場合に譲受人が訴訟参加することができること(および債務承継人は相手方の申立てにより訴訟を引き受けなければならないこと)を定めるだけであり,また,参加人(または引受人)がそれまでの訴訟法律関係に拘束されるという必須の規定を有していなかった(その他,第三者の善意取得を保護するための規定も設けられなかった)[22]。兼子は,この訴訟承継人の訴訟状態承継義務を,生成経過中の既判力を承継人に拡張することによって根拠づけようとしたのであった。また,兼子は,大正15年改正法が導入した当事者参加の制度を,第三者が独立の当事者たる地位により係属中の他人間の訴訟に介入するものであり,独立当事者参加がなされると,訴訟は三当事者が対立拮抗して争われると見る三面訴訟説[23]を支持した[24]。

3 第二次世界大戦終了後の民事訴訟法学における民事訴訟目的論

(1) 兼子一による「紛争解決説」の提唱と席巻

第二次世界大戦終了後,兼子一は訴訟目的についての,自らの以前の法秩序維持説を逸早く放棄し,昭和22(1947)年に全体としての民事訴訟の目的を紛争解決に見る新たな見解を公にした[25]。彼は,すでに昭和6(1931)年の論文において紛争の法律的解決を強調していたのであるが,ここでは法律的解決ではなく,規範的に無色の即物的な紛争の解決を訴訟目的と見るのである。この見解の特徴は,訴訟以前の権利は仮象のものであり,むしろ訴訟を通して権利が実在化するのであって,判決以前には権利は存在しないと見る点にある。そして,この権利の「実在化」をもたらすものが,まさに確定判決の既判力であるとする。彼は,この見

---

(21) 兼子・前掲注(18)『民事法研究第1巻』45頁。
(22) 立法のさいの議論については,松本博之「民事訴訟における訴訟係属中の係争物の譲渡(1)」龍谷法学42巻3号(2010年)859頁,880頁以下参照。
(23) 長島毅=森田豊次郎『改正民事訴訟法解釈』(1930年)80頁以下;森田豊次郎『民事訴訟法概要』(1936年)83頁。
(24) 兼子・前掲注(18)『民事法研究第1巻』416頁。
(25) 兼子一「民事訴訟の出發点に立返つて」同『民事法研究第1巻』(1950年・酒井書店)475頁以下。

解を近代法によって法制度が整備される前には訴訟を通じて法が形成されてきたという歴史的認識を基礎に，近代法が整備された後も，訴訟前の権利の存在を否定する。曰く，「私人の私法上の権利は，この私法の適用を通じて，そして訴訟における裁判所の判決はその公権的適用として，始めてその存在が観念されるのである。又反対論者がいうように，訴訟の判決は権利関係が現実に不明確であり，当事者間に対立があるからこそ要求されるものであるのを，最初から権利があるのだから，その通りの判決をしろということを訴訟制度の主体である国家なり若はその機関である裁判官に請求する権利があるとの構成は，恰も受験生が自己の実力を云々して，試験官に対して合格請求権を有すると見るのと同様非常識である」[26]という。

この見解は，兼子の東京大学法学部教授の地位から，その後の民事訴訟法学に大きな，かつ持続的な影響を及ぼしたし，また今日でも及ぼしている。たとえば，小山昇は，社会におけるもっとも強力な権力の保持者としての国家だけが私人間の利益対立を解決することができるのであるから，訴訟制度の目的は紛争の強行的な解決であると論じる[27]。三ケ月章は，既判力による紛争の公権的強行的解決の必要性を強調して訴訟目的を紛争解決だと主張する[28]。ただし注意を要するのは，彼らは主として給付訴訟の訴訟物を個々具体的な実体法上の請求権から切り離して理解する，いわゆる新訴訟物理論の提唱との関連でこの訴訟目的説に

---

(26) 兼子一『實體法と訴訟法』(1957年・有斐閣) 109頁。受験生の合格請求権の例は，国家の裁判義務に対応する個人の国家に対する権利保護請求権たる公権の存在を否定する *J. Kohler*, Der Prozess als Rechtsverhältnis, Neudruck der Ausgabe Mannheim 1888, Aalen 1969, S. 13 ff.) が持ち出した例と同じである (*ders.*, Der Rechtsschutzanspruch, ZZP 33 (1903), 211, 213 f.)。*Kohler* は，能力のある者が不合格になることがあり，能力のない者が往々にして合格する試験において，能力のある者の合格請求権について語ることの誤りを指摘し，この合格請求権は合格した者は有能であり，不合格になった者は有能でなかったという擬制に依拠せざるを得なくなるという。公法上の権利としての権利保護請求権を否定する *Kohler* らの議論に対しては，*G. Jellinek*, System der subjektiven öffentlichen Rechte, 2. Aufl., Tübingen 1919, S. 125 Fn. 2 が「主として公法上の請求権の本質についての喫緊の研究の欠缺に基づくものである」と痛列に批判をしていたが，兼子論文はこの点には全く触れていない。

(27) 小山昇『民事訴訟法〔5訂版〕』(1989年・青林書院) 4頁。

(28) 三ケ月章『民事訴訟法〔法律学全集〕』(1959年・有斐閣) 4頁以下；同「民事訴訟の機能的考察と現象的考察」同『民事訴訟法研究第1巻』(1962年・有斐閣，初出は1958年)。

立っていることである。
(2) 少数説としての権利保護説

　もっとも，紛争解決説を批判して，権利保護説を主張した論者がなかったわけではない。小室直人は，昭和37(1962)年に「訴訟対象と既判力対象」を発表し，その中で訴訟目的として権利保護・法秩序維持を主張した。彼は，紛争解決説についての兼子一の理由づけを次のように批判した。すなわち，「古代裁判と近代裁判とを同一範疇において論じることにはまず問題がある。確かに，古代裁判も近代裁判もそれが裁判という名において考察される限りは，紛争を解決するものであった。その点においては，古代裁判も近代裁判も変わりはない。いなその点においてのみ共通点をもつ。だからといって，すべての時代の裁判が紛争解決を目的とするのだと断定するのは，あまりにも素朴な考察である。それはあたかも，古代の機織が衣服を作ることを目的としたから，資本主義経済社会における近代的繊維産業も同一の目的をもつものだと主張することが，後者のもつ時代的意義づけを説明するのになんら役立たないのと似ている。裁判＝訴訟が紛争を解決するのは，その目的というよりも，その作用である。だから時代を超えてその点に共通点をもつのである」[29]と。小室によると，「法規制の安定性，合理性を不可欠なものとして，確認訴訟という観念的な紛争解決形態を備えるに至った近代的訴訟制度は，処分権主義をとおして，権利保護をはかりつつ，法秩序の維持とその実効性の確保を第一義的な目的とする」[30]。小室においては，権利保護と法秩序維持が同列に並べられている。しかし，当事者の訴えの提起がなければ裁判は行われない民事訴訟において，法秩序維持は訴訟の第一次的な制度目的となりえないように思われる。

(3) 兼子理論の特徴

　兼子は，小室が指摘するように，本案判決請求権と紛争解決請求権の等置以外には，紛争解決説の具体化を何ら行ってはいない[31]。海老原明夫が指摘するように[32]，*Erich Bley*（エーリヒ・ブライ）の主張した本案判決請求権説は本案判決

---

(29) 小室直人『訴訟物と既判力』（1999年・信山社）4頁（初出は，大阪市立大学法学雑誌9巻3＝4号（1962年）345頁，348頁以下。
(30) 小室・前掲注(29)『訴訟物と既判力』5頁。
(31) 小室・前掲注(29) 5頁。
(32) 海老原明夫「紛争解決と訴権論（2）」ジュリスト966号（1990年）12頁。

請求権の要件として法的利益を要求する。そのさい原告が訴訟前に有している権利的利益が考えられている。*Bley* は，原告の権利は利益対立があるため不安定になっているけれども，訴訟前の権利の存在を否定してはいないのである。兼子は本案判決請求権の要件として原告の「正当な利益」を要求し，「正当な利益」を「法的利益（rechtliches Interesse）」と同視する。しかし，*Bley* のいう本案判決請求権と兼子のいう本案判決請求権には違いがあることは確かである。この関連において，「紛争」の意味や「紛争解決」の意味が兼子によって明確にされていないことも指摘されるべきである。いかなる場合に紛争が存在し，訴訟手続によって取り上げられることができるか，そしてどのような状態において紛争が解決しているといえるのかが，明確にされていないのである。いな，判決はそのとおり実現されるとは限らないので，判決は紛争を解決するとは限らないということができる。また，いかなる場合に本案判決を求める正当な利益が原告に存在するかを論理的に説明することはできないのである。

また，兼子理論においては，法の不完全性に目が向けられ，訴訟を通じて判決によって法が形成されるということが重視されていることも特徴的なように思われる。このことは，兼子が「立法と司法とが明確に区別され，法典の完備を誇るに至ったフランス民法が，一方に於て，裁判による法定立を極力警戒して，裁判官に一般的法則的な立言を以て裁判することを禁じたのにも拘らず（同第5条），他方裁判官は法律規定の不明確，不完全を理由とし，裁判を拒むことは許されないとの原則を採用していることは（同第4条），法律のない場合にも，民事裁判の必要はこれを承認したものと云える。……この点で，民事訴訟の目的を，私法法規の実効性の保障にあるとした，私の従来の見解は，私法を訴訟制度の論理的前提とし，裁判が司法作用であることを絶対視したために，目的と手段とを取違えていたものものであった」[33]という場合，兼子理論における訴訟による法形成の

---

(33) 兼子・前掲注(18)『民事法研究第1巻』480頁以下。ここでは，スイス民法第1条や日本の明治8（1875）年6月8日の裁判事務心得（太政官布告第103号）3条も援用されている。

(34) 藤田宙靖「現代裁判本質論雑考」同『行政法学の思考形式〔増補版〕』（2002年・木鐸社）295頁は，誤った裁判も確定し法的に有効な裁判として当事者を拘束する現実に直視する限り，裁判によって拘束的な法が創られ，当事者の権利が創造されると見る法創造説の立場に理論構造上も系譜上も立つものとして，紛争解決説を位置づける。

重視が明瞭に現れているように思われる[34]。

　しかし，たとえ実体法に部分的に不十分なところがあっても，直ちに訴訟制度の目的は紛争解決であるというのは短絡的に過ぎるし，また兼子自身，民事訴訟の訴訟物は「権利主張」であると見ており，しかも権利の確認を求める確認訴訟こそあらゆる訴訟類型の原型（Prototyp）であるというのであるから[35]，実体権が訴訟の前に前提にされているのである。兼子理論は，全く首尾一貫していない。もっとも兼子は，「訴訟の判決による紛争の解決は，原告の紛争上の利益主張の当否の法律的な判断によって行われるため，原告はその主張を請求という形で持出さなければならず……」，この主張は権利主張だというのである。しかし，この説明は，右のような首尾一貫性の欠如を覆い隠すことはできないであろう[36]。兼子説の立場では，むしろ，たとえば給付訴訟の訴訟物は裁判所に対する特定の紛争解決を求める申立てに求めるのが論理的に一貫するからである。そして，その原因は，兼子が訴訟承継についていわば立法論的な解釈を行っていることに示されているように，ドグマーティクと法政策的解釈の混在ないし結合またはドグマーティクの軽視がある点に，求めることができるように思われる。すなわち，兼子は，生成中の既判力がもとの当事者間の訴訟状態ないしは訴訟関係を承継人が引き継ぐべき義務の基礎をなすと主張するのである。しかし，訴訟過程を既判力の生成過程と捉えることは可能であるとしても，まさに生成経過中の既判力とはまだ既判力が生じていないことを意味するのであり，──口頭弁論終結後の承継人に対する既判力の承継の場合と異なり──未だ発生していない確定判決の既判力は当事者に及ばないし，況や係争物の譲受人に及び得ないことは自明であり，この理由づけから係争物の譲受人の訴訟状態ないしは訴訟関係承継義務を

---

(35) 兼子一『新修民事訴訟法体系』（増補版，1965年・酒井書店）162頁。
(36) 藤田・前掲注(34)300頁は，少なくとも三ケ月の新訴訟物理論について，紛争解決説が権利主張を訴訟物と捉えるので，実体法規の裁判における意義を著しく軽視するには至っておらず，このようにして抑制が利かされていると見るのである。しかし新訴訟物理論の論者のいう「給付を求める法的地位」や「受給権」は実体的に色づけされていない無色の地位ないし権利であり，請求認容判決の既判力も裁判所の認容した実体法上の請求権の存在には生じないとされることから見て，やはり実体法軽視という面は拭われないであろう。むしろ，新訴訟物理論を紛争解決説のもとに主張する学説が権利主張を訴訟物として不可欠と見て「奇妙な論理構造」（藤田・前掲302頁）を持ち込むことによって，体系的理解を遠ざけていることに重大な問題がある。

根拠づけることができないことは当然だからである(37)。兼子自身「訴訟承継論」以後はもはや生成経過中の既判力とはいわず,「判決の既判力の萌芽と云うべき訴訟状態」(38)または「当事者双方の訴訟状態上の既得的地位」(39)と言うのであるが,かくては単なる既判力の萌芽または既得的訴訟状態がなぜ権利承継人を拘束するのか,ますます説明することができないであろう。

また,法形成を訴訟の目的として重視するのであれば,法形成の要件や方法についての理論枠組の構築が必要であるけれども,兼子自身には,その用意はなかった。また訴訟の目的を権利保護と解する場合にも,訴訟による法形成は可能であり,必要でもあることは当然である(40)。

4 憲法(法治国家原理)および国際人権規約との関係

(1) ドイツでは,訴訟の目的を基本法の法治国家原理により基礎づける試みがなされた。今日では,訴訟の目的が市民のための憲法上の実効的権利保護であることは広く承認されている。これに大きく寄与したのは,*Wilhelm Dütz*(41)が昭和45(1970)年に公刊した教授資格請求論文 "Rechtsstaatlicher Gerichtsschutz im Privatrecht(私法における法治国家的裁判所保護)" である。彼は,ごく例外的な場合を除き自力救済が禁止されるドイツにおいて,国家は法律により権利の法律要件を定め,権利主張をする者がある場合には自力救済を禁止して,裁判所に権利保護を求めるように指示するのは,法治国家原理に基づき市民に憲法上の権利保護を保障したものであることを明らかにした。連邦憲法裁判所の判例において

---

(37) 新堂幸司「訴訟承継論よ さようなら」新堂幸司=山本和彦編『民事手続法と商事法務』(2006年・商事法務)355頁,378頁以下。松本博之「控訴審における『事後審的審理』の問題性」青山善充先生古稀祝賀論文集『民事手続法学の新たな地平』(2009年・有斐閣)459頁,473頁以下も参照。

(38) 兼子・前掲注(20)459頁

(39) 兼子・前掲注(35)421頁。

(40) 新堂幸司=小島武司編『注釈民事訴訟法第1巻』(1991年・有斐閣)14頁〔新堂〕は,権利保護説を実体法の自己完結性を前提とする見方とし,私法秩序維持説を実体法の自己完結性を否定し「訴訟による実体法の内面的完結を帰結する」見解と捉え,両者の対立点とする。しかし,権利保護説は法実証主義と同じではないし,少なくとも今日の権利保護説は法の欠缺を否定しはしない。

(41) *Dütz*, Rechtsstaatlicher Gerichtsschutz im Privatrecht, Bad Homburg v. d. H./Berlin/Zürich 1970.

も，憲法上の権利保護請求権が承認されている[42]。そして，これが実効的な権利保護に反する立法，法解釈および実務に歯止めをかける役割を演じていることを看過すべきでない。もっとも，この権利保護請求権は，かつて主張された国家に対する有利な判決を求める権利保護請求権とは異なる。この市民に付与される請求権は，主張される私権との関係を持たない。その意味で，それは形式的権利保護請求権である[43]。

　しかし，日本の民事訴訟法学ではこのようなパイオニアワークは，残念なことながら，今日まで現れなかった。日本では，訴権を勝訴判決請求権としての権利保護請求権と捉えるむしろワッハ＝ヘルヴィヒ流の権利保護請求権の考え方が否定されたのみであり，裁判所に対する憲法上の権利としての権利保護請求権については殆ど関心が向かなかった。もっとも兼子自身，私法上の権利を要件する勝訴判決請求権としての権利保護請求権を否定する文脈においてではあるが，*Richard Schmidt* の見解[44]を引用して，「権利保護請求権は法治国家における法による裁判の保障を強調し，国民の信頼を深める実践的な意義に外ならないというべきである」と述べており，一見したところ，兼子自身，憲法上の形式的権利保護請求権は否定していないように見える。しかし，彼は，続けて，「裁判官が法

---

(42) BVerfGE 54, 277 (291 ff.)：「基本法の法治国家原理から，実体的意味における民法上の争訟についても，実効性に富んだ権利保護の保障が引き出されうる。実効性に富んだ権利保護は，訴訟物の原則的に包括的な事実上および法律上の調査と，裁判官による拘束力のある裁判を可能にしなければならない。……法的請求権の私人間での，勝手気ままで暴力的な実行を原則として禁止することは，法治国家性の中心的な局面である。当事者は裁判所への道（Rechtsweg）を指示される。そこでは，当事者は秩序ある訴訟手続（Rechtsgang）において暴力なくその争訟の決着をつけ，拘束力ある裁判を取得すべきである。裁判権において，国内的暴力禁止と国家による暴力の独占がはっきりと現れる。ここから明らかになるのは，裁判所へのアクセス，手続の進行および上訴のあり方に関する規律が法秩序の維持に対してもつ根本的な意味である。ここから上訴裁判所へのアクセスについても，市民ができるだけ明瞭に認識できるように，かつ明確に規律されることが要請される。なぜなら，この規律が，いかなる限度で，かつ，どのようにして市民が自分の権利を探すことができるかを定めるからである。この方法で関係人に多様な人間的および物質的な負担，なかんずく裁判上および裁判外の費用が生じるのであればあるほど，そのさい明確性が一層必要である。」；80, 103 (107)；85, 335 (345)；88, 118 (123)；93, 99 (107)；107, 395 (406 f.)．

(43) *Rechberger/Simotta*, Zivilprozessrecht, 6. Aufl., Wien 2003, Rdnr. 13.

(44) *Richard Schmidt*, Prozessrecht und Staatsrecht, Freiburg 1903, S. 30, 67.

規を忠実に適用すべきことは，その一般的職責であって，個々の訴訟事件の当事者に対して義務づけられ，したがって当事者がこれを請求する権利があることに基づくものでないことは，個々の受験生が試験官に対して，自分の答案を公正に間違いなく採点しろという請求権があるわけでないのと同様である」[45]と断じ，憲法上の権利保護請求権には関心を示さなかった。兼子は，裁判所の面前での手続を規律する民事訴訟法と民事訴訟とがいかなる関係に立つかという点についても，言及しなかった。この関連で想起されるのは，彼が第二次世界大戦後，最高裁判所は憲法77条1項が最高裁判所に付与した訴訟規則制定権に基づき民事訴訟手続を規律することができると考えたことである。もっとも，裁判所は憲法76条3項により法律に拘束されるので，法律により規定されている事項については，規則は補充的効力をもつに止まるという見解であった[46]。

　私見によれば，自力救済の禁止，法に基づく裁判の要請は，日本においても異ならない。憲法は財産権を保障し（憲法29条1項），法律により法律効果とそのための法律要件を定め，法律効果をめぐって争訟が生じた場合には裁判を受ける権利を国民に保障しているのである（憲法32条）。また日本も加入し批准している市民的および政治的権利に関する国際人権規約（International Covenant on Civil and Political Rights）14条1項2段も，公平な裁判所による公正な公開審理を受ける権利を保障している。これらの諸事情は，憲法上の権利保護請求権を肯定することを支えるものであろう[47]。もっとも本稿では，この権利保護請求権の法律構成に立ち入ることはできない。

---

(45) 兼子・前掲注 (26) 109頁以下。
(46) 兼子一「司法制度」国家学会編『新憲法の研究』（1947年・有斐閣）229頁，240頁。その後，兼子は法学協会『註解日本国憲法中巻』（1949年・有斐閣）323頁において，最高裁判所の訴訟規則制定権は立法者たる国会の干渉を排除するほどの強い効力を持つものではなく，国会は訴訟手続上の事項についても法律による規定を妨げられないが，ただ純粋に技術的な部分や裁判所の内部事項は規則に委ねるのが望ましいとした。もっとも，当時，日本国憲法77条1項において定められた最高裁判所の訴訟規則制定権は，法学に，この規則制定権と訴訟法とがいかなる関係に立つか，そして両者が矛盾する場合いずれが優先するかという問題を突きつけたこと，最高裁判所は訴訟法に反しても訴訟手続に関しすべての事項を自由に規律することができるという規則優位説も主張されたこと（たとえば，小野木常「最高裁判所の規則制定権」法学論叢54巻（1947年）65頁以下）を指摘すべきであろう。

III 民事訴訟法学におけるドグマーティクからの離反

1 解釈の柔軟化への指向の根強さ

日本では1960年代にドイツ民事訴訟法学における訴訟的訴訟物理論の影響を受け，実体法上の請求権ごとに給付訴訟の訴訟物を個別化する見解（旧実体法説）を批判する見解が主張され始めた。しかし判例は，訴訟的な訴訟物学説を採用せず，今日でも依然として個々の実体法上の請求権ごとに給付訴訟の訴訟物を捉える見解を維持している。しかし，その上で訴訟的な訴訟物学説が主張してきた紛争解決の一回性は，私見によれば望ましくない方法で徐々に別の観点から —— 部分的であれ —— 採用されつつある。以下ではまず，そのような傾向を示すいくつかの例を挙げて検討することにしたい。

(1) 重複訴訟の排除

民事訴訟法146条は，重複起訴の排除を規定する。重複訴訟の成立の判断基準は，伝統的には前訴と後訴の訴訟物の同一性に求められていた。しかし，今日多数説はむしろ，前訴と後訴の訴訟物が異なりまたは権利保護形式が異なっても，審理の重複と判断の矛盾のおそれが存在する場合には，後訴を別訴として別個の訴訟手続を行わせる必要はなく，係属中の訴訟手続の中で原告による訴えの変更，または被告による反訴の提起によらせるべきだとする。そのさい，ある見解は，前訴と後訴の主要な争点の共通性を重複起訴の判断基準とし[48]，別の見解は，後訴の訴訟物が前訴のそれと異なっても，これと「密接に関連する訴訟物について当事者が重ねて本案の審理を求めて」いるか否か[49]にこれを求めている。

ここでは重複訴訟の成否の問題であるにもかかわらず，実際には別訴を許したとしても既判力の衝突が生じないような場合にまで，上述の基準により重複訴訟

---

[47] 公法学の領域では近時，とくに公権力による国民の権利侵害に対する保護との関係で，裁判を受ける権利から実効的権利保護保障を導く有力学説が登場していることが注目される。たとえば，笹田栄司『実効的な基本権保障論』（1993年・信山社）；戸波江二「裁判を受ける権利」ジュリスト1089号（1996年）279頁，282頁以下；市川正人「裁判へのアクセスと裁判を受ける権利」公法研究63号（2001年）207頁，209頁；片山智彦『裁判を受ける権利と司法制度』（2007年・大阪大学出版会）54頁以下。

[48] 新堂幸司『新民事訴訟法〔第4版〕』（2008年・弘文堂）216頁以下。

[49] 伊藤眞『民事訴訟法〔第3版4訂版〕』（2010年・有斐閣）190頁。

の成否を判断すべきものとされており，結局のところ，関連訴訟の併合強制が問題とされているということができる。しかし，併合強制は，民事訴訟法が規律していない，重複起訴の排除の問題と異なる別個の問題である。

(2) 相殺の抗弁と重複訴訟

訴訟において訴訟上の相殺の抗弁が提出される場合，反対債権について訴訟係属が生じるかという問題につき見解の対立がある。判例[50]および多数説[51]は，別訴訟求中の債権を自働債権とする相殺の抗弁を許すならば，反対債権の存否について審理の重複，訴訟上の不経済が生じるのみならず，既判力の衝突の可能性もあるから，重複起訴の禁止を定めた民事訴訟法231条〔現行142条—引用者〕の法意に反することになるという理由で，この相殺の抗弁を不適法とする。

ここから生じるのは，別訴で訴求中の債権を，別訴の相手方が提起した訴訟において，この訴訟の被告が相殺に供することは重複起訴を理由に不適法とされ，法律が付与している実体法上の相殺権が訴訟上の理由により故なく制限されてしまうことである。そのような解釈がなぜ許されうるのか，判例およびこれを支持する見解はその理由を全く説明しない。既判力の衝突のおそれがいわば絶対視され，既判力の衝突を回避する手段が他にあっても，これを考慮に入れることは初めから排除されている。

(3) 一部請求棄却判決後の残部請求の，信義則違反を理由とした排斥

公然の一部請求訴訟において請求を全部または一部棄却する判決は，請求権の一部が訴訟物であったため，残部請求訴訟は前訴判決の既判力によっては遮断されないが[52]，前訴は請求権全体の成立事由，消滅事由の有無について審理し請求棄却の結論を得ているので，残部請求の後訴は相手方の紛争解決期待を害し，信義則に反するため不適法だとするのが判例[53]である。判例のこの見解は，有

---

(50) 最判平成3年12月17日民集45巻9号1435頁。
(51) 伊藤・前掲注(48)193頁以下；上田徹一郎『民事訴訟法〔第6版〕』(2009年・法学書院)150頁；梅本吉彦『民事訴訟法〔第4版〕』(2010年・信山社)277頁；河野正憲「相殺の抗弁と重複訴訟禁止の原則」同『当事者行為の法的構造』(1988年・弘文堂)75頁，116頁以下；同『民事訴訟法』(2009年・有斐閣)304頁；新堂・前掲注(48)217頁以下；反対：中野貞一郎「相殺の抗弁」同『民事訴訟法の論点Ⅱ』(2001年・判例タイムズ社)136頁，163頁以下；高橋宏志『重点講義民事訴訟法〔上〕』(2005年・有斐閣)125頁以下；松本博之『訴訟における相殺』(2008年・商事法務)109頁以下。
(52) 最判昭和37年8月10日民集16巻8号1720頁。

力な学説(54)によって全面的に支持されている。

　私見によれば，判例が一部請求訴訟の訴訟物は訴求された債権の部分に限られるとしつつ，一部請求棄却判決は債権全体について争いが決着したとの被告の正当な期待を生ぜしめるという理由を掲げて，信義則の適用により，残部請求を不適法とすることは全く問題である。なぜなら，一部請求訴訟の被告は，一部請求訴訟の訴訟物についての判例の見解に立つ限り，債権の全体は裁判されないことを初めから知らされているからである。かかる場合には，信義則の適用はそもそも問題にならないといわなければならない。とりわけ被告は，残部債権の不存在の確認を求める中間確認の訴えを容易に提起することができるから，なおさらである(55)。

　(4)　争点効理論・信義則による判決効の拡張

　(a)　争点効理論　　ドイツ民事訴訟法と同様，日本の民事訴訟法による既判力の範囲は著しく狭い。そのため，民事訴訟法学においては，確定判決による紛争解決機能の低さに対する批判がなされてきた。その中で登場したのが，新堂幸司による争点効理論の提唱である。

　争点効理論は，アメリカ合衆国法上の争点排除効をモデルに，信義則または当事者間の公平を根拠に既判力とは異なる争点効という確定判決の遮断効を肯定することを要求する解釈論である。それによれば，「前訴で当事者が主要な争点として争い，かつ，裁判所がこれを審理して下したその争点についての判断に生じる通用力で，同一の争点を主要な先決問題とした異別の後訴請求の審理において，その判断に反する主張立証を許さず，これと矛盾する判断を禁止する効力」(56)と定義される。この理論は，判決理由の既判力が否定されるのは，当事者が訴訟上の権能と機会を利用するにせよ，しないにせよ，訴訟目的の達成のために必要最小限のこととして判決主文中の判断に拘束されることを明らかにし，かつ，前提問題については既判力を及ぼさないことによって当事者の自由な訴訟活動と審理

---

(53) 最判平成10年6月12日民集52巻4号1147頁。
(54) 中野・前掲注(51)107頁，124頁。
(55) この問題については，松本博之『既判力理論の再検討』(2006年・信山社) 201頁以下； 松本博之＝上野泰男『民事訴訟法〔第6版〕』(2010年・弘文堂)〔680〕参照。
(56) 新堂・前掲注(48)669頁(初版は1974年)。明確に争点効理論を支持するものとして，高橋・前掲注(51)562頁以下。

の弾力性を確保するためであるとする。このような理由によって判決理由の既判力が否定されるのであれば，当事者が主要な争点について争い，裁判所がこれについて実質的な判断を下した場合，そしてそのような場合に限って，その判断を関連請求の当否の判断の基礎として通用させる方が当事者間の公平に合致すると，この説は見る。

　なるほど事案によっては，争点効が適切な解決をもたらす場合があるかもしれない。しかし，問題は，判決理由の既判力を否定した立法者の決定が，誤った裁判所の判断が永久化され，当事者がその訴訟に賭けた利益を超えて広範な既判力効を当該事件から派生する将来の訴訟に及ぼし，それによって当事者が予期しない不利益を受けるのを防ぐこと，および，当事者がいかなる範囲で既判力に拘束されるかを明確にして予見可能性を確保することを目的としていることとの関連である。この立法者の決定は，当事者が当該争点について十分に争ったか否か，裁判所がそれについて実質的に判断を下したか否かということと無関係である。当事者が当該争点をいかに真剣に争っても，裁判所が事実の認定や法の適用において誤ることは常に起こりうるからである。したがって，結果として判決理由に一定の範囲で既判力を承認することに帰する争点効理論は，この点で無理があろう。しかし争点効をめぐる批判においては，以上の点は殆ど指摘されず，その適用要件の不明瞭さのみが問題とされたのは，批判として些か不十分であったように思われる。このことがその後，直ぐ後に述べるように信義則による判決理由の拘束力の承認をもたらすからである。しかし，問題は次の点にあるように思われる。すなわち，争点効が承認される場合，争点効を避けるために特定の事実上または法律上の争点について争わないとすると，このことにより不利な判決を招くおそれがあるので，結局，前提問題について当事者の自由な訴訟活動と審理の弾力性を確保することができないのみならず，いずれにせよ当事者は裁判所が事実認定や法適用を誤ることを阻止することができないという点である。

　(b)　判例による争点効理論の拒否と信義則による後訴の排除　　文献における批判に直面して，争点効論者は要件の精緻化を図ったが，他方では争点効論者の問題提起を受け止め，これを信義則の適用による判決理由の拘束力として理論構成するものが現れた[57]。判例においては，争点効理論に対して下級審裁判所が

---

(57) 中野貞一郎「争点効と信義則」同『過失の推認』(1987年・弘文堂) 201頁以下。

対立した見解を示したのち，昭和44(1969)年に最高裁判所がこれを拒否する判断を示した[58]。その後，前訴確定判決の理由中の判断と矛盾する後訴における主張を信義則の適用により排斥する判例が現れ，注目されている。すなわち，最高裁判所は，次のような事実関係を基礎とする事件を裁判しなければならなかった。Aの相続人X_1がもとAの所有で自作農創設特別措置法による買収処分がなされ，Bに売り渡された本件農地をBから買い受ける契約が成立したと主張して，B死亡後，その子であるY_1，Y_2およびBの妻に対し農地法上の許可申請手続およびその許可を条件とする所有権移転登記手続を求める訴えを提起し，請求棄却判決を受けた。この判決の確定後，約20年の後，X_1はX_2 X_3 X_4を原告に加え，Y_1 Y_2およびY_3（係争土地の一部譲受人）に対し，今度は昭和26年頃に行われた農地買収処分の無効等を主張して真正名義回復のための移転登記請求の訴えを提起したという事案である。最高裁は，次のように判示して上告を棄却し，訴えを不適法として却下した原判決を維持した。「本訴は，実質的には，前訴のむし返しというべきものであり，前訴において本訴の請求をすることに支障もなかったのにかかわらず，さらに上告人らが本訴を提起することは，本訴提起時にすでに右買収処分後約20年も経過しており，右買収処分に基づき本件各土地の売渡を受けた右B及びその承継人の地位を不当に長く不安定な状態におくことになることを考慮するときは，信義則に照らして許されないものと解するのが相当である」[59]。この判例はその後の裁判実務に大きな影響を与えている[60]。

2 判例の発展に対する学説の協働

上述の判例の展開は，実務によって主導されたものではない。むしろ，争点効理論や信義則の適用による判決理由への事実上の既判力の承認に見られるように，文献における若干の著者がこれに協力し，これを支えた。とくに中野貞一郎や竹下守夫による信義則の強調が大きな役割を果たしたと思われる。すなわち彼らは，

---

(58) 最判昭和44年6月24日判時569号48頁（この判例については，高橋宏志＝高田裕成＝畑瑞穂編『民事訴訟法判例百選〔第4版〕』(2010年) 180頁以下〔松本博之〕参照）；最判昭和48年10月4日判時724号33頁。
(59) 最判昭和51年9月30日民集30巻8号799頁。
(60) 最判昭和52年3月24日金商548号39頁；最判平成10年6月12日民集52巻4号1147頁。最近の下級審裁判例として，千葉地判平成20年11月17日 TKC25440220；知財高判平成21年1月29日 TKC25440286；東京高判平成22年5月27日 TKC25442228がある。

237

信義則の適用類型としての矛盾挙動禁止原則や失権の原則に照準を合わせた。

争点効理論を否定した竹下は，彼の提案する失権の要件が具備する場合，そしてその場合に限り争点効と類似の結果を得ようと試みた。権利失効の法理は，権利者が適時に権利を行使しなかった結果，もはやこの権利は行使されないであろうという相手方の期待に反して行われた権利行使を信義則に反するものとして斥けようとするものであるが，これを判決理由の拘束力に関しても応用しようとする。すなわち，「確定判決の理由中で判断された事項について，一方の当事者に，すでに前訴で決着が着いたとの正当な信頼が生じ，法の規範的要求として，その事項につき再度の応訴，弁論を強要しえないと認められるときは」その理由中の判断は，①それが主要な争点に関し，②その争点につき不利な判断を受けた当事者がその判断を上訴で争う可能性を有し，③前訴と後訴が同一の社会的紛争から生じたものである限り，拘束力が承認され，後訴においてこれと抵触する攻撃防御方法を提出することは，当事者が拘束力を援用する限り，排斥されるという[61]。

昭和51年9月30日の判例に関しては，農地買収処分の無効が農地買収後約20年も経ってから主張され，かつ第一審裁判所が被告側の取得時効の成立を理由に原告の所有権の不存在を判断していたという事案の特殊性から見て，その射程距離は長くないとする見解があったが[62]，新堂幸司[63]は，既判力を超える失権効を前訴とは異なる訴訟物をもつ後訴に及ぼすこの最高裁判例を支持し，この判例に即して，このような後訴に対する拘束力の拡張の要件を確定することを試みた。彼は，前訴で争点を絞った趣旨，裁判所の訴訟指揮ことに釈明権の行使，前訴判決確定からの長期間の経過や反訴の提起のような被告側の対応策の有無等を「手続事実群」と呼び，これを考慮して事後的評価に基づき，訴訟物を異にする後訴にも既判力を超える失権効が働くと主張した。

しかし，既判力に関する法原則は，既判力が後訴に及ばない限り，確定判決は失権効を後訴に及ぼさないということから出発しているので，以上のような考え方は体系違反ということができる。紛争解決に対する期待の保護の必要性が，既

---

(61) 竹下守夫「判決理由中の判断と既判力」山木戸克己教授還暦記念『実体法と手続法の交錯（下）』（1978年・有斐閣）92頁，100頁以下。

(62) 三ケ月章・民事訴訟法判例百選〔第2版〕273頁参照。

(63) 新堂幸司「訴訟物概念の役割」同『訴訟物と争点効（下）』（1991年・有斐閣）113頁，131頁以下；同・前掲注(48)661頁以下。

判力を超える失権効を要求し，これを正当化することができるのであれば，既判力規定は殆ど不要であろう。なぜなら，すべては信義則の適用によって処理することができるからである。さらに争点を絞ったことが紛争全体の解決への当事者の期待を基礎づけうるとすることも疑問である。なぜなら，当事者は訴訟物に鑑み争点を限定したところ，除去した争点に関して後訴において失権効を受けるとすると，当事者はそれによって不意打ちに曝されるからである。

3　評　価

　以上に示した近時の日本の訴訟法解釈の歩みをどう評価すべきか。信義則の適用は人々の感情に訴え，したがって受け入れられ易い。しかし，判決効のような重要な問題に十分なドグマーティシュな理由なしに答えを与えることは全く問題であろう。もっともここではこの問題にこれ以上立ち入ることはできない。ここでは，法律が既判力を訴訟上の請求に関する裁判に明文規定によって制限しているところで（民訴114条1項），なぜ判決効の領域において信義則が勝利行進できるのか，その理由だけが問題である。日本では，これまで民事訴訟法の原則や基本概念は必ずしも軽視されてきたのではないと私には思われる。しかし，訴訟法規の解釈にあたり民事訴訟法の原則や基本概念を重視するという基本態度は，困難な解釈問題が現れるほどプラグマティックな解釈に対して後退しているのである。そして訴訟目的を紛争解決と捉える見解は，このような方向に道を開く。すなわち確定判決による紛争解決の範囲の拡大を追求する場合には，信義則は非常に有用である[64]。

　しかし，たしかに言えるのは，信義則の適用には安定性がないことである。この不安定性は，たとえば原告が消費貸借契約に基づき利息の支払いを請求し，確定判決によって，契約は成立しなかったという理由で棄却されたという事例を手掛かりに容易に理解することができる。この事案で同じ消費貸借契約に基づき元本の返済を求める第2の訴訟において，前訴で契約の成立が争われ裁判所が契約

---

(64)　兼子自身がこのような意図を有していたかどうか，確実に述べることはできない。しかし，彼が債務不存在確認訴訟の係属中に被告によって提起された同一権利関係に基づく給付の訴えを重複起訴として不適法と見なし，公然の一部請求訴訟の判決確定後の残部請求の訴えは前訴確定判決の既判力を受け不適法とする場合，彼の見解が紛争解決説と結びつけられることはもっともであろう。なお，新堂＝小島編・前掲注(40) 15頁〔新堂〕参照。

は不成立だと判断していた場合に，後訴裁判所は信義則によりこの消費貸借の成立については裁判済みとすることができるかどうか問題となろう。これを肯定することは，満足できる結果ではない。もちろん，この事案では，当事者は消費貸借契約をめぐる争訟の全体に決着が着いたという期待を抱いても，それは正当な期待ではなく，したがって信義則の適用はないと指摘されるかもしれない。しかし，この例は，信義則の適用要件の具備を一義的に判断することが極めて困難であることを示している。同じことは，原告が所有権に基づく妨害排除請求訴訟において所有権の不存在を理由に請求棄却判決を受けた場合，原告の所有権の存否について争われ，裁判所がこれを否定的に判断し，請求棄却判決をした場合に，所有権を前提問題とし所有権から派生する法律効果をめぐるあらゆる後訴は信義則によって不適法とされてよいのであろうか。この訴訟では，被告が差止めを求められた行為を行う権限が被告に帰属しているかどうかが最大の問題である。そのような訴訟で前提問題として原告の所有権を否定する判断が下されたとしても，この判断は原告の所有権をめぐる後訴に影響を及ぼすべきではないのである。

また，信義則の適用が安易になされるおそれがあり，これによって国民の裁判を受ける権利が侵害される危険がある(65)。

Ⅳ 最終的コメント
── プラグマティクな訴訟法解釈の勝利か？

以上の考察は，日本では多数説によって，権利保護が訴訟目的として承認されず，規範的に無色の紛争の解決が訴訟目的とされていることを明らかにした。そして実際の法適用においては，プラグマティクな考察方法を信義則の適用という形で，しかも判決効の領域で優遇する傾向が現れている。ここでは信義則は，必ずしも個別事案の個別事情に照準を合わせてその適用が判断されるというものではない。これは，公然の一部請求訴訟を全部または一部棄却する判決が確定した後の残部請求の後訴を，被告の紛争決着期待を理由に不適法とする判例および学説に端的に現れている。ここでは事案の特殊な状況が考慮されているのではなく，一部請求棄却判決の確定後の残部請求であることを理由に，一般的に信義則の適

---

(65) 最判昭和59年1月19日判時1105号48頁＝判タ519号136頁は，後訴を被告の紛争決着期待に反するとして信義則違反を理由に不適法として却下した原判決を，信義則違反はないとして破棄した裁判である。

用が語られていることが特徴的である。しかし，このような傾向は，判決効の領域以外の領域においても個別事情ではなく信義則の一般的な適用に向かうおそれがある。

　以上のように見てくると，日本の民事訴訟法解釈学においては重要な問題についてドグマーティク離れが徐々に，しかし確実に進んでいるということができる。これは，法律解釈の方法として利益考量がますます利用されることを招く。しかし，利益考量論には様々な問題がある。一例を挙げれば，放送記者の取材源の秘密についての証言拒絶権に関する最高裁判所の近時の裁判[66]を指摘することができよう。最高裁判所は初めて，この問題において利益考量に賛成した。曰く「もっとも，ある秘密が上記の意味での職業の秘密に当たる場合においても，そのことから直ちに証言拒絶が認められるものではなく，そのうち保護に値する秘密についてのみ証言拒絶が認められると解すべきである。そして，保護に値する秘密であるかどうかは，秘密の公表によって生ずる不利益と証言の拒絶によって犠牲になる真実発見及び裁判の公正との比較衡量により決せられるというべきである」。本件での具体的な比較衡量につき，最高裁は，取材源の秘密は職業の秘密に当たることを認めた上で，保護に値する秘密であるかどうかは，「当該報道の内容，性質，その持つ社会的な意義・価値，当該取材の態様，将来における同種の取材活動が妨げられることによって生ずる不利益の内容，程度等と，当該民事事件の内容，性質，その持つ社会的な意義・価値，当該民事事件において当該証言を必要とする程度，代替証拠の有無等の諸事情を比較衡量して決すべきことになる」という。そして，この比較衡量に当たっては，次の点が考慮されなければならないとされる。「報道機関の報道は，民主主義社会において，国民が国政に関与するにつき，重要な判断の資料を提供し，国民の知る権利に奉仕するものである。したがって，思想の表明の自由と並んで，事実報道の自由は，表現の自由を規定した憲法21条の保障の下にあることはいうまでもない。また，このような報道機関の報道が正しい内容を持つためには，報道の自由とともに，報道のための取材の自由も，憲法21条の精神に照らし，十分尊重に値するものといわなければならない。……取材の自由の持つ上記のような意義に照らして考えれば，取材源の秘

---

[66] 最〔3小〕決平成18年10月3日民集60巻8号2647頁。これにつき，松本博之・ジュリスト1332号（2007年）129頁参照。なお，最〔3小〕決平成20年11月25日民集62巻10号2507頁も参照。

密は，取材の自由を確保するために必要なものとして，重要な社会的価値を有するというべきである。そうすると，当該報道が公共の利益に関するものであって，その取材の手段，方法が一般の刑罰法令に触れるとか，取材源となった者が取材源の秘密の開示を承諾しているなどの事情がなく，しかも，当該民事事件が社会的意義や影響のある重大な民事事件であるため，当該取材源の秘密の社会的価値を考慮してもなお公正な裁判を実現すべき必要性が高く，そのために当該証言を得ることが必要不可欠であるといった事情が認められない場合には，当該取材源の秘密は保護に値すると解すべきであり，証人は，原則として，当該取材源に係る証言を拒絶することができると解するのが相当である」と。

　私には，秘密の開示についての利益考量の方法が秘密の要保護性を正しく捉えることができるかどうか，疑問なように思われる。法律が職業上の秘密を証言拒絶事由と定めていない刑事訴訟と異なり，民事訴訟法は明文規定によって技術または職業の秘密を保護している。ここでは法律上の秘密の保護に重点が置かれており，真実の確定はその限りで初めから放棄されていると言うことができる。そうだとすると，ある秘密の要保護性が，たとえば当該事件が重大な公共の利益に関わり，代替的な証拠方法がない場合に，否定されうるとすることは，理解困難である。その他の点では，利益考量は，同じ事項がある事件では保護に値する秘密とされ，別の事件では保護されないという結果になりうる。このようにして，訴訟における秘密保護の予見可能性が失われる[67]。基本的に問題なのは，私法上の権利または利益が争われているにすぎない民事訴訟において，真実の発見という公益の考慮が技術または職業の秘密の法律上の保護を排除することができるかどうかである。弁論主義が妥当する民事訴訟において，法律上の秘密保護が具体的な事件における公共の利益を理由に削減されることは正当化できないように思われる。

　上述のところによれば，法解釈における一義的な判断を保障し，実務上の取扱いの安定性と明確性を確保することは重要な課題である。この必要に応じるためには，訴訟の基本原則や制度の意味などの基本的な事項に基づく訴訟法解釈に立ち返ることが必要であると思われる。

---

　[67]　松本・前掲注（66）131頁；松本＝上野・前掲注（55）〔540e〕。

ドイツ民事訴訟のドグマーティクにおける実体法と手続法

アレクサンダー・ブルンス
松本博之訳

I 課題の設定

　実体法と手続法との協働および関係は，現代の訴訟法学においても絶えざるドグマーティシュな意味をもつテーマである。この問題領域に関する文献は図書館を満たし，関係判例は資料館を満たす。実体法と手続法の二叉分枝は，訴訟法においても強制執行法および倒産法においても出てくるのであるが，1つの講演の枠内で実体法と手続法の関係のすべての面に光を当てることはできない。むしろ以下においては，民事訴訟法ドグマーティクの選択された中心領域を手掛かりに，実体法と手続法の関係を規定することに，焦点が合わされる。この統一テーマは，民事訴訟法学については，それ自体で完結している民事訴訟ドグマーティクが実体法と手続法の関係を成形 (überformen) するかどうか，どの範囲で成形するのか，このドグマーティシュな成形 (Überformung) は民事訴訟法の発展に対していかなる意義を有するかという問題に具体化される。実体法と手続法の関係規定が有する実際的な効果が範例的に現れるのは，支配的見解によれば，訴訟係属と既判力の範囲を先決する訴訟物理論と，既判力理論とにおいてである。実体法と手続法の緊張関係は訴訟法律関係においても明らかになるが，特に当事者の訴訟行為と事案解明においてそうである。すなわち，実体法上の情報義務か訴訟上の解明義務かが問題となる。ドグマーティシュな輪郭を描く努力は，憲法上の考察をも当然ならしめる。だが，個別のテーマ領域に注意が向かう前に，まず注目に値するのは実体法と手続法の間の分離の歴史的な成立である。これを認識しなければ，ドグマーティシュな立地規定は，結局は中途半端であり，また，中途半端にならざるを得ない。

第Ⅵ部　民事訴訟法解釈学における実体法と手続法

Ⅱ　実体法と手続法の分離のイデーの歴史

　実体法と手続法の思考上の区別は，中核部分においてはア・ク・チ・オ・（actio）とオ・ブ・リ・ガ・チ・オ・（obligatio）という概念対の形ですでにローマ法において現れている。この区別の意味と射程範囲をめぐる争いは，法源素材（Quellenmaterial）の釈義を巡る論争と同じくらい古い。そのさい争われたのは，——大まかにいうと——出発点においてはとりわけ，ア・ク・チ・オ・はオ・ブ・リ・ガ・チ・オ・から導き出されるのか，それとも逆かという問題であった。*Friedrich Carl von Savigny*（フリードリヒ・カール・フォン・サヴィニー）は，ローマ法上のア・ク・チ・オ・を，実体権の侵害を要件とする実体的アクチオ権の意味に解釈した[1]。続いて，とりわけ，ア・ク・チ・オ・についてのローマ法の法源状態から実体法的に理解された請求権を読み出し，それによって実体権の優先を基礎づけたのは，*Bernhard Windscheid*（ベルンハルト・ヴィントシャイト）であるが，そのさい，彼はもちろんア・ク・チ・オ・と請求権（Anspruch）との完全な同一性を主張したのではなかった[2]。*Windscheid* の観念によれば，アクチオの実体法的諸要素は，その訴訟上の関連から切り離されて，請求権に統合されている。請求権は，したがって，義務づけられた給付を裁判上も請求できる権能である。民事訴訟法の意義は，この体系においては，むしろ下位にあり，権利の実質は実体法にある。この基本的仮定は，民事訴訟法および草案理由書の起草者をして，実体法上の請求権を訴訟物と同一視するきっかけを与えた[3]。この基本理解は，訴求可能性（Klagbarkeit）と権利保護の実体的内容のテーゼの基礎にもなっている。

　しかしながら，これらの理論に異論がなかったわけではない。反対の潮流は，権利の内容を訴訟的に理解する。プラグマーティシュな志向をもつローマ法にとって，訴訟的刻印とアクチオ法的思考とが確認される十分な理由がある[4]。「吾

（1）*Savigny*, System des heutigen römischen Rechts, Bd. V, 1841, S. 1 ff.

（2）*Windscheid*, Die Actio des römischen Zivilrechts vom Standpunkt des heutigen Rechts, 1856, S. 3 ff., 221 ff.

（3）Motive, Hahn/Stegemann, Materialien², S. 255, 257.

（4）*Kaser*, Das römische Privatrecht, Bd. 1, 2. Aufl. 1971, § 55 Ⅰ 2 und 3; *Münch*, Vollstreckbare Urkunde und prozessualer Anspruch, 1989, S. 38 ff. m.N.

に事実を与えよ，されば権利を与えん (da mihi facta, dabo tibi ius)」という原則の貫徹によって，近代民事訴訟法学は，訴権の中核内容を訴訟的に性質決定するのみならず[5]，権利の実質をその訴訟上の実現に見るのに対し，実体法には傾向として単に裁判規範の機能が与えられる[6]。訴求可能性と強制可能性は，したがって権利の実体法的属性ではなく，訴訟的属性である[7]。首尾一貫した形で，これによって，今日全く支配的となっている，訴訟物の訴訟的規定のための基礎も据えられている。結局は，訴訟法を独自の権利義務の法源と捉え育む独自の訴訟法ドグマーティクの根源も，この発展の中にある。

III 憲法上の司法保障の意味

　実体私法と民事訴訟法との関係の規定は，憲法上の意味をも有する。近代訴訟法学がこの問題にこれまで比較的に僅かな注意しか払っていないのは，それだけ一層不思議に思われる。自力救済の禁止および国家による権力独占は，権利の実現のための司法的手続 (ein justizförmiges Verfahren) を用意するよう法治国家に義務づける。連邦憲法裁判所が法治国家原理との関連で種々の基本権から憲法上の司法保障 (die verfassungsrechtliche Justizgewährleistung) を引き出しているが (GG 2条1項，14条，20条3項)[8]，これは個々人に原則として国家裁判所へのアクセスおよび，法的審問 (GG 103条1項) と真実発見に向けられた証明権[9]の確保の下での法定裁判官 (GG 101条1項2文) の面前での公正な法治国家的手続[10]の実施を保障するだけでなく，拘束力ある裁判所の裁判と，場合によっては強制執行

---

(5) *Wach*, Handbuch des Deutschen Civilprozessrechts, Bd. 1, 1885, § 2 IV, S. 19による権利保護請求権説がそうである。
(6) 基本的なものとして，*Hellwig*, Anspruch und Klagrecht, 1924, S. 5 ff., 116 ff.
(7) *Hellwig*, a.a.O. S. 121 ff.
(8) Z. B. BVerfGE 35, 348, 361; 79, 80, 84; 85, 337, 345; 88, 118, 123; 93, 99, 107; 97, 169, 185.
(9) 証明権 (das Recht auf Beweis) は，EMRK 6条1項だけから生じるのではなく (EGMR NJW 1995, 1413)，核心において GG 103条1項との関連での GG 2条1項に基づく憲法上の保障にも合致する (vgl. BVerfG NJW 2001, 2531 r.Sp.)。真実発見を求める憲法上の権利について，基本的なものとして，*Stürner*, Die Aufklärungspflicht der Parteien des Zivilprozesses, 1976, S. 31 ff.
(10) BVerfG JZ 2000, 783.

の方法での国家による裁判の実行を求める権利をも保障している[11]。裁判官の法律への拘束（GG 20条3項）は，法律問題（Rechtsfragen）を全く訴訟的に判断することを禁止し，争訟を裁判するさい実体法を基礎とすることを原則として強行的に要求する。憲法上の司法保障の内容は，通例次のように定式化される。すなわち，国家は実体法の実現のための国家手続（ein staatliches Verfahren）を用意する義務を負う。それゆえ，そこから実体法的な訴訟物概念の必要性が生ずるか，訴訟法律関係の実体法的な内容が生ずるか，と問うことができよう。

　先ず，実体法を整備・形成するさいに広範な形成裁量を有する立法者は，通例，自ら生み出す実体法上の法的地位（Rechtspositionen）が裁判上実行可能であることを保障しなければならないというのは正しい。だが，それによって，たとえば訴訟物，当事者行為論または訴訟法律関係が実体法的に性質決定されるべきだとはいわれていない。法治国家原理との結びつきでの，基本権からの司法保障の憲法上の演繹は，手続法の独自の意味と実質的内容を証しており，民法的に実体法的な性質決定を要求するものではない。むしろ憲法による司法基本権（Justizgrundrecht）の規範化と，より広い不文の手続保障の承認は，実体法上の法的地位の実現と関連する法律問題を訴訟的に性質決定し，訴訟法により規律することの支えとなる。単純法レベルの訴訟上の権利義務（einfachrechtliche prozessuale Rechte und Pflichten）を，しかも当事者と裁判所との関係のみならず民事訴訟の当事者相互間においても承認することは，強調された民事訴訟法の憲法的意味に対応するのである。そのさい，実体法との密接な関係もつねに現れる。すなわち，訴訟資料の重要性は，つねに実体法を背景にして，そして実体法の基準により判断される。この不可離の関係は，結局のところ，民事訴訟の憲法上の機能に負うのである。

IV　民事訴訟上の権利実行にとっての訴訟法的な性質決定と準則形成の優位

　実体私法と民事訴訟法の相互補完性は憲法上刻印づけられているが，このことは権利実現の諸問題の解決があたかも任意に実体法の手段または訴訟法の手段に

---

[11] *Rosenberg/Gaul/Schilken*, Zwangsvollstreckungsrecht, 11. Aufl. 1997, § 3 III 4; *Brox/Walker*, Zwangsvollstreckungsrecht, 8. Aufl. 2008, Rn. 1; *Baur/Stürner/Bruns*, Zwangsvollstreckungsrecht, 13. Aufl. 2006, Rn. 7.1.

よって行われうることを意味するものではない。民事訴訟法が法典としても憲法上も独立性を有していることは，訴訟法的な性質決定および準則形成の優位（der Vorrang prozessrechtlicher Qualifikation und Regelbildung）に通ずる。訴訟による権利実行は，第一次的に訴訟法特有の規律を要求する。そのさい，独立した訴訟上の準則形成の優先は，とりわけ事物に近い法的規律（sachnahe rechtliche Regelung）の要請に合致する。訴訟法律関係は，平等秩序によって支配される私法とは基本的に区別される。すなわち，当事者と裁判所との間の典型的な三角形の関係は，結局のところ，当事者間の私法上の争訟が裁判されるという特殊性を伴うものの，強く公法的に刻印づけられている。この訴訟法律関係の特殊性は，実質に則した法的規律（sachgerechte rechtliche Regelung）を要求する。そのさい，事物近接（Sachnähe）に基づき，訴訟による権利実行問題の訴訟法的解決が事物適合性（Sachgerechtigkeit）を有すると推定される。これに応じて，実体法はそれ自体の実現の問題においては補充的な性格を有するにすぎない。実体法は，権利の実現にあっては，主として訴訟法が事物適合的な解決（sachgerechte Lösung）を用意しないところで権限を有する。それゆえ，出発点においては，立法的にもドグマーティシュにも，全面的な訴訟的解決モデルを追求すべきである。実体法的解決は，その点で補充性の原則（der Grundsatz der Subsidiarität）に服する。民事訴訟法が自力でその目的を正しく果たさない場合にのみ，実体法規範への依拠が正当化されるのであり，また事情によっては，それは必要である。

Ⅴ 訴訟法ドグマーティクの，選択された領域における実体法と訴訟法

1 訴訟物理論

実体法と手続法の緊張関係は，伝統的な実体法的訴訟物理論（die materiellrechtliche Streitgegenstandslehre）と今日支配的な訴訟的訴訟物理論（die prozessuale Streitgegenstandslehre）の対立の中に現れている。民事訴訟法の起草者の実体法的請求概念ないし訴訟物概念には，すでに言及した[12]。訴訟物の実体法的性質決定は，訴訟は存在する権利の実行に仕えるという観念によって担われている。実体法説

---

(12) 上記Ⅱを見よ。この点および以下の点について詳しくは *Münch*, a.a.O. S. 46 ff. m.w.N.; *Rosenberg/Schwab/Gottwald*, Zivilprozessrecht, 16. Aufl. 2004, § 92 Rn. 8 ff.

は，実体法上の請求権基礎を欠く確認訴訟および形成訴訟の説明のさい，ならびに訴えの却下のさいに，とりわけ架橋しがたい困難と闘う。実体法上の請求権競合の場合においても —— 近時の再生の試みにもかかわらず[13] —— 実体法的な基本的出発点（Grundansatz）は依然として不満足である。

　それゆえ全体として見れば，訴訟物を実体法の鎖から出発点においては解き放ち，独自の訴訟法的解決の道を開く支配的な訴訟的請求概念を支持する，よりよき諸理由がある。訴訟的訴訟物理論は，事物に近接した訴訟法的な問題解決の優位に合致する。そのさい，訴訟的な出発点によって決してすべての疑問のある諸問題が処理されるのでないことも，もちろん明らかになる。とくに争われるのは，連邦通常裁判所が，そしてその間に支配的見解が認めるように，訴訟物が訴えの申立てと陳述された生活事実関係によって二分肢的に定義されるのか，それとも，部分的に主張された反対説とともに —— 一分肢的に —— 原告の申立てのみによって定義されるかということである[14]。原告の事実陳述を同じ程度強調すること（gleichgewichtiges Abheben）が問題なのは，とくに原告が —— 手作業的な不完全性のためであれ，訴訟戦術によるのであれ —— 訴えの申立ての技術適合的な（kunstgerecht）理由づけに必要な程度を越えてまたはそれ以下に事実を陳述する場合である。連邦通常裁判所が疑問ケースにおいて当事者の立場から出発する「自然な」考察方法または取引通念に依拠する場合[15]，それはたしかにプラグマーティシュであるが，ドグマーティシュには全く不満足なものである。給付判決の

---

(13) *Nikisch*, AcP 154 (1955), 269, 282 ff.; *Larenz*, Schuldrecht II, 12. Aufl. 1981, § 75 VI（「請求権規範競合」）; *Rimmelspacher*, Materiellrechtlicher Anspruch und Streitgegenstandsprobleme im Zivilprozess, 1970; ざっとしたものであるが，*Grunsky*, Zivilprozessrecht, 13. Aufl. 2006, S. 91.

(14) BGHZ 117, 1, 5; BGH NJW 2000, 1958; 2001, 157, 158; NJW-RR 2006, 1502, 1503; *Rosenberg/Schwab/Gottwald*, § 92 Rn. 22; 異説は，（一分肢的に）*Schwab*, Der Streitgegenstand im Zivilprozess, 1954, S. 183 ff.; なお異なるのは，*Jauernig*, Zivilprozessrecht, 29. Aufl. 2007, § 37 VIII, S. 125 ff.（処分権主義の妥当領域では二分肢的に，職権探知主義の領域では一分肢的に）; *Stein/Jonas/Schumann*, Kommentar zur Zivilprozessordnung, 20. Aufl. 1977, Einl. Rn. 285 ff.（訴訟係属と訴え変更の適法性の決定については一分肢的に，既判力については二分肢的に）。EuGVVO27条の枠内におけるヨーロッパ司法裁判所の異なる核心理論については，EuGH NJW 1989, 665; EuZW 1995, 309; 1998, 443（これにつき *Walker*, ZZP 111 [1998], 429 ff.）を見よ。比較法的には，*Stürner*, FS Schütze, 1999, S. 913 ff.; *ders.*, FS Lüke, 1997, S. 829 ff.

(15) たとえば，BGH NJW 1995, 967, 968; 1999, 3126, 3127; NJW-RR 1996, 826, 827.

確定後に意思表示された相殺または取消しという周知の例が印象深く明らかにするように，既判力の時的限界の規定も特別の困難を引き起こす。判例は民事訴訟法767条2項による失権につき相殺適状ないしは取消可能性の時点が決定的であるとするのに対し，文献は形成の意思表示に，または，相殺につき民事訴訟法533条，その他の形成権につき民事訴訟法282条1項，296条2項，531条の準用に，照準を合わせている(16)。判例の失権好きの基本線は，全く実体法と相容れず，また裁判官が基本法により法律に拘束されていることと殆ど相容れない。訴訟促進義務による解決は，この義務の限界づけの不安定さと不明確さに鑑み，結局は説得力がない。それゆえ，形成権の行使によって抗弁が成立するより遅い時点を ── 実体法上ならびに訴訟上適正に ── 基礎とする，ドグマーティシュにきちんとした文献上の見解が優先に値する。

　訴訟物の確定についての論争は，必然的に実体法的に刻印づけられた重要性 (Relevanz) を基準に訴訟対象を具体化するものの，ドグマーティシュにはこれまで完全には貫徹していない，閾下の実体法上の評価を時には明るみに出す。そのさい，これまで相対的にあまりアウトラインが示されていない訴訟促進義務と訴訟経済の議論が共振している。訴訟ドグマーティクの扱いにおけるこの不安定さは，さらなる発展の必要を示しているが，原則的に訴訟的訴訟物概念に不利で，実体法的訴訟物概念に有利というわけではない。むしろ，訴訟法は自己目的ではなく，機能的に実体法の実現を狙っており，そしてこれに適応しており，かつ，そうでなければならないことをつねに念頭に置くべきである。

2　既判力理論

　対立する既判力理論は，民事訴訟ドグマーティクにおける実体法的な説明の試みと訴訟法的な説明の試みとが抗争する別の例である。訴訟物の問題とは無関係に，既判力の作用態様は対立的に議論される。そのさい，議論は ── 多少なりともはっきり言って ── 各々訴訟物について主張された基本的な確信によって

---

(16) RGZ 64, 228; BGHZ 24, 97; 34, 274, 279; 42, 37; 59, 116, 124; 94, 29, 34; 123, 49, 52 など恒常的。形成の意思表示の基準性に賛成するのは，たとえば *Stein/Jonas/Münzberg*, § 767 Rn. 32-39 m.N.; 訴訟促進義務を通る解決に賛成するのは，たとえば *Jauernig/Berger, Zwangsvollstreckungsrecht*, 22. Aufl. 2007, § 12 II; *Rosenberg/Gaul/Schilken*, § 40 V 2 b, aa（相殺）．

も，一貫した形で特徴づけられている。もともとライヒ裁判所も従っている伝来の実体法説は，出発点において，裁判は宣言された権利を新たに基礎づけるということを認める。すなわち，正当な判決 (ein richtiges Urteil) は従前の法律状態を確認し，かつ新たな平行する法律要件を作出し，誤判 (ein Fehlurteil) は法律状態を形成するのであって，否定された権利を消滅させ，誤って認容された権利を成立させるとする[17]。近時は，実体法的既判力理解は，判決の正しさと宣言された法律効果の存在のための反駁しえない推定 (eine unwiderlegliche Vermutung) の形式においてなお疎らに主張されている[18]。実体法的理解に応じて，この見解は既判力を抗弁権 (Einrede) と捉え，当事者の責問がある場合にのみ顧慮を要求する。

　それに対し，今日支配的で，より現代的な訴訟法説は，既判力の純訴訟法的作用態様から出発する。すなわち判決は，存在する実体法上の法状態について裁判するのであり，実体権への直接の作用を有しない。今日支配的な代替案 (Gegenentwurf) によれば，確定判決は，もう一度審理裁判することを禁止する (一事不再理 ne bis in idem) という意味で後訴の裁判官を拘束するのであるが[19]，より古い別の見解によれば，先行の裁判と異なる内容の裁判が禁止されるに過ぎない[20]。訴訟的に理解される既判力効は，当事者が処分することができないものであり，その結果，消極的訴訟要件として職権で顧慮されるべきである。

　既判力の訴訟法説は，実体法説の明瞭な弱点を克服し，それによってすべての疑問問題が解明されるのではないにせよ，それによって，訴訟法ドグマーティクにおける，そして民事訴訟全体の発展に対する認識論上の進歩を記録している。訴訟法説は，権利実行に対する訴訟法的な性質決定と準則形成の優位に合致し，訴訟的訴訟物概念と調和する。実体法は判決の内容に対する判断基準を設定する

---

(17) *Savigny*, System, Bd. VI, S. 261 (「真実の擬制」としての判決) ; *Kohler*, Der Prozess als Rechtsverhältnis, 1888, S. 64, 112; *Pagenstecher*, Zur Lehre von der materiellen Rechtskraft, 1905, S. 302 ff.; *Neuner*, ZZP 54 (1929), 217.

(18) *Pohle*, GS Calamandrei, 1958, S. 377; vermittelnd *Stein/Jonas/Leipold*, §322 Rn. 24 ff.

(19) BGHZ 35, 338, 340; 36, 365, 367; *Rosenberg/Schwab/Gottwald*, §150 Rn. 8 m.N.; *Jauernig*, a.a.O. §62.

(20) *Stein*, Über die bindende Kraft der rechtlichen Entscheidung nach österreichischem Recht, 1897; *Hellwig*, Wesen und subjektive Begrenzung der Rechtskraft, 1901.

ので，訴訟的な出発点は難なく憲法適合的な権利保護保障と一致する。実体法説は，その純粋形式においては，絶対権の確認も，訴訟判決の既判力も満足に説明することができない。そのほか，〔実体法説によれば〕あらゆる民事裁判がもつことになる実体法上の形成力は，給付判決，確認判決および形成判決の区別を消滅させざるをえないであろう。訴訟法説は，多数説によれば，後訴の裁判官の拘束のみならず，当事者の拘束をも説明することができる（VwGO 121条，SGG 141条1項，FGO 110条1項からの論証）[21]。訴訟法説とともに，判決は実体権に影響を及ぼさないことから出発する場合，それによって一方において再審の場合に実体権への依拠が可能であり，他方では新たな権利ないしは処分対象の成立をめぐる議論も避けられる。

3 訴訟法律関係

(1) 概念と意義

訴訟法律関係は，今日全く支配的な見解によれば，そしてかつての説明に反して，当事者と裁判所との間の三つの辺のある法律関係である[22]。その法的性質上，支配的な見解によれば，それは公法的な，したがってまた真正の訴訟法上の法律関係である。このドグマーティシュな基本的出発点は，訴訟的準則形成の優先原理に完全に合致する。もっとも，そのさい個別的に不明確で争われるのは，訴訟法律関係が —— たとえば，*Oscar Bülow*（オスカー・ビュロー）と *James Goldschmidt*（ジェイムズ・ゴルトシュミット）が認めたように —— 原則として負担だけを根拠づけることができるのか，それとも義務をも根拠づけることができるのか，そして，いかなる範囲でそうなのかという問題である[23]。誰に対して義務と負

---

(21) *Rosenberg/Schwab/Gottwald*, § 150 Rn. 9 m.w.N.

(22) 基本的なものとして，*Bülow*, Die Lehre von den Processeinreden und Processvoraussetzungen, 1868 (Neudruck 1969), S. 1 ff.; *Wach*, a.a.O. § 4 V, S. 39; für die h.L. *Rosenberg/Schwab/Gottwald*, § 2 Rn. 6；異説，(当事者間でのみ認める) *Kohler*, a.a.O. S. 6 ff.；再び異なるのは（両当事者と裁判所との間でのみ認め，当事者相互間では認めない）*Hellwig*, System des deutschen Zivilprozessrechts, 1. Teil, 1912, § 138 II, S. 396.

(23) *Bülow*, AcP 62 (1879), 1 ff., 11 ff., 27 ff.; *Goldschmidt*, Der Prozess als Rechtslage, 1925 (Neudruck 1962), S. 76 ff.；訴訟上の義務についての広く行われている理論に賛成するのは，*Degenkolb*, Einlassungszwang und Urteilsnorm, 1877 (Neudruck 1969), S. 15 ff.；全体につき *Stürner*, a.a.O. S. 71 ff. m.w.N.

担が場合により存在するのか，裁判所に対してだけか，相手方に対してだけなのか，それとも当事者と裁判所の双方に対してなのかも，今日まで部分的には不確かである。それでも，たとえば真実義務，訴訟促進義務または費用義務の形での訴訟上の義務的拘束（Pflichtenbindung）の可能性は，少なくとも例外現象としては今日一般的に承認されている[24]。訴訟法律関係は，たとえば複数の訴訟法律関係の承認による訴えの併合，訴訟の承継を筋を通して（schlüssig）説明し，それによって民事訴訟のドグマーティクに本質的な寄与をする。

(2) **当事者の訴訟行為**

訴訟法律関係の枠内において，訴訟行為論はそのドグマーティシュで，かつ実際的な意味を展開する。現代のドグマーティクは，その出発点において実体的法律行為と訴訟行為とを厳格に区別する。法律行為は実体法状態を変動させるが，訴訟行為は現在または将来の手続に対して形成的に作用する[25]。訴訟行為論は，民事訴訟のドグマーティクにとって中心的な意義を有する。そのさい前面に出るのは，当事者の訴訟行為である。これは，一方的訴訟行為と双方的訴訟行為（訴訟契約）として，ならびに —— *Goldschmidt* に従って —— 取効行為（たとえば，申立ておよび事実陳述等）と与効行為（たとえば訴えの取下げ，上訴の提起，自白等）として現れる[26]。争われるのは，当事者訴訟行為の有効要件が訴訟法と実体法のいずれから取り出されるべきか，およびその範囲である。かなりの数の文献は，当事者訴訟行為の有効要件を全面的に訴訟法から除外しようとする[27]。これは，実質に即した訴訟法的準則形成優先の原則と抵触するのみならず，訴訟行為論から内的一貫性，直系性（Geradlinigkeit）したがって結局は説得力を奪う。それゆえ，出発点においては，訴訟行為の有効要件は優先的に訴訟法によって定まるという支配的な反対説を固執すべきである[28]。当事者訴訟行為が法律行為と競合する

---

[24] 多くの文献に代えて，*Rosenberg/Schwab/Gottwald*, § 2 Rn. 14 f. m.N.

[25] 支配的な機能的考察方法がそうである。たとえば，*Henckel*, Prozessrecht und materielles Recht, 1970, S. 28 ff. m.N.; *Baumgärtel*, Wesen und Begriff der Prozesshandlung einer Partei im Zivilprozess, 2. Aufl. 1972, S. 12 ff.; *Rosenberg/Schwab/Gottwald*, § 63 Rn. 1 ; *Stein/Jonas/Leipold*, Vor § 128 Rn. 207 ff. m.w.N. を見よ。

[26] *Goldschmidt*, a.a.O. S. 364 ff., 456 ff.; *Jauernig*, a.a.O. § 30.

[27] たとえば，MünchKomm ZPO/*G. Lüke*, Einl. Rn. 262 m.w.N.

[28] *Rosenberg/Schwab/Gottwald*, § 63 Rn. 3 ; *Jauernig*, a.a.O. § 30 IV-IX; *Grunsky*, a.a.O. Rn. 93.

場合には，各々の法的行為はこれにつき適用される規律に服する。それゆえ，訴訟上の当事者行為の有効要件は，当事者能力，訴訟能力，弁論能力（Postulationsfähigkeit）および，訴訟上の方式の遵守，すなわち取効行為の場合には裁判所に対する実施，与効行為の場合には —— 個別事案に応じて —— 相手方に対する実施ないしは相手方および裁判所に対する実施，である。当事者訴訟行為は，正しい支配的見解によれば，原則として民法典 119条以下によって取り消すことができないが，裁判上の自白のように，事情によっては撤回できる（ZPO 290条）。当事者訴訟行為は，訴訟外の条件には親しまないが，訴訟内の条件には親しむ（たとえば予備的申立て）[29]。支配的見解によれば，例外的に信義誠実の原則（BGB 242条）が訴訟行為の有効性に対立しうべきである[30]。そのさい，正しい見解によれば，各法律問題が訴訟法規範の解釈または類推適用によって解決できない場合に，そしてその限りで，せいぜい，実体法上のカテゴリーへの補充的な依拠が問題となりうる。

とくに訴訟法は訴訟契約に関する完結した規律を用意していないので，特別の疑問事例は訴訟契約の形での双方的な当事者訴訟行為との関連で生じる[31]。一般的な見解によれば，たとえば契約の締結は，民法典 145条以下の類推により実体法上の法律行為論の基準により行われるべきである[32]。非常に争いがあるのは，訴訟契約には —— 今も支配的である見解が認めるように —— もっぱら処分効が与えられるべきか[33]，それとも，有力化している反対説が認めるように[34]義務づけ的訴訟契約も可能であるかどうかである。処分効の一例は管轄の合意であり，義務づけ効をもつのはたとえば訴え取下げ約束である。訴え取下げ約束は支配的見解によれば実体法上の行為義務しか根拠づけず，この行為義務の違反がある場

---

(29) 全体について *Rosenberg/Schwab/Gottwald*, § 65 Rn. 23 ff., 39 ff. m.N.

(30) たとえば，BGHZ 50, 191; 102, 199, 202; BGH NJW 1999, 647, 648; *Rosenberg/Schwab/Gottwald*, § 65 Rn. 49 ff. m.w.N.

(31) 全体について *Wagner*, Prozessverträge, 1998, insbes. S. 278 ff.; im Überblick *Rosenberg/Schwab/Gottwald*, § 66 Rn. 1 ff.

(32) 多数の文献に代えて，*Stein/Jonas/Leipold*, Vor § 128 Rn. 306; MünchKomm ZPO/*G. Lüke*, Einl. Rn. 286 (jeweils m.w.N.).

(33) *Schiedermair*, Vereinbarungen im Zivilprozess, 1935, S. 95 f., 175; *Baumgärtel*, ZZP 87 (1974), 121, 134; *Zöller/Greger*, Vor § 128 Rn. 26.

(34) *Wagner*, a.a.O. S. 35 ff.; *Stein/Jonas/Leipold*, Vor § 128 Rn. 303; MünchKomm ZPO/*G. Lüke*, Einl. Rn. 289; *Rosenberg/Schwab/Gottwald*, § 66 Rn. 2 f. m.N.

合，疑問のある多数説によれば損害賠償義務は生じうべきであるが（BGB 280条），訴求可能な履行請求権は生じない[35]。義務づけ的訴訟契約を承認すると，不可避的に，実体法的規律への依拠の必要が拡大する。民事訴訟法における当事者処分が実際にそこまで及ぶのであれば，訴訟上の義務の存在は，義務づけ的訴訟契約を原則的に可能とする方向に有利に作用するであろう。必然的に，このような一般的な形では，確かにそうではない。大掛かりに義務づけ的訴訟契約を承認する真正の法政策的必要性は —— 多分，訴訟上の和解を別にすると —— いずれにせよ直ちには押し寄せてこない。そういうことになるのは，とくに，支配的見解に反して，一定の訴訟行為をすべき実体法上の義務の履行を求める訴えが許される場合である。それゆえ，義務づけ的訴訟契約を承認することは，支配的見解とともに原則として躊躇われる。

訴訟契約を訴訟上の処分に制限することが支配的であるにもかかわらず，支配的見解は法律行為に適用される規律による取消しを広く承認しようとする[36]。一見すると，これは，全く矛盾というわけでないにせよ，少なくとも，ちょっと不思議に見える。ともかくも連邦通常裁判所は，たとえば先取りされた上訴放棄契約との関係では，民法典 123条による取消しの代わりに，民法典 242条による悪意の抗弁をもって対処している。これは，支配的見解のように取消権を含む法律行為論に無制限に依拠するよりも，ドグマーティシュには初見では (prima vista) むしろなお説得力がありそうである[37]。もっとも，実体法規定への依拠がすでに必要になる場合，なぜ，輪郭の乏しい一般条項に代えて，実質的に適切な特別規範に直ちに依拠しないのかと，異議が述べられるかもしれない。もちろん，訴訟上の真実義務（ZPO 138条1項）を問題の解決のために利用し，相手方当事者による真実義務の違反を，少なくとも詐欺の場合には訴訟上の瑕疵理論 (prozessuale Fehlerlehre) へと展開することも考えられよう。支配的見解が真実に反した一方

---

(35) MünchKomm ZPO/*G. Lüke*, Einl. Rn. 289; *Rosenberg/Schwab/Gottwald*, § 66 Rn. 3; a.A. *Stein/Jonas/Leipold*, Vor § 128 Rn. 315.

(36) 多数の文献に代えて *Stein/Jonas/Leipold*, Vor § 128 Rn. 311; MünchKomm ZPO/*G. Lüke*, Einl. Rn. 286; *Rosenberg/Schwab/Gottwald*, § 66 Rn. 16.

(37) BGH NJW 1986, 198; 訴え取下げ約束について似たものに，BGH NJW 1984, 805.

(38) 多数の文献に代えて，*Stein/Jonas/Leipold*, § 138 Rn. 14; MünchKomm ZPO/*Wagner*, § 138 Rn. 16; *Zöller/Greger*, § 138 Rn. 7 m.N.; *Musielak/Stadler*, Kommentar zur ZPO, 6. Aufl. 2008, § 138 Rn. 7.

的な陳述を民事訴訟法 286条により不顧慮にする場合(38)，そのような考え方は真実義務違反に基づく訴訟契約をもひっくり返すことができるかもしれない。訴訟法上の法発展と法形成の可能性は，私見によれば，ここでは結局ところ，未だ汲み尽くされていない。

　特別の注意に値するのは，その実際上の大きな意義と，民事訴訟法794条1項1号における明文規定によって基礎づけられた特別な地位に鑑み，訴訟上の和解である。その法的性質と法的取扱いについては，長い間争われている。訴訟上の和解は，普通，実体法上の要素と訴訟法上の要素からなる，いわゆる二重機能的訴訟行為の典型事例と見なされている。支配的見解は，訴訟上の和解に二重の性質，すなわち実体法上の契約と訴訟契約の性質を同時に承認する(39)。支配的見解のこの定式は，訴訟上の和解に訴訟終了効をもつ実体法上の契約を承認しようとした，かつての実体法説(40)と，純然たる訴訟法上の法律要件から出発する純然たる訴訟法説(41)との間の妥協のような感じを与える。第4の見解は，訴訟上の和解に，実体法上の和解と訴訟契約とに分けられる二重要件（Doppeltatbestand）を見る(42)。実体法的に特徴づけられたドグマーティクの相対的に広範な効力は，目立つ。そのさい，訴訟上まず前面に出るのは，訴訟の終了である。このことは，上述の優先原則によれば，訴訟法的な性質決定と準則形成をもっともならしめる。それでも，当事者間での法形成効は，和解の法的性質における実体法的構成要素を ── 統一的な法律要件の意味においてであれ，二重の法律要件の意味においてであれ ── 正当化するようにも見える。が，仔細に見れば，実体法への性急な依拠は，その点でも完全には説得力がない。そのさい出発点においては，支配的なドグマーティクが，訴訟物も既判力も訴訟的に，すなわち，法形成的な機能を断念した上で，性質決定していることが思い起こされなければならない。執行名義としての訴訟上の和解の承認が恰も一致した当事者処分による判決効の代替に基づくことから出発すれば，当事者間（inter partes）においても，訴訟上の和

---

(39) BGH NJW 2000, 1943 m.N.; *Rosenberg/Schwab/Gottwald*, § 129 Rn. 32. より注意深いのは，*Jauernig*, a.a.O. §48 I（「通常」）；*Grunsky*, a.a.O. Rn. 147（「原則として」）.
(40) たとえば *Rosenberg, Zivilprozessrecht*, 9. Aufl. 1961, S. 622 f., 629がそうである。
(41) *Baumbach/Hartmann*, Zivilprozessordnung, 67. Aufl. 2009, § 307 Anh. Rn. 3 ff.
(42) この意味において，たとえば *Stein/Jonas/Leipold*, Vor § 128 Rn. 325 m.w.N.; *Wagner*, a.a.O. S. 43 ff.

解の拘束力を全く訴訟法的に意味づけることができるかもしれない。訴訟上の和解は，その場合には，法律が執行名義として承認する訴訟上の契約の，明文規定によって規律された特別の場合ということになろう。そうなると，再審または民法典826条により既判力を破ることを正当化するような訴訟上の和解の瑕疵だけが顧慮されるとするのが首尾一貫するであろう。それによって，当事者の正当な利益も，結局十分顧慮されることになろう。

(3) **事案解明**（Sachverhaltsaufklärung）

核心において憲法ランクを享受する（GG 2条1項，14条，20条3項）訴訟上の真実探求（Wahrheitsermittlung）においても，民事訴訟法と実体法との間のドグマティシュな衝突がとくに徹底的に現れる[43]。元々民事訴訟法が知っているのは，訴訟上の完全義務と真実義務（ZPO 138条1項）および相手方の主張事実に対する陳述義務（ZPO 138条2項）である。民事訴訟法が，証明危険を負わない当事者の訴訟上の文書提出義務を明示的に規定しているのは，実体法上の提出義務がある場合またはこの者が自ら証明目的で文書を引用した場合だけである（ZPO 422, 423条以下）。その他の点では，法律の規定は，危険負担を負う当事者に準備的な情報請求権を指示する。── この場合にも，同様に実体法上の基準によるのであるが（ZPO 254条），実体法について明文規定を越えて，今日までとりわけ争われているのは，とくに，法類推または民法典242条［の信義則］に基づく情報請求権は，債権者と債務者間の固定的な特別の関係を要件とするか，それとも特別関係の実しやかさ（Plausibilität）で足りるか否かである[44]。

当事者の解明義務について，もともと本質的に実体法を指示した民事訴訟法の法律規定は，今日では正当に殆ど異口同音に不十分と見なされている。民事訴訟における事案解明を強化するための訴訟上の手段の必要性は，文献の圧倒的な同意の下に連邦通常裁判所の判例において，どちらかといえばある点に限って道を切り開いてきた。すなわち，ある出来事，とくに危険負担を負わない当事者の知覚領域における出来事についてより詳細な陳述がこの者に期待可能であるのに対し，危険負担を負う当事者が事象経過の外におり，これにつきより詳細に知らな

---

(43) 基礎的なものとして，*Stürner*, Die Aufklärungspflicht der Parteien des Zivilprozesses, S. 31 ff.

(44) これにつき多数の文献に代えて，*Stürner*, a.a.O. S. 317 ff., 326 ff.; *Bruns*, Informationsansprüche gegen Medien, 1997, S. 163 ff., 167 ff., 182 ff.

い場合に限り，危険負担を負わない当事者が具体化された否認（ZPO 138条2項）をする第二次的主張責任を負うという形においてである[45]。ドグマーティシュに包括的に狙いを定めた技術準則によって（lege artis）根拠づけられ，本質的により明瞭に構成され，そして，よりシャープな輪郭をもった代替案は，民事訴訟法138条1項・2項，445条以下，423条，372a条の法類推の方法で，秘密保護手続による営業秘密の保護の下で，もっともらしい権利主張がある場合に，危険負担を負わない当事者の一般的解明義務を構成し，この義務の違反は真実仮定により制裁されるとする[46]。危険負担を負わない訴訟当事者の一般的な訴訟上の解明義務のモデルは，憲法上保障された，司法保障の特別の刻印としての真実探求義務に対応する。民事訴訟法改正（ZPO-Reform）の立法者は，訴訟上の事案解明の弱さを認識したが，判例の努力にもかかわらず不足のある法律状態に，民事訴訟法142条，144条の新たな規律によって少なくとも部分的には考慮を払い，不備を除去した[47]。全体として，この領域においてとくに明らかに現れるのは，立法者のイニシアティブに刺激を与えたといってよいであろう訴訟法ドグマーティクが，民事訴訟法の発展と完全化のために有する中心的な意義なのである。

Ⅵ 民事訴訟法の発展に対するドグマーティクの意義

　民事訴訟法の発展に対するドグマーティクの意義は，びくともしない。そのさい，訴訟上の準則形成の優先は，民事訴訟法の事物近接および内的整合性（innere Konsistenz）ならびに体系整合性（Systemgerechtigkeit）の要請に合致する。独立した訴訟上の問題解決の可能性は，仕事のできる部分法秩序への民事訴訟法の発展を本質的に特徴づけ，促進した。部分的には訴訟法ドグマーティクは，たとえば文書提出と検証に関する規定（ZPO 142条，144条）を拡大するさいに，立法者による民事訴訟法の継続的発展を全面的に刺激した。他の領域においては，実体法的

---

(45) たとえば，BGH NJW 1999, 714/715; 104, 1405 f.; 2887, 2888 l.Sp. (jeweils m.N.)；文献からは多数に代えて，*Rosenberg/Schwab/Gottwald*, § 108 Rn. 14 m.w.N.
(46) 基礎的なものとして，*Stürner*, a.a.O. S. 92 ff.
(47) 判例からの例：BGH NJW 2007, 2989；文献からは多数の文献に代えて，*Wagner*, JZ 2007, 706 ff. m.w.N.；事案解明の広範な外国モデルについては，たとえば *Schlosser*, FS Sonnenberger, 2004, S. 135 ff.

な説明端緒は部分的に驚くべき粘り強さを示しているが，そのようなことは実質からは必要ではないであろう。訴訟法ドグマーティクはここで中途半端に立ち止るべきではなく，訴訟法学の可能性を完全に汲みつくすべきであろう。散発的に実体法的な解決コンセプトの拡大が考慮される限り，断固これに異議を述べるべきである。民事訴訟法はたしかに実体法の実現の機能を有するが，民事訴訟法はこの目的のために正当に訴訟上の手段を優先的に，かつ可能な限りいつでも用いるのである。

Ⅶ 要 約

1．実体私法と民事訴訟法の分離のイデー史は，訴訟法学の独立化と独自の訴訟法的な準則形成の発展の傾向を示す。

2．実体法上の法的地位の実現のために裁判上の権利保護の保障を国家に義務づける憲法上の司法保障は，原則として，実体法の基準による裁判を強制する。このことは，しかし訴訟上の諸問題の実体法的取扱い，とくに実体法的訴訟物概念を要求するものではない。独自の訴訟的準則形成は，司法保障の実質的な内容に合致する。

3．法実現の諸問題のドグマーティシュな解決と立法的な解決にあっては —— 可能で実質的なところでは —— 訴訟的性質決定と準則形成の優先が妥当する。実体法的な解決端緒（Lösungsansätze）は，それに対し，補充的である。訴訟ドグマーティクの原則的優先は，民事訴訟法の独立性と事物近接の要請に合致する。

4．訴訟物と既判力は，全く支配的な見解とともに，訴訟的に定義されている。訴訟法律関係の理論において，部分的に実体法のドグマーティシュな侵入口が現れる。訴訟行為論においては，訴訟ドグマーティクは体系適合性の負担となっており，とりわけ訴訟契約において最終的に低開発である。当事者の事案解明義務において，支配的見解は立法者の改善にもかかわらず，これまで気乗りのしない，結局は不十分な努力に尽きており，それはとりわけ実体法上の情報義務への全く不十分な指示に現れている。

5．訴訟法ドグマーティクは，民事訴訟法の体系的発展にとって卓越した意義を有する。訴訟法ドクマーティクは，訴訟法学のチャンスを利用すべきで

あり，このフィールドを理由もなしに民事法学に委ねるべきではない。

第Ⅶ部　会社法における平等原則

日本法における株主平等原則の発展と課題

高 橋 英 治

I はじめに

　現代株式会社法おいて，少数派株主の保護は重要な立法および司法の課題である。グローバル化した国際資本市場において，各国の会社法立法者は，自国に投資を呼び込もうと競争を繰り広げているが，少数派株主保護は，かかる「会社法の競争」の勝敗を決する一要素である[1]。少数派株主を適切に保護しない資本市場は，投資家の信頼を失い，資本吸引力を失う。2002年のウィンター委員会報告書においても，少数派株主の保護は，ヨーロッパにおけるコーポレート・ガバナンス改正の目標として位置づけられている[2]。本稿は，少数派株主保護に大きな役割を果たす一般条項としての株主平等原則がわが国において生成・発展していく過程を分析・検討し，わが国会社法の課題を示すことを目的とする。

　この考察に当たり，本稿は，わが国におけるドイツ法の影響に着目する。近代商法の成立・発展に際し，わが国はドイツ法から多くのことを学んできた。本稿では，わが国会社法に対するドイツ会社法学の影響を総括し（Ⅱ，Ⅲ，Ⅳ），今後わが国の会社法学がドイツ法から何を学ぶべきかについて提言したい（Ⅴ）。

（1）ヨーロッパにおける会社法の競争について，ダニエル・チマー，高橋英治訳「ヨーロッパにおける会社法の競争」同志社法学323号215頁以下（2007年）参照。

（2）Report of the High Level Group of Company Law Experts on a Modern Regulatory Framework for Company Law in Europe, Brussels, 4. November 2002, Chapter Ⅲ, 1.

Ⅱ 商法典の編纂と株主平等原則

　わが国の会社法の成立に際して，ドイツ法の影響は大きかった。わが国最初の会社一般に関する制定法ともいうべき明治23年旧商法の草案[3]は，1884年，ドイツ・ロストック大学教授であったヘルマン・ロェスレルによって起草された[4]。ロェスレルは，ロストック大学では国民経済学・行政法各論などを講義しており，ドイツでは経済学者または公法学者[5]として知られていたが[6]，ローマ法上の商事会社の財産関係の法的性質を主題とする博士論文[7]を公表しており，商法についての造詣も深かった。ロェスレルは，わが国商法典の体系を構築するに当たりフランス法を基礎としたことに示されているように[8]，ドイツ法の原理のみに従うことをせず，フランス法・英国法を始めとした六カ国の商法を参照し，比較法の手法により，当時の最先端の会社法を作りあげようとしていた[9]。わが国の民法上の法継受の特徴が「学説継受（Theorien-Rezeption）[10]」という言葉で表現されているのとは異なり，会社法の場合，ドイツ法の影響は単に解釈論上のものに止まらず，立法の面においても顕著であった[11]。

（3）*Roesler*, Entwurf eines Handels-Gesetzbuches für Japan mit Commentar, Tokyo 1884.
（4）*Baum/Takahashi*, Commercial and Corporate Law in Japan: Legal and Economic Developments after 1868, in: Röhl (Hrsg.), History of Law in Japan since 1868, Leiden 2005, S. 355.
（5）代表的著作として，*Roesler*, Zur Kritik der Lehre vom Arbeitslohn: Ein volkswirtschaftlicher Versuch, Erlangen 1861; *Roesler*, Über die Grundlehren der von Adam Smith begründeten Volkswirtschaftstheorie, Erlangen 1871; *Roesler*, Das sociale Verwaltungsrecht, Erlangen 1872.
（6）*Siemes*, Hermann Roesler and the making of the Meiji State, Tokyo 1968, S. 3 ff.; 海老原明夫「ロエスレル」ジュリスト1155号38頁以下（1999年）。
（7）*Roesler*, Die rechtliche Natur des Vermögens der Handelsgesellschaften nach römischem Recht, ZHR 4（1881），252 ff.
（8）菅原菊志「わが国企業制度の発達と商法・学説の変遷」同『企業法発展論』11頁（信山社，1992年）。
（9）*Takahashi*, Rezeption des Aktienrechts in Japan, FS Schott, Bern 2001, S. 320.
（10）*Kitagawa*, Rezeption und Fortbildung des europäischen Zivilrechts in Japan, Frankfurt a.M. 1970, S. 67 ff.; 北川善太郎『日本民法学の歴史と理論』24頁以下（日本評論社，1968年）。

株式会社法の制定に際しては，ロェスレルは，ドイツにおいて普仏戦争（1870-71年）後に一時社会問題ともなった詐欺的設立(Gründungs- und Aktienschwindel)[12]に対する対処に力点を置いていたが，株主の重要な権利である議決権および利益または残余財産の分配の局面においては，株主平等取扱の原則を明文で定め，少数派株主の保護に一定の配慮をしていた。すなわち，ロェスレル草案244条1項前段は，「株式の保有者は通常一株につき一個の議決権を有する」と定めた。この条文の注釈において，ロェスレルは，一株一議決権が株式会社の一般的原則であると論じた[13]。また，利益配当については，ロェスレル草案272条は，「利息および利益の分配は，株式の払込額に応じてすべての株主に対し平等に行う」と定め，利益配当の局面における株主平等取扱の原則を定めた。本条項の注釈において，ロェスレルは，「すべての株式は平等であるから，すべての株主は利益と配当に関し株式の内容に相じて同じ権利を有する」として，ロェスレル草案272条が株式の平等を意識した条項であることを示した。さらに，残余財産の分配に関しても，ロェスレル草案302条は，「会社のすべての負債を支払った後，なお積極財産が残る場合，かかる残余財産は株主に対しその株式保有に応じて平等に現金で分配されなければならない」と規定した。明治23年旧商法は，以上のロェスレル草案の内容を受け継ぐ規定を有していた（明治23年旧商法204条・221条・249条1項）。

　1861年のドイツ普通商法典は，株主平等原則を定める規定を有していなかった[14]。また，当時のドイツの株式法の注釈書も，株主平等について明確に言及していなかった。ただし，1794年プロイセン一般ラント法に構成員取扱の平等に関する明文の規定があったためか[15]，学説は，団体法上構成員の平等原則は当

---

(11) ロェスレルは，会社法においてドイツ法の占める地位について，「各国の商法典の中にあっても，……ドイツの商法典は，その完全性と徹底性において第一の地位を占めるであろう」と記す（*Roesler*, a.a.O. (Fn. 3), S. 192)。

(12) *Assmann*, in: Hopt/Wiedemann (Hrsg.), AktG: Großkommentar, 4. Aufl., Berlin 1992, Einl. Rdnr. 84. 当時のドイツのバブル現象とドイツ株式法の改正について，新山雄三「19世紀におけるバブル対策としての会社法改正――1884年ドイツ株式法改正草案理由書管見」酒巻俊雄先生還暦記念『公開会社と閉鎖会社の法理』521頁以下（商事法務研究会，1992年）。

(13) *Roesler*, a.a.O. (Fn. 3), S. 333.

(14) *Verse*, Der Gleichbehandlungsgrundsatz im Recht der Kapitalgesellschaften, Tübingen 2006, S. 16. 以下において，"*Verse*, Gleichbehandlung"と引用する。

然に認められると解していた。1874年，ラーバントは構成員の平等取扱の原則が衡平（Billigkeit）に基づき当然に認められるとしていた[16]。1873年，オットー・フォン・ギールケも『ドイツ団体法論』において，団体構成員は，その承認なしに，団体の行為により他の構成員またはその階級の他の構成員に比して不利に取り扱われてはならないことにつき，個々の構成員は確立した個人権を有したと論じた[17]。

しかし，ロェスレルは，株主平等原則それ自体ついては，明文の規定を設けなかった。これは当時のドイツ普通商法典の規制の仕方に従ったものであると考えられる。わが国の明治23年旧商法および明治32年新商法も，株主平等原則それ自体を正面から規定することはなかった。これは，2005年会社法が株主平等原則に関して明文の規定を設けるまでのわが国立法の基本方針であり，株主平等原則の展開は判例・学説に委ねるという態度が採られていた。ドイツ法は，EC第二指令に基づく1979年株式法改正までは，株主平等の原則に立法上の表現を与えず，これを判例・学説の展開に委ねていたのであり，わが国の平等原則に対する立法者の態度にはドイツ法が大きな影響を与えていた。

ロェスレル草案は，明治23年旧商法および明治32年新商法と同じく，株式総会の決議方法として多数決を原則とすることを定めたが（草案242条），多数決に破れた少数派株主をいかに保護するのか，とりわけ多数決によっても奪うことのできない特別の権利が認められるかについては，規定を設けなかった。かかる少数派株主保護における法の欠缺の克服は，次に述べる固有権論の発達を待たなければならなかった。

---

(15)「構成員全員ではなく一人のあるいはその中の一部の構成員に構成員の地位として帰属する組合上の権利は，構成員の意思に反して単なる多数決によって剥奪されもしくは制限されてはならない（プロイセン一般ラント法第2部第6章会社，コーポラチオーンおよび団体について68条）。構成員全員についてではなく，ある一人のあるいは少数の構成員につき，新しい負担ないし債務を課す場合，同様である（同法第二部第6章69条）」。Ⅱ6 §68 f. Allgemeines Landrecht für die preussischer Staaten von 1794, Textausgabe mit einer Einführung von Hans Hattenhauser, 3. Aufl., Neuwied 1996, S. 434.

(16) *Laband*, Der Begriff der Sonderrechte nach Deutschem Reichsrecht, Annalen des deutschen Reichs 1874, Sp. 1503.

(17) *Otto von Gierke*, Das deutsche Genossenschaftsrecht, Zweiter Band Geschichte des deutschen Körperschaftsbegriffs, Berlin 1873 (Nachdruck: Graz 1954), S. 231.

III　ドイツ法の学説継受

　わが国における少数派株主保護のための解釈論は，固有権論によって始められた。会社法学上，株主総会の多数決によっても奪うことができない権利を「固有権」といい，固有権概念は多数決の濫用から少数派株主を保護する機能を有する。固有権理論は，ドイツのラーバント等の iura singulorum の議論[18]にその源があり，田中耕太郎博士[19]や竹田省博士[20]によってドイツ法の議論が紹介され，日本法への導入が提唱された。今日においては，総会の多数決で決定される事項は法律で定められている場合が多く，固有権概念が用いられる場合はほとんどないとされているが，わが国の通説は，株式会社は株主総会の多数決によっても固有権を侵害する決議をすることはできないとする[21]。

　ドイツ法学上，平等取扱原則は固有権論の一部として発達を遂げたが，わが国においても，ドイツ法学の影響下で株主平等原則に関する学説形成がなされた。戦前および戦後のわが国を代表する商法学者である田中耕太郎博士と鈴木竹雄博士は，ドイツの学説を継受され，株主平等原則が法の理念たる衡平（Billigikeit）に基づき認められるべきことを説かれた[22]。田中耕太郎博士は，株主平等原則は，同一のものを同一に取り扱うという自然法的な正義の理念が，株式が定型化され，株主が財産上の点のみで会社に参与しているという社会的事実に具体的に適用されたものであると説かれた[23]。鈴木竹雄博士は，株主平等原則の内容につき分析を深め，本原則が次の二つの内容を有すると説かれた[24]。第一は，各株式の

---

(18) *Laband, Der Begriff der Sonderrechte nach Deutschem Reichsrecht*, Annalen des deutschen Reichs 1874, Sp. 1487 ff.

(19) 田中耕太郎「固有権の理論に就て ── 社員権否認論（四）」法学協会雑誌46巻3号408頁以下（1928年）。

(20) 竹田省「株主の固有権を論ず」同『商法の理論と解釈』48頁以下（有斐閣，1959年）参照。

(21) 神田秀樹『会社法〔第12版〕』177頁（弘文堂，2010年）。

(22) 鈴木竹雄「株主平等の原則」同『商法研究II』245頁（有斐閣，1971年），田中耕太郎・前掲注(19)法学協会雑誌46巻3号434頁。田中耕太郎博士以前の日本会社法学においては，株主平等原則を正面から説く論者は存在しなかった。岡野敬次郎『会社法』311頁以下（有斐閣，1929年）参照。

(23) 田中耕太郎『改訂会社法概論下巻』303頁（岩波書店，1955年）。

内容が原則として同一であることであり，第二は，各株式が同一である限り同一の取扱いがなされるべきことである。戦後ドイツ法上立法化された株主平等原則（株式法53a条）が取扱の上での平等のみを定めるのに対し，2005年会社法成立前の通説における株主平等原則は，前述のロェスレル草案および当時のヨーロッパの通説[25]の影響を受け，株式の平等もこれに含まれると解する点に特色がある。

これに対する批判は二つの観点からなされた。第一の批判は，団体の自治（Verbandsautonomie）を重視する立場からの批判であった。松本烝治博士は，定款自由の観点から株主平等原則を批判された。松本博士は，定款自由の原則についてはその存在を認めてよいが，株主平等原則は解釈上の原理としては存在せず，かかる法律解釈上根拠の乏しい原則を高調するのは有害であると論じられた[26]。松本博士によると，従来の判例が取り上げている株主平等原則違反の問題は，公序良俗の観点からの定款自由の原則の限界づけの問題として説明できる[27]。

全体主義的国家観を基礎として株主平等原則を批判する立場も存在した。1938年，高田源清博士は，その『独裁主義株式会社法論』において，「今や本原則（株主平等の原則を指す・筆者注）の地盤たりし，民主主義的株式会社法は，全面的に再吟味されるべきこと上述の如くなる以上，従来極端に重視されて来た民主主義的色彩を代表する本原則の修正乃至否定が主張さるべきことは自然の勢いと言わねばならぬ[28]」とされ，株主平等原則がいわゆる企業の利益のためには一歩譲るべきであると論じられた。高田源清博士は，株主平等原則の修正原理として，株主の誠実義務を主張された。高田源清博士は，1943年の著作である『企業の国家性』において，子が今日日本国家の，そして陛下の子供であることが明らかになった以上，親が子に生殺与奪の権を有さないように，会社は今や国家のものであり，それを生み出した株主の利己的な主張は制限されなければならないと主張され，「株主はその権利の行使に際しても，義務の履行にあたっても強度の誠実義務の下に立たされている[29]」と論じられた。

(24) 鈴木竹雄＝竹内昭夫『会社法〔第3版〕』106頁以下（有斐閣，1994年）。
(25) *Wieland*, Handelsrecht, Zweiter Band Die Kapitalgesellschaften, München 1931, S. 201 f.
(26) 松本烝治「株式会社に於ける定款自由の原則と其例外」同『商法解釈の諸問題』223頁（有斐閣，1955年）。
(27) 松本・前掲書注(26) 217頁。
(28) 高田源清『独裁主義株式会社法論』145頁（同文館，1938年）。

しかし，高田源清博士の株主平等原則の修正および株主の誠実義務の主張は，判例・通説により採用されなかった。

戦後，ドイツの学説に影響された平等原則理論も展開された。例えば，出口正義教授は，ゲッツ・フックの教授資格論文[30]を引用しつつ，株式会社が団体関係（Gemeischaftsverhälnisse）であることに平等原則の根拠は求められると説き[31]，平等原則は恣意禁止を一般基準とすると主張された[32]。また，フェアゼの教授資格論文の影響の下，①株主平等には実質的平等を含むと解すべきである，②株主平等原則の下，第一段階で，当該措置が不平等なものでないか審査し，不平等な取扱いと認められる場合，第二段階で，必要性と相当性の合理的基準を満たしているか審査する，という解釈論も提起されている[33]。

近年には，ドイツ法学の影響を脱したわが国独自の平等原則理論も展開されている。森本滋教授は，株主平等原則の根拠を株主の財産権の確保にあるとし，平等原則の適用事例を，①株主の持分権を確保するための持分に比例した厳格な平等原則，②株主の監督是正に係る株主の平等取扱，および，③団体の構成員が公正妥当に取り扱われるべきであるという一般的な正義・衡平の理念から導かれる株主平等取扱の三つに区分することを提唱される[34]。

Ⅳ 判例法の発展

1 戦前の大審院判例 —— 株式の消却と併合

わが国会社立法の出発点において，株主平等原則自体に関する明文上の規定は

---

(29) 高田源清『企業の国家性』20頁（東洋館，1943年）。
(30) *Götz Hueck*, Der Grundsatz der gleichmäßigen Behandlung im Privatrecht, München 1958, S. 128.
(31) 出口正義『株主権法理の展開』140頁以下（文眞堂，1991年）。
(32) 出口・前掲書（注31）148頁以下。出口正義「株主の平等」江頭憲治郎＝門口正人編集代表『会社法大系 第2巻 株式・新株予約権・社債』51頁（青林書院，2008年）。
(33) 高橋英治「ドイツ法における株主平等原則」民商法雑誌138巻2号231頁（2008年）。
(34) 森本滋「会社法の下における株主平等原則」商事法務1825号4頁（2008年），森本滋「株主平等原則と株式社員権論」商事法務1401号2頁以下（1995年），森本滋「会社法のもとにおける株主平等原則の機能について」学術創成研究通信（京都大学）2号13頁以下（2008年）森本滋「株主平等原則の理念的意義と現実的機能 —— 株主の平等扱いと公正取扱い」民商法雑誌141巻3号301頁（2009年）。

商法典に置かれていなかった。しかし，戦前から，判例は株主平等原則を株式会社法上の原理として位置づけていた。大審院昭和4年12月23日判決[35]は，資本減少に伴う株式の強制的併合に関する事案に対して，「株主平等ノ原則ハ株式会社ニ関スル商法ノ諸規定ヲ一貫スル原理ニシテ株式会社ニ於テ之ニ違背スルコトヲ得サルハ言ヲ俟タサルトコロナ[36]」りと判示した。本大審院判決は，株主平等原則を「株主の法関係を支配する最上位の原則[37]」であるとする1902年10月15日ライヒ裁判所判決と類似の表現を採っていた。また，大審院昭和6年7月2日判決[38]は，商法は特にある株主に対し優先の権利を与えまたはその権利を制限する特別の規定を設けている場合の他は「株主ハ其ノ資格ニ於テ有スル権利義務ニ付平等ナル待遇ヲ受クヘキ原則ヲ認メタルモノト謂フベ[39]」きであるとし，株主総会において平等原則に違反する株式消却の方法を決議した場合，かかる総会決議は無効となると判示した。

　戦前において，株主平等には実質的平等を含み，また，その最終的違反の判断には合理性基準（必要性と相当性）が採用されるべきであるとの判断の萌芽が現れている大審院裁判例も存在した。

　まず，株主平等原則が結果の平等も考慮する点について，大審院大正11年10月12日判決[40]は「株主間ニ不平等ノ結果ヲ惹起シ得ヘキ株式消却ノ方法ヲ決議シタルトキハ其ノ決議ハ株主平等ノ原則ノ反スルモノトシテ無効タルヲ免レス[41]」と判示した。この判決は，減少株の指定を取締役に一任する株主総会の決議を無効と判示するものであり，実質的平等が平等原則には含まれると正面から認めたものではなかった。また，不平等な結果を惹起する決議であっても株主の利害関係に与える影響が軽微である場合，平等原則に反しないとする点について，大審院昭和2年10月7日判決[42]は，「株主間ニ不平等ノ結果ヲ惹起シ得ヘキ株式消却方法ヲ決議シタルトキハ之カ為惹起スヘキ不平等ノ結果カ軽微ニシテ株主ノ影響

---

(35) 大判昭和4・12・23民集8巻974頁。
(36) 大判昭和4・12・23民集8巻980頁以下。
(37) RGZ 52, 293 f.
(38) 大判昭和6・7・2民集10巻543頁。同旨，大判昭和6・9・12新聞3313号10頁。
(39) 大判昭和6・7・2民集10巻548頁。
(40) 大判大正11・10・12民集1巻581頁。
(41) 大判大正11・10・12民集1巻586頁。
(42) 大判昭和2・10・7新聞2771号12頁。

スルコト僅少ナル場合ハ格別其ノ他ノ場合ニ於テハ其ノ決議ヲ株主平等ノ原則ニ反スルモノトシテ無効(43)」となると判示した。この判示は，不平等な結果を惹起する措置であっても，その結果が軽微なものである場合，平等違反は生じないとするものであり，軽微な優遇措置は平等原則に違反しないとする戦後の株主優待券に関する通説の判断枠組み(44)に大きな影響を与えるものであった。

2 戦後の株主平等原則のリーディングケース
── 株主と会社との取引における平均的正義の実現

戦前の大審院判例が，株式の消却や併合の局面における株主平等を取り扱ったものであるのに対し，戦後の株主平等原則のリーディングケース(45)は，大株主と会社との間の取引の公正に関するものであった。事案は，無配の会社が，会社の株式の約3.4パーセントを有する大株主に対し，その要求により毎月および半期毎の現金の贈与を行ったというものであった。最高裁は，本件贈与契約は，当該大株主のみを特別に有利に待遇し，利益を与えるものであるから，株主平等原則に違反し無効であると判示した原審判断を首肯した。

本件がドイツ法の事案であったなら，株主に対する出資の返還を禁じる株式法57条違反となり，会社は大株主に対して利益の返還を請求できるが（株式法62条），これと並んで株主の誠実義務違反が問題となりうる(46)。ここで日本法では株主の誠実義務という概念が存在しないため，株主平等の事例として取り扱われていることが注目される。機能比較という観点から見ると(47)，平等原則と誠実義務とは機能的には相互補完の関係にある。すなわち，ドイツ法では，誠実義務が平等原則の不完全性を補う法理として広い適用領域を有するのに対し(48)，日本法では，株主平等原則が株主の誠実義務の概念の欠如を補う機能を有している。本

---

(43) 大判昭和 2・10・7 新聞2771号13頁。
(44) 落合誠一「株主平等の原則」上柳克郎ほか編『会社法演習Ⅰ』212頁（有斐閣，1983年）。
(45) 最判昭和45・11・24民集24巻12号1963頁。解説として，関俊彦「株主平等の原則」江頭憲治郎＝岩原紳作＝神作裕之＝藤田友敬編『会社法判例百選』28頁以下（有斐閣，2006年）参照。
(46) *Hüffer*, Aktiengesetz, 9. Aufl., München 2010, §53a Rdnr. 20 ff.
(47) 機能比較の方法について，*Zweigert/Kötz*, Einführung in die Rechtsvergleichung, 3. Aufl., Tübingen 1996, S. 33 ff.

判決は，株主平等原則が，大株主と会社との取引において当該大株主を有利に取り扱うことを禁止する行為規範すなわち株主と会社間の取引における独立当事者間取引の基準となりうることを示した。

3　株主平等と総会運営

ドイツの株主総会においては，通常，株主席の最前列は障害者と報道関係者のための席として空けられており[49]，運動家株主と従業員株主とが，最前列の席確保を巡り争う例は見られない。しかし，日本の上場会社においては，総会会議場最前列の席は「総会の天王山」とも呼ばれ，その確保を巡り，熾烈な争いが繰り広げられていた。それは，最前列の席が議長に対して質問もしやすく，また，運動株主にとっては議長を始めとした経営陣に対し無言の圧力をかけることができるからであった。総会会議場最前列の席の確保を巡る，運動家株主と従業員株主との争いが法律上の争いに発展したものが，平成8年11月12日最高裁四国電力事件判決[50]であった。事案は次のとおりである。原告は原発反対団体に属する運動株主であるが，ある電力会社〔被告〕の総会にあたり，最前列の席を確保すべく，前日から会議場近くの寺院に宿泊し早朝から入場者の列に並んだが，会社が総会開始に先立ち従業員株主を先に会議場の入らせた結果，原告が会議場に到着した時は，最前列から五列までは従業員株主が既に着席していた。そこで，原告は，希望する席を確保することができずに精神的苦痛を被り，宿泊料相当額の財産的損害を被ったとして，民法上の不法行為に基づく損害賠償を被告会社に求めた。

最高裁は「株式会社は，同じ株主総会に出席する株主に対しては合理的理由のない限り，同一の取扱いをすべきである[51]」として，従業員株主を先に入場させた会社の行為には合理的理由がなく適切なものではなかったと判示する。しかし，本件において，原告等株主は希望する席に座る機会を失ったとはいえ，議長

---

(48) *Verse*, Treuepflicht und Gleichbehandlungsgrundsatz, in: Bayer/Habersack (Hrsg.), Aktienrecht im Wandel, Band 2 Grundsatzfragen des Aktienrechts, Tübingen 2007, S. 621. 以下において，"*Verse*, Treuepflicht" と引用する。
(49) 高橋英治「ドイツＢＡＳＦ社の株主総会 ── 日本の総会への示唆」商事法務1662号83頁以下（2003年）。
(50) 最判平成8・11・12判例時報1598号152頁。
(51) 最判平成8・11・12判例時報1598号154頁。

から指名を受けて動議を提出しているのであって，原告株主の法的利益は侵害されたとはいえないとして，被告会社の損害賠償責任を認めなかった。

　四国電力事件は，株主平等原則に関する理論的問題を提起した。この最高裁判決は，株主平等の原則の一部として位置づけられていた頭数での平等を株主平等原則以外の法理によって基礎づける学問上の試みを生み出した。すなわち，森本滋教授は，本件は，一般の団体法理における衡平ないし信義誠実から導かれる頭数の平等原則に関するものであり，これは株主の持分を確保する平等原則とは趣旨を異にし，会社は状況に応じて弾力的な取扱いをすることができると論じられた(52)。

4　ブルドックソース事件

　2007年8月7日のブルドックソース事件最高裁決定(53)では，海外投資ファンドによる敵対的企業買収に対し，会社が新株予約権を用いた防衛策を採ったことが，株主平等原則に違反するかが争われた。事案は次のとおりである。スチールパートナーズという米国系投資ファンドが，これが約10パーセントの株式を保有するブルドックソース株式会社に対して，株式公開買付を敵対的に行ったのに対し，ブルドックソース株式会社は，これに対する防衛策として新株予約権を無償で株主に割り当てる議案を株主総会で議決権総数の83.4パーセントの賛成で可決した。本件新株予約権にはスチールパートナーズを名宛人とする差別的行使条件が付せられており(54)，スチールパートナーズ関係者は非適格者として行使できなかった。また本件新株予約権には差別的取得条項も付せられており，会社は金員を交付することによりスチールパートナーズ関係者の新株予約権を強制的に取得することもできた。

　スチールパートナーズは，本件新株予約権の無償割当は株主平等原則に違反するとして，差止の仮処分を申請した。最高裁は，会社法109条1項に定める株主平等原則の趣旨は新株予約権の無償割当にも及ぶとした上で，特定の株主による

---

(52)　森本・前掲(注34)　商事法務1401号3頁以下。
(53)　最決平成19・8・7判例時報1983号56頁。*Takahashi/Sakamoto*, Japanese Corporate Law: The Bull-Dog Sauce Takeover Case of 2007, Zeitschrift für Japanisches Recht/Journal of Japanese Law Nr./No. 25 (2008), 221 ff.
(54)　弥永真生『会社法の実践トピックス24』221頁（日本評論社，2009年）参照。

経営支配権取得により株主共同の利益が害される場合，当該株主を差別的に取り扱ったとしても，当該取扱が衡平の理念に反し，相当性を欠くものでない限り，平等原則違反にはならないと判示し，①本件新株予約権無償割当等が議決権総数の83.4パーセントの賛成を得て可決されたこと，②スチールパートナーズには本件新株予約権の強制取得に伴いその価値に見合う対価が支払われること等に鑑み，本件新株予約権無償割当が株主平等原則の趣旨に反するものではないとして，差止の仮処分を認めなかった。

本判決は株主平等の原則が「衡平の理念[55]」に基づくことを前提に判示しているが，かかる判示は，ラーバント以来のドイツ法学の伝統を継受するものである。学説は，この判決が学説により主張されてきた平等原則に関する必要性と相当性の基準に従うものであると解し[56]，株主間で差異ある取扱いであっても，必要性と相当性が認められれば，平等原則違反は生じないと解する[57]。なお，ブルドックソース事件最高裁決定において，最高裁が取り扱った差別的行使条件等は，スチールパートナーズ関係者に直接向けられていた条項であったため，本決定は株主平等原則に実質的平等が含まれると直接判示したものではない[58]。

Ⅴ 今後の課題 ── ドイツ法から何を学ぶべきか

1 司法上の課題

わが国の2005年会社法は，株主平等原則に関し明文の規定を設けた。すなわち，会社法109条1項は，「株式会社は，株主を，その有する株式の内容及び数に応じ

---

(55) 最決平成19・8・7判例時報1983号60頁。

(56) 松井秀征「新株予約権の無償割当てによる買収防衛策の適法性」ジュリスト1354号110頁（2008年），中東正文「ブルドックソース事件と株主総会の判断の尊重」ジュリスト1346号20頁（2007年）。

(57) 最高裁は，四国電力事件判決において，株主平等原則につき，会社が「合理的理由のない限り」株主を平等に取り扱うべきという原則であると判示し，株主平等原則につきいわゆる合理性基準を採用することを明らかにしていた（最判平成8・11・12判例時報1598号154頁）。

(58) 高橋・前掲（注33）民商法雑誌138巻2号229頁は，ブルドック側の差別的行使条件が一定の株式数に基づいたものであるという前提のもとに，ブルドックソース事件最高裁決定が株主平等原則を実質的平等の意味に解することを排除しないものであると論じているが，その議論の一部を本文記載のように訂正する。

て、平等に取り扱わなければならない」と規定する。今日、日本法とドイツ法は、株主平等原則に関し立法上の根拠規定を有する新時代を迎えている[59]。

かかる新時代において、日本の会社法学は、まず、2005年改正法以前において判例・学説上認められてきた株主平等原則と会社法109条1項によって明文化された平等原則との関係について検証しなければならないであろう。ドイツ法における株主平等原則は「株主は、同一の条件の下においては同一に取り扱われなければならない」（1979年株式法53a条）と非常に抽象的に規定されているため、本規定の成立後、旧来の判例によって認められてきた株主平等原則の内容は新法によっても変わることなく受け継がれている、と連邦通常裁判所は判示するに至った[60]。しかし、日本では、2005年改正前において学説上議論されていた株主平等原則が包括的かつ広範囲にわたっていたのに対し、会社法109条1項は株式の内容および種類に基づく平等取扱のみに限定した規定ぶりとなっているため、かかる会社法109条1項の規定の仕方によると、頭数の平等あるいは株式の平等はこの条文に包摂されるのか、という問題が生ずる。新会社法における株主平等原則についても伝統的な株主平等原則の理解を基礎として考察すべきである[61]、あるいは、「（会社法109条）1項に実質的な意義を認める必要はなく、公開会社については、従来の株式会社における株主平等原則が妥当すると解することが合理的である[62]」という理解が存在する一方で[63]、会社法109条1項をこれが新法であるという意味に即して厳密に文言解釈する試み[64]も存在する。私見としては、株主平等原則は、信義誠実の原則（民法1条2項）が会社・株主間関係において

---

(59) *Takahashi*, Unternehmensübernahmen in deutschem und japanischem Kontext—Betrachtung von Eignerstrukturen, externe Corporate Governance und Unternehmensverständnis in Japan, im Druck.

(60) BGHZ 120, 150.

(61) 南保勝美「新会社法における株主平等原則の意義と機能」法律論叢79巻3＝4合併号361頁（2007年）。

(62) 森本・前掲（注34）学術創成研究通信（京都大学）2号13頁。

(63) 木俣由美教授は、「会社法109条1項の平等原則とは別の、従来からの『株主平等の原則』が、明文はないが、いまなお存在すると解するしかない」と論じられる（木俣由美「株主平等の原則と株式平等の原則」森本滋先生還暦記念『企業法の課題と展望』81頁以下（商事法務、2009年））。

(64) 村田敏一「会社法における株主平等原則(109条1項)の意義と解釈」立命館法学316号425頁以下（2007年）

具体化されたものであり[65]，会社法上の正義に関わる原則である以上[66]，新法の成立の有無によって，平等原則の内容が異なると考えるのは妥当ではなく，新法においても，旧来の平等原則の内容を会社法109条1項に可能な限り包摂して解釈するべきであると考える。すなわち，会社法109条1項の「株式」とは会社に対する株主の権利を意味し，株主として平等に取り扱われるべしという頭数の平等は，株式の内容に応じた平等取扱として会社法109条1項に含まれると解すべきである[67]。これに対し，株式平等は持分の単位化としての株式の技術的性格から導かれる原則であり，取扱の平等を定める会社法109条1項の「趣旨」に包摂することは不可能であり，株式平等原則を含む従来の平等原則は会社法の下でも依然として妥当すると解すべきである[68]。ただし，株式平等原則が機能する場合として，従来から，法律によって許された種類以外の株式を会社が定款によって創設する場合が挙げられてきたが，会社法108条の反対解釈によりこれが本条に違反し無効であるとの結論を導くことができるため，不文の強行法理たる株式平等原則が機能する余地は現在のところ大きくない。ドイツ法においても株式平等原則は，株主の権限における平等の原理とも呼ばれ[69]，株主平等取扱の

---

(65) 高橋・前掲(注33)民商法雑誌138巻2号230頁。ドイツ法においては，近年株主平等原則が株主に対する会社の誠実義務より導き出されうると解する見解が有力である（*Verse*, Gleichbehandlung, S. 92)。広中俊雄教授によると，信義則は，正義・衡平の要請に反するとでもいうべき不当な権利行使をしりぞける機能をも営む(広中俊雄『民法綱要第1巻総論上』124頁以下（創文社，1989年))。

(66) 判例・通説によると，株主平等原則は正義・衡平の理念を基礎とする（最決平成19・8・7判例時報1983号60頁，西原寛一『会社法』100頁（岩波書店，1969年），鈴木・前掲書(注22)245頁，酒巻俊雄＝龍田節編集代表『逐条解説会社法 第2巻 株式・1』106頁〔森本滋〕（中央経済社，2008年）参照)。

(67) 会社法立案担当者は，保有株式数にかかわらず，株主を平等に扱うべき場合を，「数に応じて」の平等取扱の場合であると理解するようである（相澤哲＝葉玉匡美＝郡谷大輔『論点解説 新会社法』107頁（商事法務，2006年))。

(68) 松尾健一准教授は「一般には株主平等原則の内容とされてきた株式の均等性の要請は，会社法においても存在して」いると論じられる（松尾健一「種類株式と株主平等原則に関する一考察」同志社法学60巻7号1242頁（2009年))。ただし，株式の内容の同一性は，平等原則と無関係であると解する見解もある。神田・前掲書(注21)66頁，出口・前掲(注32)31頁参照。

(69) *Götz Hueck*, Der Grundsatz der gleichmäßigen Behandlung im Privatrecht, München 1958, S. 2 ff.

前提となる原理であると解され，多様な種類株式が導入されて以来，株式平等原則が解釈論上機能する余地は縮小したとは言えるが，なお，会社法上の原理としてその存在価値が認められると考えられている。

　日本法とドイツ法の少数派株主保護の発展過程を概観すると，一般条項である株主平等原則と誠実義務とが相互補完関係にあることが示されている。ドイツ法においては，ライヒ裁判所判例により，株主平等原則が形式的平等取扱いの原則，すなわち一定の基準の下での形式的平等取扱いの要求であると解されたために，この原則は少数派株主保護には限定的な機能しか果たすことができなかった[70]。これを補完したのが，誠実義務であり，株主の誠実義務は少数派株主保護の原理として現在ドイツ法においては最も重要な機能を果たしている。逆にわが国においては，株主の誠実義務という構成には，株主の有限責任原則（会社法104条）との関係で理論的問題があると考えられ[71]，誠実義務に代わり，株主平等の原則が大きな役割を果たすと期待される。今後，日本法は，株主平等原則につき，実質的平等を含むとするドイツの学説の継受を図るとともに，形式的に平等原則に違反する場合，会社側が必要性と相当性の立証責任を負うとする審査基準を導入するべきである[72]。

---

(70) *Verse*, Gleichbehandlung, S. 24; *Verse*, Treuepflicht, S. 585 f. ただし，連邦通常裁判所は，1977年，平等取扱原則は一定の基準に基づく形式的平等取扱の要請に止まらず，実質的平等の要請が含まれると解しうる判決を出している（BGHZ 70, 117）。この判決を受けて，学説も平等原則は実質的平等を含むと解する。*Fleischer*, in: Karsten Schmidt/Lutter (Hrsg.), Aktiengesetz Kommentar, 1. Band, Köln 2008, §53a Rdnr. 29; *Hüffer*, Aktiengesetz, 7. Aufl., München 2006, §53a Rdnr. 9; *Cahn/Senger*, in: Spindler/Stilz (Hrsg.), Kommentar zum Aktiengesetz, Band 1, München 2007, §53a Rdnr. 25; *Henze/Notz*, in: Hopt/Wiedemann (Hrsg.), AktG: Großkommnentar, 4. Aufl., Berlin 2004, §53a Rdnr. 64 ff.; *Verse*, Gleichbehandlung, S. 33. この点について，高橋・前掲（注33）民商法雑誌138巻2号215頁以下参照。

(71) 服部榮三博士の指摘，別府三郎『大株主権力の抑制措置の研究』（嵯峨野書院，1992年）の推薦の序2頁参照。高橋英治「ドイツ法における子会社債権者保護の新展開 ── 変態的事実上のコンツェルンから法人格の否認へ」同『ドイツと日本における株式会社法の改革 ── コーポレート・ガバナンスと企業結合法制』135頁（商事法務，2007年）。

(72) 高橋英治『会社法概説』67頁以下（中央経済社，2010年）。

2 立法上の課題

わが国がドイツ法から立法上学ぶべき点も多い。ドイツは従属的株式会社の少数派株主保護につき体系的な立法を有する（1965年株式法291条以下）。従属会社の少数派株主の保護は憲法上の財産権保護という見地からも求められる[73]。ドイツ・コンツェルン法は，その機能面につき株式法制定当初から疑問が提起されているが[74]，少数派株主の財産権の保護という見地から，わが国はドイツ法に倣い従属会社の少数派株主保護を立法上強化すべきである[75]。それは，少数派株主保護として機能すると期待される一般条項が，わが国においては十分に整備されておらず，かつ現在認められている一般条項もコンツェルン関係においては十分に機能しえないと考えられるからである。わが国においては，現在のところ大株主の少数派株主に対する誠実義務という観念は判例法上認められていない。また，株主平等原則によって大株主の従属会社に対する損害賠償責任を基礎づけることは不可能である以上，株主平等原則が従属会社の少数派株主保護に果たす役割は非常に限定される。コンツェルン立法のないわが国においては，企業集中を回避し経済の持続的発展を可能にするという見地からも，体系的立法による従属会社の少数派株主の保護は今後強化されるべきである[76]。

3 企業結合法制の補完原理としての平等原則

現在，日本において本格的な企業結合規制の導入が議論されている[77]。2010

---

(73) *Takahashi*, Japanese Corporate Groups under the New Legislation, ECFR 2006, 309. 契約コンツェルンにおける従属会社の少数派株主保護につき，連邦憲法裁判所は，「少数派株主がその法的地位を侵害された場合，基本権はその法的地位が完全に補償されることを要求している」と判示する（BVerfG, ZIP 1999, 534 „SEN"）。本決定につき，高橋英治「株主と憲法上の財産権――会社法改正に憲法上の限界はあるのか」同『ドイツと日本における株式会社法の改革――コーポレート・ガバナンスと企業結合法制』12頁以下（商事法務，2007年）。

(74) *Mestmäcker*, Zur Systematik des Rechts der verbundenen Unternehmen im neuen Aktiengesetz, FS Kronstein, Karlsruhe 1967, S. 129 ff. 本論文の邦訳として，早川勝訳「新株式法における企業結合法の体系化について」上柳克郎＝河本一郎監訳『法秩序と経済体制』235頁以下（商事法務研究会，1980年）。

(75) *Takahashi*, Konzern und Unternehmensgruppe in Japan – Regelung nach dem deutschen Modell?, Tübingen 1994, S. 92 ff.

(76) 高橋英治『企業結合法制の将来像』135頁以下（中央経済社，2008年）。

年2月24日，法制審議会第162回会議において，法務大臣から出された諮問第91号に基づき，「親子会社に関する規律等を見直す必要がある」との基本認識に立ち，その要綱策定への審議が開始された。日本の企業結合立法の必要性は従来から学説により説かれてきたが(78)，経済界の反対により，実現されなかった。今後，本格的企業結合立法が実現されない場合，あるいはその立法措置が従属会社少数派株主保護の観点から不十分である場合，一般条項によって，従属会社の少数派株主を保護する必要性が生ずる。その場合，わが国では，先に述べた理由から，株主の誠実義務という観念を導入することに対しては，学界の反発が強いため，株主平等原則の活用が求められることになるであろう。今後は，株主平等原則（会社法109条1項）から，結合企業間の取引に関する独立当事者間取引の原則を導くことができないかについて，検討を進める必要がある。戦後の最高裁のリーディングケース(79)にその萌芽が現れているように，株主平等原則から，大株主と会社との間の取引に関して独立当事者間取引の原則を導くことができるのであれば，かかる原則は従属会社の取締役の会社に対する注意義務・忠実義務（会社法330条・民法644条・会社法355条）の一内容となり，従属会社取締役の会社に対する損害賠償（会社法423条1項）というサンクションをもって，結合企業間取引において本原則が実行されることを一定程度担保することができる。私見としては，支配会社と従属会社間の取引において，従属会社が受け取る対価が従属会社の与えた給付に比して著しく相当性を欠き支配会社を特別に有利に待遇しこれに利益を与える場合，支配会社に対し利益を与える部分に関し当該契約は会社法109条1項に違反し無効となり(80)，従属会社はその違法な利益につき支配会社に対し返還を請求することができる（民法703条）と解すべきである。しかし，株主平等原則は，従属会社に対する侵害行為を理由とする支配会社の損害賠償責任を基礎づ

---

(77) 2008年10月23日に開催された日本私法学会のシンポジウムのテーマは，企業結合法の総合的研究であった。シンポジウム報告は商事法務1841号2頁以下（2008年），森本滋編『企業結合法の総合的研究』（商事法務，2009年）参照。シンポジウムの議論は，私法71号123頁以下（2009年）参照。
(78) 森本滋「企業結合」竹内昭夫＝龍田節編『現代企業法講座2 企業組織』132頁（東京大学出版会，1985年），江頭憲治郎『企業結合法の立法と解釈』328頁以下（有斐閣，1995年）。
(79) 最判昭和45・11・24民集24巻12号1963頁。
(80) 最判昭和45・11・24民集24巻12号1965頁。

けることはできない。支配会社の責任を定める立法が実現しない場合，司法が積極的役割を果たし，不法行為責任・株主の誠実義務・影の取締役[81]等の支配会社の損害賠償責任の基礎づけのための法理[82]を導入する必要性は高まるであろう。

【付記】　本稿は，全国銀行学術研究振興財団から助成を受けた研究成果の一部である。なお，本稿の要約は，高橋英治「わが国会社法学の課題としての株主平等原則」商事法務1860号4頁以下（2009年）に掲載されている。

---

(81) 影の取締役に関する優れた比較法研究として，坂本達也『影の取締役の基礎的考察』（多賀出版，2009年）。また，高橋英治＝坂本達也「影の取締役制度 —— 支配会社の責任の視点から」企業会計62巻5号107頁以下（2010年）参照。
(82) 以上の法律構成の問題点につき，江頭憲治郎「企業結合における支配企業の責任」味村治最高裁判事退官記念論文集『商法と商業登記』69頁以下（商事法務研究会，1998年），江頭・前掲書（注78）101頁以下。

会社法における平等取扱原則と誠実義務

ウベ・ブラウロック

高 橋 英 治 訳

　判例が法教義学（Rechtsdogmatik）に配慮することがドイツ法圏の一つの特色である。上級審の判決例を分析すると，法教義学が実務に対して有益な影響を与えていることが明らかになる。しかし，実務も法教義学に対して影響を与えるのであり，会社法はこれを明確に示す例を提供している。会社法においては，過去50年間判例と学説の対話が展開され，その共同作業により法制度の体系化と具体化が行われたのであり，その際，裁判所はしばしば主導的役割を果たした。以下においては，会社法上の二つの重要論点である平等取扱原則と誠実義務を例として取り扱う。この二つの領域においては判例が学説と並んで非常に重要な役割を果たしている。

I　平等取扱原則

1　基　礎

　ドイツ法において株主平等取扱原則が法律に規定されている例は少ない。ドイツ民法（BGB）706条1項は，別様の合意を欠く場合，組合員は同じ出資をなす義務があると規定する。この規定は組合契約に欠缺がある場合についての解釈補助の規定であり，ここでは契約自由の原則に広い余地が与えられている。保険法においては，1901年以来，保険相互会社につき「社員の保険相互会社への出資と保険相互会社の社員への給付は，同じ条件の下，同じ原則の下で評価することが許される」と規定されている（保険監督法〔VAG〕21条）。株式法（AktG）11条は，株式に対しては利益および会社財産の分配において様々な権利を与えることができると規定する。こうして生じた様々な種類の株式について，同一の種類の株式については同じ権利が与えられる。

これらの規定は単に形式的枠組みに関するものであり、会社法における不平等の余地を与える。1978年になってようやく、1976年資本指令42条に基づき、株式法53a条が挿入され、株式法上一般的平等取扱原則が法定された。本条は「株主は同じ条件の下では同一に取扱われなければならない」と規定する。

　資本市場法においては、2007年、開示指令の国内法化に際し、有価証券取引法（WpHG）30a条1項1号に5aが挿入され、「ドイツ連邦共和国を準拠法とする発行者は、許可された有価証券の保有者を同じ条件の下では同一に取扱われなければならない」と規定する。

　有価証券取引法30a条の規定は、資本市場で流通するすべての有価証券に適用される。ただし、会社法に関する限り、有価証券取引法30a条1条1項は、株式法53a条の要求を内容については全く同じに繰り返しているにすぎない。したがって、株主に関する限り、有価証券取引法上の平等取扱原則は実際上の意味を持たない[1]。

　平等取扱原則に関し法律上の規定が比較的遅れて株式法上設けられるに至ったという事実は、それ以前にこの原則が全く意味を持たなかったことを意味するわけではない。一般的には平等取扱原則は当然のことであり会社法上の基礎の一つであると考えられた。その射程範囲に関してのみ、判例および学説において様々な説明および理由づけがなされたのである。

　平等取扱原則に関するライヒ裁判所の最初の判決は、1898年に見られる[2]。ここでは、ある株式会社の株主総会および優先株主の総会において、優先株主に対し貸し付けをなすことが決議されたことが問題となった。この決議によると、窮乏中のかかる会社の支払いに賛成しない株主は、その優先株式を3対1の割合で普通株式に交換しなければならない。ライヒ裁判所は、この事例において株主平等原則違反を認定したが、その理由は、優先株主がその優先権を失うだけでなく、その優先株式の3対1での交換を認めなければならないという意味において不利益を受けるからであった[3]。

　はやくもこの判決の少し後で、1904年に、ライヒ裁判所は[4]、平等取扱を社員

（1）　Verse, in: Bayer/Habersack, Aktienrecht im Wandel, Band 1, 2007, S. 579, 591 (Rn. 14)
（2）　RGZ 41, 97
（3）　RGZ 41, 97, 99

の全法律関係を「支配する原則」とし、「株主の平等取扱は最高の基本原則である」と判示した。そしてこの原則の適用範囲を総会決議だけでなく管理機関の措置に拡大した[5]。

　もとより、ライヒ裁判所は、判決において、新しい原則を展開したのではなく、既に社員の基礎として当然のこととして見られていた原則を特に強調したのであった。ミュラー・エルツバッハが説明したように[6]、団体法上の平等取扱の定めは、教会法に遡る。1794年のプロイセン一般ラント法は、構成員平等取扱原則を2章6節49条において定めていた。それによると、コーポラチオーンの「全構成員ではなく一部の構成員に新しい負担や債務を課す」多数決は許されない。ラバントは[7]、既に1874年、平等取扱原則が明確に言及される例がほとんどない理由は、この原則が「自然の衡平であり当然」であるからであると推測した。1892年有限会社法の理由書も、後の有限会社法53条の規制の説明において次のように述べた。

　　「定款に基づく社員関係が一部の社員にとって不利益に変更しえないことは、法律上特別の規定が存在しなくとも自明である・・・何らかの特権の侵害や、すべての社員に対し平等に社員権を縮小させるのでないことを、内容とする定款変更を、いかなる社員も自らに適用せしめる必要はないということは原則として堅持されなければならない」。

　学説においては、会社法上の平等原則の実質的根拠に関し様々な説が提起された。かつては会社の事項において社員は差別されてはならないという「想定すべき意思」が認められると論じられた[8]。この説は今日ではほとんど拒絶されている。なぜなら、かかる意思の想定は擬制に過ぎないからである[9]。別の説は、会社法上の平等原則の実質的根拠を共同体関係（Gemeinschaftsverhältnis）の存在に

（4）RGZ 52, 287, 293 f.
（5）RGZ 85, 366, 367. 本判決は、株式会社の取締役が株主に対し平等に出資をなすように要求することを義務づけられていると判示する。
（6）*Müller-Erzbach*, Das private Recht der Mitgliedschaft als Prüfstein eines kausalen Rechtsdenkens, 1948, S. 74.
（7）*Laband*, Analen des deutschen Reichs, 1874, Sp. 1487, 1503 f. m.w.Nachw.
（8）*Cohn*, AcP 132 (1930), 139 ff.

求める。この説によると。私法が平等原則を規定するほとんどすべての場合に共同体関係という要素が見られるという(10)。

しかし，この説も学界を完全に支配するには至っていない。確かに，この説は私法が平等取扱原則を認めているいくつかの事例を説明するが（会社法とならんで私法上の平等取扱原則は労働関係，多数当事者債権債務関係および共同体に妥当する），この説は平等取扱原則が妥当する根拠を十分に提供しない。第三の見解は，平等取扱原則を団体権力の是正原理と見る。この説は，力を持った者が，自己の影響下にある者を平等に取り扱うべきであるということは，配分的正義の一般原則の命ずるところであると説く(11)。第四の見解として，平等取扱原則は社員の誠実義務が特別に適用された事例に過ぎないという見解がある(12)。判例において，しばしば平等取扱と誠実義務が明確に区別されていないという事実が，第四説を支持する一つの根拠となる(13)。本論文の後半において，この点について詳しく論じたい。

2 名宛人

(1) 名宛人は会社だけである

伝統的理解によると，平等取扱原則は会社自身に向けられており，会社の管理機関により社員の平等取扱を保障する。これに対して社員相互は平等取扱を義務づけられていない(14)。平等原則のこれまでの適用においては，社員の行為が問

---

(9) In diesem Sinne *Wiedemann*, Gesellschaftsrecht, Band 1, 1980, § 8 II 2 a (S. 429).

(10) So *G. Hueck*, Der Grundsatz der gleichmäßigen Behandlung im Privatrecht, 1958, S. 127 ff.

(11) Vgl. *L. Raiser* ZHR 111 (1948), 75 (81 ff., 90); *Th. Raiser/Veil*, Recht der Kapitalgesellschaften, 4. Aufl. 2006, § 12 Rn. 54 (S. 115); *Th. Raiser* in: Hachenburg, GmbHG § 14 Rn. 69; *Lutter/Zöllner*, in: Kölner Komm. AktG, 2. Aufl. 1988, § 53a Rn. 4; *K. Schmidt*, Gesellschaftsrecht, 4. Aufl. 2002, § 16 II 4 b aa (S. 462); *Wiedemann*, Gesellschaftsrecht Band 1, 1980, § 8 II 2 a (S. 429).

(12) Vgl. *Scholz/ Winter/Seibt*, GmbHG, 10. Aufl. 2006, § 14 Rn. 41; *Hüffer*, AktG, 8. Aufl. 2008, § 53a Rn. 2（「現在の発展状況においては，平等取扱原則が誠実義務と並んで独立の意味を持つか疑わしいように思われる」）. So früher bereits *Bergmann* ZHR 105, 9 ff.; *Würdinger*, Gesellschaftsrecht, Bd. 2, 1943, S. 13; *Ritter* JW 1934, 3025; *Dorpalen* ZHR 102, 28 (Anm. 69).

(13) Beispielhaft BGHZ 111, 224 (227).

題となる場合，平等取扱原則は機能しないのである。特に，管理機関の行為と結びついていない，多数派社員または支配社員による直接の行為が問題となる場合，平等取扱原則は少数派保護を提供しない。

そこで，判例は平等取扱原則を主として次の三つの事例を取り扱うために利用してきた：

- 隠れた利益配当[15]
- 一定の社員のための株式引受権の排除[16]
- 特定の社員に追加的負担を引受させる圧力を加えることを目的として，利益と組み合わせて「任意」に追加出資をさせる場合[17]

しかし，これらの事例において平等取扱原則は良俗の要請や信義誠実原則とならんで付加的に言及されているにすぎない[18]。近時の判例実務においては，平等取扱原則は従属的地位を果たしているにすぎない。

平等取扱原則を会社の社員に対する関係に限定することに対しては，これまでほとんど疑問が持たれてこなかった[19]。しかし，平等取扱原則を社員間にも適用しなければならないかは，新たな問題とすることもできる。このことは，特に平等取扱原則が社員の誠実義務の表れとみる見解に従う場合，妥当する。なぜなら，誠実義務は，会社の社員に対する関係と社員の会社に対する関係だけではなく，株式法に関し連邦通常裁判所が *Lynotype* 判決以来認めているように，社員相互の関係にも認められるからである[20]。この点についても後で言及したい。

(2) 社員も名宛人たりうるか？

遅くとも2002年1月1日の有価証券取得および買収法（WpÜG）の施行以来，特に企業買収法において，平等取扱義務が株主相互の関係にも存在することが確

---

(14) Vgl. OLG Düsseldorf AG 1973, 282 (284, li. Sp.) ; OLG Celle WM 1974, 1013 (1014) ; *Hüffer*, AktG, 8. Aufl. 2008, § 53a Rn. 4; *Lutter/Zöllner*, in: Kölner Komm. AktG, 2. Aufl. 1988, § 53a Rn. 25; *Hefermehl/Bungeroth*, in: Geßler/Hefermehl, AktG, 1984, § 53a Rn. 5; *Wiesner*, MünchHdb. AG/Wiesner, 3. Aufl. 2007, § 17 Rn.11.

(15) BGH WM 1960, S. 1007, 1009; BGH WM 1992, S. 931, 933.

(16) BGHZ 21, S. 354; BGHZ 33, S. 175; BGH WM 1974, S. 1151, 1153.

(17) *Wiedemann*, Gesellschaftsrecht, Band 1, 1980, § 8 II 2, S. 428, m.w.N. aus der Rechtsprechung des Reichsgerichts.

(18) *Wiedemann*, a.a.O.

(19) Anders aber *Reul*, Die Pflicht zur Gleichbehandlung der Aktionäre bei privaten Kontrolltransaktionen, 1991, S. 271 und *Martens*, AG 1988, 118, 125.

認されている。有価証券取得および買収法3条1項は，公開買付の一般原則として，対象会社の同種の有価証券の保有者は，平等に取り扱われなければならないと規定する。その他，有価証券取得および買収法の多くの箇所（例えば19条・31条・32条）において，平等取扱原則の表現を見ることができる[21]。これらの条文の規範名宛人は，第一次的に，（将来の）株主に対する関係においての公開買付者である。有価証券取得および買収法の領域については，Verse も彼の詳細な研究において指摘したように，これらの法律は平等取扱原則が社員相互にも妥当することを出発点としている[22]。しかし，同氏は，かかる企業買収法の領域を超えて，平等取扱原則の株主間の水平的効果は認めず，平等取扱原則は会社と社員との関係において効力があるにすぎない，としている。

(3) 特別の事例

会社と社員との関係においても，一定の社員の集団に関し未解決の問題が存在する。すなわち，平等取扱原則が，後に会社に入ってきた株主に対しても妥当するのかについては，問題がある。平等取扱原則違反は，平等取扱原則違反の措置がなされた時点において既に株主であった者についてのみ問題となる，としばしば純粋に形式的に考察される。そうでない場合平等取扱原則は働かないとされるのである[23]。

その他に，会社と社員とのいかなる事項が平等取扱原則に服するのかという区別の問題が存在する。会社と社員との関係に関する社員権の領域に対して平等取扱原則の効力が及ぶという点については，争いがない。社員が会社に対して第三者のように関わっている局面においては，平等取扱原則は及ばない[24]。しかし，

---

(20) BGHZ 103, 184 (194f.)；seither ständige Rechtsprechung, vgl. BGH NJW 1992, 3167 (3171, li. Sp.); BGHZ 127, 107 (111); 129, 136 (142 f.)；142, 167 (169). Zustimmend die h.L.; vgl. *Hüffer*, AktG, 8. Aufl, 2008, § 53a Rn. 14; *Dreher* ZHR 157 (1993), 150 (151); *Lutter* ZHR 153 (1989), 446 (452 ff.), alle m.w.N.

(21) 有価証券取得および買収法31条7項・39条の準用による有価証券取得および買収法4条は，実務上重要な具体的例を含む。この規定によると，一定数の株式を取得しそれに不必要な対価を支払った場合，かかる対価を他の株主に対しても支払わなければならない。

(22) *Verse*, Der Gleichbehandlungsgrundsatz im Recht der Kapitalgesellschaften, 2006, S. 179 f.

(23) Vgl. etwa *Mick* DB 1999, 1201 (1205).

(24) Vgl. *Lutter/Zöllner*, in: Kölner Komm. AktG, 2. Aufl.1988, § 53a Rdn. 21.

かかる区別は実務上大変困難となっている[25]。

3 形式的—実質的不平等取扱

　ライヒ裁判所判例における平等取扱原則の決定的弱点は，平等取扱原則違反が形式的不平等取扱に限り認められていたという点にあった。実質的不平等取扱，すなわち形式的には平等に取り扱われているが異なった効果が生じている場合に対しては，ライヒ裁判所は制裁を発動しなかった。これは本質的な点において，今日の判例の立場となっている。しかし，これと異なる判断を支持する事例も散在する。かかる事例として最も有名な事例は1977年12月19日の連邦通常裁判所 Mannesmann 判決[26]である。ここでは事後的に最高議決権制度を導入したことが問題となった。連邦通常裁判所は，最高議決権制度の導入は，最大限度を超える株式を有している株主を他の株主に比べて明らかに強く侵害することを確認した。したがって，この場合，「議決権に対するそれぞれ異なった侵害」が存在するのであり，企業の全利益の観点から事物に即した正当化が存在しなければならないのである。したがって，連邦通常裁判所は，Mannesmann 判決の冒頭において，不平等取扱の存在を肯定した。しかし，立法者が株式法134条1項旧規定の導入に際し利益衡量を既に行っており，立法者は最高議決権の導入を事物に即し正当なものであると見たという理由で，連邦通常裁判所は平等取扱原則違反を認めなかった。ドレスデン地裁も，1993年の判決[27]において，有限会社の社員総会の決議につき，決議が表面上すべての社員に平等に働くが，実際は，一定の社員が他の株主に比べて法的に不利益を被るという場合，平等取扱原則違反が生ずると判示している。

　全体として見ると，特に平等取扱原則違反を肯定した実質的不平等取扱の事例はむしろ希である。近年の判決は，圧倒的に形式的不平等の事例である。典型的なものとしては以下のものが挙げられる。

---

[25] 実務上の例としては，会社の株主でもある金融会社との間での，自己株式を用いたコールオプションとプットオプションがある。ここにも平等取扱原則は適用されるべきであるが，金融会社の株主としての地位はむしろ偶然である要素が強い。vgl. *Mick* DB 1999, 1201 (1205); Paefgen AG 1999, 67 (68).

[26] BGHZ 70, 117.

[27] GmbH-Rundschau 1994, 123, 125.

第Ⅶ部　会社法における平等原則

－一定の株主に対する隠れた財産支出[28]
－出資の遅滞に際しての不平等な徴収[29]
－譲渡制限付持分の譲渡に関し選択的に譲渡の承認する場合[30]
－一定の株主に対してのみ自己株式を売り渡す場合[31]
－普通株主と優先株主との取扱の区別[32]
－大株主によって提案された会社株式の買取請求に対する取締役の支持[33]

　近年の学説は，平等原則違反の審査に関し実質的不平等を考慮に入れることを圧倒的に支持する[34]。その際に挙げられる代表的事例としては，10対1の割合での減資に際し，10株未満の持分を保有する株主がこれにより社員権を失う場合がある[35]。

4　平等原則違反の効果

　平等原則に違反した場合いかなる効果が生ずるのかという問題は，完全に解決していない。株主総会ないし社員総会決議が平等違反となる場合，かかる決議は無効ではなく，取消可能であるという点に関しては，ほぼ一致している[36]。しかし，会社管理機関の措置が平等違反である場合の効果は不明確である。かかる場合，次のような種々のサンクションが考慮される。

---

(28) BGH WM 1972, 931; BGHZ 111, 224.
(29) OLG Köln NJW-RR 1988, 356; OLG Hamm NJW-RR 2001, 1182; vgl. auch BGH NJW 1980, 2253.
(30) OLG Hamm NZG 2000, 1185.
(31) OLG Oldenburg AG 1994, 415.
(32) OLG Köln ZIP 2001, 2049.
(33) OLG Celle NZG 2006, 791.
(34) *Hense/Notz*, in: Großkommentar Aktiengesetz, 4. Auflage, 22. Lfg. 2004, § 53a Rn. 62, 64 ff.; *Fleischer* in: K. Schmidt/Lutter (Hrsg.), Aktiengesetz 2008, § 53a Rn. 29; *Verse*, Der Gleichbehandlungsgrundsatz im Recht der Kapitalgesellschaften, 2006, S. 107 ff., 232 ff.
(35) *Fleischer*, a.a.O. mit weiteren Nachweisen.
(36) Vgl. für die AG BGH WM 1960, 1007 (1009); LG Köln AG 1981, 81f; *Lutter/Zöllner*, in: Kölner Komm. AktG, 2. Aufl. 1988, § 53a Rn. 32 f.; *Hüffer*, AktG, 8. Aufl. 2008, § 53a Rn. 12; MünchHdb. *AG/Wiesener*, 3. Aufl. 2007, § 17 Rn. 13. Für die GmbH vgl. BGH WM 1972, 931 (932); BGHZ 116, 359 (372); *Scholz/ Winter/Seibt*, GmbHG, 10. Aufl. 2006, § 14 Rn. 47 mit Nachw. auf die früher vertretene Gegenauffassung.

―平等違反の法律行為の無効と特別利益の返還
　―積極的に平等取扱をなし特別利益を他の社員に対しても与える義務
　―不利益を受けた者の給付拒絶権
　―（まれに生ずる）損害賠償
　いつこれらの制裁のうちのどれが発動するのかに関し，従来の判例は部分的にしか答えていなかった。学説にも具体的な叙述はほとんど存在しなかった。せいぜい侵害の可能性とその状況が多様であるために法的効果は統一的に定めることができないということを確認するだけであった。学説上，かかる確認とともに，法的効果についての貫徹した体系を提案することなく，一定の法的効果に関する個々の事例グループが議論されてきた[37]。

　かかる事実を背景に，平等取扱原則違反の効果に関し矛盾のない法的効果のシステムを構築することが法律学の課題となる。ここで，Verseは，最近出版された平等取扱原則に関する基礎的研究において決定的な寄与をなした[38]。同氏は，平等取扱原則違反の措置の有効性に関し，会社の一方的法律行為については絶対的に無効（nichtig），会社と個々の社員との間の双方的かつ他方的法律行為については不確定的に無効（schwebend unwirksam）という結論に達した[39]。Verseによると，この不確定的無効は義務づけ行為に対して及ぶのであり，処分行為には及ばない[40]。

　これにより二次的法的救済手段も特に重要になる。ここで，Verseは，平等取扱原則から，まずは，不利益を受けた社員の平等違反の排除を求める有責性に依存しない請求権を導く[41]。学説により広範に支持されている見解[42]と異なり，有責な平等取扱違反が存在する場合につき，Verseは，不利益を受けた社員の会社に対する損害賠償請求権を肯定する[43]。ただし，ここで損害賠償請求権は資

---

(37) Vgl. etwa *Scholz/Winter/Seibt*, GmbHG, 10. Aufl. 2006, § 14 Rn. 48. Eingehender werden die Rechtsfolgen bei *Lutter/Zöllner* diskutiert, in: Kölner Komm. AktG, 2. Aufl. 1988, § 53a Rdn. 34 f.
(38) *Verse*, Der Gleichbehandlungsgrundsatz im Recht der Kapitalgesellschaften, 2006, S. 355 ff.
(39) *Verse*, a.a.O. S. 363 ff.
(40) *Verse*, a.a.O. S. 370.
(41) *Verse*, a.a.O. S. 379 ff.
(42) Vgl. *Lutter/Zöllner*, in: Kölner Komm. AktG, 2. Aufl. 1988, § 53 a Rdn. 43 m.w.N.

本維持の規定と対立しないようにしなければならない[44]。

　排除および損害賠償にサンクションを拡張するためには，平等取扱原則をヨーロッパ法上定める必要がある[45]。ヨーロッパ裁判所は，その確立した判例において，国内法において定められた EU 法違反のサンクションは効果的かつ威圧的でなければならないとする[46]。この観点は，従来の議論においてほとんど考慮されることがなかった。なぜなら，平等取扱原則に反する措置が単に不確定的に無効であるに過ぎないというドイツにおいて従来支持されているサンクションがヨーロッパ裁判所の判例の要求に応じたものであるか否かについては，少なくとも疑問があるからである[47]。

II　会社上の誠実義務

　平等取扱原則に代わり，近年では誠実義務が判例上重要になっている。Immenga は，「誠実義務思想の凱旋行進」が最近数十年における株式法の注目すべき変化に数えることができるとする[48]。Emmerich は，有限会社法において誠実義務は，あらかじめ予測しえない程の適用可能な事例がある会社法上の一般条項であるとする[49]。したがって，平等取扱原則は，多数説によると今日一般的誠実義務の表現である。

　圧倒的に支配的な見解によると平等取扱原則はその違反が会社に対してのみ請求権を提起する効果があるのに対し，誠実義務はそれよりも明らかに広い。すな

---

(43) *Verse*, a.a.O. S. 399 ff.

(44) *Verse*, a.a.O. S. 405 ff.

(45) Vgl. Art. 42 der Kapitalrichtlinie (77/91/EWG), aufgrund dessen § 53a in das AktG eingefügt wurde.

(46) Vgl. EuGHE 1984, 1891, Tz. 28 – „Von Colson und Kamann / Land Nordrhein-Westfalen" (zu § 611a BGB a.F..); seitdem ständige Rechtsprechung, vgl. etwa EuGHE 1986, 1651; 1987, 4097.

(47) Lutter と Zöllner は，例えば彼らにより支持されている平等取扱原則違反の法律行為の無効は実務上弱いと認める。なぜなら，優遇された株主も取締役も無効の法律行為の精算に興味を持たないからである。vgl. *Lutter/Zöllner*, in: Kölner Komm. AktG, 2. Aufl. 1988, § 53a Rn. 34.

(48) *Immenga*, Festschrift 100 Jahre GmbH-Gesetz, S. 189.

(49) *Scholz/Emmerich*, GmbHG, 10. Aufl. 2006, § 13 Rn. 40.

わち，第一次的には，社員相互において，誠実義務が存在する。人的会社においてこれは古くから認められていた。人的会社においては社員相互の人的な結合およびすべての社員が目的とする会社の目的を共同して実現しようと努めることが前面に出る。かかる人的構造は，社員相互の信頼および相互の配慮を基礎とする共同作業を前提とする。こうして会社上の特別結合から社員が相互に義務づけられる誠実義務が生ずるのであり，かかる誠実義務はより詳しく具体化されるべきである[50]。誠実義務に関しては，多くの判例があると同時に，例えばドイツ商法典112条が規定する競争禁止において法律上の表現も見られる。

資本会社法においては，かつて，出資者は相互に特別な結合関係になく，したがって出資者相互の誠実義務は全く考慮されないということが出発点とされていた。株式会社と人的会社との中間的存在である有限会社に関しては，既に第二次大戦後に別の見方がなされていた。Ballerstedt[51]および1970年代のImmenga[52]の先駆的業績の後，ITT判決[53]以来誠実義務は有限会社法において無制限に認められた。株式会社の領域においても誠実思想はいまや貫徹している。Lynotype判決[54]以来，株式会社法においても，誠実義務が妥当すると見ることができる。両判決については後に詳しく取り上げようと思う。誠実義務が一つの会社形態を超えて他の会社形態にも認められるべきであるとする一つの根拠として学説上組織再編が示唆されている。これについては多く引用されるWiedemannの次のような命題がある。すなわち，人的会社が有限会社または株式会社に組織変更する場合，多数派株主は，自己の義務を，資本会社に入場する際に手荷物預かり所に預けることはできない，と[55]。今日において，誠実義務は会社法上の中心的法命題になっていると正当にいえよう[56]。資本会社においても，社員は他の社員に対してその会社関連の利益に配慮する義務を負っていると考えられている[57]。

誠実義務を具体化することは，非常に困難である。この問題は，誠実義務の基

---

(50) Hierzu *K. Schmidt*, Gesellschaftsrecht, 4. Aufl. 2002, § 20 IV 1 b (S. 588).
(51) *Ballerstedt*, Kapital, Gewinn und Ausschüttung bei Kapitalgesellschaften, 1949, S. 170 ff.
(52) *Immenga*, Die personalistische Kapitalgesellschaft, 1970, S. 132 ff.
(53) BGHZ 65, 15.
(54) BGHZ 103, 184.
(55) *Wiedemann*, Gesellschaftsrecht, Band 1, 1980, § 8 II 3 a (S. 433 f.).
(56) *Schücking*, in: MünchHdb GesR I, 2. Aufl. 2004, § 1 Rn. 45 m.w.Nachw.

礎として何を認めるのかという問題に依存する。Zöllner[58]は，力と責任の相関関係を強調する。同氏は，株式会社においても会社の社員の利益に配慮する義務が認められるべきことを強調する[59]。株式引受権を排除して増資を行った事案である1978年3月13日の連邦通常裁判所カリ・ザルツ判決[60]は，このラインに沿った判決である。この判決において，連邦通常裁判所は，新株引受権排除と結びついた社員権に対する重大の侵害は不文の有効性の前提として会社の利益の観点からの特別の事物に即した正当性を必要とするのであり，かかる正当性は目的と手段に関する相当性のテストに耐えられるものでなければならないと判示した。Wiedemannにより「事物に即した理由の法理」と名付けられた[61]この実質的決議審査を，学説は株主相互間に認められるべき誠実義務の具体化であると見る[62]。しかし，判決自体において誠実義務は明確には言及されていない。

しかし，連邦通常裁判所は，既に1975年6月5日ITT判決[63]において，少数派社員の利益を配慮する多数派社員の義務を認め，これを社員相互間に存在する誠実義務により基礎づけた。この判決は，具体的には，有限会社が多数派社員のためコンツェルン賦課金を分担していたという事案に関するものである。

1988年2月1日のLinotyp判決[64]において，連邦通常裁判所は，株式会社においても，株主相互の関係において誠実義務を認めた。ここでは，会社を解散し多数派社員のみが会社財産を取得したという事例が問題となったが，ここで多数派社員は，解散の前に取締役と企業を自分が引き取るという合意をしていた。連邦通常裁判所は，特にLutter[65]とWiedemann[66]の業績に基づき判決を下した。

1994年9月19日のBMW判決[67]では，総会のテープに録音された議事録を交

---

(57) BGHZ 103, 184, 195; BGHZ 129, 136, 143 f.; BGHZ 142, 167, 170.
(58) *Zöllner*, Die Schranken mitgliedschaftlicher Stimmrechtsmacht bei privatrechtlichen Personenverbänden, 1963, S. 342 f.
(59) *Zöllner*, a.a.O., S. 343.
(60) BGHZ 71, 40, 44 ff.
(61) *Wiedemann*, ZGR 1999, 857, 859.
(62) Hierzu *Verse*, in: Bayer/Habersack (Hrsg.), Aktienrecht im Wandel, Band 2, 2007, S. 597 mit Nachweisen in Fn. 99.
(63) BGHZ 65, 15.
(64) BGHZ 103, 184.
(65) *Lutter*, Zur Treuepflicht des Großaktionärs, JZ 1976, 225; *ders.*, Theorie der Mitgliedschaft, AcP 180 (1980), 84 ff.

付することが争点となったが，連邦通常裁判所は，単に株主が会社に対して誠実義務を負うだけでなく，会社も株主に対して誠実義務を負うことを強調し，誠実義務に新しい方向を加えた。資本会社は，その措置において，命ぜられた仕方で会社の社員の利益に配慮しなければならないのである。

Ⅲ　システム全体における平等取扱原則と誠実義務

　以上の議論から，誠実義務において，平等取扱原則と同じ方向に向かう付加的要素が存在するということが明らかになった。しかし，誠実義務の守備範囲は，平等原則のそれより広い。会社は単に正当でない不平等取扱をなすことが禁止されるだけでなく，会社はすべての株主をその社員権の無制限かつ事物に即した享受を可能にするよう義務づけられているだけでなく，かかる社員権を侵害する可能性のあるすべてのことを止めるよう義務づけられているのである[68]。

　ここでは，ドイツの判例上重要事項とされてはいないが，教義学にとって重要である問題である平等取扱原則と誠実義務との関係が問題とされている。平等取扱義務を，法律行為を出発点とする義務[69]または「特別の結合[70]」から生ずる義務であると理解する場合，平等取扱原則の起源は会社の誠実義務と同一であることになる。したがって，圧倒的支配説は，平等取扱原則は会社の誠実義務が具体化されたものに過ぎないということを出発点とする[71]。

　しかし，平等取扱原則と誠実義務とは観点を異にする。既に以前から資本会社法においては強調される部分が変わってきている。かつては，資本会社は社員相互の関係であり企業を担う統一体としての会社組織であると見られていた。しかし徐々に，一方において米国法をモデルとして，他方においてヨーロッパの発展

---

(66) *Wiedemann*, Die Bedeutung der ITT-Entscheidung, JZ 1976, 372ff.; *ders.*, Gesellschaftsrecht, Band 1, 1980, § 8 Ⅱ2 (S. 431 ff.)

(67) BGHZ 127, 107.

(68) BGH a.a.O.; *Verse*, in: Bayer/Habersack (Hrsg.), Aktienrecht im Wandel, Band 2, 2007, S. 579, 583 (Rn. 2).

(69) Hierfür etwa *Hüffer*, AktG, 8. Aufl. 2008, § 53a Rdn. 3.

(70) So für die Treuepflicht ausdrücklich BGHZ 103, 184 (195) – „Linotype".

(71) Ganz dezidiert *Verse*, in: Bayer/Habersack (Hrsg.), Aktienrecht im Wandel, Band 2, 2007, S. 579, 608 (Rn. 37) m.w.Nachw.

を基礎に，資本市場法的観点が重要視されるようになってきた。投資家の利益を考慮するには平等取扱原則は適切な手段であるが，元来人的会社で発達してきた誠実義務は複数人が共同で力を合わせることを前提とする。

　平等取扱原則も資本会社で発達した誠実義務も，少数派保護を主要な目標とする[72]。したがって，この両者が交錯する領域も広い。しかし，阻止力を行使することによって会社内部において一定の力を有する少数派株主も誠実義務に服する。公開買付に関する資本市場的規制を除き平等取扱原則が少数派株主保護のみに資するのに対し，誠実義務は力の濫用の防止さらに一定の状況下では会社の目的の促進に関わる。このように見た場合，平等取扱原則は単に誠実義務の具体化されたものに止まるということはできず，重要な点で誠実義務と交錯する独自の制度である。少数派保護の具体的事例を解決する場合，平等取扱原則と誠実義務は同じような仕方で考慮される。

　平等取扱義務に関しこれを単に形式的平等と捉えるだけでなく実質的平等もこれに含まれると解する場合，平等取扱義務と誠実義務の交錯領域は広がる。高橋は，彼の報告において[73]，実質的平等について言及している。これはドイツ法において広がりつつある傾向，特にVerseの論文を基礎にしているのであろう[74]。しかし，ドイツにおいては，いまやより具体的な解決をどちらかと言えば誠実義務に求めるようになってきている。誠実義務によれば，決議の実質的コントロールを問題なく考慮することができるからである。現在資本会社における社員にも及ぶと考えられている誠実義務は，平等取扱原則よりも柔軟性があり，平等取扱原則に関し疑問がある場合判例にとってもより適合的な手段である。日本法は，現在のところ，むしろドイツ法のカリ・ザルツ判決以前の状態にあるのだろう。日本が資本会社における誠実義務を拒絶する限り，平等取扱原則以外，依拠する手段が残されていない。

　少数派保護に目を向けると，既に法律に少数派保護規制が存在する場合，平等

---

(72) Zum Minderheitenschutz eingehend *Wiedemann*, Gesellschaftsrecht, Band 1, 1980, § 8 (S. 404 ff.).

(73) 高橋英治「日本法における株主平等原則の発展と課題」本論集249頁以下，特に263頁参照。

(74) *Verse*, Dr Gleichbehandlungsgrundsatz im Recht der Kapitalgesellschaften, 2006, § 23 I (S. 557 ff.).

取扱原則あるいは誠実義務がその基礎とする多数派権力の制限に，限界が生ずる。ドイツ法では例えばコンツェルン法がこれに当てはまる。コンツェルン関係の基礎づけに際してもその遂行に際しても，少数派株主の保護は，詳細に規範化された体系に含まれている。そしてかかる規範化され尽くした体系においては一般条項に戻る余地がないのである。ここにおいてもドイツは，法典化されたコンツェルン法がない日本とは異なった状況にある。もちろんドイツ・コンツェルン法はすべての点においてうまく規制されているかについて議論することは可能であろう。しかし，ドイツ・コンツェルン法は，疑う余地なく少数派株主の利益を考慮しているのであり，同法の存在により少数派株主保護に関し平等取扱原則および誠実義務の適用の必要性は生じていないのである。

　コンツェルン法以外の事例において，会社法上全体について誠実義務が適用できること ── 資本会社においても多数派あるいは少数派社員が力を持つ場合 ── を出発点とする限り，会社法上の誠実義務に法的安定性および予測可能性を与えるために，これが際限のない裁判上の一般条項となる傾向に歯止めを掛ける必要性が生ずる[75]。これを判例との共同作業を通じ実現することが，会社法上の法教義学の中心的課題となっている。

---

(75) Hierzu *Verse*, in: Bayer/Habersack, Aktienrecht im Wandel, Band 2, 2007, S. 579, 602 f. (Rn. 29).

第Ⅷ部　労働・社会法における法解釈学の意義

労働法規の公法的効力と私法的効力

根本　到

I　問題の所在

　近年，行政指導等の公法的措置によって違反の是正を企図した労働立法が数多く制定されているが，私法的効果が法律上明記されていない場合，その私法的効力を判断するにあたり Dogmatik（法解釈学）は大きな役割を演じてきた。なぜなら，法の目的や沿革，一般条項など補充規範の適用，法秩序の体系性などを総合的に考慮し，私法的効力の有無を帰結しなければならないからである。ただし，私法的効力に関する解釈論上の論拠には法政策的な意図が隠されていることも多く，それをめぐる議論は複雑な様相を示すことになる。本稿は，こうした事情に着目し，労働法規の私法的効力をめぐる問題をとりあげたものである。

　日本においても，その沿革的事情や法目的から公法的性質を有した労働法規が数多く存在する。しかし，こうした規定は公法的性質をもっていたとしても，労働基準法（以下「労基法」とする）のように，私法的効力を有する場合が少なくない。例えば，労基法13条は，「この法律で定める基準に達しない労働条件を定める労働契約は，その部分について無効とする。この場合において，無効となった部分は，この法律で定める基準による」と定められ，私法的効果が明示されている。

　しかし，労基法とは異なり，私法的効果を予定していない立法が近年は増加している。その一つが，高年齢者雇用安定法（以下「高年法」とする）である。同法は，2004年に改正され，2006年4月1日から施行されているが，改正に際し，65歳未満の定年の定めをしている事業主は，後述の3つの措置のいずれかを講じなければならないこととなった（9条1項）。しかし，同法は事業主がこうした措置の履行を怠った場合の私法的な効果を明記した規定がなく，同条違反があった場合，行政による指導等を通じて是正することだけが明記されている（同法10条）。この

ため，65歳までの雇用確保措置をとらない60歳定年制など，高年法9条に反する措置も，無効ではないと解されることもあるのである。

また，高年法と同様，法違反の私法的効果が明記されていない立法として，労働者派遣法（以下「派遣法」とする）がある。同法をめぐる課題は多数あるが，その一つとして，派遣法違反に対し，行政指導など公法的施策しか予定されていないという点を指摘できる。有力な学説[1]は，こうした法構造となっていることを前提にして，派遣法は「業法」であると強調するが，こうした観点から私法的効果を否定している。

ところで，以上のような公法的性質をもつ労働法規の私法的効果をめぐる問題は，ドイツにおいても議論の対象となってきた。例えば，第二次世界大戦前まで否定される傾向の強かった労働者保護法の私法的効力をめぐる議論や，1997年の改正によりドイツの旧派遣法13条を削除した後の推定的職業紹介の私法的法律関係をめぐる議論である。

まず，労働安全衛生法をめぐり第二次世界大戦前までのドイツの通説[2]は，同法の公法的性質を重視し，その内容が労働契約の内容となることを否定していた。これは，公法私法二元論の影響から，国家に対する使用者の義務と理解された労働安全衛生法と労働関係における私法規範とは絶対的に区別されると理解されてきたからである。しかし，第二次世界大戦後，労働法においては公法私法二元論に疑問が提示され，ヒュックやニッパーダイ[3]は，労働安全衛生法上の義務違反は，ドイツ民法823条2項の違法性を根拠づけるだけでなく，同法134条に基づき法律行為の無効や同法618条に基づき労働契約上の義務を帰結すると改説した。これが現在の通説となっている[4]。

（1）菅野和夫『労働法（第9版）』（弘文堂，2010年）209頁など。ただし，派遣法33条など効力規定が含まれることも指摘している。

（2）Vgl. *Kaskel*, Die rechtliche Natur des Arbeiterschutzes, Berliner Festschrift für Brunner, 1914; *Nipperdey*, Die Privatrechtliche Bedeutung des Arbeiterschutzrechts, in der Festgabe der Jur. Fakultäten zum 50-jährigen Bestehen des Reichsgerichts, Bd. 4, S. 203 ff.

（3）*Heuck-Nipperdey*, Lehrbuch des Arbeitsrechts, 6. Aufl., 1959, S. 142 ff.

（4）こうした議論動向については，片岡昇『団結と労働契約の研究』（有斐閣，1959年）239頁，和田肇『労働契約の法理』（有斐閣，1990年）93頁以下，土田道夫「労働保護法と労働契約との関係をめぐる一考察」法政大学大学院紀要9号（1982年），高橋眞『安全配慮義務の研究』（成文堂，1992年）17頁参照。

また，1997年３月末まで存在した旧ドイツ派遣法13条[5]を根拠に，判例は，職業紹介と推定される違法派遣の場合，労働契約関係の成立が擬制されることを認めていた[6]。ところが，この条文が1997年に削除された結果，ドイツ派遣法１条２項[7]によって職業紹介と推定された場合，派遣先と労働者とが私法上どのような法的関係となるかを示す規定は存在しなくなった。このため，学説の一部[8]は，同法９条[9]や10条[10]から同様の効果が生じる[11]と主張したが（従前と同様の法律状態），判例[12]は同法が明示的に予定する事業許可の取消といった効果しか生じないと判断した。このように，ドイツにおいても，私法的効果を明示する規定が削除されたことによって，私法的効力の有無が問題となるという状況が生じているのである。

（５）旧ドイツ派遣法13条は，「労働促進法４条に反する職業紹介に基づいて成立した労働関係においては，労働関係の相手方である使用者に対する労働法上の請求権は，合意によって除外されない」と定められていた。この規定は，明示的には，賃金債権等の保護のみしか定めていないが，判例（注６）は，違法な職業紹介とみなされる労働者派遣の場合，この規定を根拠に，派遣先と労働者との間に労働関係が成立する効果が発生することを認めていた。その理由は，派遣元事業主が通常の使用者責任等を引き受けていない場合には，職業紹介を営んでいると推定され，賃金債権等を保護するためには派遣先の労働関係の成立が不可欠であったからである。上記の規定は，後述の同法10条（注10）を補充する規定と理解されていたのである。

（６）Vgl. BAG v. 10. 2. 1977, AP Nr. 9 zu § 103 BetrVG 1972 und BAG v. 21. 3. 1990, AP Nr. 15 zu § 1 AÜB (Rechtslage bis zur Streichung von § 13 AÜB a. F.).

（７）「労働者は労務給付のために第三者に派遣され，かつ，派遣元が通常の使用者の義務または危険を引き受けないときは（３条１項１号ないし３号），派遣元は職業紹介を営んでいると推定される」との規定である。

（８）*Hamann*, Fiktion eines Arbeitsverhältnisses zum Entleiher bei vermuteter Arbeitsvermittlung nach dem Arbeitsförderungs-Reformgesetz 1997, BB 1999, 1654; *Ulber*, Arbeitnehmerüberlassungsgesetz, Kommentar, 3. Aufl., 2006, Einl. D Rn. 47 ff.

（９）現在のドイツ派遣法９条は，以下の場合に契約が無効となるとしている。①派遣元が必要な許可を有していない場合（１号。派遣元と派遣先との間ならびに派遣元と派遣労働者との間の契約），②派遣先労働者と派遣労働者との間の平等取扱義務を履行していない場合（２号。ただし，採用前に失業していた派遣労働者の最初の最長６週間あるいは労働協約に別段の定めがある時は適用除外），③派遣元との労働関係がもはや存在しなくなった時に，派遣先が派遣労働者を雇用することを禁止する約定がある場合（３号），④派遣元と派遣労働者との間に労働関係がもはや存在しなくなった時に，派遣労働者が派遣先との間で労働関係を成立させることを禁止する約定がある場合（４号）。

第Ⅷ部　労働・社会法における法解釈学の意義

　しかし，こうしたドイツの議論状況と比較した場合，日本の通説的見解は，民法90条のような一般条項に基づいても，公法的性質を有した法規定に違反する法律行為を無効と解さない傾向がある。また，法規定の名宛人が使用者となっている場合でも(13)，その使用者に損害賠償責任さえ認めないこともある。このように，日本の見解は，ドイツとは対照的に，独自の論拠に基づき，労働関係の擬制や成立といった効果だけでなく，法律行為の無効や損害賠償責任さえ否定する傾向が強いといえるのである。

　以下では，こうした問題意識から，まず，労働法規の私法的効力が問題となっている分野として，高年法と派遣法をめぐる議論状況を主として取りあげる。そのうえで，私法的効力に関する見解の背後にどのような法解釈上の論拠が示されているかを検討する。そして，こうした見解を批判的に検証したうえで，私法的効力の有無についての判断基準を提示し，法律行為が無効となる場合の法的効果の内容についても検討を加えてみることとしたい。

---

(10) ドイツ派遣法10条は，派遣元と派遣労働者との間の契約が9条1号（無許可派遣）により無効となる場合，「派遣先と派遣労働者との間に労働関係が，派遣先と派遣元との間で労働の開始が予定されていた時点で成立したものとみなされる」と定めている。この条文の意義については，鎌田耕一「西ドイツ被用者派遣法の成立とその諸問題」『社会科学研究』（釧路公立大学紀要）第1号（1989年）49頁以下，『欧米主要国における労働者派遣法の実態』（日本労働研究機構，1997年）〔ドイツ担当：鎌田耕一〕，大橋範雄『派遣法の弾力化と派遣労働者の保護――ドイツの派遣法を中心に－』（法律文化社，1999年）を参照。

(11) 派遣法9条，10条は従前からあり，旧13条とともに規定されていた。いずれも労働関係の成立を擬制する効果を有すると解されたため，旧13条の効果と10条の効果は混同されることも多かったとされている。Vgl. ErfK/ *Wank*, § 1 AÜG, Rn. 59.

(12) BAG v. 28. 6. 2000, AP Nr. 3 zu § 13 AÜB (Verneinung der Fiktion eines Arbeitsverhältnisses als Rechtsfolge bei der vermuteten Arbeitsvermittlung).

(13) 例えば，ドイツにおいても労働時間法（Arbeitszeitgesetz）など，私法的効果を明記していない立法は数多くあるが，義務の名宛人が使用者となっている場合，ドイツ民法134条を根拠にこうした立法に違反する法律行為を無効としたり，不法行為に基づく損害賠償責任を認めている。

❖II 私法的効力をめぐる議論状況

1 高年法

(1) 高年法の歴史

まず，高年法をめぐってどのような議論が展開されているかを紹介しておきたい。高年法は，1986年に「中高年齢者の雇用の促進に関する特別措置法」を改正したもので，定年の引き上げや継続雇用制度の導入等を通じて，「高年齢者等の職業の安定その他福祉の増進を図る」ことを目的とする（1条）。1986年制定当時，同法は60歳未満の定年禁止を事業主の努力義務とし（旧4条），定年の引き上げは行政指導によって是正するとしていた。しかし，1994年に，老齢年金の支給開始年齢を60歳から65歳に引き上げたことに伴い，60歳未満の定年禁止を事業主の義務とした（1998年4月施行）。判例は，努力義務の時代には高年法違反の私法的効果を否定していたが[14]，義務化されて以降は，60歳を下回る定年制は無効になると判断している(牛根漁業協同組合事件・鹿児島地判平16・10・21労働判例884号30頁)。

これに対し，65歳までの雇用確保措置については，1990年の改正の際に努力義務規定（当時の4条）がおかれ，その後2004年の改正の際に義務化された（現在の9条）。ただし，年齢は年金支給年齢にあわせて段階的に引き上げる予定で，2010年4月から2013年3月末までは64歳となっている（同附則4条）。

努力義務から義務化されて以降，事業主は，①定年年齢の引上げ（同項1号），②継続雇用制度の導入（2号），③当該定年の定めの廃止（3号）といった措置のいずれかの履行が求められるようになった。この中で最も採用されることの多いのが継続雇用制度（その多くは再雇用制度）である。同制度の導入に際しては，過半数組合・代表との書面協定に選定基準を定め，対象者を選定することも許されている（同9条2項）。ただし，この改正については経営者側の強い反対もあり，同条施行（2006年4月）後3年（中小企業は5年）は，「協定をするため努力をしたにもかかわらず協議が調わないとき」には，「就業規則その他これに準ずるもの」で対象者の基準を定めることも認められた（同附則5条）。

この65歳までの雇用確保措置を事業主が怠った場合，厚生労働大臣は，その事

---

[14] 三菱電機（住道工場）事件・大阪地判平9・12・22労働判例738号43頁。

業主に対し,「必要な指導及び助言をすることができ」,指導,助言にもかかわらず,なお規定に違反しているときは,「勧告することができる」。厚生労働省は,これを受けて,改正後,高年法Q&Aを公表したが,「継続雇用制度を導入していなければ,平成18年4月1日以降の60歳定年による退職は無効となるのですか」という問いに対し,「制度導入を義務付けているものであり,個別の労働者の65歳までの雇用義務を課すものではありません」とか,継続雇用制度を導入していない60歳定年制も「直ちに無効となるものではない」と回答している。行政は,高年法9条違反の私法的効果を否定する立場に立ったことを意味している。

(2) 議論状況

(a) 私法的効力否定論　　この行政解釈が示された後,学説の中にもこれを支持する見解が唱えられている。この見解[15]は,高年法9条に私法的効力がないことを次のような理由から正当化している。

第1に,労基法13条のような,私法的効果を明記した規定が高年法にはなく,全体として,施策の宛名が事業主だけでなく,国や地方公共団体にも向いているということである。こうした点から,憲法27条2項ではなく,同条1項に依拠した法律と特徴づけられるとする。第2に,高年法8条の60歳未満定年禁止規定は私法的効力があると考えられているため,同法9条と8条を峻別して考えなければならないところ,同法9条は3つの措置を用意しているなど,同法8条とは差異があり,それは私法的効果の面でも違いを生じさせるというのである。第3に,同法9条は,選択肢を用意することで雇用それ自体というよりも措置の履行を事業主に求めたに過ぎず,それを行政指導というソフトな手法によって履行を確保しようとしたのであるから,同法9条に反する60歳定年制も無効にはならないと論じている。

(b) 私法的効力肯定論　　こうした見解とは対照的に,学説の中には,就業規則の「合理性」（労働契約法7,10条）論を根拠に違法な60歳定年制の効力を否定する見解[16]や,高年法9条それ自体の効力として私法的効力を肯定する見解[17]

---

(15) 櫻庭涼子「高年齢者の雇用確保措置──2004年法改正後の課題」労働法律旬報1641号（2007年）46頁。
(16) 山下昇「高年齢者の雇用確保措置をめぐる法的諸問題」日本労働研究雑誌550号（2006年）43頁,三井正信「高年齢者雇用安定法9条をめぐる解釈論的諸問題（一）（二）」広島法学30巻3号（2007年）12頁,同4号（2007年）1頁。

も展開されている。その論旨は見解によって異なるが，私法的効力否定論に対する批判として，次のような点を指摘している。第1に，労基法13条のような規定がないことは必ずしも私法的効力を否定する理由とはならないことである。すでに高年法8条に関する判例が私法的効力を認めていることを紹介したが，均等法などこうした例は数多く存在するからである。また，労基法13条前段の強行的効力は確認的規定と解されていることも挙げている(18)。第2に，高年法9条が3つの選択肢を用意していることも私法的効果を否定する理由にはならないということである。同条の導入に際しては，企業の実情に応じて実施できるよう，定年制の廃止ないし65歳以上の定年延長に加え，継続雇用制度という実施が容易な選択肢が用意された。したがって，同条の規制目的は，事業主に確実な履行を求めていると解すべきだと考えるのである。第3に，「努力」や「配慮」と異なり，「義務」として定められた場合には，原則として，立法者も確実な履行を求めたと解すべきだからである。また，同条は年金支給年齢までの雇用生活の継続という重要な労働条件に関係することからいっても，私法的効力を認めることが妥当だとしている。

(c) 裁判例　高年法の改正後，同法違反をめぐり全国で複数の訴訟が提起され，すでに司法判断も下されている。その事案の一つが，西日本電信電話会社が事業構造の転換を目的とした合理化計画（構造改革）を実施し，2002年に，2003年3月31日の時点で51歳以上となる従業員に対し，①子会社に転籍したうえでの再雇用か，②60歳満了型の選択を迫ったことが問題となったものである。①は転籍されるだけでなく，賃金が大幅にダウンし，1年の有期契約を更新するものであった。労働者らは，①を拒否したところ，②を選択したものとみなされ，

---

(17) 西谷敏「労働法規の私法的効力」法律時報80巻8号（2008年）80頁，根本到「高年齢者雇用安定法9条の意義と同条違反の私法的効果」労働法律旬報1674号（2008年）6頁。

(18) 厚生労働省労働基準局編『改訂新版労働基準法（上）』（労務行政，2005年）187頁や東京大学労働法研究会編『注釈労働基準法上巻』（有斐閣，2003年）268頁（大内伸哉）は，補充的効力を定める労基法13条後段を創設の規定とするが，前段の強行的効力については，確認的規定だとしている。これに対し，青木・片岡編『労働基準法Ⅰ』（青林書院，1994年）204頁（片岡曻）や有泉・青木・金子編『基本法コンメンタール・労働基準法［第3版］』（日本評論社，1990年）79頁（岸井貞男）は，同法13条前段だけでなく後段の補充的効力も確認的規定だと解している。

定年退職扱いされた。このため，労働者らは，①は継続雇用制度に該当しないとして，損害賠償や地位の確認を請求したのである。

この事件については，いずれも①が継続雇用制度に該当すると判断され，同条の私法的強行性を否定する判断が下されている[19]。具体的には，私法的効力を否定する論拠として，「労基法13条のような私法的効力を認める旨の明文規定も補充的効力に関する規定も存しない」ことを挙げたうえ，高年法9条は，「私人たる労働者に，事業主に対して，公法上の措置義務や行政機関に対する関与を要求する以上に，事業主に対する継続雇用制度の導入請求権ないし継続雇用請求権を付与した規定（直截的に私法的効力を認めた規定）とまで解することはできない」と判示している（ＮＴＴ西日本事件・大阪地判平21・3・25）。

しかし，こうした事件とは異なり，継続雇用制度の対象者から除外された者が，高年法9条2項の趣旨に反することを理由に，継続雇用された内容で地位確認や損害賠償を請求した場合には，地位確認を否定したものの使用者の損害賠償責任を認めた例（日本ニューホランド〔再雇用拒否〕事件・札幌地判平22・3・30労働判例1007号26頁），継続雇用された内容で地位確認を認めた例（東京大学出版会事件・東京高判平22・8・26労働経済判例速報2085号3頁〔解雇権濫用法理の類推適用〕，津田電気計器事件・大阪地判平22・9・30判例集未登載〔継続雇用基準を充足している場合には労働者の継続雇用の申込みが再雇用契約の承諾にあたると判示〕）[20]，高年法附則5条および同法9条2項の手続きを怠ったことを理由に継続雇用制度を定めた就業規則規定を無効と解した例（京濱交通事件・横浜地川崎支判平22・2・25労働判例1002号5頁）などが相次いでいる[21]。これらは，高年法それ自体の私法的効力を認めたものではないが，違法な継続雇用拒否が損害賠償責任や再雇用契約の成立を導く余地があることを示したという意味で，高年法違反が何らかの私法的効果を生じ

---

(19) NTT西日本事件・大阪高判平21・11・27労働判例1004号112頁，同事件・大阪地判平21・3・25労働経済判例速報2037号12頁，労働法律旬報1703号66頁（同日に2つの判断），NTT西日本（継続雇用制度・徳島）事件・高松高判平22・3・12労働判例1007号39頁，同事件・徳島地判平21・2・13労働判例1007号45頁，NTT東日本事件・東京地判平21・11・16判例時報2080号131頁。

(20) これまでも，特段の欠格事由がない限り再雇用される制度であった場合，労使慣行等を根拠にして（大栄交通事件・最判昭51・3・8労働判例245号24頁），または，再雇用拒否が解雇権の濫用にあたることを根拠にして（クリスタル観光バス事件・大阪高判平18・12・2労働判例936号5頁），再雇用契約の成立を認めていた。

させることを明らかにしたものと考えることができるのである。

2 派遣法

つぎに，派遣法をめぐる議論の動向を紹介する。派遣法や職安法に関しても，私法的効力の有無が問題となることは多い。派遣法制定以前は，労働者供給事業を禁じた職安法44条に反する業務委託契約を締結していた場合，同条には私法的効果が明記されていないものの，派遣元と労働者との間の契約を違法，無効とし，派遣先と労働者との間に黙示の労働契約の成立を認める判例が多かった（新甲南機材事件・神戸地判昭47・8・1[22]やサガテレビ事件・佐賀地判昭55・9・5[23]など）。職安法の直接的な効果として契約の成立を認めたわけではないものの，同条に違反しているという事情は，派遣元と労働者の間の契約の無効を帰結し，黙示の労働契約の成立を認めるうえで重要な判断要素になると位置づけられていたのである。しかし，契約の成立を認めるには，当事者の意思の合致が必要とされるため，判例は，しだいに同条違反が黙示の労働契約の成立を帰結しないと判断するようになる（サガテレビ事件・福岡高判昭58・6・7労働判例410号29頁）。また，派遣法の制定（1986年7月施行）後は，職安法や派遣法に，労働者供給から労働者派遣という形態を排除するかのような定義規定[24]がおかれたことで，偽装請負や派遣法違反の事実があっても，派遣法に違反しているだけで，職安法に違反したことにはならないとする見解が有力な見解となる。その結果，派遣法は，法違反の是正に向けた仕組みとして，派遣先に対しては行政指導（49条）あるいは企業名公表

---

(21) こうした事件の特徴と課題については，西谷敏「高年法運用の現状と課題」季刊労働者の権利285号（2010年）2頁以下。
(22) 労働判例161号30頁。
(23) 労働判例352号62頁。
(24) 職安法4条6項は，「この法律において「労働者供給」とは，供給契約に基づいて労働者を他人の指揮命令を受けて労働に従事させることをいい，労働者派遣事業の適正な運営の確保及び派遣労働者の就業条件の整備等に関する法律（昭和60年法律第88号。以下「労働者派遣法」という。）第2条第1号に規定する労働者派遣に該当するものを含まないものとする」となっている。また，労働者派遣法2条1号は，「労働者派遣 自己の雇用する労働者を，当該雇用関係の下に，かつ，他人の指揮命令を受けて，当該他人のために労働に従事させることをいい，当該他人に対し当該労働者を当該他人に雇用させることを約してするものを含まないものとする」と規定されている。

制度（49条の2）しか予定していない（罰則なし）。こうした事情もあり，適法な請負ではなく偽装請負と認定された場合，あるいは，派遣可能期間（40条の2）の超過や直接雇用申込義務（40条の4と5）の懈怠[25]が認定される場合でも，派遣先の私法上の責任を否定する見解が有力となったのである[26]。

しかし，こうした見解に対しては，職安法の労働者供給事業に関する規制から除外されるのは適法な労働者派遣に限られる（違法派遣は労働者供給事業である）との批判も主張されている[27]。また，一部の判例は，偽装請負や違法派遣について，指揮命令や賃金支払関係の有無あるいは派遣元の独立性などによっては，派遣先と派遣労働者との間で契約が成立するとの判断枠組を示していた（ただし，結論的にはそれを否定）[28]。こうしたなかで，松下プラズマディスプレイ事件・大阪高判平20・4・25[29]は，偽装請負が労働者供給事業にあたり，職安法違反となるため，派遣労働契約と労働者派遣契約（事業者間の契約）は公序（民法90条）に反し無効となるとした。そのうえで，労働者は指揮命令を受けていただけでなく，派遣先から賃金の支払いを受けていたとして，黙示の労働契約の成立を認める判断を下した。また，派遣元と労働者との間の契約を無効と判断したため，派遣法40条の4により，直接雇用申込義務が生じるか否かについての判断を避けているが，傍論では「派遣先が派遣受入可能期間を超えてなお同条に基づく申込をしないまま，派遣労働者の労務提供を受け続けている場合には，同条の趣旨及び信義則により，直接雇用契約の締結義務が生じる」可能性も示唆していた（ただし，期間の定めについての合意がないため無期契約の締結義務が生じることは否定している）。

---

(25) この点に関する最近の研究として，小嶌典明「派遣先による派遣労働者の直接雇用」阪大法学59巻1号（2009年）1頁以下がある。この論文では，直接雇用申込義務違反が成立するのは，派遣停止の通知がなされた後となっている点など，その義務違反の成立範囲を限定したうえで，その私法的効力を否定する主張が展開されている。

(26) ただし，派遣法33条の雇用制限禁止規定は効力規定だと解されている。菅野・前掲書（注1）209頁及びホクトエンジニアリング事件・東京地判平9・11・26判例時報1646号106頁参照。

(27) 脇田滋『労働法の規制緩和と公正雇用保障』（法律文化社，1995年）114頁，萬井隆令『労働契約締結の法理』（有斐閣，1997年）331頁など。

(28) 伊予銀行・いよぎんスタッフサービス事件・高松高判平18・5・18労働判例921号33頁（同事件・最決平21・3・27労働判例991号14頁で維持），マイスタッフ（一橋出版）事件・東京高判平18・6・29労働判例921号5頁。

(29) 労働判例960号5頁。

しかし，この事件は上告審で，黙示の労働契約の成立を否定する判断が示されている（最判平21・12・18労働判例993号5頁）。最高裁は，まず，「労働者派遣法の趣旨及びその取締法規としての性質，さらには派遣労働者を保護する必要性等にかんがみれば…そのことだけによっては派遣労働者と派遣元との間の雇用契約が無効になることはない」とした。そして，本件においては，派遣先（発注元）が，採用に関与せず，賃金額も決定していなかったうえ，派遣元（下請事業主）が具体的就業条件を一定程度決定していた等の事情が存したことを重視して，派遣先と労働者との間に黙示の労働契約が成立したとはいえないと結論したのである[30]。

3　その他の法律をめぐる議論状況

　高年法や派遣法以外で，私法的効力が問題となる法律として以下のものがある[31]。例えば，労働安全衛生法（以下「労安法」とする）である。労安法の規定については，労安法1条や労基法42条のいわゆる「ドッキング規定」や労働契約の付随義務論を根拠に，その私法的効力を認める考え方が学説，判例上広く承認されている。しかし，同法97条2項（申告権を理由とする不利益取扱いの禁止規定）を除き，労安法の違反については罰則等が規定されるだけで，私法的効果に関する規定が存在しない。このため，学説の中には，労安法は全体として強行法規ではなく取締法規であると強調する見解[32]も存在するのである[33]。

---

(30)　この最高裁判決に関する考察として，萬井隆令「松下PDP事件・最高裁判決の批判的検討」労働法律旬報1714号6頁，勝亦啓文「違法派遣における派遣先の雇用責任の範囲と課題」労働判例997号5頁，大内伸哉「いわゆる偽装請負と黙示の労働契約の成否」ジュリスト1402号150頁，中島正雄「偽装請負における請負業者の従業員と就労先企業との間の黙示の労働契約の成否」日本労働法学会誌116号165頁などがある。（すべて2010年公刊）。

(31)　改正パートタイム労働法8条（差別的取扱禁止規定）の私法的強行性を否定する見解も主張されている。「労働新聞」2008年3月10日号における同法に関する解説（安西愈）参照。ただし，学説においては同条の私法的強行性を認める見解が圧倒的に多い。菅野・前掲書（注1）203頁，土田道夫『労働契約法』（有斐閣，2008年）690頁など参照。

(32)　小畑史子「労働安全衛生法の労働関係上の効力」日本労働法学会誌88号（1996年）57頁以下。小畑論文は，義務履行確保措置として公法的措置しか予定されていないという点だけでなく，立法者意図，法律の仕組み，規制内容などを考察したうえで取締法規であると結論づけている。

また，均等法違反の法的効果をめぐる議論においても、私法的効果の有無は問題となっている。均等法は，現在においても，同法9条4項（妊娠，出産後1年以内の解雇を原則として「無効」とする規定）を除き，私法的効果を明記した規定をおいていないが，1997年に改正され，努力義務規定を義務・禁止規定（同法5条の「〜しなければならない」，同法6，7，9条の「〜してはならない」という表現）に変更してからは，均等法に違反する就業規則や労働契約等は無効（民法90条）となると解されている[34]。しかし，日本においては，ドイツの一般平等取扱法15条2項[35]のような規定は存在しない。このため，性別を理由とする採用差別あるいは昇格差別などが認められ，法律行為の無効や損害賠償責任が認められたとしても，労働者が労働契約の締結強制や昇格請求権など是正それ自体を求めることができるかについては議論があり，通説[36]や判例[37]は，均等法違反があったとしても，就業規則等において権利として規定されていない限りは[38]，差別的取扱いの是正を求める請求権は認めることができないとしている。このように，私法的効力が認められたとしても，その効果の内容が問題となることもあるのである。

---

(33) この見解に対する批判としては，渡邉賢「産業医の活動とプライバシー ── 労働安全衛生法の法的性質を踏まえて」保原喜志夫編『産業医制度の研究』（北海道大学図書刊行会，1998年）121頁以下を参照。渡邉論文（126頁以下）は，労安法の性格につき公法私法峻別論がかなり影響を及ぼしていることと，私法，とくに安全配慮義務論の側からの検討が十分なされていない点を問題視している。

(34) 菅野・前掲書（注1）170頁など。これに対し，小嶌典明「労働法における公法上の義務」阪大法学58巻3-4号591頁（596頁）は，公序違反を限定する立場から，無効を帰結する通説的見解を批判している。

(35) 「非財産的損害について，労働者は適当な賠償を金銭で請求することができる。不採用について，労働者が不利益取扱のない選択によっても雇用されなかったとされる場合，賠償額は3か月分の賃金を超えてはならない」という規定である。この規定の前身的規定が，ドイツ民法611a条2，3項であるが，一般平等取扱法の制定に伴い削除されている。

(36) 菅野・前掲書（注1）171頁以下。

(37) 野村證券事件・東京地判平14・2・20労働判例822号13頁は，均等法の1997年改正以降のコース別人事を公序違反と判断したが，差別的取扱いの是正を求める労働契約上の請求権を否定している。

(38) 就業規則や労働協約において権利として規定されている場合は，労働者は是正を求める権利を持つ場合もあるだろう。山田省三「改正均等法の禁止規定化と救済手段」季刊労働法186号（1998年）41頁。

Ⅲ 私法的効力否定論の法政策的背景

1 「労働市場法」論におけるソフトロー・アプローチと憲法27条論

　主として高年法や派遣法を取りあげ，労働法規の私法的効力論を紹介してきたが，公法的性質を有した労働法規の私法的効力を否定する見解は，以上のように近年大きな潮流となりつつある。こうした見解は，労基法13条のような私法的効果を明記した規定がないという点や法規の公法的性質を解釈論上の論拠として持ち出すのが常である。しかし，私法的強行性が広く承認された均等法のように，こうした論拠を覆す立法例は数多く存在する。また，労基法13条の強行的効果も，各条文の効果の確認的規定だと解されているように，こうした論拠は必ずしも説得的なわけではない。

　にもかかわらず，私法的効力否定論が大きな潮流となりつつある背景事情として，雇用政策の方向性を示した「労働市場法」論[39]の影響があることは否めないだろう。個別的労働法と集団的労働法という労働法の伝統的な法領域とは別のところで，雇用政策に関する法領域を労働者の権利保障とは切り離し，労働力の需給調整に関する独自の法領域の意義を唱えるのが「労働市場法」論である。この見解は，雇用政策の促進という目標を重視するため，採用を行う事業主の負担に配慮し，労働者に対する直接的責任を肯定する私法的効果ではなく，行政指導等のソフトローによる規制を高く評価するのである。

　また，私法的効力否定論を唱える者は，労働市場の規制を目的とした法律は，憲法27条１項に属するものとして，公法上の政策義務を事業主に課したに過ぎないと解し，その違反は行政指導など公法的措置を通じて是正するのが妥当だと主張する。こうした考え方は，私法的効果が明記された労基法などの労働者保護法は憲法27条２項に属する法律としたうえで，それとは峻別された憲法27条１項に属する法の存在を強調する点（以下では「憲法27条峻別論」と呼ぶ）に特徴がある。雇用政策を目的とする立法が増大し，かつ，この分野の法律が私法的効果を明記していないことが多いため，以上のような「労働市場法」論や憲法27条峻別論は法解釈にも大きな影響を与えてきたのである。

---

(39) 菅野・前掲書（注１）31頁以下。

2 「採用の自由」論

また，労働法分野においては，法違反の私法的効果として契約の成立が問題となることがあるが，こうした効果を承認するうえで，契約自由の一つの形態である「採用の自由」論（三菱樹脂事件・最大判昭48・12・12民集27巻11号1536頁）をどう位置づけるかが課題となっている。「労働市場法」論を唱える者は，法政策的な観点も考慮し，労働市場に関係する立法は，憲法27条１項の要請で，「必要かつ合理的な範囲内」でしか採用の自由を制約することは憲法上許されないと強調する[40]。例えば，高年法においても，同法９条の義務が履行されていなかったとしても，「採用の自由」論を根拠に，労働者の継続雇用請求権を否定する見解[41]がある。また，同様の立場にたつ限り，継続雇用制度が導入され，その制度の運用（選定基準など）が違法であると判断され，継続雇用制度の内容で労働契約の成立を認めることが適当であった場合でも，事業主に契約の締結（採用）を強制することはできないと帰結することになる。さらに，派遣法等の違反のケースでも，派遣先に採用強制するのは妥当ではないとする考え方は，派遣先と派遣労働者の間に「黙示の労働契約」の成立を認める一つの障害となってきた。このように，労働法分野においては，「採用の自由」論は，私法的効果の内容を制約するだけでなく，私法的効果それ自体の承認を制限する論拠として機能してきたのである。

Ⅳ 私法的効力否定論の問題点

1 労働法における公法と私法の関係 ——「労働市場法」論の問題点[42]

労働法規の私法的効力否定論には，「労働市場法」論を中心とする様々な理論の影響があることを紹介してきたが，こうした考え方に妥当性はあるといえるだろうか。

---

(40) 菅野・前掲書（注１）32頁。
(41) 大内伸哉『キーワードからみた労働法』（日本法令，2009年）127頁。ただし，継続雇用制度を請求するのではなく，定年制の無効を求めた事案では，採用の自由は問題とならない。
(42) 「労働市場法」論の問題点については，西谷敏『労働法』（日本評論社，2008年）52頁。

「労働市場法」論が対象とする雇用保障を問題とする法領域はたしかに存在し，その法的課題を労働市場との関係において考察することは重要である。しかし，あえてこうした法領域を「労働市場法」と特徴づけようとする論者は，労働者の雇用保障の権利よりも，労働力の需給調整や流動化の促進に重点をおき，それゆえ私法的効力の否定を志向する場合が多い。こうした意味において，「労働市場法」論は，労働法的な公法私法二元論ということもできるだろう。

　しかし，民法学においても，かつては，取締法規と強行法規は性格を異にすると位置づける公法私法二元論[43]が有力であったが，近年は，消費者保護法令を代表とする経済法令が多数登場してきたため，公法私法二元論を「法秩序内部における自己矛盾」[44]として批判する見解が有力になりつつある。こうした立場に立つ論者は，公法と私法の相互関係を重視し，「公法・私法相互依存論」を唱える傾向にある（例えば，経済法令違反を私法上の「公序」違反とする見解など[45]が主張されている）。労働法においても，行政指導等の公法的制度を内包することは，私法的効力の絶対的な否定まで目的としていることは必ずしも多くはなく，両規範の相互関係を無視した公法私法二元論は適切とは言い難い。ただし，公法規範は公益の実現を目的とし，諸行為の包括的・持続的制御に適しているのに対し，私法規範は私的自治や市場システムの規律を目的とし，私人間の調整に適するなど，それぞれの目的や特徴の違いを考慮することも労働法においては重要となるだろう。

　したがって，労働法において公法規範と私法規範とは，「相互補足的秩序（Auffangordnungen）」[46]として構成するのが妥当な見方だといえる。二元的に峻別された法秩序や統一的に機能しなければならない法秩序でもなく，労働法における

---

(43) 代表的な見解は，我妻栄『新訂民法総則』（岩波書店，1965年）263頁以下である。そして，この見解の基礎を確立したのは，末弘厳太郎「法令違反の法律的効力」法学協会雑誌47巻1号（1929年）68頁であったという指摘がある（加藤雅信ほか『民法学説百年史』〔三省堂，1999年〕104頁以下〔曽野裕夫〕）。しかし，末弘論文の意図は，当時の判例が，法律の禁止規定に違反する行為を例外なく無効とする傾向があり，私人や取引の安全に対する侵害が甚だしかったことを憂慮した点にあったといえる。

(44) 磯村保「取締規定に違反する私法上の契約の効力」『民商創刊五〇周年記念論集Ⅰ・判例における法理論の展開』（有斐閣，1986年）1頁以下参照。

(45) 経済的（私法）公序を唱えるのは，大村敦志「取引と公序」同『契約法から消費者法へ』（東京大学出版会，1999年）201頁以下である。また，山本敬三『公序良俗論の再構成』（有斐閣，2000年）239頁以下は，「公法私法相互依存論」を唱えている。

第Ⅷ部　労働・社会法における法解釈学の意義

公法規範と私法規範とは相互に補足しあいながら，それぞれの規範目的やシステムに基づいて機能するものと理解するのである。近時，努力義務や配慮義務の規定が，「不法行為の成否の違法性判断の基準とすべき雇用関係についての私法秩序」となることを認める裁判例[47]や権利濫用の審査において重要な判断要素になるとする裁判例[48]および就業規則の「合理性」審査の中で「私法秩序に適合していること」が求められるとして，高年法の目的とする高年齢者の雇用と促進に反しないことが私法秩序に含まれると判示する裁判例[49]があるが[50]，こうした動向も相互補足的秩序という見方を正当化するものと考えることができる。

　こうした見方にたって，「労働市場法」論者の展開する憲法論を検討すれば，次のような問題点を指摘できる。「労働市場法」論においては，憲法27条1項と2項を峻別し，労働市場法を憲法27条2項から遠ざけることが志向されている。憲法27条2項は，基本的な労働条件を強行的に法定化することを国家に要請した憲法条項であるからである。こうした論者は，各種の労働法を同条1項と2項の法律に峻別できると考え，同条1項に関する法律であれば，同条2項の要請を受けて制定された労基法とは異なることを強調する。しかし，雇用政策は労働関係

---

(46) Vgl. *Hoffmann-Riem/ Schmidt-Aßmann* (Hrsg.), Öffentliches Recht und Privatrecht als wechselseitige Auffangordnungen, 1996, S. 8 ff. u. 261 ff. このドイツの見解を分析したものとして，山本隆司『行政上の主観法と法関係』（有斐閣，2000年）322頁以下がある。

(47) 昭和シェル石油事件・東京高判平19・6・28労働判例946号76頁，兼松（男女差別）事件・東京高判平20・1・31労働判例959号85頁。1985年均等法の努力義務規定が1997年に禁止規定に改正（1999年施行）される以前の努力義務違反は公序違反とならないと解されてきたが（野村證券事件・東京地判平14・2・20労働判例822号13頁など），これらは不法行為の違法性の根拠になりうることを示したものである。

(48) 使用者が育児介護休業法26条の配慮義務を怠った場合，配転命令権の濫用判断の重要な考慮要素になると解されている。ネスレジャパンホールディング事件・神戸地姫路支判17・5・9労判895号5頁，同事件・大阪高判平18・4・14労判915号60頁など。

(49) 協和出版販売事件・東京高判平19・10・30労働判例963号54頁。また，この判決の意義については，野田進「『働きながらの貧困』と労働法の課題」労働法律旬報1687・88号（2009年）12頁以下，矢野昌浩「公序良俗・不実表示・約款規制と労働法」法律時報82巻11号（2010年）30頁以下。

(50) 努力義務等と私法的効力の関係については，荒木尚志『労働法』（有斐閣，2009年）88頁参照。また，菅野和夫『労働法（初版）』（弘文堂，1985年）124頁は，早くから，努力義務違反も公序違反の具体的基準となると指摘しており，注目に値する。

314

や労働条件の規制と密接に関係し，2つの憲法条項の要請を受けた法律が存在することは否定できない。したがって，私法的効力を検討するにあたっては，同条1項に属する法律と性質決定するよりも，むしろ同条2項に属する法律であるか否かを考察することが重要となる。そのように考えると，高年法9条の規制対象は年金支給年齢までの雇用であり，派遣法の規制対象は間接雇用の禁止という問題であることを想起すれば，基本的な労働条件に関わるものとして，憲法27条2項との関係を否定できないのである。

なお，ハードローを必要とするのか，ソフトローによって政策目標を漸進的に達成するのかは，ソフトロー・アプローチを志向する論者も指摘するように[51]，法の役割に関する根源的な問題を提起しており，ソフトローという選択肢は一概に否定されるわけではない。しかし，高年法のように努力義務を義務化した場合に，罰則すら伴わない行政指導しか予定されていなければ，法の実効性は著しく低下するだろう。また，派遣法についても，間接雇用の禁止という労働の基本原則（憲法規範，職安法44条，民法615条の一身専属性など）に関わる問題について，裁判所が私法的次元でその実効性を補わないことは適切とはいえない。すなわち，ソフトロー・アプローチというものを一律否定するものではないが，このアプローチは労働者に直接的な権利を付与しないなど，権利・義務規範による法の実効性を否定することにつながることに十分留意しなければならないのである[52]。労働の最低基準や基本原則に関わる規制など法の実効性が低下することが許されないものについては，たとえ法律に私法的効果を明記した規定が存在しなくとも，公序や信義則等を通じて，私法的効力を補い，使用者の労働者に対する義務（労働者にとっての権利）を認める必要があるのである。

2　私法的効力の有無に関する判断基準

公法的性質をもつ労働法規に私法的効力を認めるためのメルクマールは，どのように考えるべきであろうか。それは，高年法や派遣法における議論なども参考

---

(51) 荒木尚志「労働立法における努力義務規定の機能 ── 日本型ソフトロー・アプローチ？」中嶋士元也先生還暦記念論集『労働関係法の現代的展開』（信山社，2004年）43頁。

(52) 和田肇「労働法におけるソフトロー・アプローチについて」渡辺洋三先生追悼論集『日本社会と法律学 ── 歴史・現代・展開』（日本評論社，2009年）723頁。

にすれば，下記の判断基準を総合考慮するのが妥当であるだろう。

第1に，当該法規定の内容である。単なる「努力」ないし「配慮」という文言を使用した条文についていえば，その条項自体の私法的強行性が否定される可能性が高いのに対し，義務づけ内容が明確な場合，立法者はそれだけ強い意思をもってその実効性を保障しようとしたといえるので，私法的にも強行性を認めるべき場合が多くなるのである。したがって，当該法規定が，努力義務から義務あるいは禁止規定に改正された歴史を持つような場合，立法者もその実効性を強く求めたと考えることができ，私法的効力を肯定する要素は高くなるといえる。

第2に，法の沿革も考慮した法規定の趣旨・目的である。例えば，法の規制目的が労働者の保護ではなく，事業主（使用者）の事業活動の規制に置かれている場合は，私法的効力が否定される要素が大きいといえるが，立法目的の中に労働者保護の要請があることを否定できない場合には，使用者の私法上の責任は肯定される要素が大きいといえるだろう。

第3に，義務づけの主体が誰となっているかである。使用者が義務主体となっているだけでただちに私法的効力が肯定されるわけではない。しかし，使用者が義務の履行あるいは行為の禁止主体として規定されている場合には，私法的効力を肯定しても，公法的規制と私法的規制とは矛盾を起こしにくいといえるだろう。

第4に，憲法27条2項を考慮すれば，基本的な労働条件を規制する法規定は原則として私法的強行性が承認されるべきである。なぜなら，憲法27条2項の要請を受けた代表的な法律である労基法の制定過程において，憲法27条2項（当時は，草案の25条2項）について，内閣法制局が厚生省の賛同を得て，次のような見解（「憲法第25条等労働関係条文の解釈に関する法制局意見（21．7．10）」）を明らかにしているからである。すなわち，この内閣法制局の見解[53]によれば，「勤労条件に関する基準は，これを法律で定めるものである以上，単に準則的な意義を持つだけでなく拘束力をもたせるべきものであると解する。此の点に於いてこの条文は契約中の原則に対する特別の例外規定である。」と位置づけられている。このように，内閣法制局は，憲法27条2項の要請を受けた立法は私法的強行性が認められると解しているのである。労働条件に関わるあらゆる規定が憲法27条2項に関係する

---

(53) 渡辺章編『労働基準法〔昭和22年〕（一）（日本立法資料全集51）』（信山社，1996年）28頁以下（とくに引用部分の原文は35頁の脚注11に，その解説は29頁にある）。

わけではないものの，賃金，労働時間あるいは雇用の継続などの基本的な労働条件はそれに含まれることは疑いないのである。

第5に，補足的な判断要素であるが，公法的なサンクションの実効性も考慮すべきである。行政指導等によって規制目的が十分達成できない場合，裁判所は，一般条項を含む私法規範の適用や類推適用を考慮しなければならないのである。

なお，こうした判断要素（ただし，第5点を除く）は，労働法規の私法的強行性の有無を判断するための基準に過ぎない。これまで十分意識されてきたわけではないが，労働法規の私法的効力を認めた裁判例の中には，（ⅰ）規定それ自体に私法的強行性を認めた場合と（ⅱ）公法上の義務違反を考慮しながら，一般条項を根拠に私法的効力を認めた場合とが混在しており，上述の基準は主として（ⅰ）の判断基準として妥当する。すなわち，規範内容が努力義務であるため（ⅰ）が否定されたとしても，（ⅱ）として私法的効力が生じることがただちに否定されるわけではない。前述のように，努力義務規定や配慮規定であるにもかかわらず，一般条項を通じて私法的効力を認める裁判例があるが，これは（ⅱ）のケースだと理解することができるのである。

3　法的効果の内容

以上のような判断基準に基づき，労働法規の私法的強行性が認められた場合，次に問題となるのは法的効果の内容である。高年法や派遣法を素材として考察を加えたうえで，「採用の自由」論についても検討することとする。

(1) 高年法

高年法については，継続雇用制度の選択基準の妥当性など同法9条2項の私法的効果の内容も論点となるが，ここでは同条1項に限定して考える。

高年法9条に私法的強行性が認められれば，事業主が同条1項で求められた雇用確保措置を怠った場合，労働者は使用者の私法的責任を追及できる法的地位を得る。ただし，私法的強行性が認められた場合でも，その義務違反が損害賠償の違法性を根拠づけるだけで，法律行為の無効といった効果を帰結しないことがありうることにも十分留意しなければならない。

しかし，同法9条1項が，同法8条と同様，私法的強行性をもつとすれば，それに違反した場合の私法的効果については，同法8条に関する判例が参照されるべきである。すなわち，65歳未満の定年を定めた規定（例えば，就業規則規定）は

無効となり，定年退職させられた労働者は使用者との間で雇用契約上の地位の確認を求めることができると解すべきであろう。ただし，問題となるのは，どのような内容で地位の確認が認められるかである。

65歳など高年法の要請する別の定年年齢が補充されるかであるが，この点，同法8条については，学説上，定年の定めがなくなると解する説と高年法が定年の定めを補充し60歳定年となるとの説の対立[54]があり，ある裁判例[55]は，60歳未満定年禁止規定違反については，60歳を下回る定年を無効とし，定年の定めがなくなるとの判断を下している。こうした判断が採用された理由としては，高年法に労基法13条のような直律的（補充的）効力が定められていないことが挙げられている。ただし，学説上は，60歳定年で補充するという見解も有力に主張されており，この見解の方が説得力があるといえる。しかし，高年法9条1項についていえば，雇用確保措置として3つの選択肢が示され，その中に定年の廃止も含まれているため，定年年齢を補足する基準は一義的ではない。したがって，同項違反については，65歳未満の定年規定が無効となり，定年退職させられた労働者は，ひとまず定年の定めがないかたちで，雇用契約上の地位の確認を請求しうると解さざるをえない。ただし，65歳未満の定年制は，同項に違反する限りにおいて無効となるに過ぎないため，事業主が同項の定める要件に適合した継続雇用制度を設けた場合，その時点で同項違反はなくなるのである。なお，以上のような効果については，3つの選択肢の一つである定年の廃止のみを採用しているとの批判がありうるだろう。しかし，こうした考え方は，適法な雇用確保措置を実施するまでの相対的効力しか付与していないのであるから，3つの選択肢の一つを補充したのではなく，3つの選択肢を改めて実施する機会を与えたことを意味するのである。

(2) 派遣法

日本においては，派遣法の改正が実現しない限りは，ドイツ派遣法10条のよう

---

[54] 菅野・前掲書（注1）64頁は定年の定めがなくなると解するが，他方で，岩村正彦「変貌する引退過程」『現代の法12・職業生活と法』（岩波書店，1998年）354頁や東京大学労働法研究会編『注釈労働基準法上巻』（有斐閣，2003年）348頁（森戸英幸）は定年年齢が60歳となって補充されるとする。

[55] 牛根漁業協同組合事件・福岡高宮崎支判平17・11・30労働判例953号71頁，同事件・鹿児島地判平16・10・21労働判例884号30頁。ただし，高裁は，労使合意ができるまで従前のままとする。

に，労働契約関係の成立を擬制する規定は存在しない。このため，派遣法や職安法の違反から直接的に派遣先と労働者との間の労働契約の成立を導くことはできず，現行法を前提とする限りは，「黙示の労働契約」の成立という点から考察せざるをえない。

しかし，労働契約の基本要素である「労務の提供」と「賃金の支払」の相互関係が存在し，意思の合致を推認できる場合には，「黙示の労働契約」が成立していると判断することができる。また，派遣法や職安法44条の違反は，事業者間の労働者派遣契約や派遣元と労働者との間の労働契約の無効を導くなど，「黙示の労働契約」の成立を判断するうえで重要な判断要素となる。

なお，派遣法40条の4および同条の5の直接雇用申込義務違反が成立した場合，派遣先に対しては公法上の制裁として罰則等もなくその実効性は疑わしい。したがって義務違反の態様が著しく悪質な場合，法の実効性を確保するために，派遣先の申込の意思を推定することも考慮すべきである。

(3) 「採用の自由」論の限界

私法的効果の内容に大きな影響を与えてきた「採用の自由」論であるが，近年様々な側面から再検討されつつある[56]。また，労働法においては，利用継続型の雇用において「採用の自由」論が妥当しない場合があることはこれまでにも指摘されている。例えば，事業譲渡や有期契約の更新拒絶においては，実質的にみて，契約締結強制に近い効果を認めてきたからである。利用継続後の契約締結時に，使用者が違法な行為をした場合，「採用の自由」を前提とする限り，適切な解決ができないため，使用者の意思を推定するという手法を認めてきたのである。同様の考え方は，他の利用継続型の雇用にも適用可能であり，法違反の私法的効果として契約の成立を認めることは必ずしも不適切とはいえないであろう[57]。

---

(56) 萬井隆令「『判例』についての一試論」龍谷法学40巻1号（2007年）72頁，木下智史『人権総論の再検討 —— 私人間における人権保障と裁判所』（日本評論社，2007年）12頁以下など。

(57) 山川隆一・荒木尚志「ディアローグ労働判例この1年の争点」日本労働研究雑誌496号（2005年）22頁での「三菱樹脂事件判決の前提となった認識に変化が生じつつあるといいますか，採用の自由もそれほど絶対的なものでなくなっている面はあります」との発言も参照。

第Ⅷ部　労働・社会法における法解釈学の意義

Ⅴ　おわりに

　純粋の私法規範として位置づけられる労働立法も存在するが（労働契約法，労働契約承継法など），公法的性質を持つ労働立法も多く，私法的効力との関係は様々な面で生じている。それを類型化すれば，a）私法的強行性だけでなく，補充的効力が規定されたもの（労基法13条），b）私法的強行性のみが規定されたもの（均等法9条4項など），c）明示的な私法的効果規定なき禁止・義務規定（均等法5～7条など），d）努力・配慮規定（育介法26条，労基法136条など），e）行政官庁の認定・許可が要件とされた規定（労基法20条3項，41条3号）などである。このうち高年法9条や派遣法はc）に属する。

　本稿で紹介してきたように，c)の場合は，立法上，行政指導等のみが予定（同法10条）されているため，私法的効力は否定されることもあった。しかし，高年法8条（60歳未満定年禁止規定）や均等法のように，私法的効力が認められる場合もあり，私法的効力の有無は，私法と公法が「相互補足的秩序」を構成しているという視点から総合判断する必要がある。労働法において私法的効力を否定することは，労働者の権利や使用者の労働者に対する私法上の責任を否定することに直結することも十分考慮しなければならないのである。

労働法における学問と実務への法解釈学の影響

セバスチャン・クレッパー
根 本　到訳

I　テーマの限定

　労働法が今日の標準的な形態で成立したのは，産業化の後である。それは，理論的なかたちで製図板のうえで作製されたのではなく，利他的労働の提供に付随して生じた現実の法的問題に対する解答の集成として形成された。したがって，労働法は，今日においても，従属労働という要素と関係する法的問題を対象とする法領域として表現することは，なお適切性を失っていない[1]。

　その始まりにおいては，労働法が従属労働と事実的関係を有するということが，労働法の様々な法領域を統括する唯一の括りだった。労働法の個々の法領域を貫き，それぞれの法領域をつなぐ架け橋となる，理論的一貫性は相当部分欠如していた。たしかに，個別的労働法の基本的な礎石は，利他的労働提供の基礎を，強制から契約的合意へと転換することによって，はやくに定礎されたが[2]，これは労働契約に対する特殊な考察をもたらすものではなかった。労働契約は，民法の多くの典型契約の一つであるに過ぎず，特別な注意が払われてきたわけではなかったのである。前景として存在したのは，長い間，労働安全衛生法の展開であったが，これは公法的な禁止の観点からのみ考察されてきたに過ぎない[3]。また，

（1）Vgl. nur MünchArbR/*Richardi*, 2. Aufl. 2000, §1 Rn. 7.
（2）従属労働の提供を基礎づける契約の普及が比較的早かったことについて *Bernert*, Arbeitsverhältnisse im 19. Jahrhundert, 1972, S. 53, 55, 64, 143, 148, 157. また，その後の発展を論じたものとして，*Ogris*, RdA 1967, 286 ff；さらに，中世の法秩序における労働の認識状況については，*Dilcher*, Arbeit zwischen Status und Kontrakt, *Postel* (Hrsg.), Arbeit im Mittelalter, 2006, S. 107 ff.

第Ⅷ部　労働・社会法における法解釈学の意義

労働法のもう一つの標準的な法領域は，労働組合による集団的圧力の行使や労働条件の集団的合意への法的接近であった。団結法は，長い間，労働組合は禁止されるのか，あるいは，法的に承認されるのかという問題に目を向けてきた[4]。また，争議法は，当初，刑法[5]や不法行為法[6]として存在した。しかし，団結法も争議法も，労働協約の締結のための，あるいは適法な争議行為を可能にするための，法的な基礎を創出するということには取り組んでいなかった。

理論的構造は，その発展の中で労働法にもたらされてきたものであった。その際，唯一のものではないが，本質的な役割を果たしてきたのが，本稿において以下で取り上げる，労働法の独自性をめぐる取組みである。第一に，一般的な考察からこうした発展を概観し，第二に，個々の事例を探求する。ここで得られた結論に基づいて，労働法における学問と実務への法解釈学（Rechtsdogmatik）の影響を評価することを試みることとする。

Ⅱ　労働法学における労働法の独自性をめぐる取組み

1　伝統的労働法学

筆者の知りうる限り，「労働法（Arbeitsrecht）」という概念の構築，つまり，学問的解放の最初の第一歩は，1876年のローレンツ・フォン・シュタイン（*Lorenz von Stein*）の著作[7]による。抽象的で，その後の発展にとっては標準的とはいえ

（3）こうした規定は，まずイギリスにおいては1802年，フランスにおいては1810年から散見され，それが1840年代以降にはヨーロッパ大陸に普及し，それがのちにドイツを構成する各ラントにも及んだ。この点については，*Bauer*, Stichwort: „Arbeiterschutzgesetzgebung" in: Elster/Weber/Wieser (Hrsg.), Handwörterbuch der Staatswissenschaften, Band I, 4. Aufl. 1923, S. 401, (405 ff.); *Mahaim*, L´organisation permanente du travail, in: Recueil des Cours 1924, III, 1925, S. 65 ff.

（4）Vgl. nur *Schwittau*, Die Formen des wirtschaftlichen Kampfes, 1912, S. 157 ff.; *Mayer-Maly*, Zeitschrift für Unternehmensgeschichte, Beiheft 16, 1980, 11 (20 ff.). また，その展開状況については，次の文献で詳述されている。*Kittner*, Arbeitskampf, Geschichte Recht Gegenwart, 2005, S. 178 ff..

（5）たとえば *Schwittau*, Die Formen des wirtschaftlichen Kampfes, 1912, S. 158 ff.

（6）*Mayer-Maly*, Zeitschrift für Unternehmensgeschichte, Beiheft 16, 1980, 11 ff.

（7）*Lorenz von Stein*, Gegenwart und Zukunft der Rechts- und Staatswissenschaft Deutschlands, 1876, S. 265 ff. (266).

ないが，フォン・シュタインは労働に関する固有の法の正当化を試みていた。また，19世紀の労働法上の問題設定に関する著作も，現存する法の総括の形式で，生成期の全体的叙述を試みている[8]。これが独立した学問分野の形成のためのさらなる基礎を提示したのである。ただし，こうした論文の中で，労働法上の問題設定を理論的に秩序づける試みは，欠如していた。

　労働法の本質的な発展の原動力となったのは，民法典の施行である。たしかに，民法典においては，労働法の独自性を確立することに向けた直接的な貢献の度合いは，周知のとおり限定されていた。しかし，時間的に見れば，民法典施行後ほどなく，労働法に関する学問的取組は飛翔したのである。この関連で，初期の労働法上のモノグラフィーとして挙げるべきは，なによりも，フィリップ・ロトマール（*Philipp Lotmar*）の『労働契約（Der Arbeitsvertrag）』[9]やフーゴ・ジンツハイマー（*Hugo Sinzheimer*）の『集団的労働規範契約（Der kollektive Arbeitsnormenvertrag）』[10]である[11]。両者に共通するのは，法的事実を前提とすることであった[12]。また，民法が，彼らの問題解決のための基本的な参照点となっていた。

　1902年と1908年に公刊されたロトマールの二巻本は，労働契約そのものを扱って，労働契約の特質を備えた個別の事柄（従業員，用船契約）を扱わず[13]，主要論点をひとつの上位概念へと導くことを，問題関心の中心においていたことに特徴がある。彼は，この上位概念を民法典の契約諸類型に関連づけて構築した。ロ

---

(8) *Gruchot*, Gruchots Beiträge 13（1869）, 1 ff.; *Dankwardt*, Iherings Jahrbücher 14（1875）, 228 ff.; *Endemann*, Die Behandlung der Arbeit im Privatrecht, 1896; 注11も参照。

(9) *Lotmar*, Der Arbeitsvertrag, Bd. 1, 1902, Bd. 2, 1908（hier zitiert in der von *Rehbinder* herausgegebenen einbändigen Ausgabe aus dem Jahre 2001）.

(10) *Sinzheimer*, Der korporative Arbeitsnormenvertrag, Bd. 1, 1907, Bd. 2, 1908（hier zitiert in der 2. Aufl. 1977）.

(11) それより以前のものとして，*Stadthagen*, Das Arbeiterrecht, 1895. この作品の初版では実定法の状況が述べられているに過ぎない。この点について *Dubischar*, RdA 1990, 83（85 f.）.

(12) *Lotmar*, Der Arbeitsvertrag, Bd. 1, 1902, Bd. 2, 1908（hier zitiert in der von *Rehbinder* herausgegebenen einbändigen Ausgabe aus dem Jahre 2001）, S. 56 ff., この作品はこれを序文に述べる彼の方法の一部としている。*Sinzheimer*, Der korporative Arbeitsnormenvertrag, Bd. 1, 1907（hier zitiert in der 2. Aufl. 1977）, S. 28 ff., においては，法事実的基礎の評価は，労働協約の要件を扱う第一部においてなされている。

(13) *Lotmar*, Der Arbeitsvertrag, Bd. 1, 1902, Bd. 2, 1908（hier zitiert in der von *Rehbinder* herausgegebenen einbändigen Ausgabe aus dem Jahre 2001）, S. 60.

トマールの思考における民法との非常な親和は細部においても見ることができる。一つだけ例を挙げれば，労働契約の取消に関する考察は，あたかも法律行為論の該当箇所の記述であるかのように読むことができる。労働契約の特性を理由に，民法からの逸脱が必要になるかもしれないといった問題は，かえりみられなかったのである(14)。

民法典へのロトマールの依拠は，彼の「労働契約」概念が，当時の現行法の解釈学的な評価であって，法政策的要請の集成ではないことに表れている(15)。現行法とは，まさに民法典そのものだった。その仕事の中でのまさに中心的な諸論点，たとえば，雇用契約や請負契約など(16)，あらゆる労務給付契約を包括する上位概念として労働契約を位置づけることは，しかしながら，結果的に浸透しなかったのである。

ただし，とりわけある箇所において，ロトマールは，一般民法の制度枠組によって達成できることの限界も感じていた。すなわち，タイトルからして必ずしも必要とはいえなかったにもかかわらず(17)，相対的にわずかな章をさいて，労働協約にも彼は取り組んだからである(18)。彼は，そこで，労働協約の個別契約への影響について肯定的に述べている(19)。その影響が彼の理解に従えば法的にどのように構築されるべきなのか，という点については，完全に明らかしたとはいいがたいが，ロトマールは，適切な影響が生じなければならないと指摘をしているのである(20)。また，別の箇所では，彼は，当時妥当していた営業令134c条1項に基づき，使用者と労働者とを法的に拘束した就業規則を，労働協約と並列するものとして扱った(21)。結局，彼は，個々の団体構成員の個別契約に対する効果

---

(14) *Lotmar*, S. 934 f., S. 1019 ff.

(15) Vgl. *Rehbinder*, Vorwort des Herausgebers zu Lotmar, Der Arbeitsvertrag, 2001, S. 30.

(16) *Lotmar*, Der Arbeitsvertrag, Bd. 1, 1902, Bd. 2, 1908 (hier zitiert in der von *Rehbinder* herausgegebenen einbändigen Ausgabe aus dem Jahre 2001), S. 307 ff.

(17) ロトマールは，はやくから，労働協約は労働契約ではないものとしていた。*Lotmar*, Die Tarifverträge zwischen Arbeitgebern und Arbeitnehmern, in: *Braun* (Hrsg.), Archiv für soziale Gesetzgebung und Statistik 15 (1900), S. 1 (93).

(18) *Lotmar*, Der Arbeitsvertrag, Bd. 1, 1902, Bd. 2, 1908 (hier zitiert in der von *Rehbinder* herausgegebenen einbändigen Ausgabe aus dem Jahre 2001), S. 815 ff.

(19) *Lotmar*, S. 822 ff., 836 ff.

(20) *Lotmar*, S. 836 ff.

と代理理論との間の関係を構築したといえるのである[22]。

　ジンツハイマーは，1907年と1908年に公刊した二巻本において，労働協約のみを扱った。この本の副題には「民法的考察」と明示されている。しかしこのことは，ジンツハイマーが集団的労働法に関係する素材を考察する際，現代労働協約法を特徴づける基本概念の構築を阻むものではなかった。その基本概念とは，様々な規範的性質の分類[23]，労働協約の規範的部分[24]と債務的部分[25]の分類，有利原則[26]，さらに進んで団結規範の限定[27]，平和義務[28]，不作為義務[29]，である。

　ロトマール以上にジンツハイマーは，民法と結びつけて考察を行う際，労働協約法をめぐる問題に民法的な解決法がそもそも適しているのか，という問いをはっきりと前面に押し出した。その限りで，代理理論を拒否し，団体理論[30]を構築し，またこのことと部分的には関連させて，法的構成の研究を行った。この法的構成を通じて，労働協約は労働関係に影響すると位置づけられたのである[31]。代理理論と団体理論との対立は，ジンツハイマーにおいては，当時の解釈論的な理論枠組を通じて克服されるべきものであった。しかし，団体理論を支持する彼の判断に従っても，協約規範をこの法関係に取り入れるための基礎として，個別労働関係の当事者の意思を放棄するなどという道を，彼は認識したわけではなかった[32]。ただし，同時に，彼は，こうした解決法では，協約規範の機能との間に矛盾が生じることも見ていた。結論的に彼は，協約機能に相応した労働関係の構築を可能とする実定法上の規整を要請することになったのである[33]。

---

(21) *Lotmar*, S. 843 ff. これとは異なる就業規則の拘束力の根拠づけの考え方として，*Oertmann*, FS Hübler, 1905, S. 9 ff.
(22) *Lotmar*, S. 858 ff.
(23) *Sinzheimer*, Der korporative Arbeitsnormenvertrag, Bd. 1, 1907 (hier zitiert in der 2. Aufl. 1977), S. 33 ff.
(24) *Sinzheimer*, Bd. 1, S. 30 ff.
(25) *Sinzheimer*, Bd. 2, S. 92 ff.
(26) *Sinzheimer*, Bd. 2, S. 54 ff., 60 f.
(27) *Sinzheimer*, Bd. 2, S. 63 f.
(28) *Sinzheimer*, Bd. 2, S. 147 ff.
(29) *Sinzheimer*, Bd. 2, S. 107 ff.
(30) *Sinzheimer*, Bd. 1, S. 61 ff.
(31) *Sinzheimer*, Bd. 2, S. 31 ff.
(32) *Sinzheimer*, Bd. 2, S. 31 ff., 42.

今日の考察からすると，二つの著作の基礎として，法的事実の考察がいかに重要視されていたかがわかる。実務に関する知見なしに，どのような法的な問いを立て，それをどうすれば適切に解決できるかを判断することなどまずできない。実務についての知識を基礎としてのみ，労働法学が民法に依拠する程度がどれほどまでなら意味があるのか，という問いに答えることができるのである。二つの著作を比較すると，ジンツハイマーの『(集団的) 労働規範契約』は，その限りで，より明確な帰結が導かれている。今日からみて，ジンツハイマーは，民法理論のより正確な利用においても，一般民法に立ちもどる可能性に限界があることの認識においても，時間的にはそれほどの隔たりがあるわけではないが，ロトマールをはるかに凌駕している。

2 ヴァイマル時代の労働法教科書

労働法に関する最初の教科書はヴァイマル時代に公刊された。ヴァルター・カスケル（Walter Kaskel）『労働法（Arbeitsrecht）』(1925年)，アルフレート・ヒュック（Alfred Hueck）とハンス・カール・ニッパーダイ（Hans-Carl Nipperdey）『労働法（Lehrbuch des Arbeitsrechts）』の1巻（1927年）と2巻（1930年），エアヴィン・ヤコービ（Erwin Jacobi）『労働法の基礎理論（Grundlehren des Arbeitsrechts）』(1927年)である。ロトマールとジンツハイマーによって取りあげられた労働法の一般民法との摩擦は，ここに挙げた教科書のすべてで扱われているが，それは様々に異なった刻印を受けている。カスケルの著書は，自覚的で現代的な構成をとりつつ[34]，「労働法の解釈論的基礎」を構築したもので[35]，労働法の成熟した教科書であるとの印象を与える。この本を読む者は，労働法がいまだに自分を探し，とりわけ民法との関係において自らを定義しなければならないというよりも，労働法の発展はまったく逆に，すでに確定的な最終形態が見いだされているという印象を得るのである。

ただし，カスケルの教科書は，その演繹の仕方やその根拠づけが輝かしいのではなく，むしろ結果の要約的記述のように見える箇所を含むものである。すなわ

---

(33) *Sinzheimer*, Bd. 2, S. 283. Ders., Arbeitstarifgesetz, 1916, S. 104 においてもなお同様。

(34) *Kaskel*, Arbeitsrecht, 1925, Inhaltsverzeichnis, S. IX ff.

(35) *Kaskel*, Vorwort, S. VII.

ち，民法的観点は個別的労働法にわずかに見られるだけで[36]，労働関係の消滅にかかる記述の場合と同様，独自の労働法的諸制度は摩擦なく導入されている[37]。労働刑法に係る一節[38]を含む労働安全衛生法[39]や集団的労働法[40]は，内在的に，つまり民法的観点に基づくことなしに探求されている。カスケルの教科書は，その構成やスタイルからみて，今日でも，若干の書き換えさえすれば，小さい教科書として公刊できるかもしれないものである。

ヤコービの著書は，労働法の独自性をめぐる問題の別の側面にその多くを費やしたものである。すでにその序文において，ヤコービは，次のように述べている。すなわち，「労働法という法領域の基礎は，公法の専門家によって研究されるべき時が来ている」のではないか，「労働法について教授されているものすべてから判断して，労働法の意義は，まさに，この領域において公法が次第に私法を圧するようになってきていること，あるいは公法と私法とがひとつの独自の法へと融合していっているということにある」ように見える，と[41]。彼の教科書の目標は，ただし，「労働法の領域においても私法と公法とは区別され，私法が抑圧されるのではなく，逆に私法がより一層展開される」という点を叙述することにある，とされている[42]。

その結果は次のような作品として結実することになった。すなわち，その体系は，労働法学の発展の面においても，また今日的な考察の面からも，簡単に追体験可能ではないような作品である。それどころかこの作品は，きわめて個性の強い叙述であって，そこではとりわけ個別的労働法は完全に没してしまい，せいぜい集団的労働法に属すべきような問いの観点から，個別的労働法についても触れられているに過ぎない[43]。労働法における私法と公法および労働法の体系について論じた最後の二つの節もまた，若い労働法学に構造的な刺激を与えるもので

---

(36) たとえば *Kaskel*, S. 64 ff. (Vertragsschluß).
(37) *Kaskel*, S. 118 ff.
(38) *Kaskel*, S. 218 ff.
(39) *Kaskel*, S. 150 ff.
(40) *Kaskel*, S. 221 ff.
(41) *Jacobi*, Grundlehren des Arbeitsrechts, 1927, Vorwort, S. V.
(42) *Jacobi*, Grundlehren des Arbeitsrechts, 1927, Vorwort, S. V.
(43) たとえば，労働関係の開始の乏しい扱い方に表れている。労働協約の文脈で一度触れられるに過ぎない，*Jacobi*, S. 195, 354.

はなかった⁽⁴⁴⁾。ヤコービの著書は，今日から見れば，何よりも，まだ若い学問が独立していこうとする道がまっすぐなものでなかったことを証明するものであったのである。

　ヒュック／ニッパーダイの教科書（1927年，1930年）は，今日でも興味を喚起させるような視点に基づいた道標を示している。なぜなら，この作品は，労働法学に対して一層洗練された道筋を示しているからであり，またこの道筋は貫徹されている。労働法の基本的な思想を労働者保護法に見ること⁽⁴⁵⁾，および，今日わずかにしか違いが見られない釈義のお手本になっている労働者概念の定義，この二つを冒頭に据えて⁽⁴⁶⁾，この二人の労働法学者は労働法の素材を体系的に評価した。そして，その解釈論の基本枠組となったのは民法である。民法は，たとえば，公法的な労働安全衛生法への架け橋をこしらえ，長い間，法律上の基礎からも⁽⁴⁷⁾，学説からも⁽⁴⁸⁾導くことのできなかったところのあるものを説明するために投入された。すなわち，そのあるものとは，労働安全衛生法上の禁止規定が労働関係にどのような影響を及ぼすかという問題である⁽⁴⁹⁾。労働法的な実態を民法的に解決することが著者の理解によれば適当でない場合や，民法による解決法が存在しない場合には，民法からの逸脱は，彼らの著書のいたるところで自然と行われている。ヒュック／ニッパーダイは，ヤコービと異なり，歴史の中に消し去られることもなく，また，カスケルとも異なり，学説と判例の網羅的評価に基

---

(44) Vgl. *K. W. Nörr*, ZfA 1986, 403 (444). この文献によれば，ヤコービの歩んだ道を，その後歩んだ者はいなかった。

(45) *Hueck/Nipperdey*, Lehrbuch des Arbeitsrechts, Bd. I, 1927 (hier zitiert in der unveränderten 2. Aufl. 1928), S. 25.

(46) *Hueck/Nipperdey*, Bd. I, S. 33.

(47) Siehe etwa §§ 135 ff. der Gewerbeordnung in der Fassung der Novelle zur Gewerbeordnung v. 1.6.1891, RGBl. 1891, S. 261. § 137 Abs. 6 S. 2 GewO in der Fassung der Novelle v. 28.12.1908, RGBl. 1908, S. 667. ここでは，出産の前後8週間にわたる就業禁止期間経過後の「再出勤」が論ぜられている。

(48) Siehe etwa *Lotmar*, Der Arbeitsvertrag, Bd. 1, 1902, Bd. 2, 1908 (hier zitiert in der von *Rehbinder* herausgegebenen einbändigen Ausgabe aus dem Jahre 2001), S. 151 ff.

(49) *Hueck/Nipperdey*, Lehrbuch des Arbeitsrechts, Band I, 1927 (hier zitiert in der unveränderten 2. Aufl. 1928), S. 101 ff.; 時間的にほんの少しだけ後に，より立ち入った考察がなされたものとして，*Nipperdey*, Die Reichsgerichtspraxis im deutschen Rechtsleben, Bd. IV, 1929, S. 203 ff.

づいて解決策を導いたのである。

　ヒュック／ニッパーダイの労働法体系書が公刊された後，労働法の独自性をめぐる理解は，もはや基本的に変動することはなかった。彼らは，労働法の学問としての独自性を完成させ，その現代的方法論を根拠づけたのである。彼らは判例との対話も導入した。こうして彼らは，現代の労働法解釈論の標準を示すことになったのである。ロトマールの労働契約論とヒュック／ニッパーダイの教科書の公刊時期の間隔が20年を超えるほどに過ぎなかったという点に鑑みると，こうしたことはよりいっそう印象深いものといえる。

3　学問的テーマとしての労働法の独自性

　ここまで評価の対象としてきた学説においては，労働法学と，労働法の枠組において一般民法の占める意義とが生き生きと示されていたわけだが，労働法の独自性をめぐる問題は，学問的なテーマとして追及されていたとはいえなかった。こうしたテーマをめぐる論文は，とりわけ，第二次大戦後になって公刊されるようになったのである[50]。

　部分的には抽象的な[51]，そして部分的には具体的な問題に関連させて，ときに鋭くなされた考察は[52]，労働法の独自性に関する基本的な立脚点を結果的に証明することになった。すなわち，一般民法が，まったく解決を与えられないか，あるいは適切とはいえない解決法しか示すことができない場合に，労働法独自の観点が必要とされるということである[53]。しかし，こうした路線の評価は多様である。多くの者にとって，労働法の限定的独自性[54]はもはや変更しようのな

---

(50) Siehe insbesondere *Dersch*, RdA 1958, 441 ff.; *Mayer-Maly*, JZ 1961, 205 ff.; *Schnorr von Carolsfeld*, RdA 1964, 297 ff.; Isele, in: *Erdsiek* (Hrsg.), Juristen-Jahrbuch 8 (1967/68), S. 63 ff.; *Richardi*, ZfA 1974, 3 ff.; *ders.*, ZfA 1988, 221 ff.; *Trinkner/Wolfer*, BB 1986, 4 ff.; *Martens*, JuS 1987, 337 ff. オーストリアにおける考察として *Bydlinski*, Arbeitsrechtskodifikation und allgemeines Zivilrecht, 1969.

(51) *Schnorr von Carolsfeld*, RdA 1964, 297 ff.

(52) このことはたとえば以下の文献に妥当する。*Gamillscheg*, AcP 176 (1976), 197 ff. sowie *Zöllner*, AcP 176 (1976), 221 ff.

(53) *Dersch*, RdA 1958, 441 (447) ; *Mayer-Maly*, JZ 1961, 205 (209) ; *Isele*, in: *Erdsiek* (Hrsg.), Juristen-Jahrbuch 8 (1967/68), S. 63 (78); *Richardi*, ZfA 1974, 3 (27); *Gamillscheg*, AcP 176 (1976), 197 (220); vgl. auch *Reuter*, FS Hilger und Stumpf, 1983, S. 573 (593).

いデータとして，遺憾の意とともに甘受すべきものとされるが[55]，その一方で，民法が獲得した強力な役割の中にある利点を見出す者もいた[56]。しかし，ここで紹介した著作の公刊時点では，個別問題の判断にあたり，どの程度，一般民法に従って判断することができるのか，という点だけが重要だとされていたことが明らかであったのである。

Ⅲ 一般民法による解決が適切でない場合の労働法独自の観点の諸例

1 編入理論と事実的労働関係

　法律行為能力の限定，良俗違反，民法134条の強行規定違反の場合あるいは取消しを通じて，労働関係は当事者によって原初的に表示された意思に反して，無効にすることができる。ただし，民法典は，労働関係が遂行された場合には，不当利得を通じた解決策しか提供しない。こうした望ましくない結果を修正する最初の労働法的観点は，法律行為論からの離脱にあった。すなわち，1930年代に展開された編入理論[57]によれば，労働関係は，契約ではなく，労働者が事業所に編入されることによって成立すると理解された。この理論を通じて，不確定的無効（Unwirksamkeit）と絶対的無効（Nichtigkeit）という法的効果は相当程度縮減され[58]，（労働関係の）不確定的無効という結果の法的克服という問題はもはやほ

---

(54) *Birk*, Comp. Labor Law & Pol'y Journal 23 (2002), 679 (688) は，相対的独自性について述べている。

(55) Insbesondere *Gamillscheg*, AcP 176 (1976), 197 ff.; siehe auch *Schnorr von Carolsfeld*, RdA 1964, 297 ff.

(56) *Mayer-Maly*, JZ 1961, 205 (209) ; *Isele*, in: *Erdsiek* (Hrsg.), Juristen-Jahrbuch 8 (1967/68), S. 63 (78) ; *Richardi*, ZfA 1988, 221 (254). ここでは次の定式が見られる：民法の諸原則を妥当させるのではなく，それが妥当しないことが基礎づけられねばならない，と。

(57) *Siebert*, Das Arbeitsverhältnis in der Ordnung der nationalen Arbeit, S. 85 ff.; *Nikisch*, Arbeitsrecht und Arbeitsverhältnis, S. 51 ff., 78 ff.

(58) Vgl. *Siebert*, Das Arbeitsverhältnis in der Ordnung der nationalen Arbeit, S. 89 ff.; *Nikisch*, Arbeitsrecht und Arbeitsverhältnis, S. 53 ff., 91 ff. 編入理論は，国民労働秩序についての法律（Gesetz zur Ordnung der nationalen Arbeit v. 20. 1 .1934, RGBl. I, S. 45）の背後にある思想の実現でもある，vgl. *Siebert*, Das Arbeitsverhältnis in der Ordnung der nationalen Arbeit, S. 42 ff.; *Nikisch*, Arbeitsrecht und Arbeitsverhältnis, S. 18 ff. Dazu *Rüthers*, Die unbegrenzte Auslegung, S. 381 ff.

とんど立てられることはなくなった。1943年に公刊された，事実的労働関係[59]に関するハウプト（Haupt）の個別研究においては，不当利得法という不適切な解決策を避ける別の道が提案されている。現実に遂行中の労働関係は，原則として，瑕疵なく成立したものとみなされ，過去のものとして扱われる[60]。こうした観点は，長きにわたって貫徹されることになった[61]。

現実に遂行されているが，不確定的に無効な労働関係［という構成］の法的克服は，民法的解決策が不適切であることに見解の一致がみいだされ，その修正の道筋をめぐって短い期間論争された結果，ある構成が貫徹することになった一つの例である。この法的構成は，編入理論よりも民法に近いものである。なぜなら，この構成は法的効果に変化をもたらしたに過ぎず，契約の成立に係るものではないからである。こうした法的構成は会社法においても適用されており[62]，ドイツの法解釈学において典型的な包括的ルールたる性格を獲得している。

2　事業所慣行

使用者が，労働者が個別的労働法上あるいは集団的労働法上の請求権として持っているわけではないような給付を労働者に保障している場合，使用者の義務が将来にわたっても成立するのか，成立するとすればいかなる要件か，という点がはやくから問題とされてきた。この問題に関してはとりわけ，相応する義務が契約的に構成され得るのか，あるいは，労働法独自の説明方法が見いだされなければならないのかという点に関心が向けられた。

契約的構成をとる考え方は，契約の両当事者の意思表示の合致を前提とする。しかし，要求されている使用者の意思表示をどこに見いだすことができるのだろうか。必要とされる外形的意思表示の要素は，繰り返された給付の保障にあるといえるのだろうか。使用者に表示意識が欠如していることは何を意味するのか[63]。こうした疑問に対し，判例は，すでに1920年代の終わりに，相応する事

---

(59) *Haupt*, Über faktische Vertragsverhältnisse, 1943.
(60) 解約による巻き戻し的効果（§ 142 Abs. 1 BGB）を排除しようという試みが平行してなされている。*Hueck*, BB 1952, 263（263 f.）; *Farthmann*, RdA 1958, 338 ff.; aus der Rechtsprechung *BAGE* 5, 159 (161).
(61) Siehe nur *Hueck*, BB 1952, 263 ff.
(62) 注目すべきことに，会社法における編入理論の主張者としてのジーベルトは，仮定的契約関係という法形象の彫琢を行っている。*Siebert*, FS Hedemann, 1938, S. 266 ff.

実状態から[64]，使用者を将来にわたって法的に拘束するという判断を法律行為論的に導いた。それは，法律行為基礎の前に横たわる障害が，今日と比較して高かった時代のことである。表示意識が欠如していても，有効な意思表示があるのだとする見解は，1984年の連邦通常裁判所の判例において，初めて貫徹されることになった[65]。

事業所慣行論においては，労働法解釈論を純粋に労働法的構想が期待する結論のために展開することが，当初は平易であると同時に，より説得的であったと思われたにもかかわらず，それは民法の中に留まり続けている。今日では，事業所慣行における法律行為論的説明を容易ならしめている法律行為論の発展は，論争を終結させないことにむしろ貢献してしまっている[66]。

3　労働者の損害賠償責任の制限

労働法の独自性に関する別の事例としては，使用者の損害に対する労働者の損害賠償責任の制限があり，その要件と効果は，第二次大戦後，連邦労働裁判所の二度の判例によって基本的に形成された[67]。労働者の損害賠償責任の制限という問題は，特殊労働法的構成がどのような姿をとりうるかを示す例として重要である。

どのような形式であれ過失がありさえすれば完全賠償するという一般民法の基本的な原則から離れるために，連邦労働裁判所は，要件と効果，そして，部分的には，一般民法においてはなじみのない用語法を備えた包括的な法制度を展開した。それは，事業に起因する業務活動に基づいて生じた損害を賠償する責任の制限の範囲は，労働者の過失の程度に左右されるという考え方である。判例の示した構成は，過失や重過失とで済ませる民法典のカテゴリーから，少なからぬ程度逸脱したものである。これによれば，労働者に最軽過失しかない場合，労働者は損害賠償責任を負わないが，重過失がある場合には，基本的には全損害を賠償し

---

(63) この点については，すべて次の文献を参照。*Seiter*, Die Betriebsübung, 1967.
(64) RAG v. 15. 6 .1929, ARS 6, 203.
(65) BGH v. 7. 6 .1984, BGHZ 91, 324.
(66) 法律行為論的理解に関する最近の研究として，*Waltermann*, RdA 2006, 257 ff.
(67) BAG (GS) v. 25. 9 .1957, AP Nr. 4 zu §§ 898, 899 RVO; *BAG* (GS) v. 27. 9 .1994, AP Nr. 103 zu § 611 BGB Haftung des Arbeitnehmers – Gasexplosion.

なければならない。通常の過失の場合には、使用者と労働者との間で損害は分担される[68]。そして、損害の分担に際しては次の点を考慮しなければならないとしたのである。すなわち、「労働者が損害の結果に関与していたかどうか、あるいは、どの程度関与すべきであったか、という問いは、全体的状況、なかでも損害の契機と結果を衡量する枠組の中で、衡平の観点と帰責可能性の観点から判断される。それは、個々の事案の状況に応じて異なり、損害原因をその可能性の多様さに鑑みて最終的に特定することが困難であるか、労働者に帰すべき過失の程度、労働の危険傾向性、損害額、使用者が計算でき、保険でカバーすることができるようなリスクであるか、事業所内の労働者の地位、リスクに対する手当が含まれていたかもしれない労働者の報酬額を考慮するのである。場合によっては、事業所の勤続期間、年齢、家族状況及びこれまでの労働者の行態のような労働者の人的関係を考慮しなければならないこともある」[69]、とされたのである。

4　争議行為と労働関係

労働法と一般民法との関係を示すもう一つの範疇は、争議行為に労働者が参加した場合、個別的労働法上どのように評価すべきであるかという問題への解答の中に示されている。この点について、労働法の示す態度は変遷してきている。すなわち、ヴァイマル時代の民法に親和的で、労働法の観点からは満足できない解決法から、戦後の早い時期の連邦労働裁判所の判例によって労働法独自の観点に基づくものに変遷してきたのである。

争議行為への労働者の参加は、ヴァイマル時代においては、労働契約による労務提供義務に対する違反とみられていた[70]。労働者がこの義務違反を避けることができるとすれば、ストライキに入る前に、労働関係を（解約告知期間後に）解約するよりしかたなかった。もし、労働者が解約しなければ、使用者は例外的に解雇する権限を有することになったのである。こうした理解の帰結の一つは、ヴァイマル時代に典型的に行われていたことであるが、争議終結に向けて締結される労働協約を通じて、ストライキに参加した労働者を争議行為の終結後に再び採用することを使用者に義務づけるということであった[71]。

---

(68) この点についてはすべて注67参照。
(69) BAG v. 16.02.1995, NZA 1995, 565 からの引用。
(70) 詳細については、*Bulla*, FS Nipperdey zum 60. Geburtstag, 1955, S. 163 (172 ff.).

この解決法は，争議行為の適法性と争議行為への参加の効果とが統一的に判断されないという理由から，不満を残すことになった。西ドイツ連邦共和国黎明期になって，集団的労働法上の法的基礎が個別的労働法上の判断も決定するとの考え方がようやく貫徹されたのである[72]。争議行為が適法であれば，争議行為への参加は労働契約上の義務違反と構成されない。争議行為への参加は，むしろ，使用者と労働者の主要義務を棚上げすると解されるようになったのである[73]。

Ⅳ 民法的解決法が欠如する場合の労働法の独自性

1 集団的労働契約による労働関係の内容形成

集団的労働契約は，その債務的部分においては，当事者間の関係を規律する。ただし第一義的には，集団的労働契約は，労働関係の内容を形成するために合意されたものである。団体が自身の名において締結した労働協約の，労働契約当事者の意思に依存しない効果が，それを通じて労働者の負担をももたらし得るような道具立てを，民法は具備していない[74]。前述のとおり，ジンツハイマーはこうした点を早くから認識していた[75]。学説においても，一種の規範的効力を実定法上の根拠なしに構成する，ということが考察の対象となっていた[76]。ジンツハイマーが，協約当事者の望む労働関係の形成を可能とする実定法上の基礎を要求してから10年経って，1918年に，「労働協約，現業労働者・職員の代表委員会及び労働争議の調整に関する法令」の第1条[77]において，初めてこの基礎が創出されたのである[78]。

---

(71) 該当する条項については，*Kahn-Freund*, Der Umfang der normativen Wirkung des Tarifvertrages auf das individuelle Arbeitsverhältnis mit besonderer Berücksichtigung der Wiedereinstellungsklausel, 1928, S. 79 ff.

(72) *Bulla*, FS Nipperdey zum 60. Geburtstag, 1955, S. 163（179 ff., 184 ff.）; BAG (GS) v. 28. 1 .1955, AP Nr. 1 zu Art. 9 GG Arbeitskampf.

(73) *Bulla*, FS Nipperdey zum 60. Geburtstag, 1955, S. 163（187）.

(74) MünchArbR/*Löwisch/Rieble*, 2. Aufl. 2000, § 252, Rn. 11 ff.

(75) 注34および本文参照。

(76) 労働秩序との関連で，叙述と裏づけについて以下の文献を見よ。*Oertmann*, FS Hübler, 1905, S. 9（13）.

(77) Verordnung v. 23. 12. 1918, RGBl. 1918, S. 1456.

2　争議行為の適法性

　争議行為の適法性の判断に関しても民法は解決法を持っていないが，今日まで実定法上の基礎は存在しない。この点について現行法において基準となっている原則は，とりわけ連邦労働裁判所の判例により展開されてきた。適法性の要請は二つのものに分けることができる。第一は，基本法9条3項3文において言語的にも表現されているところの，争議行為を協約自治の補助的道具と捉える理解から生まれてきたものである。それによれば，適法な争議行為における闘争の目標は，常に，労働協約の締結でなければならない。第二に，適法性の有無はいわゆる一般的諸前提に依存するとしたうえで，労働争議という実際の現象を，ドイツ法において広く認容された性格を持つ労働争議にするよう法的に誘導することを一般的諸前提としたものである[79]。ここで問題となっているのは争議当事者の武器対等性である。協約当事者間の適正な利益衡量の前提条件となる対等性を保障するために，その力関係における典型的な不平等は，争議行為法を通して衡量されてよいとするのである。さらに，労働争議は，最後の手段であると同時に，狭義の意味での比例性がなければならないということになる。

　連邦労働裁判所は争議行為法の展開において法創造を行った。ただし，事案毎の判断を示しただけでなく，長期にわたり妥当する一つのシステムを展開したのである[80]。しかし，同情ストの適法性に関する最近の判例のように，こうした法創造行為は，連邦労働裁判所の自己理解にも影響を与えている。立法者が許可するのと同じように裁判所が，緊急性も，依拠するに足る根拠づけもなしに，判例の体系をかくも簡単に持ち出し，協約締結を目指さない労働争議も合法であると突然認めたからである[81]。

---

(78) Siehe nur *K. W. Nörr*, ZfA 1986, 403 (413 f.) ; *Löwisch/v. Langsdorff*, JuS 1973, 9 (13).

(79) その展開について，*Konzen*, FS 50 Jahre BAG, 2004, S. 515 (531 ff.).

(80) 争議法に関する判例の詳細については，次の文献を参照。*Konzen*, FS 50 Jahre BAG, 2004, S. 515 ff.

(81) BAG 19.6.2007, 1 AZR 396/06.

Ⅴ 結語 —— 法解釈学と労働法

　比較的最近になって成立した法学分野である労働法学[82]は，他の新しい学問分野と同様，その存在がそもそも不可欠であることを証明しなければならなかった[83]。このため，その独自性を指し示したいとの渇望が当然あったにもかかわらず，ドイツ労働法は一般民法に緊密に依拠してきた。ただし，労働法と一般民法との基本的親近性は，歴史的発展の偶然の結果でも，労働法のなんらかの不完全さの表れでもない。個別的労働法の基礎はとにもかくにも労働契約にあり，集団的労働法の中にも一般民法によって把握される構造が常に見いだされる。したがって，民法典における法律行為論や債権法の外側で，常に法的基本原則を探求せねばならないなどといった主張には根拠もなければきっかけもない。労働法のよりいっそうの一般的独自性は，仮に早くから労働法典があったとしても，導出しえなかったことであろう[84]。民法がある解決を知っているから，これまで保持されていた［民法的な解決の］道からの逸脱の意義について問われるわけだが，それを超えて，そもそもほかの小径がどのような姿をとるのか，答えねばならなかっただろうからである[85]。

　労働法が民法プラス細部の修正[86]および（細部の）補完であるとすれば，このことは，法解釈学への問いとの関連では，当然，法解釈学が労働法についてはただひとつの鋳型から出てきたものではないし，ただひとつの鋳型から出てき得もしないということを意味する。労働法が一般民法とは別の道を歩んだことを示す，ここに論じたほんのわずかな諸例は，労働法の特殊な道を解釈論的に評価するための統一的な思考枠組が成立していないことの証である。しかも，こうした例は，

---

(82) *Dubischar*, RdA 1990, 83 (84).

(83) Vgl. nur *Isele*, in: *Erdsiek* (Hrsg.), Juristen-Jahrbuch 8 (1967/68), S. 63.

(84) このことを「心から」望んでいたのが次の文献である。*Sinzheimer*, Über den Grundgedanken und die Möglichkeit eines einheitlichen Arbeitsrechts für Deutschland, 1914, abgedruckt in: *Sinzheimer*, Arbeitsrecht und Rechtssoziologie, 1976, Bd. 1, S. 35 (44). その後の展開について，*Söllner*, GS Rödig, 1978, S. 91 ff.

(85) 東欧諸国において，部分的に対応する試みがなされている。それには論理必然的なものがある。*Grechishnikova*, ZIAS 2004, 1（3 ff.）.

(86) *Mayer-Maly*, JZ 1961, 205.

民法との対決を通じて成立したにもかかわらず多いのである。労働法は労働者保護法であるという想定のような抽象的考察[87]は，見いだすべき解決の一般的な方向を場合によっては説明できるかもしれないが，かかる解決の細部を説明できはしない[88]。

労働法独自の解決法によって扱われた領域は，ほとんどの場合，むしろ島民的生活を送っている。その都度問題となる観点の展開は，相互に異なり，島と島を越える解釈論の一般的進化論は形成されていない。ある島は大きく（争議行為法 ── たとえこの島はひょっとするとばらばらの島の寄せ集めかもしれないにしても），また別の島は，法律によって規整されており（労働協約の規範的効力が模範である。これはまた法比較においても凌駕されえない技術である），また別の島は，一般民法との架け橋（瑕疵のある労働関係）や労働法内部の架け橋（適法な争議行為への参加に伴い生じる労働関係への効果）を設け，さらに別の島々では，せいぜい結論から見て説得力のある決議論を提出したに過ぎず（労働者賠償責任論），とにもかくにも，ある島においては，終結の兆しを見せない市民戦争の様相を呈し，しかもその戦争は次第に違和感を醸成する気配となっている（事業所慣行論）。

労働法が，法解釈論におけるひとつの鋳型から生じないということは，労働法学の弱点ではない。労働法学は，むしろ，そうしたこととともに生きることを学んできた。しかし，様々な島に向けられた視線が明らかにしたことは，労働法の一般民法との基本的な親近性がいかに重要であるかということである。民法的解釈論は，労働法の錨（Anker）といえるのである。

---

(87) 注(45)参照。
(88) 労働法をある一つのあるいはわずかな基本的思想から説明しようという，さらに抽象的な試みについては，*Rosenstock*, JW 1922, 560; *Lehmann*, Grundgedanken des neuen Arbeitsrechts, 1922; *Potthoff*, Wesen und Ziel des Arbeitsrechts, 1922.

社会保障法（Sozialrecht）における
解釈論（Dogmatik）の意義

ウルズラ・ケーブル
木下秀雄訳

I 議論の出発点 —— 社会保障法概念（Sozialrechtsbegriff）と社会保障法の特徴

　以下の論考の基礎となるのは，「法解釈（Rechtsdogmatik）」を以下のように理解する一般的な見解である。つまり，法解釈を，次のことをめざすあらゆる努力の集合であると解する見解である。すなわち，最高法規から個別事案判決における規範に至るまでの現行法の意味確定をめざし，さまざまの法領域に応じて異なる多様な秩序基準に沿った体系化をめざし，実体的及び手続的指導原理の析出をめざし，最後に，立法と司法による体系適合的法形成の準備をめざす，あらゆる努力の集合と理解するものである[1]。以下の考察は，テーマの広さと複雑さとそれについてドイツの大学では周辺的にしか取り扱われていないことから，ごく紋切り型のものにしかならないが[2]，制定法に即した，そして現在の問題に関連した形で行なうものとする[3]。なぜなら，本質的なことを今一度確認するならば，第一義的には「解釈は・・現行法を解明しなければならない」のであるから[4]。

---

(1) 本稿の結論においてなされている批判的コメントにおいては，わたくしの見る限りすこし行き過ぎた修辞的概念的新機軸提案がなされていることに鑑み，偉大な民法学者の適切な書き直し（*Ludwig Raiser*, Wozu Rechtsdogmatik?, DRiZ 1968, 98）を，文字通りに引用しておこう。法学の課題は，「法解釈論としては，複数の水準において，現行法の規範状況を理解することを学ぶことにある。そして，その際，現行法の歴史的，イデオロギー的，社会的，政治的な規定的要素を顧慮し，その法生活への影響を考慮した上で，意味内容を完全に展開し，目的設定ないしは規範の詳細において生じている矛盾と緊張関係を調整し，社会的諸関係及び価値観の変動の中でこの規範状況の発展を，観察，解明，刺激を与えることを通して容易ならしめることである。」。
(2) このため，学説と判例の参照は，ごく簡単に行なうものとする。

第Ⅷ部　労働・社会法における法解釈学の意義

　本稿で取り扱うべき法素材対象にとって，解釈上も，また同時に立法の上でも第一の達成点は，現在ドイツで「社会保障法（Sozialrecht）」として理解すべき対象の確定が，形式的にうまく行われたことである。端的に実定法的に見れば，社会保障法とは，社会保障法典（SGB）にすでに取り入れられているか，将来取り入れられるであろうところの，公的に組織された給付についての単純法規的な法的諸基礎に基づくものとされている。このように形式的に概念定義するという法倫理的禁欲は権利救済手段と法典化可能性という点での実用性に資するところ大である。つまりかかる法倫理的禁欲は，とりわけ，はっきりと公法に位置づけることを可能にしたのであり，そうすることで構造的同質性という点と，およそ法解釈的徹底という点について大きな利点をもたらすことになったのである[5]。

　（残念ながら外国の法制度とヨーロッパ法は同じような分類を行っておらず，より広い対象を含んだ概念，特に労働法を一緒に含む概念が用いられている[6]。ただ，そうした用

（3）社会政策と社会保障法解釈学の展開の歴史的深みに達する解明は，主として，何十年来のドイツ社会保障法学の指導的研究者である Hans Friedrich Zacher によって行なわれてきた。

　　最近のものとしては，次のものがある。*Hans Friedrich Zacher*, Entwicklung einer Dogmatik des Sozialrechts, FS Peter Krause 2006, S. 3 - 36 m.w. Nw.; *ders.*, Sozialrecht und Rechtsdogmatik, FS Ernst-Joachim Mestmäcker, 2006, S. 530 - 561. 社会保障法における法解釈と比較法の関係については，思想豊かなものとして，*Ulrich Becker*, Rechtsdogmatik und Rechtsvergleich im Sozialrecht, 1. Bd., 2010

（4）*Zacher*, FS Peter Krause (Fn. 3), S. 35参照。

（5）しかし厳しい批判がある。*Kingreen, Thorsten / Rixen, Stephan*, Sozialrecht: Ein verwaltungsrechtliches Utopia?, DÖV 2008, S. 741 - 750。ここでは，社会保障法と行政法との一定の異質性と相互に異なる展開がある点，また制度，行為形式，主観的公権及び権利保護に関する解釈論を手がかりにこれを克服しようとする要請が論じられている。ただし，1970年までの大きな解釈論の発展は，Berichten von *Wolfgang Rüfner* und *Wilhelm Henke*: VVDStRL 28 (1970) zur Thematik: „Die Rechtsformen der sozialen Sicherung und das allgemeine Verwaltungsrecht".

（6）それどころか，ヨーロッパ法は，「社会政策」（EU条約11章）という用語で，まずは，広義の労働法を指示している。社会政策という広くて変動しやすい概念については *Lampert, Heinz / Althammer, Jörg*, Lehrbuch der Sozialpolitik, 8. Aufl. 2007, S. 3 ff. ヨーロッパ法については，*Eichenhofer, Eberhard*, Sozialrecht der Europäischen Union, 3. Aufl. 2006, Rn. 106 f.; *Schulte, Bernd*, Allgemeine Regeln des internationalen Sozialrechts - supranationales Recht, in: von Maydell/Ruland/Becker (Hrsg.), Sozialrechtshandbuch (SRH), 4. Aufl. 2008, Teil 5 § 33 Rn. 7; *v. Maydell*, SRH, Teil 1 § 1 Rn. 4 f. 参照。

社会保障法 (Sozialrecht) における解釈論 (Dogmatik) の意義

語法は，20世紀初頭まではドイツにおいても一部では用いられていた。)

　当然のことながら，理論的に有益な社会保障法解釈を行なう上で，形式的にプラグマテイックな社会保障法概念で完全に満足できることはできず，長年来，機能を重視する実体的な社会保障法概念[7]が強く追究されてきた。中心的なコアとしては，当該法素材のより高められた社会的目的に狙いを定めた概念が，社会保障法典 (SGB) の対象分野として規定的なものとなってきた。しかし他の法分野との分類的区別を行うということですら，規範の社会的目的を手がかりにしてはうまく行かない。なぜなら，社会的正義と社会的安定の実現という社会政策と社会保障法の最高目的と，社会保障法典1編1条にあるそれについてのあまり具体性のない規定[8]を手がかりとして考えても，とりとめがなくなってしまう。基本的な人間の生活財あるいはその他の生活財について，具体的に，困窮があるか，需要があるか，従属状況があるのか，危険に曝されていないか，を考慮する，ということは，われわれの生きる現代の「社会国家」においては，あまりにも多くの法制度において必要なことである。労働法，税法，家族法，借家法，消費者保護法，刑事法，手続法などを想起されたい。その結果，説得的な境界画定ができないことになる[9]。

　狭義のそして形式的な意味での社会保障法の特徴としても，その多様性と，それが全体社会の中で持つ政治的，財政的影響の大きさ，さらにその結果としても

---

(7) *Zacher, Hans F.*, Diskussionsbeitrag in VVDStRL 28 (Fn. 5), S. 233 f.; *ders.*, Das Vorhaben des Sozialgesetzbuches, 1973, S. 9 ff.; *Waltermann, R.*, Sozialrecht, 7. Aufl. 2008, Rn. 32 ff.; さまざまな Sozialrecht 概念については *v. Maydell*, SRH (Fn. 6), Teil 1 §1 Rn. 3 ff.

(8) 社会保障法典1編1条：「社会保障法典の法は，社会的正義と社会的安定の実現のために，社会的援助と教育的援助を含む社会給付を形成するものである。これは，以下のことに資すべきものである。すなわち，人間の尊厳ある存在を保障すること，人格の自由な展開のための平等な前提を，特に若い人たちのために創出すること，家族を保護，支援すること，自由に選択された仕事によって生活費を得ることを可能にすること，生活の特別な負担を，場合によっては自助への支援という形をとる場合も含め，除去するか補填すること。」

(9) *Zacher, H. F.*, Das Vorhaben des Sozialgesetzbuches, 1973, S. 11, は，「法の社会的任務」を「遍在的なもの」と述べている。このような多かれ少なかれ「社会的」動機に導かれた法を方法適合的に適用する場合，形式的な意味での社会保障法の場合と同じように，それぞれの基礎に置かれた社会的目的が重視されなければならない，ということは，当然である。

341

たらされる顕著な変化のダイナミズム，というものがあげられなければならない。しかし，後者は，決して単に社会的変化が急速であることの結果であるばかりではなく，主として民主主義的多様性のせいであり，選挙と選挙の間が短期間でその循環の中で政治的見解が鋭く競合しているせいなのである。その表れをいくつかあげておくと以下のようになる。つまり，形式的な意味での社会保障法の素材についてだけでも，連邦労働・社会省，連邦健康省，連邦家族高齢者女性若者省という3つの中央官庁が管轄を有している。社会裁判権では，全部で約1500人の職業裁判官が仕事をしており，そのうち38人が連邦社会裁判所（BSG）の裁判官である。労働裁判所よりやや大きな所帯なのである（労働裁判所裁判官は1100人弱で，連邦労働裁判所の裁判官は34人である。）。財政的比重の大きさは，社会給付率の高さを示している。社会給付が国内総生産に占める割合は2005年で30.8％になっている[10]。

法素材が端的に大量であるということは，法律テクストの量からも分かる。ドイツポケット版文庫出版（dtv）の民法に関する版は関連法規も全部含めて700ページ弱であるが，社会保障法典については約1400ページである。しかもそこには，（まだ）社会保障法典に形式上取り入れられていないが，擬制によって（つまり社会保障法典1編68条によれば）すでに社会保障法典の一部と見なされている分野，例えば社会的補償法（戦争犠牲者援護法など），住宅手当法，児童手当法，教育助成法，扶養費補助法，両親手当などは，まだ含まれていないのである。ただし，このような法規の量が多い点については，伝統的な法典に比べてきわめて詳細な規範の密度と，細部の正確さが見られるという点も考慮しなければならない。

このような状況からすると，古典的な法分野の研究者には次のような疑問が生じるかもしれない。つまり，そもそも一定の原則性と継続性を持った法解釈の余地が言うに値するほど存在するのか，という疑問が。

II 社会政策とその法律への円滑な転換の重要性

新聞やテレビを見る人ならば誰でも以下のような現象はお馴染みのものである。すなわち，ほとんど毎回の選挙において政党の選挙綱領や政治的争点には，たいてい，わが国の「社会的安定」のための体制（労働市場，高齢者生活保障，医療保障，

---

(10) この数字やそのほかの数値については，*Hauser, R.*, SRH (Fn. 11), § 5 Rn. 60 ff.

社会保障法(Sozialrecht)における解釈論(Dogmatik)の意義

社会的最低生活保障)[11]の，すでにこれまでにも最重要とされてきた領域のなかの少なくとも一つか二つの分野における相当大規模な改革提案がふくまれており，さらに，そのほかの，それぞれ現在において重要になってきている分野 ―― 最近ではとくに家族政策の重要性が増している[12] ―― におけるさまざま計画も，そこに提起される。こうして，変化こそが社会保障法における最も恒常的な要素であるように見え，それが，長いこと，社会保障法にそもそも法としての価値があるのかという疑問，もっと言えば，社会保障法の解釈論構築可能性および解釈論構築への適格性自体に対する疑問，これを生み出してきたのである[13]。しかしこれは，法素材の全複合体，法素材が実務的に機能することが可能でなければならないという要請，特に連邦共和国成立後に実際になされたこと，にかんがみると，あまりにも表面的な見方である。

確かに次のように言うことはできるであろう。つまり，社会保障法の展開の基本方向は，議会による立法が大幅かつ頻繁に決定しているし，法技術的な点での規範形成は省庁官僚機構が行っている。この両者が，きわめて支配的に，(選挙)住民の大多数に明確かつ端的に関係する事項すべてについて，そしてそれゆえに，たいていの場合財政的にもきわめて重要な事項すべてについて，協働して方向付けを行なうのである。このことを明らかにするためにほんの2，3の例をあげてみると以下のようなことがある。つまり，社会保険のすべての部門における保険料負担と給付水準の均衡をとる絶え間ない作業（例えばそれは，年金支給年齢の引き上げとか，大幅な給付改悪を伴った長期失業者の地位の再編〔通常は，「ハルツ改革4」と呼ばれている。〕によってなされた），例えば養育手当と新たな両親手当の導入に

---

(11) 現在のドイツの社会政策の全体一覧については，*Lampert, Heinz / Althammer, Jörg*, Lehrbuch der Sozialpolitik, 8. Aufl. 2007. ドイツの戦後の展開については11巻本のシリーズ, Bundesministerium für Arbeit und Soziales und Bundesarchiv (Hrsg.), Geschichte der Sozialpolitik in Deutschland seit 1945. 社会保障法の現在の状態については, *v. Maydell/Ruland/Becker J.* (Hrsg.),Sozialrechtshandbuch (SRH), 4. Aufl. 2008.
(12) 家族問題の重要性の向上について典型的なものとしては, Hessische Staatskanzlei (Hrsg.), Die Familienpolitik muss neue Wege gehen! 2003; Bundesministerium für Familie, Senioren, Frauen und Jugend (BMFSFJ), Familienbezogene Leistungen und Maßnahmen des Staates, 2006;BMFSFJ (Hrsg.), Siebter Familienbericht, 2008; *Eichenhofer, E.*, Ehe und Familie im gegenwärtigen Sozialrecht, VSSR 2008, 85.
(13) これは，大学における法学教育において社会保障法が周辺的位置づけになっていることにも表れている理解である。

よる家族負担と家族給付の調整強化，法定疾病金庫の伝統的な保険料の自律的決定に代わる中央医療基金の創設といわゆる自己責任の拡大，俗に言えば，法定疾病保険における給付削減。このような制度改正と削減は，立法府のみが行うことができるのである。そして立法府は，こうした任務を，部分的には，純粋に（擬似）財政理由からして，極めて詳細な形で行う。その結果，行政府にも司法府にも，判断を介在させる余地はほとんど存在せず，それゆえ法律に適合的な解釈論の必要性もほとんど存在しないのである。

とはいえ：つまり，立法府は，下位の規範設定機関，特に各種の自治機関（特に社会保険主体，公法上の団体，地方自治体）とたとえ共同したとしても(14)，抽象的一般的規整という任務を全く単独で処理することはできない。数多くの具体化の任務は，立法府によって計画的に対処されているわけではなく，「実務」に，つまり社会行政と社会裁判所及び行政裁判所に委ねられることになるのである。生活という現実は，規範設定者が想像し得る能力を超えてはるかに多様な姿で発展しているので，十分多くの「計画に反する欠缺」が生じるのである。

それでもまさに，広範な対象をカバーする素材の豊富さと急激な変化とが相俟って，ここ数十年来，特に本当の（ないしは部分的には見かけだけの，あるいはそう言われているに過ぎない）規範のジャングル状態を解釈論的に貫徹すること，そして法典を作り出すこと，が，手ごわい課題になっていると言える。

Ⅲ 規範秩序の不明確さと不完全性を除去するという意味での解釈
—— 法律解釈と不確定法概念の具体化という中心分野

1．私見によれば，社会保障法の規整体系を緻密化し完全化することに関して，——規範的にも事実の点でも——他の法分野との方法論的差異はあるとしてもごくわずかである。指導的な解釈規準は，どの法領域でも言われるとおり，まずは語義どおりに，次に外的及び内的な体系性，成立史，そして特に立法目的である。立法目的を調査することについては，立法計画が公表されていること，さらに短期的な変動が多いことから，古くからあって改正もされていない法素材の立

---

(14) その限りで支配的な多様性とそれに関連して生じる正統性の諸問題については，*Hänlein, A.*, Rechtsquellen im Sozialversicherungsrecht, 2001.

法目的の調査と比較して簡単である場合もある[15]。

具体化，という点で見ると，社会保障法は，他のどの法分野よりはるかに広範囲な規範類型を，厳密に規定されたものからきわめて不確定なものまで，持っている。ここで，まずは実践的な個別解決を目指すという社会保障法解釈論の任務を分かってもらうために，いくつかの基本概念を例にあげてみる。

2．一見して，また一般的意識から見て，数字的に厳密で単純に確定されたもの，というのがまさに社会保障法の典型であるように見える。例えば，主として「援助と支援」という範疇の金銭給付の算定の際に，法律効果として見られるようなものである。これに対して，法定年金保険の年金算定のための特に複雑な制度は特例現象である（社会保障法典6編64条以下）。

余りに低額過ぎるとたびたび指摘されている，いわゆる失業手当2（「ハルツ4」）の給付額のことをここで取り上げて考える[16]。しかし，この，最も厳しく節約を強いられる最低生活保障分野でさえ，ごく些細な点まですべての金額が規範化され尽くしていたわけでは全然ないのである。法律は，どの給付事例においても重要な住宅需要と暖房需要に関して，「適切性」という簡単な要件を課すことに自らを限定している（社会保障法典2編19条）。同様のことは他のところでも見られるのであって，たとえば，重要な保護資産の算定（家具，自動車，老後保障資産，自家用土地の範囲に関する12条3項1文1号から5号）がそうである[17]。

2001年以後適用されている，一部稼得能力減退と全部稼得能力減退という重要な年金事例の定義（社会保障法典6編43条）も表面的にのみ厳密なものである。この定義は，少なくとも一日6時間ないし3時間稼得活動を行なうことができる能

---

(15) *Spellbrink, W.*, Das Bundessozialgericht und die Sozialpolitik – oder Freiheit und Bindung des Richters am Beispiel der Rechtsprechung zum SGB II, info also 2009, 99, 100 Fn. 12, は，「11年間の最高裁裁判例の注意深い観察の後」，主観的解釈方法が行なわれてきた，という確信を持ったと述べている。それ以前の司法判断については *Köbl, U.*, Rechtstheorie-Auslegung und Rechtsfortbildung, FS 25jähriges Bestehen des BSG, 1979, S. 1004.

(16) 社会保障法典2編20条2項によれば，2006年7月1日以後，生計費保障のために支給される経常給付（住宅需要及び暖房需要をのぞく）は単身者で月額347ユーロである。

(17) この他の社会保障法典2編における例については，*Spellbrink* (Fn. 15), info also 2009, 102参照。

力というものを基準としているからである。なぜなら，年金申請者にそうした能力がまだ残っているかどうかは，「一般労働市場における通常の条件」というきわめてあいまいな基準に照らして調査され，したがって膨大な具体化作業を必要としているからである[18]。規範化に対する大幅な抑制は，事態の特性から特に，例えば児童青少年福祉（社会保障法典8編）で提供されるべきものとされるような，サービス給付において見られる。

　給付の支給要件の中心的部分では，年齢と死亡に結びついた年金事例だけが，時間的かつ身分的に厳密に規定されている。また現在，さまざまな段階の要介護度にかかる保険事故は，入念に規定されている（社会保障法典11編14条，15条）[19]。

　3．最も頻繁に用いられる中間的な法概念，すなわち，Philipp Henck の具象的表現を用いるならば，比較的確定されている重要な「概念の核」の周りに相当大きな「概念の庭」が存在している例として，とりわけ，ドイツ社会保険体系においてかねてより中心的概念対となっている「非自立就労」と「自立就労」，ないしは被用者と自営業者，を上げることができる。被用者は，一般的に，社会保険加入義務に服しているが，これに対して自営業者は，例外的にのみ社会保険加入義務に服している（社会保障法典4編7条以下，同6編1条1項1号，同2条）。しかし「使用者」ないしは「委託者」と，──非技術的表現をするならば──彼らに対して労働提供義務を負っている者との間の法律関係を，私的自治にしたがって形成することが可能であるため，社会的危険を，典型的には弱者であるところの就労者の負担になるように転嫁するという問題の多い方法をとったり，義務的加入保険体系全体を空洞化することが可能になっている。こうした「仮装的自立業務」（社会保障法典4編7a条）をめぐる複雑な問題を処理するために，立法的にも法解釈論的にも膨大な努力が払われてきた[20]。規範に拘束される法解釈は，

---

(18) この点に関しては，*Köbl, U.*, in Ruland/Försterling (Hrsg.), GK-SGB VI, § 43; *Blaser, F.*, Der Begriff der „üblichen Bedingungen des allgemeinen Arbeitsmarktes" im Sozialrecht, (Diss. Freiburg) 2009.

(19) 現在計画されている改正については，Deutsches Ärzteblatt 2009, 106: „Das Ende der Pflege im Minutentakt"; BMG Pressemitteilung v. 25.05.2009.

(20) この問題の処理と，2002年12月31日まで適用されていた社会保障法典4編7条4項の旧規定による基準カタログについては，*Muckel, S.*, Sozialrecht, 2. Aufl. 2007, § 7 Rn. 38 ff. 参照．

体系を規定しているが社会政策的にははるか昔にすでに古くなってしまった，就労者をめぐるふたつの大きなグループの厳格な区別，というものをなくすためにはほとんど役に立つところがなく，区別化の問題を詳細に説明し，年金保険の承認された目的である，高齢期に貧困に陥るのを防ぎ将来の社会扶助需要から社会を守る，という目的を修正のために持ち出すことぐらいしかできない[21]。

　さらにもう１つ類似の中心的概念,「失業」概念を見てみよう。つまり失業は，保険該当事故として（社会保障法典３編119条）現在一般に考えられている以上にずっと複雑で前提条件の多いものとなっている。失業概念は，就業につけない状態と並んで，就業につけない状態終了のための自己努力と，労働エイジェンシーの紹介努力に対応可能な状態にあることをも含んでいる。法律は，たしかに両者に補足的基準を提供している（社会保障法典３編119条，120条，121条）が，しかし，それらの基準は当然の事ながら何百万件という実際の事例における規整需要をカバーしているわけではない。それゆえ詳細な解釈努力，衡量努力，つまり，「古典的な」法解釈的議論が，たとえば，労働放棄や就労拒否を理由とする支給停止という重大な制裁（社会保障法典３編144条）の要件を，予測可能な形で規定するためには，必要である。

　4．一連の類型の最後に，いくつかの高度に不確定的な法概念，しかも，まさしく社会保障法の中心部分に存在し当事者の生活状態に重大な影響を与えるものを，取り上げねばならない。たとえば，それらは，保険事故として，したがってその都度中心的給付要件として機能するもの，あるいは給付の算定基準及び選択基準として機能しているものである。特に以下のもの，つまり，疾病，治療（社会保障法典５編27条），さらに労働災害（社会保障法典７編８条）をあげなければならない。全部及び一部稼得能力減退（社会保障法典６編43条）のことにはすでに触れた。職業不能（社会保障法典６編240条。1992年から2000年までは社会保障法典６編43条）は，ドイツ社会保険法の最も困難な保険事故であると見ることができる。しかしこの理由のゆえもあって，これは高齢被保険者のみ期間を限って適用されるだけのものとなっている[22]。

---

　　(21) 法定年金保険を稼得活動を行なう者に対する保険に発展させるという最近の議論
　　　状況については，*Rische, H.*, RV aktuell 2008, 2；これを支持するものとして *Ruland*,
　　　SRH (Fn. 11), § 17 Rn. 236.。

第Ⅷ部　労働・社会法における法解釈学の意義

　ここで，社会保障法実務が法以外の専門知識に大幅に依存していることについて簡単に触れることにする。このことは，はっきりと，最も強く医療分野で見ることができる。それゆえ，主要な具体化権限は，独自に形成された，連邦金庫医連盟の代表，ドイツ病院連盟の代表，連邦疾病金庫中央団体の代表からなる最上級自治機関委員会，いわゆる連邦共同委員会に委ねられているのである（社会保障法典5編91条，92条）。

　労働市場についての，職業上の，そしてその他の経験的知識及び当事者としての知識は，多様に必要となるか少なくとも有用であるが，そうしたものを，別の形で制度化された方法で取り込もうという試みがある。つまり，社会裁判所のすべての審級での裁判の際に専門知を持つまたは自ら当事者である名誉裁判官の参加によってそれが目指されている（社会裁判所法12条，30条，33条，38条）[23]。

　5．上記の例と異なり，ほとんど唯一，「労働災害」をその他すべての災害との区別する際の基準の規定は純粋に法解釈的手法で決定されているのである[24]。労働災害は，「保険対象となる業務の結果」として発生したものでなければならない（社会保障法典7編8条）。法律はそれ以上規定していない。しかし，生活がもたらす無数の損害を起こす可能性のある連鎖を，できる限り抽象的一般的形態で厳格な選択肢として，保険対象領域なのか，あるいは私的領域なのかを分類することを求めている。両者の混合，というのは認められない。両者の混合という

---

[22]　不確定で，価値充足の必要性があり何十年もの解釈的努力を呼び起こした「職業不能」の法律による規定は，現在社会保障法典6編240条2項で定められている。法文の文言は以下のとおりである。「職業不能とは，稼得能力が疾病又は障害により，同程度の職業訓練と同等の知識能力を持つ身体的，精神的，心的に健常な被保険者の稼得能力と比較して，6時間未満のものに低下した者である。被保険者の稼得能力を評価する活動の範囲は，当該被保険者の力と能力に対応した，そして当該被保険者の職業訓練及びそれまでの職業の期間と範囲を考慮し，そしてそれまでの職業活動の特別要件を考慮した上でその者に期待されうるすべての活動を含むものとする。」この具体化については，*Köbl, U.*, in Schulin, Bertram (Hrsg.), Handbuch der Sozialversicherung, Bd. 3, Rentenversicherungsrecht, 1999, § 23 m. zahlr. Nw.

[23]　素人の参加に対する賛成と反対について，*Eichenhofer, E.*, Rolle ehrenamtlicher Richter in der Sozialgerichtsbarkeit, SGb 2005, 313; ders., SDSRV 54 (2006), 61は，賛成論である。なお補足的に *Köhler, Karl Friedrich*, ZFSH/SGB 2009, 269, 278ff.

[24]　「職業病」という保険事例の場合は事情が異なる。職業病は，主として労働医学的に把握されうるから。

のが自然な生活観に対応しているといえるにもかかわらずそうなのである。このために発展してきた解釈の鍵になる装置は，社会保障法固有の因果関係理論である。これはいわゆる「主要な条件ないし原因理論」といわれるものである[25]。これは，それ自体としては，明らかに一般条項的な出発点を形成しているだけである。そしてこの上に，結果から見て，膨大なものが組み立てられることができるのである。それだけに，実際上の個別の決定の必要に迫られて，ますます集中的に，帰責関連の構造の，そして状況関連的でできる限り予測可能な帰責基準の精巧な網細工の，構築作業が行われてきたし，今後も行われていくことになるであろう[26]。一致点は，大部分においては，本来的には経験的に確定可能な因果関係問題が重要なのではなく，法的な評価に基づく因果関係関連が重要なのである，ということである。

　6．高度に不確定で，価値充足が必要な概念は，社会保障法でもまずは，類型化しながら行われる事例比較を通じて具体化されねばならない。しかし方法論的に特別なこととして，次の点に注意しなければならない。つまり，事例の数が大量でありその結果特に実務での実現可能性と法的安定性の要請が極めて強いので，類型化と包括化という手法を利用する必要性が増し，「個別事例の個別事情」という，社会保障法以外の多くの法的関係で好んで用いられるトポスが，多くの場合無視されることである。こうしたことは，上述したように，個別に正確な金額が確定されるという方法で，法律のレベルで，大規模に行なわれている。しかし時には，現実の複雑性の注目すべき縮減が法適用の水準で行われていることもある。こうしたことの注目すべき例を，「稼得能力減退」度（Minderung der Erwerbsfähigkeit ＝MdE）の調査で用いられる，いわゆる抽象的障害程度調査が示している。この稼得能力減退度は，法定労災保険（社会保障法典7編56条）や，社会的補償（連邦援護法30条）による年金額の基準として用いられる。それぞれ百分率で認定される稼得能力減退度は，個々の障害者の現実の経済的障害程度に基づいて

---

(25) *Schulin, B.*, in ders. (Hrsg.), Handbuch des Sozialversicherungsrechts, Bd 2 Unfallversicherungsrecht, 1996, § 29 Rn. 23 ff.; *Waltermann* (Fn. 7) § 10 Rn. 282; BSGE 1, 72, 76; BSG SGb 2006, 166, 169参照。

(26) 特に重要なのは以下の分析的で体系的な論文である。*Schulin*, HS-UV (Fn. 25), §§ 27 ff.; *Kunze, Th.*, Kausalität in der gesetzlichen Unfallversicherung, VSSR 2005, 299.

調査されるのでは全くなくて,「稼得能力減退を帰結する抽象的な第一次的推定と取極め」に基づいているのである(27)。身体の一部の喪失のような典型的な災害被害については,昔からいわゆる「肢体ないし身体喪失による評価」が行なわれてきた(28)。そこでは,身体各部の喪失は,被害者の職業や以前の稼得活動に関係なく,稼得能力減退度に基づいて評価されることになっている。

事例の洗練された類型の形成を行なう代わりに,「手に取れる単位」を用いることで間に合わせるならば,つまり不確定概念を明確な量的数値に還元するならば,伝統的思考から見ると,それはとくに脆弱な解釈論であると思われるかもしれない。例えば,連邦社会裁判所は,最近,「適当な自動車」(社会保障法典２編12条３項１文２号)という不確定概念の内容確定のために上限7500ユーロの流通価値,という数字を示した(29)。もう少し以前の例としては以下のものがある。稼得能力の存在については,就労場所に到達できる一定の移動能力が必要であるとされている。この「移動能力」について連邦社会裁判所の見解によれば,被保険者が一日に４回,短くとも500メートルを,20分以内で進むことができる場合には存在する,とされた(30)。そうした単純化する実務を積極的に評価するのか消極的に評価するのかは,法的安定性と実質的正義という相互に矛盾する基本価値についての個人的好みによることになるだろう。

7. 実定法の修正は,適法な方法としては,上位法を介してのみ実施できると考えられるが,ただしその上位法が,上位法自身の解釈論に従って,この論点について,豊かな手がかりも包含している(以下Ⅴ参照)。そうでない場合には,法治国家原理の厳格な統制の下で,社会保障法典１編31条の包括的な法律の留保によって課せられた枠組が尊重されねばならない(31)。比較的に法律の定めに沿ったものではあるが,相当影響力のある法形成の例として,なお,いわゆる社会保

---

(27) BSG 31.7.1975 SozR 3100 § 3100 § 30 Nr. 8参照。
(28) 例えば両眼失明は100％,片目の失明は25％とされている。詳細については, *Fuchs / Preis* (Fn. 33), § 37 III 2 aa) ; *Gitter, W./ Nunius, V.*, in Schulin (Hrsg), HS-UV (Fn. 25), § 5 Rn. 163 ff. 疑問点に関しては ,Rn. 178 ff. 参照。
(29) *Spellbrink* (Fn. 15), S. 103参照。
(30) BSG v. 6.6. 1986, SozR 2200 §1247 Nr.47; BSG v.17.12.1991, SozR 3-2200 § 1247 Nr. 10. なお,以下には多数の例が示されている, *Haueisen, F.*, Zahlenmäßige Konkretizierung („Quantifizierung") unbestimmter Rechsbegriffe, NJW 1973, 641.

障法上の原状回復請求権の発展をあげなければならないであろう。この請求権は，── 行政訴訟法113条1項2文に前提されている行政法上の結果除去請求権に密接に依拠しつつ ── 過失はないが，しかし，法律上詳細に定められている（社会保障法典1編13条，14条，15条）社会保障行政機関の広報，助言，教示義務に客観的に見て違法に違反している場合に対する制裁として形成されてきたのである[32]。しかも，これは，職務義務違反賠償請求権も結果除去請求権も，当事者に，義務違反の結果生じた不利益に対して適切な補填を提供できないような事例について形成されてきたのである。請求権の内容は，社会保障給付主体が社会保障給付関係から生じる配慮義務を適切に履行したならば生じたであろう状態を復元する法的行為をとることである[33]。この請求権については解釈論的根拠付けについて疑問点がないわけではないにもかかわらず，社会保障法上の原状回復請求権は，法治国家という視点からも社会国家という視点からも必要なものと見なされおり，結果として成功裏に進められた法形成と見なされている[34]。

しかし，例えば「社会的正義」というような法以外の原則や指導理念から直接新たに給付請求権を展開したり，既存の法的地位を実定法が定めるのとは異なって形成したり，少なくとも許容したりすることは，全く許されないと考えられている。法解釈と法政策の間の正しい境界線とは何かをめぐる争いは，他の大部分の法分野におけるのと同じものである。このことが，時にそうではないように見えることがある。特にマスメデイアのレポートでよくそのように見ることがある。しかしそれは，対象分野が，多くの場合，政治過程のさまざまな場所で絶えず争われているところの，多数の人々の実質的生存の基盤に係る分野であるからなのである。

---

(31) 社会保障法典1編31条「本法における社会給付分野の権利と義務は，法律がこれを定めるか認容する場合に限り，設定，確定，変更，廃止することができる。」。
(32) BSGE 49, 76, 79 f.
(33) BSGE 65, 26; *Fuchs/Preis*, Sozialversicherungsrecht, 2. Aufl. 2009, §7 VI 3; *Muckel, S.*, Sozialrecht, 2. Aufl. 2007, §16 V 参照。
(34) *Kreikebohm / v. Koch*, SRH (Fn. 11), §6 Rn. 65 f. m. Nw.

Ⅳ 社会保障法の「外的体系」と「内的体系」に取り組む仕事としての解釈論
―― 法典化計画 ―― 諸原理の析出

　法解釈の秩序化機能と体系化機能を論じることによって，法学が立法に対しても大きく寄与できる，もっとも肝要な分野に立ち入ることになる。これについても，本論考では，以下の理由からごく簡単に触れるにとどめる。なぜなら，現在社会保障法典の12編の編成によってこの間，大規模な法典化の任務が果たされており[35]，内容豊富で体系的な教科書や体系書を見れば，社会保障法およびその外的及び内的な体系[36]の全体複合に容易に接近することができるからである。

　1．拡大し複雑な法素材を法典化しようと努めるところに，それも，ドイツが民主主義社会で，急速に変化しつつある社会であるため，膨大な法典化作業を行なうことが困難になっている時代であるにもかかわらずそうするところに，ドイツ法文化のひとつの基本的特徴がある[37]。40年前（1969年），選挙で新たに勝利した社会自由連合連邦政府の施政方針[38]に，労働法典と社会保障法典の制定が含まれていた。

　社会保障法典制定のために，そして労働法に関してもそうであったのであるが[39]，ただちに，いわば「父祖伝来のしきたりに倣って」30人からなる専門家委員会が招集され，そこには行政法学と社会保障法学の著名な代表者も含まれていた。立法の目指すところは，その実現可能性という点から考えて，「限定的な実質的改革を伴った法典化」に限定されていた。よって，形式的法典という意味では，民法典モデルが適切だとされた[40]。ばらばらの個別分野があふれていて，

---

(35) この弱点と欠点については *Zacher* (Fn. 7) 参照。
(36) 対外的体系性と内部的体系性の単純な二分論については，*Canaris, C.-W.*, Systemdenken und Systembegriff in der Jurisprudenz, 2. Aufl. 1983, S. 11, 19. 参照。
(37) この点について基本的な指摘は，*Kübler, F.*, Kodifikation und Demokratie, JZ 1969, 645. 参照。
(38) Bulletin des Presse- und Informationsamtes der Bundesregierung 1969, 1126.
(39) これに関しては，*Ramm, T.*, Entwürfe zu einem Deutschen Arbeitsvertragsgesetz, 1992, S. 83 ff. それ以前の労働法典制定の連邦共和国での努力については，aaO. S. 78 ff. 参照。

社会保障法 (Sozialrecht) における解釈論 (Dogmatik) の意義

しかもそれぞれに内部的な改良が必要となっている状態を処理するのはきわめて困難であるため,「括弧の前に」括り出された法規定についてのみ草案を提出することとし,まず最初に「総則」(社会保障法典1編) について,それに続いて「社会保険通則」(社会保障法典4編1章) について,次に,最終編として考えられていた社会保障法典10編について草案が作成された。この10編については,広がりがあるとともに —— 社会的データに関する部分を別にすれば —— 解釈論的にはほぼ安定している分野 (社会行政手続,給付主体間の協働及び第三者との法関係) を含んでいた。こうした三つの,体系的に包括性はあるが,社会政策的には周辺的な対象分野について公布した後,議会による立法は,省庁機関とともに,再び指導的役割を引き受けた。そして,緊急を要する実質的改革の (ほとんどこういいたくなるのだが)「機会を捉えて」,医療保険と年金保険のような,主要な素材が,内容的に再編され,それぞれ独立した編として (社会保障法典5編と社会保障法典6編) 取り入れられることになった。当初考えられていて,そして体系的には正しい,すべての社会保険法を一つの編にまとめるという構想 (ライヒ保険法 (RVO) の継続として) は,それ以外の,比較的には小さい法分野と比較してモンスターのように量的に膨大なものとなって釣り合わないことから,再び放棄されることになった。しかしこれで,象徴的な意味で美しい10編編成が放棄されただけではなく,特に,各編の実質論理的順序もまたばらばらになったのである。こうして,当初の体系的かつ解釈論的な努力にもかかわらず,現在の対象法分野の順序は[41],残念ながらふたたび相当混乱した印象を与えるものとなっている。これまで社会保障法典1編68条に列挙だけされて,擬制的に社会保障法典の各則であると宣言されているいくつかの周辺的諸分野を,形式的に整序するといった,もう一段の大規模な法典化がなされることによって,外的体系の純化を期待するところがせいぜいなのであろう。ここでは,外的な体系を考察するのは断念して,内的体系の問題に立ち入ることにする。ただ,そのまえに,労働法の法典化の状況を簡単

---

(40) 法典化の意図,実現の経過,内容の中心的考えをめぐる争いについて詳細をを示すものとして,*Zacher, H.-F.*, Das Vorhaben der Kodifikation, 1973; *ders.*, Materialien zum Sozialgesetzbuch, Losebl. Stand 1979, bes. Teil A; *Krause, P.*, in Bundesministerium usw. (Fn. 11), Bd. 5, Drittes Kap. Thema 4, 2参照。

(41) 特に,終わりにあるはずの社会保障法典10編 (行政手続など) と,他の社会保険諸法とつながっているはずの社会保障法典11編 (介護保険) が間違って位置づけられている。vgl. *v. Maydell* in: ders./Ruland/Becker, SRH (Fn. 11), § 1 Rn. 18.

353

にみてみることにする。

　労働法の分野では，もっとずっと以前から，百年以上におよぶ法典化の試みが存在し，学問の側からする，多面的な草案作成作業と成熟した提案が存在するにもかかわらず，今日にいたってもなお，労働契約法案公布にすら至っていない[42]。このような労働法の法典化と社会保障法の法典化との目立った違いを目にすると，二つの，中心的保護対象においては兄弟のような関係のある法領域における，形成諸勢力の違いと紛争状況の違いに気づくのである。

　2．歴史的に生成してきた，ドイツの「社会保障法の内的体系」の基礎は，社会保障法の大きな社会政策的法倫理的指導理念あるいは社会給付の根拠と考えられるが，これらはかねてより明らかにされており，大雑把には整理されてきている。かつての解釈では，これについては，現在ではいささか狭きに失し，幾分古くなった感じがあるが，まずは以下のような用語が用いられてきた。つまり，社会保険 ── 社会援護 ── 社会扶助である[43]。これに対して現在の対象法分野に適合した分類として，社会的事前配慮（社会保険による） ── 社会的補償（公的負担の対象となる健康障害による） ── 社会的扶助と支援という分類が行われている[44]。最初の範疇に含まれる給付は，一般的には，社会保険料という形態での受給者の事前拠出に基づく。第二の範疇に含まれる給付は，補填されるべき特別の犠牲と損害に基づく。第三のグループの給付は，端的に，基本的にその原因や事前の経

---

(42) 最新のものとしては，*Henssler, M., / Preis,* U., Diskussionsentwurf eines Arbeitsvertragsgesetzes (Stand: Nov.2007), NZA Beilage 1 /2007 zu Heft 21/2007（これに先行するものとして，*dies.,* Diskussionsentwurf usw., NZA Beilage zu Heft 23/2006）；「転換点」の状況について代表的なものとして，59. DJT 1992, Arbeitsrechtliche Abt., Welche wesentlichen Inhalte sollte ein nach Art. 30 des Einigungsvertrages zu schaffendes Arbeitsvertragsgesetz haben? これに関するドイツにおける労働法の法統一作業部会の意見書，Arbeitsvertragsgesetz (ArbVG 92) – Ein Diskussionsentwurf と，*Dirk Neumann, Manfred Weiss* 及び *Ursula Köbl* の報告参照。労働争議法については，*Birk/Konzen/Löwisch/Raiser/Seiter,* Gesetz zur Regelung Kollektiver Arbeitskonflikte – Entwurf und Begründung, 1988。ライヒ帝国の初期以後の労働法の法典化の長い歴史については草案の印刷とともに，*Ramm*（Fn. 39）参照。

(43) これについては，*Bley/Kreikebohm/Marschner,* Sozialrecht, 9. Aufl. 2007, Rn. 13 ff.; v. *Maydell* in: ders./Ruland/Becker, SRH (Fn. 11), § 1 Rn. 11 ff. 参照。

(44) *Zacher, H.-F.,* Einführung in das Sozialrecht der Bundesrepublik Deutschland, 3. Aufl. 1985, S. 17 ff. 参照。

354

過に関わりなく多様な個別の需要状態に基づく。これらの場合で，固い，規範によって変えることのできない介入の核心部分をなしているのは，社会的文化的生存最低基準を確保できていないということである。しかし，それをはるかに超えて，その他のさまざま生活状態が，多様な特徴に応じて，例えば教育を受ける需要とか，親であるというようなことが，支援給付と発達援助のきっかけとして社会政策に取り入れられる。こうした「混合物」が増大し，対象が広がれば広がるほど，新たに下部分類が必要になる。

　もう一段立ち入って考えてみると以下のようになる。つまり，需要に沿った給付の場合には，広く補足性原理，つまり，期待可能な自助が優先するという考えが支配している。社会保険は，二つの対抗する原理によって緊張感に満ちた形で形成されている。つまり一方には，相当性原理ないし保険原理に沿って，すなわち私保険類似に形成され，他方では，連帯原理または「社会的調整」原理(45)に沿って形成されている。この原理は，ただし，明確な輪郭をもっているわけではない。それは，主として次のことを意味する。すなわち，保険料の構築は，本当にリスクと関連しているわけではなく，他面から言えば，給付支給は保険料に対応しているのではない。そうではなく，例えば法定医療保険のように，一方で，比較的収入が良い階層，若者や健常者，単身者，子どものいない人たちが，他方で高齢者，病弱者というような弱者および家族のために，保険料負担の一部を引き受けなければならないとされているのである。換言すれば，社会保険は，伝統的に緩やかな再配分手段として作用する。この点にドイツの伝統的社会保険体系を破壊する要素が存在しているかもしれないのだが —— この問題には後で再度触れることにする（V参照）。ここではただ次の点だけを明らかにしておく。つまり，このような指導的価値を解明することは，たしかに，体系の透明性を高め制度の展開を理解するうえできわめて有益であるし，専門家の議論と選挙民の意見形成を容易にするが，しかし，それは，何らかの原理違反を平等違反で体系を破壊するものであると憲法上の拘束力を持って非難するには，不適切なものである，ということである。

　以下のことを強調するのはほとんど余計かもしれないが，まさに政治過程で何度も論じられる「社会的正義」という目的設定は，法律の欠缺を方法論的に正し

---

(45) BVerfGE 76, 256, 301; BVerfGE 113, 167, 196; BSGE 48, 134, 137.

く充填する役には立たないし，違法という判断を正統化することには全くならないのであって，それはせいぜい社会政策の規制理念となるだけである。民主主義的法治国家においては，良質な法解釈作業というのは，現行法の検証可能な内容及びその目的設定に基づく論証と，社会政策的努力に基づく論証とを明確に区別しようと常に努力する，という特徴を持っているのである。法解釈者の場合には，法政策的提案を行おうとするある種の「使命」ですら，現行法に集中的に取り組むことから生まれてくるのである。

Ⅴ 社会保障法発展の促進力であるとともに阻害要因でもありうる上位法の解釈論

われわれはここで最も緊張感のある論点を取り上げることになる。ドイツの法秩序全体について，主として「憲法化」が進行するにしたがって，また，「ヨーロッパ化」[46]の傾向も，なお小規模ながら相俟って，これまでに，社会保障法の展開を進める強力な形成力がしばしば生まれてきたし，将来もそうした形成力が作用するにちがいない。このテーマについても同様にごく簡単にかつ例証的に述べることにする[47]。

1 憲法の影響

a) 実体的社会保障法にとって最も重要な基準となる規範は，基本権領域からは，平等原則（基本法3条），婚姻と家族の保護と支援の要請（基本法6条），職業の自由（基本法12条），所有権保障（基本法14条）である。今後は，おそらく基本法2条も次第に重要性を増すようになるであろう。さらに社会保険と公的扶助に関する立法管轄（基本法74条7号，12号）と法治国家原理と社会国家原理も影響力がある[48]。まず最後の点から始めると次のようになる。つまり，立法に対する拘束力のある方針を獲得するために，── すなわちドイツ国家の民主主義的形成

---

(46) この画期的な展開については，*Schuppert/Bumke*, Die Konstitutionalisierung der Rechtsordnung, 2000; *Wahl, R.*, Verfassungsstaat, Europäisierung, Internationalisierung, 2003参照。

(47) 憲法の社会保障法に対する影響について包括的な詳細な論述は，*Papier, H.-J.*, SRH (Fn. 11), §3参照。

(48) 憲法判決は，多くの場合は，複数の基準規範に依拠することが多い。

356

の自由がうまく行くように —— 連邦憲法裁判所と圧倒的多数の学説は，社会国家原理を用いることについてきわめて抑制的な態度をとっている。この原理から導かれるべき生存最低限保障義務を別にすれば，この原理は第一義的には立法者に対する目的適合的な社会形成委託と解されている。その委託とは，社会的矛盾の調整を，また公正な社会秩序とすべての人の自由の展開のための現実的条件とを創出することを目指すこと，と言えるわけであるが，ただし，その委託において，そこに至る手段と方法を立ち入って定めているわけではない[49]。

b) 憲法解釈で大きな注目と激しい議論を呼び起こしているのが，1980年と1981年の判決[50]で連邦憲法裁判所が，基本法14条の所有権保障の保護を年金と年金期待権に及ぼし，その後，失業手当請求権にも広げ，一般的に以下のようなすべての社会保障法上の地位に広げた。それは，被保険者の相当程度の自己拠出に基づく，そして被保険者に私的利用に向けて認められたすべての社会保障法上の地位のことである[51]。こうした保護は，財産法の分野における，自己責任に基づく人生設計を行う基本権的自由の領域を，時代適合的に拡大するものだと解されていた。しかしこれは，一つには，経済的繁栄期に行なわれたものであり[52]，また他方では，最初から，内容及び限界を立法によって決定する権限は前提されているため，重大な例外を伴った上での原則の承認という形にとどまっているのである（14条1項2文）。

人口構造の展開および労働市場問題によって賦課方式が危機にさらされていることから見て，立法的介入はしばしば正当化されねばならないし，また所有権保証も実質的にかなり相対化されねばならない。連邦憲法裁判所は，「年金保険に

---

(49) 社会的国家目標についての基本的指摘として，*Zacher, H.-F.*, in: Isensee/Kirchhof (Hrsg.), Handbuch des Staatsrechts, Bd. II, 3. Aufl. 2004, §28; *Papier*, SRH (Fn. 11), §3 Rn. 1 ff.; *Zippelius/Würtenberger*, Deutsches Staatsrecht, 32. Aufl. 2008, §13 Rn. 1 ff. 参照。これに対して，*Heinig, H.-M.*, Der Sozialstaat im Dienst der Freiheit, 2008, は，新しい，単に自由機能的社会国家理解を基礎付けようとしている。

(50) BVerfGE 53, 257（援護調整に関するもの），BVerfGE 58, 81（みなし保険加入期間に関するもの）。

(51) 連邦憲法裁判所の判決全体に関しても *Papier*, SRH (Fn. 11), §3 Rn. 41-70参照。

(52) *Papier, H.-J.*, Alterssicherung und Eigentumsschutz, FS Walter Leisner 1999, S. 721, 722は，「国の豊穣さゆえの一定の気前のよさ」と定式化している。

おける財政の展開の安定化」及び「制度全体の機能可能性および給付可能性の維持」の必要性[53]を基礎とすることによって，立法者に広範な形成余地を認めている。遺族年金については，死亡した被保険者自身の拠出がすでになくなっている，という驚くべき論拠によって，所有権保護は完全に拒否された[54]。この間，所有権保障を社会保障法上の地位に拡大することに関して，一定の冷却が生じており，その結果，当該拡大には単に象徴的なものが付与されることとなっている[55]。

　c）　これとは逆に，基本法3条からは，この間ずっと有効な統制手段が導き出されてきた。この憲法条項を一般的に，実体的「公平原理」そのものの実定法上の具体化と呼ぶことができる。連邦憲法裁判所は，それゆえ，社会保障法分野でも繰り返し平等違反を取り扱ってきている[56]。社会保障制度に対する平等侵害に基づく憲法異議は，何度も提起された。ここでは，比較的大きな射程をもった，あるいはアクチュアルないくつかのものを取り上げることとしよう。外国人に，外国で，彼がドイツで「取得した」年金を支給しないことは基本法3条1項に合致しないと考えられた[57]し，医療保険保護のない要保護者が法定介護保険接近から排除されたことも基本法3条1項に合致していないと判断された[58]。遺族年金における寡婦と鰥夫の完全平等（社会保障法典6編46条）は，両性の平等取扱原則によるものである[59]。

　最近の平等問題（ただし社会的重要性はそれほど大きくない）が，私見によれば，婚姻していない場合や，婚姻していなかった場合に，子どもを世話（betreuen）している親の他方の親に対する扶養請求権を広く認めるようになる結果（民法

---

(53) BVerfGE 58, 81, 112 f.; BVerfGE 72, 9 ; *Fuchs/Preis* (Fn. 33), § 6 V 3 c; Isensee, J., „Bürgerversicherung" im Koordinatensystem der Verfassung, NZS 2004, 393, 395:「この定式は，すべての憲法上のドアを閉めてしまうコードネームとして作用している。」

(54) BVerfGE 97, 271, 284。ただし問題は，確かに遺族年金は主要な部分はすべての被保険者の保険料でまかなわれているが，しかし保険料算定に際しては個々人の家族状態による区別がなされていないことによって，特に困難な状況になっている。

(55) *Fuchs/Preis*, (Fn. 33), § 6 V 3 a. E 参照。

(56) これについて詳細な指摘として，*Papier*, SRH (Fn. 11), § 3 Rn. 98-113.

(57) BVerfGE 51, 1.

(58) BVerfGE 103, 225, 235ff.

(59) BVerfG 12.03.1975 E 39, 169. ただし，das Urteil von 1963 BVerfGE 17, 1, 17 ff. は異なる判断をしている。

社会保障法 (Sozialrecht) における解釈論 (Dogmatik) の意義

1615 l 条による扶養費），年金分野に生じる。しかし扶養義務者が死亡した場合，他方が生前負担していた扶養費の年金法上の補填が完全に欠けることになる。そして，民法上規定されている相続人の責任（民法1615 l 条 3 項 4 文）は，相続人の給付能力に係っている（民法1603条，1990条）ために，完全な代替物とは考えられないからである。

　最近連邦社会裁判所の判決が大見出しになった。社会保障法典 2 編の求職者基礎保障制度（「ハルツ 4 」）において，14歳までのすべての子どもに対する基準額を経験的需要調査なしに成人額のわずか60％に区別なく定めた（社会保障法典 2 編28条）ことを，平等違反とみなし，連邦憲法裁判所に具体的法令審査のために移送したのである（基本法100条）[60]。

　現在はまだ憲法判決には影響が出ていないが，しかし場合によっては構造転覆的重要性を持つ可能性があるのが，ドイツの社会保険制度の第二の形成原理である，連帯原理ないし社会的調整原理の憲法適合性に対する，最近の学説上の疑問である。2000年と2001年の教授資格取得論文 4 本の中だけでも，社会保険における保険原理と連帯原理の緊張関係と混合関係が，原則的な形で論じられている[61]。ここではいくつかのキーワードを挙げることで満足するほかない。Joachim Becker は，まことにセンセーショナルな結論に到達している。つまり，彼は，保険料設定における社会的調整原理を基本的に平等違反であり憲法違反であると見なしている。なんとなれば，国家の任務を税財源でまかなう場合にのみ平等原則にそって市民の給付能力が考慮され，そうすることによって再配分がもたらされても良いのだ，というわけである。これは，私には，中心的主張において説得力があるように思われる[62]。その理由は，ドイツにおいてこの間一般的に到達した，すべての権利について憲法が要求する平等要請の基準に適合しているから

---

(60) BSG Beschl. v. 27.01.2009, AZ: B 14/11b AS 9/07 und B 14 AS 5/08 R; その少し前にもすでに Vorlage des LSG Hessen Beschl. v. 29.08.2008, AZ: L 6 AS 336/07.

(61) *Hase, F.*, Versicherungsprinzip und sozialer Ausgleich, 2000; *Rolfs, Chr.*, Das Versicherungsprinzip im Sozialversicherungsrecht, 2000; *Becker, J.*, Transfergerechtigkeit und Verfassung, 2001; *Butzer, H.*, Fremdlasten in der Sozialversicherung, 2001. これらの著書について *Kube, H.*, Äquivalenz und Solidarität im Sozialversicherungsrecht, Der Staat 2002, 452; *Bieback, K.-J.*, Begriff und verfassungsrechtliche Legitimation von „Sozialversicherung", VSSR 2003, 1 -44.

(62) ただし，社会国家原理の捉え方は狭きに失する。

である。これに対して，納税義務者集団と比較すると一層同質性の高い集団（それは，同じ使用者のところで就労しているということや同じ職業階層であること，あるいは地域的に隣接しているということに基づいている）であるところの，社会保険の被保険者集団の内部における社会的調整という従来の諸要素を救出しようという試みは，ドイツにおける社会国家という尊重すべき伝統の擁護にあまりにも拘泥しているように見える[63]。そして「可能性としての尊重すべき共同体的自由の発展という視点から」社会保険内部での再配分を正統化する，という試みは，全くの社会的ロマンティシズムの朦朧である[64]。こうした考えは，社会保険における他人負担と連帯調整に対する批判が，弱者優位取扱に第一義的に向けられているわけではなく，ただ負担引受を保険共同体に限定していることにのみ向けられている，ということを看過している。

d) 最後に平等権という思想的基礎から，多くの人が特に将来問題を提起すると見なしている解釈上の構造についても触れておこう。ドイツ，日本などの先進工業国は，現在及び今後数十年間人口構造上の重大な危機に対処しなければならない。そこから社会保障体系の適切化に向けた高度の要請が生じるし，──重大な，現在取り組まなければならない負担構造変革なしには──若者や後継世代の負担となる形での重大な給付低下が，少なくとも賦課方式の財源調達の支援制度においては生じることになる。とはいえ，こうした不可避的な調整過程を，基本法3条から導かれる原理，いわゆる「世代間公平」，つまり時間的に相当長期に拡大された，時間を越えた平等取扱の保障という考え方を手がかりにして，厳格に統制しようという，法解釈論的にして，経済学的に精密化された試みは，退けられなければならない。こうした企図は，法と政治に過度に負担をもたらすことになるであろう。しかも最終的には，「相続人総体」としてのさまざまな世代の金銭的利益と不利益全体を均衡させなければならない──これ自体すでにほとんど実現不可能──ばかりではなく，国家と社会が主として形成し，今後継続して形成していく限りでの，全生活状況がまるごと，天秤の中に投げ込まれなければならないことになるであろう。全く明らかなことに，そうしたことは不

---

(63) *Butzer* (Fn. 61), S. 361 ff.
(64) *Kube* (Fn. 61), S. 477及びまずは S. 472 ff.

可能なことなのである⁽⁶⁵⁾。社会制度の金銭的な移転現象に限定された世代間公平は，計算可能な立法方針としては，あるいは司法的な規範的統御基準としては適さないのであり，できる限り世代間公平を目指し，ひどい継続性破綻を回避する，という，社会政策の原則にのみ適している。

最近の憲法裁判所の判断は，稼得活動を行なっていない，子どもを養育している両親が，子どものいない，二人とも稼得活動を行なっているカップルに比べて実際に大幅な年金法上の不利益を受けていることを縮小させるよう．特に意を用いている。連邦憲法裁判所は，それゆえ，立法者に，年金資格取得を基礎づけまた年金額を引き上げるような児童養育期間を導入するばかりではなく，さらにこの不利益自体を，将来において大幅に，順次なくしていくようにするという任務を課している⁽⁶⁶⁾。社会保険法の保険料設定に大胆に踏み込みつつ（判断事例においては介護保険である）⁽⁶⁷⁾，裁判所は，子どもを養育しているかどうかを考慮せずに，すべての構成員が同じ額の保険料が要求されていることを，基本法6条1項と結びついた同法3条1項に対する侵害であると判断した。しかし家族負担調整の問題について保険料算定問題を取り込んだことは，裁判所における構成上の誤りだと考えるのが大勢である⁽⁶⁸⁾。実際，このような裁判所の判断に対しては，最小限での立法化が行なわれたに過ぎない⁽⁶⁹⁾。

e） なお最後に基本法2条に対するコメントを述べておく。医療保障制度における費用圧力の増大と医療技術の進歩の結果，次第に，「生命と健康に対する基

---

(65) 財政的な数量化の困難さを理由に批判的な論考として，*Hauser, R.*, SRH (Fn. 11)，§ 5 Zukunft des Sozialstaats, Rn. 10 ff.; *Bieback* (Fn. 61), S. 43 f.。非経済的要素を理由に，憲法基準として「世代間公平」を用いることに反対するものとして，*Köbl, U.*, „Generationengerechtigkeit" – Überforderung von Politik und Recht ?, FS Alfred Söllner, 2000, S. 523; *Merten, D.*, Verfassung und Zukunft, 6. Speyerer Sozialrechtsgespräch, 1996, S. 19 f.; *Hessert*, K., VSSR 2002, 149参照。

(66) BVerfGE 87, 1, 39 ff. 参照。

(67) BverfGE 103, 242, 263 ff. 参照。

(68) Sozialbeirat, BT-Dr.14/6099; *Ruland, F.*, NJW 2001, 1673; *ders.*, SRH (Fn. 11), § 17 Rn. 238 m.zahlr. w. Nw.; *Schmähl, W.*, DRV 2002, 715 ; *Rürup, B.*, FS Franz Ruland, 2007, S.271. Dem BVerfG zust. *Kingreen, Th.*, JZ 2004, 938; *Lenze, A.*, NZS 2007, 407.

(69) 児童考慮法（KiBG），BGBl. 2004, I S. 3448 によって，0.25％の児童（23歳まで）保険料加算が導入された（社会保障法典11編55条3項）。

第Ⅷ部　労働・社会法における法解釈学の意義

本権」の重要性が増している。これについて連邦憲法裁判所は，2005年の聖ニコラス祭日（12月6日）に，画期的な次のような決定(70)を行った。つまり，法定医療保険の被保険者は，生命の危機に迫られているか，通例死に至るような疾病であって，連邦共同委員会（社会保障法典5編92条）が承認する，信頼できる基準的医療方法では治療できない，そうした疾病の場合，疾病金庫に対して新しい検査方法及び治療方法の給付を求める請求権を得ることがあるとされた(71)。まことに重大な影響力の広い贈り物であるといえる。

2　ヨーロッパ法の影響

第一次的ヨーロッパ法は，——差別禁止に係る各種規定を別にして(72)——各国の社会保障法諸秩序の実質的で詳細に亘る擦り合わせ（調和化）を行なうようにという直接に拘束的な指令も含んでいないし，対応する第二次的ヨーロッパ法を創出する権限を定めた規範も含んでいない。これまでのところ，共通の社会政策目標へのEUと参加各国との義務づけを含むだけである（EU条約136条から145条）(73)。ただし，連合内部での労働者移動を効果的に保障することには，きわめて強く，配慮がなされている。加盟諸国の社会保障法諸秩序を相互に調整するための，第二次的ヨーロッパ法による詳細な措置は，移動労働者が，支援に値する「労働移動」を行った結果，EU加入諸国によって，それぞれの「社会保障」給付に関していかなる不利益も被らないよう保障している（EG条約42条。規則〔ヨーロッパ経済共同体〕1408/71，規則〔ヨーロッパ共同体〕883/2004）(74)。ヨーロッパ裁判所は，「疑わしきは移動労働者の利益に」という解釈格言に従って手続をとっているため，調整の任務の遂行には，各国の概念と体系性との一定のズレが結びつくことになっている。

およそ「解釈論とは離れた」ところで，さらに，新しい手法，いわゆる「調整のための開かれた方法」（OMK）によって，つまり加盟各国間での熟練した比較

---

(70) BVerfG, NJW 2006, 891 ("Nikolausbeschluss") 参照。

(71) これについて詳細は，*Plagemann/Radtke-Schwenzer*, Grundrecht auf Gesundheit – Der Nikolausbeschluss des BVerfG und seine Folgen, ZAP Nr.10 v. 15.5.2009, S. 501参照。なお，その後の裁判例についての詳細な一覧表が含まれている。

(72) *Eichenhofer* (Fn. 6), Ⅲ § 15. 参照。

(73) *Schulte* SRH (Fn. 6), § 33 Rn. 13 f. 参照。

(74) この点については，*Fuchs/Preis* (Fn. 33), § 63; *Eichenhofer* (Fn. 6), Teil Ⅱ 参照。

と調整によって，いわば「下から」各国の法秩序が内容的に接近していくようにする努力が行なわれている(75)。なぜならそこでは，重要な社会政策的目標と基準とに到達することが，優先的な課題であるから。その目標とは，具体的には，持続的な高い雇用水準，適切な社会的保護，生活及び労働条件の改善，並びに医療保護及び労働環境の安全の改善，そしてさまざまの排除の除去，等々である。つまり，目標はさまざまであるが，それを達成する手段と方法は（差し当たりはまだ）付随的なものとされるのである(76)。

しかし社会保障法上重要な，想定外の「突破口」として，広く解されている連合の・市・場・自・由と・競・争・法，つまりEU経済法が，次第に明らかになってきている。自由な商品交通及びサービス業交通に関する諸規定（EU条約23条以下と，49条以下）に基づいて，社会給付受給権者には，原則として，自国の給付主体の費用で，他の加盟国の現物及びサービス給付を利用する可能性が開かれていなければならないのである（社会保障法典5編13条4項，5項参照)(77)。医薬品の送付取引の禁止は，処方箋を必要とする医薬品にのみ及ぶ（EG条約30条参照）。

EG条約81条以下にいう「企業」概念の捉え方の問題は，公法的に構成された社会保険体系およびその体系における加入義務原理が，自由競争規定（EG条約81条以下）と一致するか否かに対してきわめて大きな影響を有する。従来のヨーロッパ裁判所の判決によれば(78)，民間保険会社が実施することができない・社・会・的・調・整という要素が，主として，公法的な独占と保険加入義務に決定的な正統性を付与するものなのである。それゆえ，社会保険の未来がどうなるかきわめて興味深いところである。

---

(75) 開かれた調整手法については，*Eichenhofer* (Fn. 6) §19; *Schulte*, SRH (Fn. 6), §33 Rn. 16参照。なお *Beatrix Karl, Rudolf Streinz, Werner Eichhorst/Thomas Rhein, Stamatia Devetzi, Günter Danner* の論文を含む SDSRV 53 (2004) も参照。

(76) 注目に値する調整要素を含むヨーロッパ社会政策の発展については，*Eichenhofer* (Fn. 6), §20参照。

(77) 注目すべき先例についての叙述として，*Waltermann* (Fn. 7), Rn. 77; *Muckel* (Fn. 33), §20 Rn. 40参照。

(78) Vgl. EuGH Slg. 1993, I-637 (Poucet); EuGH Slg. 2002, I-691 (INAIL); *Waltermann, Raimund*, Zu rechtlichen Rahmenbedingungen einer Fortentwicklung der sozialen Unfallversicherung, VSSR 2005, 103, 124;。きわめて厳しい体系批判として，*Giesen, R.*, Sozialversicherungsmonopole und EG-Recht, 1995; EU経済法の意義について全体として，*Eichenhofer* (Fn. 6), §17参照。

Ⅵ 解釈論的作業における役割分担

　以上これまでは，主に解釈論の任務について論じてきたが，なお次の問いが残されている。つまり，誰がこれを行なうのか，という問いである。答えは次のようになる。すなわち，法曹身分が全体として，つまり法実務と法学とが，その時々の関連隣接研究分野と協働してこれを行なうことになる，と。これは他の法分野と何ら違いがあるものではない。分野に応じて作用の配分に変動があることについては，個別の研究によって立ち入った解明がなされるべきものであろう。

　本論考では，いくつかの注で触れる以外に社会保障法学の重要な業績，主要人物および著者を上げることはしなかった。しかしただ一人の人物については，そのきわめて卓越した業績と規定的影響力のゆえに，少なくとも包括的な敬意を示し，社会保障法解釈についてのその人の見解を紹介しておくことにする。その人とは Hans F. Zacher である。彼は，マックス＝プランク外国および国際社会保障法研究所の「創設者」で，1990年から1996年までマックス＝プランク協会長であった。社会保障法の発展の諸条件と，その主要な内容に関する基本的問題，特にドイツ連邦共和国設立以後の問題について，彼が深く考察しそれについて解明する業績を公表しなかったような問題を見つけることはまずできないであろう(79)。彼は，社会保障法解釈の全体的水準に関して，60年代半ば以後について，この法分野での学問的夜明けであると述べている(80)。これは，すべての個別分野で均等に進んだわけではないが，すべての問題に関して量的にも質的にも社会保障法学の業績の激増という形で表れているのである。それにもかかわらずZacher は，「社会－法－解釈（Sozial-Rechts-Dogmatik）」には重大な欠陥があると考えている。その欠陥についての Zacher の見解を，ここでは，相対化する意図を込め，文字通り引用しよう(81)。

　「しかしそれにもかかわらず欠けているのは，社会保障法のすべての個別分野についての高水準の考察と叙述だけではない。特に欠けているのは，むし

---

(79) 詳細な評価は，*Ruland, F.,* in FS Zacher 1998, S. XVII ff.
(80) *Zacher,* FS Peter Krause（Fn. 3），S. 26参照。
(81) *Zacher,* aaO. S. 26 f. 参照。

ろ，全体像についての論述である。総論についての全面的な，体系的な叙述，総則的なものを各則的なものから区別し，各則的なものを位置づけることができる体系的綱領，実定法の欠缺（そしてその解釈の欠缺）を認識し，（広く理解された解釈か）書かれざる法によってそれを補充することができる体系的綱領，多様な見解を体系的に整序し，それらの正しさとそれゆえそこから出てくる規範的提案の有効性に対し信頼できる評価を与えること。そうしたものが欠けている。生活が法に投げかけている問いを包括的に探究し，包括的かつ論理的に吟味し，法が生活に与える回答と，そうした回答が生み出されてくる原則について，首尾一貫した，信頼できる，よく整序された叙述が必要である。」

この要請は，私には，たとえごく少数の者にしか充足できないとしても，実行可能ではある体系化への要請と並んで，ユートピア的要望という傾向も持っているように思われる。一つには，これを実現するには，社会保障法が持つ途方もない潜在的変動可能性がその妨げとなっているということである。この点についてはZacherもたびたび説得的に強調している。この結果，求められているような社会哲学的なものへの普遍化を行なったとしても，対象となるものの特殊な時代拘束性や展開の未確定性を持続的に免れることはできない。またもう1つには，見解の正しさと，そこから生じる規範的提案の有効性とに対し，信頼できる評価を与えること，という課題の設定は，そもそも抽象的基準設定によって，間主観的に拘束力を持ってしかも包括的に将来の生活状況を規定できる可能性を過大評価しているのである[82]。

しかし再度，事例にとって重要性を持つ法解釈論の世界に下降することにしよう。上級裁判所の判決は，このレベルでは，その判決の拘束力の結果として，明らかに指導的役割を有している。この概念的解釈論的規定力は，さらに電子的情

---

(82) 裁判官の法適用における価値評価の余地の不可避性に関する現代の方法論の通説的見解については，ここでは代表的なものとして，*Zippelius, R.*, Juristische Methodenlehre, 10. Aufl. 2006, § 10 VII。裁判官の法形成の実際の範囲とその正統性に関する現在新たに激しくなっている議論については，*Rüthers, B.*, Fortgesetzter Blindflug oder Methodendämmerung der Justiz? Zur Auslegungspraxis der obersten Bundesgerichte, JZ 2008, 446; *Hillgruber, Chr.*, „Neue Methodik" – Ein Beitrag zur Geschichte der richterlichen Rechtsfortbildung in Deutschland, JZ 2008, 745.

報処理を通して一層高まっている。法学には，もはや，その論証の質を通して説得力を持つというチャンス以外にはない。連邦社会裁判所の通常極めて詳細な判決理由において，学説が明示的にはあまり引証されないとしても，それは，主要な論証が考慮されなかった，ということを意味しない。逆に，学問的文献と裁判例との議論は，ドイツで一般によく行われているように，全く徹底的かつ明らかに対決的なものである —— もちろん相互に全く相互から独立している ——。そしてかかる研究は，公表するメデイアが多数存在することから非常に過剰である。さらに，まさに社会保障法の分野では，単科大学（現在「実用科学単科大学」と呼ばれている）における，専門に特化した教授数の増大および，社会行政と社会裁判所の多数「実務家」とが，解釈論に相当量の文献を寄せることになる，ということを看過してはならないであろう。

Ⅶ 結論

　最後に，私は，多くの法解釈論的にして理論的な営為の実践的有効性に関して，あえてかなり挑戦的コメントをすることにしたい。私の個人的評価によれば，全体としてみると，「法学的供給」と「法実務的需要」は，ドイツではまあまあの均衡が取れているとはおよそ言えない。むしろ継続的に，そしてドイツの法体系全体としてみると，法解釈論的文献と法理論的文献が過剰に創出されている。この，理論的費用（個人的研究資源の投入という趣旨で）と実践的成果（「活動している法」という意味での現行法律秩序への影響という趣旨で）との私見からすれば注目すべき不均衡は，特に法学における資格取得論文の場合には，おそらく新たな方向付けを行なう制度の導入なしには，改善されないであろう。なぜといって，現在多くの若手法学研究者は，ドイツでは何年もの研究活動を通して，そしてそれは通常，法解釈論的に高度に野心的な研究を行なうことによって独立した研究と教育を行なう資格を取得しているのである。しかしこれらの人は確かに若い創造的年齢にはあるが，しかし彼ら彼女らは［指導教授の下で］きわめて従属的な地位に置かれてもいるのであって，まさにそれゆえに，根本的な変化の刺激を与えたりそれを実行に移すに適した状況にあるとは言えないのである。

〈執筆者・翻訳者紹介〉

守矢健一　　大阪市立大学大学院法学研究科教授
杉本好央　　大阪市立大学大学院法学研究科准教授
中原茂樹　　東北大学大学院法学研究科教授
野田昌吾　　大阪市立大学大学院法学研究科教授
浅田和茂　　立命館大学大学院法務研究科教授・大阪市立大学名誉教授
松本博之　　龍谷大学法学部教授・大阪市立大学名誉教授・
　　　　　　フライブルク大学名誉博士
高橋英治　　大阪市立大学大学院法学研究科教授
根本　到　　大阪市立大学大学院法学研究科教授
木下秀雄　　大阪市立大学大学院法学研究科教授

トーマス・ヴュルテンベルガー　　フライブルク大学法学部教授
ヴォルフガング・カイザー　　　　フライブルク大学法学部教授
フリードリヒ・ショッホ　　　　　フライブルク大学法学部教授
ライナー・ヴァール　　　　　　　フライブルク大学法学部教授
ヴォルフガング・フリッシュ　　　フライブルク大学法学部教授
アレクサンダー・ブルンス　　　　フライブルク大学法学部教授
ウベ・ブラウロック　　　　　　　フライブルク大学法学部教授
セバスチャン・クレッパー　　　　フライブルク大学法学部教授
ウルズラ・ケーブル　　　　　　　フライブルク大学法学部教授

〈編者〉

松本博之（まつもと・ひろゆき）
　龍谷大学法学部教授・大阪市立大学名誉教授・
　フライブルク大学名誉博士

野田昌吾（のだ・しょうご）
　大阪市立大学大学院法学研究科教授

守矢健一（もりや・けんいち）
　大阪市立大学大学院法学研究科教授

総合叢書
8

法発展における法ドグマーティクの意義

2011（平成23）年2月25日　第1版第1刷発行

編者　松本博之
　　　野田昌吾
　　　守矢健一

発行者　今井　貴

発行所　株式会社　信山社

〒113-0033 東京都文京区本郷6-2-9-102
Tel 03-3818-1019　Fax 03-3818-0344
info@shinzansha.co.jp
笠間才木支店編集部　〒309-1611 茨城県笠間市笠間515-3
Tel 0296-71-9081　Fax 0296-71-9082
笠間来栖支店編集部　〒309-1625 茨城県笠間市来栖2345-1
Tel 0296-71-0215　Fax 0296-72-5410
出版契約№ 2011-5458-4-01010　Printed in Japan

©松本博之・野田昌吾・守矢健一，2011　印刷・製本／亜細亜印刷・渋谷文泉閣
ISBN978-4-7972-5458-7 C3332 ￥12,000E 分類322.920-a012
5458-0101：p392 012-060-020〈禁無断複写〉

JCOPY　〈(社)出版者著作権管理機構　委託出版物〉
本書の無断複写は著作権法上での例外を除き禁じられています。複写される場合は，
そのつど事前に，(社)出版者著作権管理機構(電話 03-3513-6969, FAX03-3513-6979,
e-mail:info@copy.or.jp)の許諾を得てください。

大阪市立大学法学部とフライブルグ大学法学部による共同シンポの記録

石部雅亮・松本博之 編
法の実現と手続 　　　　　　　　　　　　　　　　　　14,563円

石部雅亮・松本博之・児玉寛 編
法の国際化への道 　　　　　　　　　　　　　　　　　17,476円

松本博之・西谷敏 編
現代社会と自己決定権 　　　　　　　　　　　　　　　13,000円

松本博之・西谷敏・佐藤岩夫 編
環境保護と法 　　　　　　　　　　　　　　　　　　　17,000円

松本博之・西谷敏・守矢健一 編
インターネット・情報社会と法 　　　　　　　　　　　15,000円

松本博之・西谷敏・守矢健一 編
団体・組織と法 　　　　　　　　　　　　　　　　　　12,000円

信山社

（消費税別）

最新刊
大村敦志 著　フランス民法
潮見佳男 著　債務不履行の救済法理
潮見佳男 著　不法行為法Ⅱ〔第2版〕

潮見佳男 著
　プラクティス民法 債権総論〔第3版〕
木村琢麿 著
　プラクティス行政法
山川隆一 編
　プラクティス労働法
柳原正治・森川幸一・兼原敦子 編
　プラクティス国際法講義

─────信山社─────

日本民法典資料集成 第一巻 民法典編纂の新方針

広中俊雄 編著

〔協力〕大村敦志・岡孝・中村哲也

【目次】
『日本民法典資料集成〔全一五巻〕』への序
全巻凡例 日本民法典編纂史年表
全巻総目次 第一巻目次（第一部細目次）

第一部 「民法典編纂の新方針」総説
 新方針（＝民法修正）の基礎
 法典調査会の作業方針
 Ⅰ Ⅱ Ⅲ Ⅳ Ⅴ Ⅵ Ⅶ
 甲号議案審議以前に提出された乙号議案とその審議
 甲号議案審議以後に提出された乙号議案

第一部あとがき〔研究ノート〕

来栖三郎著作集 Ⅰ～Ⅲ

《解説》
安達三季生・池田恒男・岩城謙二・清水誠・須永醇・瀬川信久・田島裕・利谷信義・唄孝一・久留都茂子・三藤邦彦・山田卓生

■ Ⅰ 法律家・法の解釈・財産法
 1 法の解釈の意義と法の遵守 2 法律家 3 法律家・法の解釈・慣習 判例評釈（1）〔総則・物権〕 4 法律家・法の解釈・慣習＝フィクション論につらなる若干の問題 5 法律家・法の解釈・慣習 6 法における擬制について 7 いわゆる慣習たる事実の解釈における民法の制定法の意義 8 法の解釈における財産法と身分法 9 民法における財産法と身分法 10 立木取引における明認方法について 11 財産法全般契約法を除く B 民法、財産法全般契約法を除く 12 損害賠償の範囲および方法に関する日独両法の比較研究 13 契約法と不当利得法 ＊ 財産法判例評釈（1）〔総則・物権〕

■ Ⅱ 財産法判例評釈（2）〔債権・その他〕C 契約法につらなるもの 14 契約法 15 契約法の歴史と解釈 16 日本の贈与法 17 第三者のためにする契約 18 日本の手付法 19 小売商人の瑕疵担保責任 20 民法上の組合の訴訟当事者能力 ＊ 財産法判例評釈（2）〔債権・その他〕

■ Ⅲ 家族法 23 種積陳重先生の離婚制度の研究〔講演〕 24 養子制度に関する二、三の問題について 25 日本の養子法 26 日本の自由婚制度 27 共同相続財産について F その他、家族法に関する論文 33 戸籍法と親族相続法 34 中川善之助『身分法の総則的課題＝身分権及び身分行為』〔新刊紹介〕 ＊ 家族法判例評釈〔親族・相続〕付 略歴・業績目録 28 相続順位 29 戸籍法と親族相続制度 30 相続と相続制度 31 遺言の取消 32 Dower について

信山社

小川浩三 訳
ドイツにおける刑事訴追と制裁
成年および少年刑事法の現状分析と改革構想
ハンス=ユルゲン・ケルナー 著

ドイツ株式法
ヴェルンハルト・メーシェル 著

クラウス・シュテルン 著
ドイツ憲法 I
総論・統治編
赤坂正浩・片山智彦・川又伸彦・小山剛・高田篤 編訳
鵜澤剛・大石和彦・神橋一彦・駒林良則・須賀博志・
玉蟲由樹・丸山敦裕・豆理興 訳

ドイツ憲法 II
基本権編
井上典之・鈴木秀美・宮地基・棟居快行 編訳
伊藤嘉規・浮田徹・岡田俊幸・小山剛・杉原周治・
西土彰一郎・春名麻季・門田孝・山崎栄一・渡邉みのぶ 訳

クラウス・ロクシン 著　# ロクシン刑法総論
監修 平野龍一／監訳 町野朔・吉田宣之
第1巻（第3版）翻訳第1分冊
監訳 山中敬一
第1巻（第4版）翻訳第2分冊
第2巻 翻訳第1分冊　続刊

信山社

◇新しい国際的法秩序への貴重な示唆◇

〈日本におけるドイツ年〉法学研究集会

グローバル化と法

ハンス・ペーター・マルチュケ=村上淳一 編

ISBN4-7972-5597-8 C3332　¥3,800(税別)　2006年9月刊行

充実の執筆陣による時代を捉えた15編

グローバル化時代における法の役割変化
—各種のグローバルな法レジームの分立化・民間憲法化・ネット化—
　　　　　　　　　/グンター・トイブナー(村上淳一訳)
歴史的意味論の文脈におけるグローバル化と法
　　　　　　　　　/村上淳一
ヨーロッパ共通の私法—必要性、発展の軌道、各国の寄与—
　　　　　　　　　/ユルゲン・バーゼドウ(相澤啓一訳)
日本民法学に対するドイツ民法学の影響
—個人的研究関心を寄せる3つのテーマを素材に—
　　　　　　　　　/松岡久和
ヨーロッパにおける法の現今の動向—単一経済圏から憲法を有する政治連合へ?—
　　　　　　　　　/ユルゲン・シュヴァルツェ(松原敬之訳)
ヨーロッパにおける最近の法的発展方向
—統一市場から政治的連合へ?：特に制度間競合の中における基本権の意義を中心に—
　　　　　　　　　/西原博史
Lex mercatoria—万能薬か、謎か、キメラか—
　　　　　　　　　/カルステン・シュミット(松原敬之訳)
ソフトローとしてのlex mercatoria
　　　　　　　　　/神作裕之
世界住民の法へと変貌する国際法
　　　　　　　　　/フィリップ・クーニヒ(三島憲一訳)
グローバル化・法制度化・国際法—国際法はグローバリゼーションを生き残れるか—
　　　　　　　　　/奥脇直也
刑法の国際化—ドイツと日本における国際刑法の受容を中心に—
　　　　　　　　　/フィリップ・オステン
越境犯罪と刑法の国際化—問題の素描—
　　　　　　　　　/井田 良
グローバル化が法曹養成に及ぼす影響
　　　　　　　　　/ハンス・プリュッティング(桑折千恵子訳)
カンボジアの法曹教育に対する日本の貢献
　　　　　　　　　/相澤惠一
Global Governanceか,Good Global Governanceか?
　　　　　　　　　/ゲジーネ・シュヴァーン(松原敬之訳)